Produções em Terapia Cognitivo-Comportamental:

Integração e Atualização

COMISSÃO EDITORIAL DA OBRA

Produções em Terapia Cognitivo-Comportamental:

Integração e Atualização

Organizadoras

Marcele Regine de Carvalho | Eliane Mary de Oliveira Falcone

Lucia Emmanoel Novaes Malagris | Angela Donato Oliva

Artesã

Produções em Terapia Cognitivo-Comportamental: Integração e Atualização

COORDENAÇÃO EDITORIAL
Karol Oliveira

DIREÇÃO DE ARTE
Tiago Rabello

ASSISTENTE EDITORIAL
Mariana Almeida

REVISÃO
Giovanna Marques Hailer Felipe

CAPA
Karol Oliveira

PROJETO GRÁFICO E DIAGRAMAÇÃO
Conrado Esteves

P964

Produções em terapia cognitivo-comportamental : integração e atualização / Organizadoras: Marcele Regine de Carvalho... [et. al.] . – Belo Horizonte : Artesã, 2020.

412 p. ; 24 cm.

ISBN: 978-65-86140-21-7

1. Terapia cognitivo-comportamental. 2. Integração da psicoterapia. 3. Psicoterapia multimodal. I. Carvalho, Marcele Regine de.

159.9.018

Catalogação: Aline M. Sima CRB-6/2645

IMPRESSO NO BRASIL
Printed in Brazil

(31)2511-2040 (31)99403-2227
www.artesaeditora.com.br
Rua Rio Pomba 455, Carlos Prates - Cep: 30720-290 | Belo Horizonte - MG
/artesaeditora

DEDICATÓRIA

Dedicamos esse livro aos estudiosos, pesquisadores, terapeutas, brasileiros e estrangeiros, que nos precederam e que têm importantes contribuições no desenvolvimento da Terapia Cognitivo-Comportamental. Autores que fundaram, inovaram, atualizaram e integraram conceitos, e que compartilham conosco o mesmo interesse genuíno em reduzir o sofrimento humano.

AGRADECIMENTOS

Agradecemos a todos os autores que participaram conosco da realização dessa obra. A preciosa parceria se revelou extremamente relevante e produtiva. Sem o empenho de todos não seria possível atingir o objetivo de levar aos leitores importantes conteúdos atualizados e que refletem o estado da arte da Terapia Cognitivo-Comportamental.

Agradecemos também à Editora Artesã e aos seus colaboradores que nos atenderam com toda a eficiência e presteza durante a preparação e publicação do livro.

Marcele, Eliane, Lucia e Angela

SÚMÁRIO

PREFÁCIO

O livro "Produções em Terapia Cognitivo-Comportamental: Integração e Atualização" revela a enorme riqueza e a grande variedade de temas com os quais a terapia cognitivo-comportamental (TCC) tem lidado nos últimos tempos.

Já no primeiro capítulo da Seção 1, Modelos de Avaliação e Intervenção, Eliane Mary de Oliveira Falcone aponta os aspectos comuns entre os diferentes modelos de TCC e ressalta a importância de manter esta integração por meio de uma prática clínica que contemple os problemas e as necessidades de cada cliente, em vez da primazia de uma única abordagem.

No seguinte, Wilson Melo, Gabriela Baldisserotto e Igor Finger apresentam a Terapia Comportamental Dialética que lida com pacientes com múltiplos transtornos comórbidos, nos quais comportamentos automutilatórios, riscos de suicídio recorrentes e internações psiquiátricas frequentes são observados e caracterizam o perfil dos pacientes que mais se beneficiam desta abordagem.

No terceiro, Heitor Hirata e eu descrevemos o trabalho da Terapia Metacognitiva para o Transtorno Obsessivo-Compulsivo que enfoca a mudança de crenças metacognitivas, ou seja, a interpretação que o indivíduo faz de seus próprios processos cognitivos como a preocupação ou a ruminação. É uma forma de trabalho especialmente útil com pacientes que apresentam a variante do transtorno obsessivo-compulsivo predominantemente obsessivo, com a diferença que a terapia cognitivo-comportamental trabalha eminentemente com as crenças, e a terapia metacognitiva foca os processos.

A seguir, Gabriel Talask e Marcele de Carvalho apresentam a Abordagem de Rede como auxílio para a prática clínica, cujo pressuposto teórico básico é de que os transtornos psicológicos devem ser conceitualizados como redes de sintomas de interação causal. A hipótese é de que a construção da rede com base na análise de dados de cada paciente poderia reduzir o viés do terapeuta, permitindo uma conceitualização ainda mais precisa do caso. Ademais, o acompanhamento da dinâmica da rede pode antever uma possível recaída, permitindo uma intervenção antecipada nos sintomas centrais.

No capítulo 5, Ana Cláudia Ornellas discute Protocolos Unificados para Tratamentos em Transdiagnósticos, em que os diversos protocolos empiricamente fundamentados são substituídos por intervenções transdiagnósticas, seja para transtornos alimentares, seja para transtornos de ansiedade.

No seguinte, Erica de Lana defende o uso de técnicas experienciais na prática clínica. O seu uso se fundamenta na integração entre os comportamentos complexos, as memórias e as emoções associadas, proporcionando uma reestruturação cognitiva mais ecológica e uma experiência emocional corretiva: o paciente pode contextualizar (comportamental e emocionalmente) novas reformulações, tendo a oportunidade de experimentar e integrar novos comportamentos ao seu repertório.

A seguir, Raquel Gonçalves discute a terapia baseada em exposição, sugerindo a necessidade de aprimoramento, tendo em vista que muitos pacientes recaem ou não apresentam resposta adequada à intervenção. Estratégias baseadas no aprendizado inibitório vêm sendo estudadas com o intuito de preencher esta lacuna, melhorando a eficácia e aceitabilidade do tratamento.

No último capítulo desta seção, Antonio Carvalho e Alexandra Pereira relatam a elaboração e execução de um curso de formação em Terapia Cognitiva Sexual para psicólogos, alunos de Psicologia e profissionais de áreas afins interessados no trabalho com a sexualidade, a fim de instruí-los e capacitá-los. O projeto teve um caráter colaborativo, focado em ações sociais, o qual avaliou o aprendizado dos alunos por meio da construção de projetos em sexualidade a serem aplicados na comunidade.

A seção 2 envolve Aplicações da TCC em Diferentes Demandas, iniciando com Angela Donato Oliva, que visa apresentar um panorama sobre como as terapias cognitivas têm ajudado pessoas com o quadro de preocupações excessivas. De acordo com pesquisas empíricas, são indicados aspectos eficazes das intervenções, os quais são utilizados em distintas práticas psicoterápicas. A partir disso, ela busca destacar as semelhanças presentes em diferentes abordagens, posto que compartilham um mesmo paradigma teórico conceitual.

No capítulo seguinte, Maria Amélia Penido e Nicolly Marques mostram que a autocrítica exagerada ou o autocriticismo é um processo psicológico que aparece como uma queixa comum na prática clínica e está associado a uma pior saúde mental. Ao compreender as consequências problemáticas da autocrítica exagerada, o capítulo tem como interesse e objetivo revisar a literatura e discorrer sobre diferentes aspectos relacionados à autocrítica disfuncional e a possíveis intervenções terapêuticas.

Já Helga Rodrigues, Cíntia Mesquita e Paula Ventura descrevem no capítulo 11 o processo de desenvolvimento de um protocolo de tratamento de terapia cognitivo-comportamental com realidade virtual para o medo de avião. O trabalho é metodologicamente admirável e com resultados impressionantes.

Por sua vez, Veruska dos Santos, em seu capítulo, mostra como a Internet revolucionou o mundo e trouxe mudanças significativas, tornando-se parte integrante da vida moderna, facilitando o dia a dia de muitos indivíduos e proporcionando inúmeros benefícios. No entanto, seu uso excessivo introduziu um potencial aditivo e prejuízos em domínios sociais, acadêmicos, financeiros, psicológicos e laborais. Esse capítulo discorre sobre a história da Internet, suas definições de dependência, seus benefícios, seus prejuízos, sua prevalência, sua avaliação, sobre tratamentos e um protocolo desenvolvido para pacientes com dependência de Internet e transtornos de ansiedade.

No capítulo 13, Raquel Ayres de Almeida e Lucia Emmanoel Novaes Malagris mostram como um dos problemas mais importantes no tratamento de doenças crônicas não transmissíveis (DCNT) é a não adesão por parte dos pacientes aos regimes terapêuticos prescritos pelas equipes de saúde, tendo como consequência o agravamento do caso e o aumento dos gastos com atenção especializada. Os fatores que contribuem para a não adesão são variados e merecem a atenção dos profissionais. As estratégias cognitivo-comportamentais que são descritas podem contribuir para a minimização do problema.

Fernanda Paveltchuk e Marcele de Carvalho descrevem no capítulo 14 as Contribuições das Terapias Cognitivo-Comportamentais no Manejo do Estresse de Minorias em Lésbicas, *Gays*, Bissexuais e Pessoas Trans como o estresse relacionado à homofobia e à transfobia, considerado um tipo de estresse de minoria, pode funcionar como facilitador no desenvolvimento de psicopatologias em indivíduos LGBT. A Terapia Cognitivo-Comportamental pode contribuir para a melhoria da qualidade de vida da população LGBT ao oferecer um tratamento afirmativo que rompa com padrões cognitivos permeados pela internalização da homofobia ou da transfobia, além de favorecer o desenvolvimento de estratégias de *coping,* as quais funcionem como mediadoras ao estresse decorrente dos processos de estigmatização e discriminação sofridos.

Ilana Andretta, Luciane Leila Linden Gottschalk, Roberto Chiodelli e Luana Thereza Nesi de Mello, autores do capítulo 15, mostram como o processo de entrada na Universidade pode caracterizar uma etapa importante do ciclo vital e é marcada por diversas tarefas evolutivas. Caso não se dê de forma adaptativa, consequências negativas podem aparecer. Alguns programas de intervenção vêm se mostrando promissores neste contexto, como o *Mindfulness* e o *Coaching* Cognitivo-Comportamental. Este capítulo trata de descrever dois programas de intervenções, bem como seus resultados, trazendo possibilidade de replicação em outros contextos.

Vanessa Dordron de Pinho e Eliane Falcone são as autoras do capítulo 16, o qual aborda o tema do perdão interpessoal no âmbito da Psicologia Clínica.

Depois de apresentar o conceito, o texto trata dos benefícios associados à ocorrência do perdão. Por fim, são abordados os modelos de terapia do perdão, bem como intervenções que os psicólogos clínicos podem usar na prática para auxiliar seus clientes a superarem a mágoa interpessoal e alcançarem o perdão.

Evlyn Rodrigues Oliveira, Stèphanie Krieger, Monique Plácido, Juliana d'Agustin e Eliane Mary de Oliveira Falcone, autoras do capítulo 17, apresentam uma revisão da literatura acerca das deficiências em empatia nos indivíduos com transtorno de personalidade, assim como dificuldades específicas relacionadas a cada um deles. Também são apontadas sugestões terapêuticas de prevenção e intervenção para esse grupo clínico, caracterizado por ser resistente a mudanças, por apresentar padrões interpessoais disfuncionais, dificuldades para a manutenção de vínculos saudáveis, tendo em vista o grande desafio que representa para a prática clínica.

No capítulo seguinte, Marcele de Carvalho mostra como Efeitos Negativos (EN) podem ser definidos como as mudanças que o cliente experiencia como negativas e as atribui à Psicoterapia, que podem ocorrer durante ou após a mesma. Estudá-los é importante para a identificação de clientes em risco e para o desenvolvimento de estratégias de manejo e desenvolvimento de psicoterapias mais seguras. Sendo assim, o treinamento do psicoterapeuta em solicitar o relato, reconhecer, classificar, prevenir e manejar EN é fundamental. Porém, nesta temática, a investigação apresenta importantes limitações na atualidade, no que se refere à definição, à classificação e à avaliação dos possíveis efeitos adversos da Psicoterapia, assim como à questão ética que envolve a replicação dos achados.

Lucia Novaes Malagris e Diana Camera discutem como a religiosidade e a espiritualidade têm sido foco de atenção de pesquisadores, inclusive no campo da Psicoterapia. Para uma prática clínica eficaz, é importante que o psicólogo saiba os cuidados que deve ter, que entenda os conceitos envolvidos, conheça diretrizes básicas para a prática e desenvolva habilidades para intervenção. Dessa forma, os psicólogos podem atender tais demandas de forma eficaz, mantendo uma postura ética, respeitando a diversidade, as crenças e as práticas religiosas ou espirituais dos pacientes.

A seção 3 refere-se a competências técnicas e interpessoais do terapeuta e tem seu início com Marilda Novaes Lipp, a qual discute o que é desejável para ser um bom terapeuta. O capítulo remete inicialmente a uma reflexão sobre o que é Psicoterapia, na visão atual, e quais os objetivos da terapia cognitivo-comportamental. Adicionalmente, visa discutir a combinação necessária da arte e da ciência para atuar como um bom terapeuta, especificando os atributos mandatórios para tal e as condições que interferem no bom desempenho do terapeuta cognitivo-comportamental.

Ana Carolina Robbe Mathias apresenta em seu capítulo os principais desafios encontrados pelo psicoterapeuta no trabalho com pessoas com transtorno por uso de substâncias. A falta de motivação e a possibilidade de recaídas são comumente retratadas por psicólogos como dificuldade de manejo nesta clínica, por isso são trazidas formas de condução para lidar com esta problemática. Outras dificuldades são discutidas, tais como lidar com a descoberta de que o cliente está mentindo e com a falta de adesão comumente presente em pacientes com esta problemática.

O capítulo 22 tem como tema Como falar de Sexo no Consultório. Aline Sardinha, Marseylle Assis Brasil e Diana Soledade do Lago Camera demonstram que, embora a sexualidade seja um assunto importante e presente no cotidiano da maioria das pessoas, o tema permanece invisibilizado no contexto psicoterapêutico. Elas mostram que isso decorre principalmente de lacunas da formação em Psicologia e por um contexto social que dificulta o acesso a informações de qualidade sobre educação sexual. Elas colocam que os psicoterapeutas precisam não só buscar capacitação, mas também desconstruir suas próprias crenças disfuncionais a respeito da sexualidade.

Cristiane de Figueiredo Vasconcellos Rodrigues é a autora do capítulo O Adulto Saudável do Terapeuta: Contribuições do Modelo de Autoprática e Autorreflexão em Terapia do Esquema, no qual ela mostra que a Terapia do Esquema é uma abordagem complexa e focada na relação terapêutica que busca auxiliar pessoas com dificuldades psicológicas crônicas a encontrar formas adaptativas de satisfazer suas necessidades emocionais básicas. Para isso, o terapeuta do esquema precisa ser verdadeiramente empático e estar genuinamente disponível para oferecer uma experiência emocional significativa no processo terapêutico. Esse capítulo aborda formas de prática pessoal e estratégias de autocuidado que promovam o modo Adulto Saudável dos terapeutas do esquema.

No capítulo seguinte, Eliane Falcone e Evlyn Oliveira discutem os estilos interacionais disfuncionais de indivíduos com transtorno narcisista, caracterizados principalmente por um padrão de grandiosidade e de arrogância, como uma forma compensatória de regular as emoções decorrentes de suas vulnerabilidades. Por meio da integração dos modelos cognitivos e de esquemas, é apresentada uma conceitualização do transtorno, além de alternativas úteis de intervenção, mediante a relação terapêutica.

No capítulo 25, Eliane Falcone e Vanessa Dordron de Pinho propõem uma discussão sobre a atração sexual em Psicoterapia, mostrando que pesquisas têm indicado uma quantidade importante de terapeutas tendendo a lidar inadequadamente com as experiências envolvendo atração sexual em terapia. Esse capítulo apresenta uma revisão de estudos sobre o tema, em que são discutidos tópicos relativos às dificuldades do profissional em enfrentar essa experiência de forma construtiva, bem como sobre lidar eficazmente com sentimentos de atração neste contexto. Questões relativas à supervisão também são apresentadas.

A última seção se inicia com Patricia Barros apresentando e discutindo as principais estratégias de intervenções voltadas para o desenvolvimento de competências sociais em crianças e adolescentes, cujo foco está no conceito de competências sociais, intimamente vinculado à efetividade dos comportamentos nos ambientes naturais.

No capítulo seguinte, Diana Ribeiro da Silva e Daniel Rijo apresentam uma revisão sobre a literatura científica em torno da presença de traços psicopáticos em crianças e jovens. É dada ênfase à avaliação de traços psicopáticos nesta faixa etária e aos principais esforços de tratamento, destacando um programa de intervenção psicoterapêutico individual baseado na compaixão para jovens agressores com traços psicopáticos.

O último capítulo é de Ana Cláudia de Azevedo Peixoto e Luana Luiza Galoni que tem o objetivo de descrever a aplicação do Programa SUPERAR – uma proposta elaborada para servir de modelo de intervenção para crianças e adolescentes vítimas de violência sexual – em uma adolescente vítima de abuso sexual. Após a aplicação do programa, a paciente apresentou melhor adesão ao processo terapêutico, ampliação de conscientização quanto ao funcionamento emocional e comportamental, redução de sintomas ansiosos e dos quadros de explosão de raiva.

Em resumo, esta é uma obra marcante que conduz a reflexões e ensinamentos sobre a importância da flexibilidade e da aceitação de diferentes formas de intervenção das terapias cognitivo-comportamentais hoje em dia.

Bernard Pimentel Rangé
Abril de 2020

Apresentação

TCC: PRODUZINDO, INTEGRANDO E ATUALIZANDO CONHECIMENTO

A apresentação desta obra faz uma análise em retrospectiva dos últimos vinte anos, da trajetória de pessoas que, unidas por um ideal acadêmico, contribuíram para a construção e para o fortalecimento da Terapia Cognitivo-Comportamental (TCC).

Nos anos 1970, em São Paulo, havia um grupo na USP dedicado à análise experimental do comportamento, e, no Rio de Janeiro, um grupo na PUC, com essa abordagem, com experiência predominantemente clínica. Posteriormente, nos anos 1980, em Porto Alegre, formou-se um grupo que buscava ampliar os seus conhecimentos na terapia cognitiva de Beck. De todo modo, apesar de núcleos isolados, a realidade curricular dos cursos de Psicologia, com hegemonia Psicanalítica, era de pouca oferta de disciplinas e de estágio em TCC. Um *Zeitgeist* distorcido sobre a TCC vinha crescendo e contribuindo para o fortalecimento de ideias equivocadas em relação a essa abordagem. Muitos dos que ousavam exibir algum interesse na área revelavam ter um sentimento de "inferioridade"; outros escondiam essa preferência para não se sentirem excluídos pelos colegas. Os professores, nas poucas disciplinas de TCC oferecidas nos cursos de graduação, precisavam dedicar um tempo precioso para desfazer as "desinformações" que já estavam povoando o imaginário dos alunos (de que a TCC não era reducionista, de que não desconsiderava a história de vida, de que não cuidava apenas de fobias, de que não era limitada, entre outras distorções atribuídas).

Concomitantemente, diversos acontecimentos na área foram ocorrendo e, em 1998, em Gramado, foi criada a Sociedade Brasileira de Terapias Cognitivas (SBTC), atualmente Federação Brasileira de Terapias Cognitivas (FBTC). Em 2003, a professora Eliane Falcone assumiu a presidência dessa entidade e, naquele mesmo ano, propôs para os membros da diretoria, da então SBTC, a realização de um evento com preço acessível para os estudantes, em uma universidade, para que a

TCC pudesse ser divulgada entre os alunos de maneira precisa, vinculada a práticas de pesquisa e apoiada por evidências empíricas. Era uma reação estratégica que ela sabiamente estava apresentando para desfazer as distorções feitas sobre a TCC.

O nome "Mostra Universitária", dado pela professora Helene Shinohara, sintetizou muito bem o espírito desse projeto, que trouxe, como um movimento histórico, consequências cruciais para os rumos da TCC no Brasil, seja pelo pioneirismo, pelo exemplo que levou para outros Estados, seja pelos resultados obtidos com a qualidade do evento. Ocorrida em 17 de outubro de 2003, a 1ª Mostra teve como comissão organizadora as professoras Lucia Novaes, Helene Shinohara, Eliane Falcone, Angela Donato Oliva, e as psicólogas Paula Ventura, Cristiane Figueiredo e Mônica Duchesne, além de um grupo de alunos que, em grande parte, se tornaram profissionais na área.

Surpreendentemente, em sua primeira edição, o evento teve quase setecentos inscritos, muitos dos quais provenientes de outras cidades do Estado do Rio de Janeiro. Chamou a atenção o fato de haver alunos de outros municípios e não apenas da capital. O evento teve um verdadeiro sucesso de público, possivelmente por causa de uma conjunção de fatores: a) O preço foi acessível para os alunos (tanto para os alunos da graduação quanto para os alunos da pós-graduação); b) O formato voltou-se para contribuir na formação desse público, apresentando a TCC como de fato ela era (e ainda é); c) Havia uma demanda imensa por parte dos alunos para conhecer a TCC. Este último fator foi, além de uma grata surpresa, uma informação preciosa, de que um número expressivo de alunos queria aprender realmente sobre TCC, sem as disfarçadas desqualificações que acompanhavam as apresentações genéricas nos cursos acadêmicos, e a Mostra teve um papel em suas formações.

Identificada essa demanda, a Mostra voltou a se repetir em 2004 com grande sucesso. Para que as novas edições do evento pudessem ocorrer após a mudança de gestão da SBTC, em 2005, o grupo de organizadoras decidiu pela criação de uma associação na cidade do Rio de Janeiro com o nome Associação de Terapias Cognitivas do Estado do Rio de Janeiro (ATC-Rio), criado pela Professora Helene Shinohara. Graças ao sucesso da Mostra Universitária no Rio de Janeiro, uma nova entidade de TCC ganhava contorno e podia divulgar mais efetivamente essa prática psicoterápica. Mais uma vez, o pioneirismo incentivou que, posteriormente, novas associações locais fossem surgindo no Brasil.

Atualmente, há nove Estados com Associações de Terapias Cognitivas locais desenvolvendo trabalhos na área, divulgando conhecimento, sendo o melhor antídoto para as distorções.

Fazendo uma análise em retrospectiva, compreende-se então a relevância da realização, em 2003, da primeira Mostra Universitária de Terapias Cognitivo-Comportamentais no Rio de Janeiro para a formação de profissionais da área. Os rumos da história ali começaram a tomar uma nova direção. Até 2003, os alunos de graduação tinham pouca oferta de disciplinas relacionadas à TCC nas grades curriculares. Embora a Mostra não tenha sido o único evento contextual que modificou a popularidade da abordagem daquela época, era evidente o crescimento do interesse pela TCC, a despeito das críticas, do pouco espaço e da pouca receptividade na academia a ela dispensados. Isso inspirou muitos profissionais a abrirem espaços semelhantes.

Com apresentações de psicoterapeutas com formação em TCC e professores envolvidos em pesquisa, a Mostra foi se tornando um evento de atualização profissional, divulgação precisa e produção de conhecimento nessa área.

Além da criação da ATC-Rio, a Mostra resultou em dois outros frutos acadêmicos da maior relevância: dois livros que reúnem materiais inéditos para os psicoterapeutas. O primeiro, publicado em 2012, e o segundo, esta nova coletânea, organizada por nós, e lançada em 2020.

O livro do ano de 2012, intitulado "Produções em Terapia Cognitivo-Comportamental", resultou das apresentações de trabalhos das dez primeiras Mostras Universitárias de Terapias Cognitivo-Comportamentais. Historicamente, cabe lembrar que a Mostra teve as primeiras 13 edições realizadas na Universidade do Estado do Rio de Janeiro. Se um evento tem fôlego para lançar um livro em sua décima edição, há de se pensar que a qualidade, a relevância e a seriedade são a sua marca. Por conseguir reunir tantos profissionais com trabalhos realizados basicamente no Brasil, trata-se de "uma obra muito importante", como disse em 2013, com toda sua autoridade na área, o professor David Clark à professora Eliane Falcone, uma das organizadoras, por ocasião do IX Congresso Brasileiro de Terapias Cognitivas em Ribeirão Preto, na tarde de lançamento de livros. De fato, a obra "Produções em Terapia Cognitivo-Comportamental" representou um marco para a área.

No XII Congresso Brasileiro de Terapias Cognitivas que ocorreu em Fortaleza, em 2019, nós, as professoras Eliane Falcone, Marcele de Carvalho, Lucia Novaes e Angela Donato Oliva, levantamos alguns pontos: a) que os trabalhos apresentados nas Mostras tinham qualidade semelhante aos dos congressos nacionais e internacionais da área; b) que a primeira publicação tinha sido importante em termos de produção nacional; c) que a Mostra de TCC gera Anais, os quais são mantidos nos arquivos da Associação de Terapias Cognitivas do Rio de Janeiro (ATC-Rio), compostos apenas pelos resumos das apresentações. A partir disso, percebemos que a Mostra de TCC vem evidenciando o seu importante movimento no Brasil e no mundo, especialmente quanto à integração de modelos terapêuticos. Esse evento tem possibilitado, anualmente e localmente no Rio de Janeiro, o encontro de profissionais do Brasil e do mundo que efetivamente contribuem para a atualização científica de alunos de graduação, pós-graduação, docentes e clínicos. Nesse encontro, decidimos abraçar a ideia de organizar este segundo livro, "Produções em Terapia Cognitivo-Comportamental: integração e atualização", originado das Mostras de 2012 a 2019, selecionando alguns dos principais trabalhos apresentados nesse período. Nossa avaliação foi a de que estava na hora de criar uma obra que fizesse jus à grandiosidade dos conteúdos apresentados em suas várias edições nos últimos anos. Munidas de grande motivação para que a divulgação dos conteúdos apresentados pudesse ser ampliada e acessada por psicólogos de todo o Brasil, unimo-nos para materializar o presente livro, fruto, como já dito, das edições de 2012 a 2019 do evento.

Para concretização do objetivo, pesquisamos todos os resumos das diversas modalidades que fizeram parte das edições da Mostra de TCC dos últimos nove anos. Consideramos o número limite de capítulos oferecido pela Editora, optamos por incluir conteúdos oriundos de conferências, mesas redondas e *pôsters*, pela profundidade e atualização que demonstraram apresentar e por revelarem demandas atuais de pesquisa e avanços da TCC. Sendo assim, selecionamos os temas em consonância com a proposta de integração e atualização da publicação. Após a seleção dos temas, convidamos os autores para participação e escrita sobre os trabalhos que apresentaram, buscando atualizar o conteúdo de acordo com a evolução científica na área específica de que tratariam no capítulo. Assumimos a responsabilidade pela revisão técnica dos textos, e o que mostrou necessário ser revisto foi equacionado pelos autores, chegando a um material altamente qualificado e atualizado.

A obra segue as perspectivas integrativas, baseada em evidências, oferecendo o estado da arte dos estudos e intervenções na área. Desde seus primórdios, o progresso teórico das TCCs provém de investigações clínicas e experimentais de hipóteses derivadas dos axiomas formais da teoria cognitiva. Como se trata de uma abordagem baseada no método científico, à medida que uma hipótese específica não demonstra sustentação, a base teórica da hipótese será modificada de acordo com os achados. Desta forma, os vários modelos que compõem a TCC fornecem um arcabouço teórico unificador e coerente, no qual as estratégias clínicas de abordagens diversas, desde que estabelecidas e validadas, podem ser adequadamente incorporadas, gerando assim um paradigma integrador cada vez mais abrangente para a prática clínica, mantendo-se em constante desenvolvimento e evolução. Nesta obra, foram incluídos, então, conteúdos pertinentes a tais perspectivas.

A primeira parte do livro trata de modelos de avaliação e intervenção nos vários paradigmas da TCC e inicia expondo os aspectos históricos integrativos do pensamento cognitivo-comportamental (Capítulo 1), demonstrando, assim, a influência mútua entre comportamentos, cognições e emoções e as diversas possibilidades interventivas por meio destas vias de acesso para mudança. Além disso, ressalta que independentemente da ênfase utilizada no tratamento, uma mudança global em todas essas variáveis pode ser alcançada. É nesse contexto que são apresentados modelos de avaliação e intervenção com as ênfases cognitiva (Capítulos 3 e 8, que abordam a Terapia Metacognitiva e a Terapia Cognitiva

Sexual), comportamental (Capítulos 2 e 7, que abordam a Terapia Comportamental Dialética e o paradigma da aprendizagem inibitória na Terapia de Exposição) e emocional (Capítulo 6, que aborda técnicas experienciais na Psicoterapia); além de aspectos do tratamento transdiagnóstico, o qual reforça a inter-relação entre estas variáveis, independentemente da ênfase da intervenção (Capítulo 5). Por último, apresenta-se a contribuição da abordagem de redes para a prática clínica, explorando a proposição dos transtornos psicológicos serem conceitualizados como redes de sintomas de interação causal e as possibilidades deste entendimento para a prática clínica (Capítulo 4).

A segunda parte traz atualizações das aplicações da TCC para diferentes demandas, com temáticas diversas, originais e altamente relevantes para a prática clínica, como: tratamentos eficazes para preocupações excessivas (Capítulo 9), intervenções terapêuticas para a autocrítica exagerada (Capítulo 10), protocolo de tratamento por meio de realidade virtual para pessoas com medo de avião (Capítulo 11), avaliação e intervenções para pacientes com dependência de internet e transtornos de ansiedade (Capítulo 12), estratégias cognitivo-comportamentais que podem contribuir para a adesão ao tratamento de doenças crônicas (Capítulo 13), o manejo do estresse de minorias em lésbicas, *gays*, bissexuais e pessoas trans (Capítulo 14), programas breves de intervenção baseados em *mindfulness* e em *coaching* cognitivo-comportamental para universitários (Capítulo 15), intervenções para a promoção do perdão interpessoal (Capítulo 16), sugestões terapêuticas de prevenção e intervenção direcionadas aos *deficits* em empatia em indivíduos com transtorno de personalidade (Capítulo 17), reflexões acerca de possíveis efeitos negativos em Psicoterapia e sua prevenção (Capítulo 18) e considerações sobre religiosidade e espiritualidade na prática clínica em Terapia Cognitivo-Comportamental (Capítulo 19).

A terceira parte desta obra aborda as competências técnicas e interpessoais do terapeuta, trazendo ao leitor contribuições referentes à abrangência e aos limites da sua possível atuação (Capítulo 20), aos principais desafios encontrados pelo psicoterapeuta no trabalho com pessoas com transtorno por uso de substâncias (Capítulo 21), à instrumentalização do terapeuta cognitivo-comportamental para abordar temáticas sobre sexualidade em seus atendimentos clínicos (Capítulo 22), às estratégias de autocuidado aplicadas por meio de autoprática e autorreflexão com o objetivo de desenvolver o modo adulto saudável dos terapeutas do esquema (Capítulo 23), aos desafios e possíveis intervenções no tratamento de indivíduos narcisistas (Capítulo 24) e às dificuldades do profissional em lidar com experiências envolvendo atração sexual em terapia (Capítulo 25).

A quarta e última parte traz contribuições sobre estratégias de intervenção na prática clínica com crianças e adolescentes, incluindo a apresentação de estratégias voltadas para o desenvolvimento das competências sociais em crianças e adolescentes (Capítulo 26), de um programa de tratamento baseado na compaixão para jovens agressores com traços psicopáticos (Capítulo 27) e de uma descrição da aplicação de um modelo de intervenção para crianças e adolescentes vítimas de violência sexual (Capítulo 28).

Após o título de cada capítulo, pode-se identificar a modalidade de trabalho, o ano e a edição da Mostra em que este foi apresentado. Em seu conjunto, os capítulos desta obra contribuem para a produção de conhecimento na área de fundamentos, pesquisa e prática da TCC, além de confirmar a qualidade e atualização dos temas apresentados nas várias edições da Mostra.

O livro é recomendado para alunos de graduação, como consulta complementar à sua formação; para alunos de pós-graduação, como fonte de dados de pesquisa e intervenção; e para clínicos, como recurso de tratamento para diversas demandas. Os leitores leigos na área também poderão se beneficiar, uma vez que os textos são de fácil compreensão.

Agradecemos a contribuição dos autores pelo empenho na produção de todos esses diversificados e aprofundados conteúdos, e desejamos aos leitores um excelente proveito.

Angela Donato Oliva
Eliane Mary de Oliveira Falcone
Lucia Emmanoel Novaes Malagris
Marcele Regine de Carvalho

I. MODELOS DE AVALIAÇÃO E INTERVENÇÃO

Capítulo 1

O PENSAMENTO COGNITIVO-COMPORTAMENTAL: INTEGRAÇÃO, EVOLUÇÃO E APLICAÇÕES NA CLÍNICA

XVI Mostra de TCC, 2018

Trabalho apresentado na modalidade Mesa Redonda

Eliane Mary de Oliveira Falcone

Síntese

O capítulo aborda a evolução do pensamento cognitivo-comportamental, no contexto do movimento de integração das Psicoterapias, desde os anos 1970 até o momento atual, e aponta os aspectos comuns entre os modelos de TCC, ressaltando a importância de manter esta integração por meio de uma prática clínica que contemple os problemas e as necessidades de cada cliente, em vez da primazia de uma abordagem.

Introdução

A Terapia Cognitivo-Comportamental (TCC) representa uma grande família de modelos de intervenção baseados em evidências, considerada como a mais testada e bem validada dentre as abordagens psicoterapêuticas. Seu caráter científico justifica a sua indicação pelos sistemas de saúde como o tratamento padrão para uma variedade de transtornos mentais (Falcone, 2018; Hoffman, Asmundson, & Beck, 2013; Wenzel, 2018).

Embora com algumas divergências teóricas e práticas, os modelos que compõem a TCC têm em comum o foco nas estruturas de significado e nos processos de elaboração da informação. Assim, a percepção dos eventos (cognições) influencia e é influenciada pelas emoções e pelos comportamentos (Clark & Beck, 2012; Hoffman, et al., 2013). A ênfase no comportamento, na emoção ou na cognição caracteriza as diferenças teóricas e práticas entre os vários modelos da TCC. Reitera-se que a ênfase dada a um desses aspectos pode ser observada no conjunto de técnicas de intervenção, mas os três componentes são pilares nos vários modelos da TCC.

Neste capítulo, pretende-se apresentar a evolução do pensamento cognitivo--comportamental, o qual fundamenta os seus vários modelos de intervenção e suas técnicas psicoterápicas. Uma vez que a TCC se constitui como uma abordagem integradora desde seu surgimento (Beck & Alford, 2000; Edwards & Arntz, 2012), cabe realizar primeiramente uma breve revisão sobre as origens e os princípios que norteiam a integração em Psicoterapia.

O Movimento de Integração em Psicoterapia e a TCC

Durante os anos 1970, os enfoques psicoterápicos baseavam-se exclusivamente em suas próprias teorias para a promoção de mudança. Essa postura restringia os recursos utilizados para atender às diferentes demandas dos clientes, comprometendo assim os efeitos do tratamento (Beck & Alford, 2000; Fernandez-Alvarez & Castro, 2004). Posteriormente, psicoterapeutas e pesquisadores clínicos de distintas abordagens começaram a explorar mais cuidadosamente os vários enfoques psicoterápicos (Edwards & Arntz, 2012).

As limitações identificadas em cada modelo de tratamento, constatadas principalmente pelo crivo de investigações mais rigorosas, levaram à conclusão de que a predição e a validação de parte de teorias já existentes poderiam ser enquadradas em um marco teórico mais amplo e integrativo para dar conta da vasta complexidade das reações psicológicas. O enfoque integrativo buscava descobrir, dentro de uma diversidade de teorias, "nexos conceituais que permitissem a articulação de sínteses teóricas, além de identificar modos de intervenção que promovessem maior efetividade aos tratamentos." (Fernandez-Alvarez & Castro, 2004, p. 16).

Todo este movimento pró-integração, ocorrido ao longo dos anos 1970, levou à formação da *Society for the Exploration of Psychotherapy Integration* (*SEPI*), em 1980 (Fernandez-Alvarez & Castro, 2004). Dez anos depois, foi fundado o *Journal of Psychotherapy Integration* (Edwards & Arntz, 2012). Outros dois periódicos com proposta integradora incluíram o *Cognitive Therapy and Research*, fundado em 1977, que reunia diferentes áreas da Psicologia (clínica, cognitiva, de aconselhamento, evolucionista, experimental, de aprendizagem, da personalidade e social) e o *Journal of Cognitive Psychotherapy*, fundado em 1987, que integrava a Terapia Cognitiva com outros sistemas de Psicoterapia (Beck & Alford, 2000).

A integração em Psicoterapia diferencia-se do ecletismo teórico, na medida em que este último não se baseia em uma teoria comum, mas em uma mistura de partes de procedimentos independentes, os quais nem sempre são legitimados cientificamente. Já o enfoque integrativo se utiliza de partes válidas de diferentes modelos existentes, as quais são organizadas dentro de um marco teórico mais amplo, formando um todo integrado. Em uma perspectiva de integração, as distintas teorias compartilham diversos aspectos do paradigma teórico subjacente a elas (Fernandez-Alvarez & Castro, 2004). Além disso, tal perspectiva permite que o terapeuta disponha de um leque de recursos técnicos para atender à demanda de cada cliente (Young, 2008). Reconhecer as contribuições vindas de outros pontos de vista, extraídos de uma variedade de pesquisas baseadas em diferentes modelos permite o avanço do conhecimento das causas e do tratamento de problemas clínicos (Beck & Alford, 2000).

Na história da TCC, verifica-se, então, o seu caráter integrador desde a sua origem, conforme será detalhado a seguir. Nesse sentido, o pensamento cognitivo-comportamental evoluiu pelo seu compromisso com o método científico (baseado em evidências) e pela sua característica integradora, o que explica a sua considerável capacidade de aglutinar uma quantidade cada vez maior de modelos psicoterápicos cientificamente válidos e teoricamente integrados.

Origens das Abordagens Cognitivo-Comportamentais: os Anos 1970

A TCC surgiu no início dos anos 1970, em um contexto onde ocorriam insatisfações com os modelos tradicionais de aprendizagem e com a abordagem psicodinâmica. Aliado a esses fatores, identifica-se a influência do movimento chamado revolução cognitiva (Dobson & Scherrer, 2004).

As práticas da terapia comportamental baseavam-se nos modelos de condicionamento clássico e operante, com abrangência insuficiente para dar conta de problemas emocionais mais complexos. Embora várias técnicas baseadas nos modelos de estímulo e resposta tenham se mostrado eficazes no tratamento de fobias, como os procedimentos de exposição e de dessensibilização sistemática, estas não se estendiam a outros transtornos de ansiedade e do humor. Além disso, pesquisadores dos modelos de condicionamento clássico já sugeriam a existência de um processamento consciente subjacente ao comportamento. Os estudos de Pavlov sobre a linguagem e o segundo sistema de sinais, bem como as proposições de Tolman de que os organismos desenvolvem cognições sobre diferentes estímulos, já representavam indícios para a relevância das cognições no comportamento (Para uma revisão mais detalhada deste assunto, ver Falcone, 2005, 2018).

No início dos anos 1960, explicações alternativas para além das mudanças de comportamento por contingências de reforçamento foram demonstradas por Bandura, o qual sustentou empiricamente que o comportamento social era mais amplamente aprendido pela observação de modelos, do que pelas suas consequências (reforçamento). Além disso, a avaliação da própria capacidade para realizar uma tarefa e de obter resultados positivos (expectativa de eficácia) é mais determinante da ocorrência do comportamento do que apenas a sua consequência. Vigotsky, por sua vez, demonstrou que crianças podiam aprender regras de gramática independentemente de serem reforçadas e Mahoney sustentou que processos cognitivos mediavam o comportamento (Dobson & Scherrer, 2004; Falcone, 2005, 2018).

As insatisfações com o modelo psicodinâmico começaram no final dos anos 1950, a partir do questionamento de muitos analistas norte-americanos, dentre estes Aaron Beck e Albert Ellis, à teoria das pulsões, considerada como "errônea" e "obsoleta" (Dobson & Dozois, 2006; Semerari, 2002). A avaliação crítica da teoria psicanalítica realizada por Beck (Beck, Rush, Shaw, & Emery, 1982) ocorreu a partir de resultados experimentais de seus estudos com pacientes deprimidos, em que foi identificada uma discrepância acentuada entre os dados empíricos do estudo e a teoria clínica psicanalítica (Beck et al., 1982).

Eysenck também avaliou a eficácia das terapias de orientação psicodinâmica e não encontrou provas conclusivas de que essa abordagem de tratamento fosse mais efetiva do que a remissão espontânea (melhora produzida sem tratamento específico). Rachman e Wilson também constataram ausência de evidências que sustentassem a eficácia da Psicanálise (Dobson & Dozois, 2006).

Outro fator contextual que influenciou o desenvolvimento da TCC refere-se a uma crescente atenção dada aos aspectos cognitivos do funcionamento humano na Psicologia geral. O início dos anos 1950 testemunhou um movimento conhecido como revolução cognitiva, que influenciou um novo modo de entender o mundo em termos de sistemas cognitivos e de elaboração de dados, os quais se consolidaram em várias ciências e disciplinas, incluindo a Inteligência Artificial, a Psicologia Cognitiva e as Neurociências (Dobson & Scherrer, 2004; Semerari, 2002). Conceitos da Psicologia Cognitiva Experimental contribuíram para a compreensão da ansiedade e da depressão. Os modelos de processamento da informação fundamentaram os construtos clínicos sobre mediação cognitiva da ansiedade (Dobson & Dozois, 2006).

Terapeutas de tradição psicanalítica, como Beck e Ellis, passaram a utilizar tratamentos mais relacionados à realidade percebida pelos pacientes, ou seja, a partir da experiência vivida por eles e de suas representações conscientes. Beck encontrou nas ciências cognitivas e no movimento da terapia comportamental uma contribuição substancial para o desenvolvimento da Terapia Cognitiva (Beck et al., 1982; Dobson & Scherrer, 2004; Semerari, 2002).

Todos esses fatores contextuais levaram à crescente identificação de vários terapeutas e teóricos como de orientação cognitivo-comportamental, impulsionando pesquisas nesta área, resultando em um campo cada vez mais crescente da TCC (Dobson & Dozois, 2006). Esse parece ser o início da integração de modelos de tratamento para a formação da abordagem cognitivo-comportamental, reunindo, em sua fase inicial, as teorias de aprendizagem e as teorias cognitivas.

Diversos modelos de intervenção surgiram a partir dessa integração. Alguns consideravam o pensamento como influenciado pelo condicionamento, enquanto outros se focalizavam nas crenças e em sua racionalidade, ou nas emoções e nas relações de apego.

Os Diferentes Modelos de TCC: os Anos 1980 e 1990

Ao final dos anos 1970, três diferentes tipos de modelo cognitivo-comportamental foram identificados, conforme classificação de Caro Gabalda (1997).

O primeiro modelo era representado por teóricos alinhados com a tradição comportamental. O pensamento era conceituado como um conjunto de autoenunciados encobertos, os quais poderiam ser influenciados pelas mesmas leis do condicionamento. As técnicas de tratamento incluíam a prática de relaxamento, exposição, ensaio comportamental, contingências de reforçamento, etc., além do desenvolvimento de habilidades cognitivas específicas. A abordagem de autocontrole para crianças impulsivas, de Donald Meichenbaum, por meio de autoverbalizações e autoinstruções, representa um dos mais típicos exemplos de um modelo de TCC de tradição comportamental (Caro Gabalda, 1997; Dobson & Dozois, 2006).

O segundo modelo, de reestruturação cognitiva, fundamentava-se principalmente nas ciências cognitivas. Seus principais precursores, Beck e Ellis, vindos de uma tradição psicanalítica, buscavam uma nova visão sobre a psicopatologia e, ao mesmo tempo, estavam interessados no método experimental (Caro Gabalda, 1997). Compreendiam os sintomas clínicos como influenciados pelos esquemas (estruturas cognitivas que organizam e processam as informações), os quais representam os padrões de pensamentos adquiridos no início do desenvolvimento. Esquemas disfuncionais resultam na distorção da realidade e facilitam a ocorrência de transtornos mentais. O tratamento envolvia técnicas cognitivas de identificação e desafio de crenças irracionais, modelagem, exercícios de combate à vergonha, treinamento de habilidades (Ellis) e de monitoria de pensamentos, reconhecimento das relações entre situação, pensamento, emoção e comportamento, bem como a exploração de cognições mais realistas (Beck) (Dobson & Dozois, 2006).

O terceiro modelo, representado por terapeutas cognitivos construtivistas como Mahoney, Guidano, Liotti, dentre outros, considerava que a imagem pessoal é construída a partir das relações de apego. Os padrões problemáticos de comportamento seriam consequências da organização cognitiva (pressupostos e regras tácitas de inferência que influenciam o conteúdo do pensamento) (Dobson & Dozois, 2006). Este modelo diferencia-se do segundo modelo por buscar o valor de "validade" da coerência das estruturas cognitivas, em vez do valor de "verdade". Há menos foco na mudança do conteúdo do pensamento e mais foco no processo de encontrar sentido e conexões nas experiências. Além disso, enquanto Beck e Ellis enfatizavam as cognições como mediadoras do comportamento, os terapeutas construtivistas defendiam o papel das emoções como preponderantes na influência do comportamento (Caro Gabalda, 1997; Dobson & Dozois, 2006).

Ao longo dos anos 1980 e 1990, a terapia cognitiva de Beck passou a ser testada de forma crescente por uma variedade de pesquisadores, assumindo um protagonismo dentre as outras abordagens da TCC, influenciando a pesquisa e a Psicoterapia em temas, tais como, depressão, suicídio, ansiedade, esquizofrenia, abuso de substâncias, raiva em relacionamentos, dor aguda, etc. (Padeski, 2010).

Nos anos 1990, Beck trouxe a perspectiva de um tratamento de longo prazo aplicado aos transtornos de personalidade baseado em esquemas. Anos mais tarde, ele explorou o conceito de "modos" (redes de componentes cognitivos, afetivos, motivacionais e comportamentais) e de "cargas" (flutuações nos gradientes de intensidade das estruturas cognitivas) (Padeski, 2010).

Além das Ciências Cognitivas, da Psicologia Social, da Biologia Evolucionista e do Modelo Comportamental, a terapia cognitiva de Beck teve a influência de autores Neo-Freudianos como Karen Horney (experiências precoces subjacentes a construções negativas do *self*, estratégias compensatórias de neutralização da emoção, a "tirania dos deverias", etc.) e Sullivan (esquemas interpessoais nas interações sociais), entre outros (Beck & Alford, 2000).

Os Modelos de TCC surgidos no Século XXI e as suas Bases de Pensamento

Os modelos de TCC que surgiram a partir dos anos 2000 têm como base de pensamento e de investigação os processos inconscientes (automáticos) de cognição, as memórias emocionais, as estratégias vivenciais e a aceitação da emoção, confirmando e ampliando o que já existia nos modelos anteriores. O avanço das pesquisas em Neurociências (Borges & Piccoloto, 2014), os efeitos do *mindfulness* (Kabat-Zinn, 2018), além da maior valorização das experiências desenvolvimentais para melhor compreensão e tratamento dos transtornos mentais (Falcone, 2014) começaram a influenciar o pensamento cognitivo-comportamental, trazendo novas alternativas de intervenção.

Uma das contribuições que influenciaram a criação de novas estratégias de regulação das emoções refere-se às metacognições (avaliações e sentimentos subjetivos sobre os próprios pensamentos e emoções) (Wells, 2010). Crenças negativas sobre pensar e experimentar emoções (mais do que o seu contexto ativador) devem ser priorizadas no tratamento, uma vez que produzem estratégias disfuncionais de regulação das emoções, tais como a evitação e o controle inadequado das mesmas (Leahy, 2016). Ajudar o cliente a aceitar, compreender e validar as próprias emoções, em vez de julgá-las como inadequadas, ameaçadoras ou vergonhosas, também faz parte de uma nova abordagem às emoções, devendo estas ser compreendidas em termos de seus significados, como alternativa a controlá-las, obtendo-se assim o alívio (Leahy, 2016; Wells, 2010).

A regulação das emoções também ocorre a partir da prática sistemática do *mindfulness* (Kabat-Zinn, 2018), traduzida como atenção plena. Os princípios do *mindfulness* são equivalentes aos da TCC, no que diz respeito às relações entre a interpretação dos eventos e os sentimentos/comportamentos. Com o treino do *mindfulness*, o indivíduo toma consciência de pensamentos que aparecem em sua mente, assim como de sentimentos relacionados, sem julgá-los, mantendo-se atento às suas sensações do momento. Essa nova forma de lidar com esses pensamentos leva a uma extinção gradual dos conteúdos negativos dos mesmos, uma vez que perdem sua força e seu impacto (Williams & Penman, 2015).

As emoções também podem ser compreendidas e acessadas por meio da ativação do sistema inconsciente (automático) de memórias, decorrente de experiências vivenciadas em uma infância precoce, antes da formação da linguagem, as quais são salvas na região da amigdala. Quando ocorrem estímulos semelhantes àqueles vivenciados na infância, com elevada carga emocional, as emoções e sensações relacionadas ao evento remoto são ativadas inconscientemente pelo sistema amigdaliano. Isso explica o fato de um paciente revelar que está experimentando extrema angústia, sem conseguir identificar o que a está ativando (Young, Klosko, & Weishaar, 2003). Ao conectar essas emoções e sensações às memórias de experiências remotas, o paciente passa a dar sentido a elas e a ressignificar suas experiências, reduzindo a carga emocional negativa relacionada à sua angústia (Falcone, 2014; Mendes & Falcone, 2014; Young et al., 2003).

Os modelos recentes de TCC exploram mais detalhadamente a fase desenvolvimental e a relação terapêutica, ligando experiências da infância às emoções evocadas pelas experiências atuais na vida do cliente (especialmente no tratamento de problemas caracterológicos) (Young et al., 2003). Para além do estilo colaborativo proposto por Beck (encorajamento do cliente para trabalhar em conjunto com o terapeuta), a relação terapêutica não somente busca a adesão do cliente à terapia, mas passa a exercer um papel ativo de mudança.

Neste sentido, com base na teoria do apego, o terapeuta precisa atender às necessidades infantis de seu cliente, provendo-lhe uma experiência emocional corretiva (reparação parental limitada) e facilitadora da mudança dos esquemas relacionais subjacentes. A confrontação empática (validar as dificuldades do cliente e ao mesmo tempo confrontar os seus padrões disfuncionais) também contribui para a reflexão sobre mudar ou manter os próprios padrões (Farrell, Reiss, &

Shaw, 2014). A validação empática da perspectiva do outro, considerando-a genuína, leva o cliente a se sentir compreendido, gerando a autotranquilização e a autocompaixão (Gilbert, 2017; Rijo et al., 2014). Assim, a relação terapêutica fornece o contexto para mudanças interpessoais curativas e se revela como um dos principais recursos de mudança.

A aceitação da experiência pessoal, independente da valência que ela possua (Leahy, 2016), também representa uma tendência do pensamento cognitivo-comportamental recente. Essa perspectiva explora a consciência pessoal sobre o funcionamento da mente e das emoções, aceitando as diferenças entre a realidade e a experiência subjetiva desta, sem buscar esforço para modificá-la ou evitá-la, ou seja, sem substituir o processamento distorcido (pensamentos automáticos e crenças nucleares negativas) por uma visão mais realista (Pergher & Melo, 2014; Rijo et al., 2014). Tal tendência reafirma o modelo já proposto pelos terapeutas cognitivo-construtivistas, descrito anteriormente por Caro Gabalda (1997). Relacionar as memórias de experiências infantis carregadas de afeto às experiências emocionais atuais também constitui um valioso recurso para desenvolver a autoconsciência e a autocompaixão, além de promover importante alívio de emoções negativas intensas (Rijo et al., 2014).

Finalmente, uma nova tendência em TCC baseia-se no modelo transdiagnóstico, cujo objetivo é compreender e tratar os fatores cognitivos, emocionais e comportamentais compartilhados entre diferentes transtornos (Barlow & Durand, 2017; Payne, Ellard, Farchione, Fairholme, & Barlow, 2016). O modelo é fundamentado em estudos que encontraram taxas elevadas de comorbidade entre os transtornos de ansiedade e do humor, sugerindo que estes podem ser considerados como variações de uma mesma síndrome (Franzin, Caetano, & Melo, 2018). O modelo transdiagnóstico considera os transtornos mentais a partir de espectros e propõe uma abordagem dimensional entre os diagnósticos, em alternativa a uma formulação categorial, predominantemente utilizada (Falcone & Gonçalves, 2019). Padrões cognitivos compartilhados identificados em diferentes transtornos emocionais incluem o perfeccionismo, a atenção auto focada, o negativismo, o autocriticismo, a intolerância a incerteza, a ruminação, entre outros (Barlow & Durand, 2017; Payne et al., 2016).

Os Modelos Recentes de TCC e seus Pressupostos

Em seu conjunto, os vários modelos recentes de TCC refletem a sua evolução, desde sua origem. A seguir, de forma sucinta, serão apresentados alguns modelos mais recentes de TCC, agrupados de acordo com suas ênfases (comportamental, cognitiva e emocional/experiencial), conforme os seus pressupostos (**Tabelas 1, 2 e 3**).

Tabela 1 – Abordagens de ênfase no comportamento

Terapias e Pressupostos	Abordagem Terapêutica
Terapia Comportamental Dialética (DBT) Baseia-se na desregulação emocional e na carência de habilidades sociais, como aspectos centrais nos problemas de indivíduos portadores de múltiplas comorbidades. Utiliza-se de intervenções cognitivas sobre crenças e pensamentos distorcidos, mas baseia-se na análise funcional do comportamento, nas práticas do Zen Budismo e na filosofia dialética (Linehan, 2003; Melo, Baldisserotto, & Souza, 2019).	Utiliza estratégias comportamentais como modelação (aquisição de comportamento a partir da imitação de modelos); modelagem (aproximações sucessivas reforçadas para chegar ao comportamento alvo); solução de problemas; automonitoramento; estratégias de comunicação, entre outras. A relação terapêutica demanda validação e aceitação, empatia e comunicação.
Terapia de Aceitação e Compromisso (ACT) Propõe que o sofrimento psicológico é consequência da maneira como o indivíduo responde à própria atividade cognitiva e às emoções. As tentativas de evitar esses eventos internos levam o indivíduo a deixar de experimentar uma vida significativa por evitar experiências internas indesejadas. Em outras palavras, o indivíduo reage aos próprios pensamentos da mesma forma que reagiria aos eventos reais (Hayes, Strosahl, & Wilson, 2012; Pergher & Melo, 2014).	A terapia procura ajudar o paciente a aceitar, em oposição a controlar, pensamentos e emoções negativos sem evitá-los. Ver a diferença entre ter um pensamento e o que está ocorrendo na realidade (desfusão cognitiva), usar práticas de *mindfulness*, diferenciar valores e metas são estratégias utilizadas. O compromisso corresponde a um dos processos centrais ao tratamento: buscar ações e comportamentos congruentes com os valores de vida identificados pelo paciente.

Tabela 2 – Abordagens de ênfase nas cognições

Terapias e Pressupostos	Abordagem Terapêutica
Terapia Metacognitiva (TMC) Propõe que os estilos de lidar com as cognições (ex.: supervalorizar a preocupação, crenças negativas sobre as emoções) estão na base dos transtornos mentais. A preocupação, a ruminação e o monitoramento de ameaças são estratégias disfuncionais de regulação emocional, mobilizando recursos pessoais para lidar com essas estratégias e levando o indivíduo a um aprisionamento nesta forma contraproducente de enfrentamento (Wells, 2010).	A terapia focaliza a reestruturação das crenças metacognitivas. As principais estratégias são o treino atencional, a prática do *mindfulness* e o questionamento socrático das metacognições, seguido de experimentos comportamentais (para enfraquecer as crenças metacognitivas).

Terapias e Pressupostos	Abordagem Terapêutica
Terapia Cognitiva Processual (TCP) Baseada na obra "O Processo", de Kafka, a abordagem faz uma analogia com um processo jurídico em que o personagem se acusa de um crime e assume a culpa, dispensando o julgamento. Tal decisão envolve um sentimento de culpa e um processamento de autoacusação, presente nas crenças nucleares dos pacientes com transtornos mentais. A partir desta analogia, e com base no modelo cognitivo de Beck, as crenças pessoais negativas do paciente são abordadas e reestruturadas (Oliveira & Reis, 2019).	A terapia utiliza vários procedimentos da terapia cognitiva de Beck, diferenciando-se pelos procedimentos de avaliação e de tratamento estruturados. As técnicas simulam um julgamento em que o "crime" é a crença nuclear e o paciente é o réu, o qual será julgado. Entretanto, o próprio paciente será o advogado de defesa, o promotor, o júri e o juiz durante as fases do julgamento. Ao representar cada um desses papéis, ele passa a compreender mais objetivamente as razões de seu sofrimento. Além de se tornar mais compassivo consigo mesmo, ele modifica a sua crença central e passa a ver outros modos de encarar os seus problemas.

Tabela 3 – Abordagens de ênfase nas emoções

Terapias e Pressupostos	Abordagem Terapêutica
Terapia do Esquema (TE) de Young Representa uma parte de uma tendência mais ampla em TCC para compreender o processamento não consciente. Propõe que padrões autoderrotistas de funcionamento interpessoal (Esquemas Iniciais Desadaptativos – EID) são construídos a partir de necessidades emocionais frustradas de forma consistente e/ou traumática (estilos parentais erráticos ou disfuncionais). Apesar de construídos na infância, objetivando a adaptação a situações interpessoais negativas com os cuidadores, os EID assumem um caráter desadaptativo na vida adulta por causa dos estilos disfuncionais de enfrentamento e dos modos de esquema (Young, Klosko, & Weishaar, 2003).	A terapia objetiva ajudar o paciente a atingir as suas necessidades emocionais por meio do enfraquecimento dos EID dos estilos disfuncionais de enfrentamento e do fortalecimento de um modo adulto saudável de funcionamento. Estratégias cognitivas, vivenciais (ativação de memórias infantis por meio de imagens mentais) e comportamentais (estilos de enfrentamento e modos) são utilizadas, assim como memórias de experiências emocionais infantis. A relação terapêutica assume um importante papel para a mudança.

Terapias e Pressupostos	Abordagem Terapêutica
Terapia do Esquema Emocional (TEE) Focada nas crenças sobre as emoções e nas estratégias de controle emocional. Assume que os indivíduos constroem teorias sobre as próprias emoções e enfatiza a importância da experiência, da expressão e da avaliação das emoções, além de seus significados (Leahy, 2016).	A terapia focaliza a validação (normalização) das emoções, dando um sentido aos sentimentos. Tem como foco a aceitação da emoção e da conscientização do paciente de que a disposição para fazer coisas difíceis na busca dos objetivos valorizados é mais útil para ele.
Terapia Focada na Compaixão (TFC) Tem como pilares fundamentais o *insight* sobre o funcionamento da mente, a regulação do afeto e o modelo biopsicossocial da vergonha. Assume que o conflito entre os sistemas mais arcaicos do cérebro e os mais recentes (racionais) originam os diversos problemas psicológicos. Assim, sistemas de defesa-ameaça, de afiliação e autotranquilização, de vergonha e autocriticismo, os quais possuem valor adaptativo em nossa história evolutiva, podem ilustrar esses conflitos e constituir a base dos transtornos mentais (Gilbert, 2010; Rijo et al., 2014).	A terapia tem como principal estratégia a relação terapêutica como agente de mudança, por meio da validação empática (compreender e validar a perspectiva do outro, considerando a sua experiência genuína). A percepção de ser compreendido e validado pelo terapeuta promove a ativação da auto tranquilização do paciente. Assim, um dos objetivos centrais da TFC é o de promover e fortalecer a autocompaixão. Estratégias de *mindfulness* são também utilizadas como facilitadoras do processo.
Terapia Focada nas Emoções (TFE) Considera que as emoções são o aspecto central da Psicoterapia, uma vez que dão sentido e significado às nossas vidas. São as dificuldades emocionais que emergem, a partir de significados específicos, tais como ausência de suporte, apoio e validação. Processos automáticos e reflexivos impactam as emoções, sendo estes últimos os que permitem a construção de sentido a partir das experiências, auxiliando na regulação emocional. Fundamentada na Gestalt Terapia, a TFE influenciou as terapias cognitivas construtivistas dos anos 1990 (Greenberg, Rice, & Elliott, 1993; Mendes & Bruno, 2019).	A terapia busca ajudar o paciente a aprofundar o seu processo emocional para chegar às emoções primárias, a partir das secundárias. Ao acessar as emoções secundárias é que o paciente entra em contato com suas necessidades não atendidas, e assim, pode vivenciar novas emoções. Por meio das sessões de terapia, seis variáveis estão envolvidas para criar sentido a partir das emoções e são elas: atender à emoção, traduzir a emoção em palavras, haver concordância entre a fala e a experiência emocional, aceitar a emoção, regular o distanciamento da emoção, agência (compreensão da produção da emoção) e diferenciar/expandir para novas emoções.

Os modelos de TCC, tal como descritos acima, não esgotam os seus pressupostos e as suas práticas. Esses podem ser revisados de forma mais aprofundada a partir das referências citadas e na literatura em geral. Com base na descrição dos modelos e dos pressupostos, é possível considerar que todos eles, independentemente de suas ênfases, contêm componentes cognitivos, emocionais e comportamentais. Além disso, pode-se observar que estes parecem seguir uma continuidade da classificação proposta por Caro Gabalda (1997), mencionada anteriormente.

A DBT e a ACT, embora considerando os pensamentos como relacionados aos problemas emocionais, seguem os princípios da terapia comportamental. A TMC e a TCP se baseiam no modelo cognitivo de Beck, trazendo inovações para as técnicas de reestruturação cognitiva e novos significados para as emoções e para a aceitação das mesmas. Já a TE, a TEE, a TFC e a TFE são mais congruentes com as abordagens cognitivo-construtivistas, em que o trabalho com as emoções é que irá esclarecer os seus significados (cognições) tácitos (Mendes & Bruno, 2019), sendo que o papel desses significados não possui um valor de verdade, mas sim de validade interna (Mendes & Bruno, 2019; Rijo et al., 2014). Deve-se ressaltar que a TE e a TEE também apresentam raízes em processos cognitivos, conscientes ou não (Leahy, 2016; Young et al., 2003).

Ressalta-se então o papel da integração entre todos os modelos de TCC apresentados neste capítulo, reafirmando esta abordagem como uma família constituída de intervenções baseadas em evidências, em que os significados, as emoções e os comportamentos se influenciam mutuamente e podem ser acessados e tratados, qualquer que seja a ênfase da intervenção (Clark & Beck, 2012; Hoffman et al., 2013). A primazia da eficácia de uma ou outra abordagem, por uma questão de coerência com uma prática baseada em evidências, só pode ser considerada a partir de um robusto corpo de estudo de validade. Não há como sustentar, por exemplo, que as técnicas cognitivas de reestruturação não abordam as emoções, uma vez que uma profusão de estudos já comprovou a eficácia da mesma no tratamento da depressão e da ansiedade. Como afirma Leahy (2019, p. 7), "se a terapia cognitiva ajuda as pessoas a ficar menos deprimidas ou ansiosas, ela está lidando com a emoção da maneira mais importante – modificando os pensamentos negativos."

Por outro lado, a análise racional de crenças pode ser insuficiente para promover mudança, sendo os procedimentos experienciais essenciais em alguns casos (Leahy, 2019; Young et al., 2003). Do mesmo modo, mudanças comportamentais são poderosas para modificar significados de experiências, aumentar o senso de eficácia, reduzir a percepção de perigo e a ansiedade ou tristeza (Leahy, 2019). Assim, ressalta-se a importância da utilização de uma prática integrativa, baseada mais na necessidade do paciente e menos na primazia desta ou daquela abordagem. Tentar tratar os pacientes utilizando o mesmo modelo de terapia, independentemente das demandas deste, nos remete aos tempos áridos das psicoterapias puras dos anos

1970, os quais antecederam ao movimento de integração das mesmas (Beck & Alford, 2000; Fernandez-Alvarez & Castro, 2004). De modo congruente com esta perspectiva, Leahy (2019) sugere que diferentes técnicas ou abordagens funcionam melhor para diferentes clientes e problemas. Algumas pessoas respondem mais à reestruturação cognitiva, enquanto outras à ativação comportamental, às técnicas metacognitivas ou experienciais, não havendo, portanto, uma única abordagem que funcione para todos os casos. Assim, um dos desafios da TCC parece apontar para a necessidade de estudos de eficácia que avalie o melhor tipo de técnica ou conjunto de procedimentos clínicos para determinado cliente ou problema clínico.

A partir de questionamentos ao sistema diagnóstico vigente, baseado no modelo médico de doença, o qual indica protocolos de tratamento específicos para os diversos transtornos mentais, surge um novo paradigma clínico, chamado de Terapia Baseada em Processos (TBP) (Hoffmann & Hayes, 2018a). A TBP se propõe a descobrir, não somente porque um procedimento é eficaz, mas também que processos biopsicossociais centrais estão envolvidos nesta eficácia. A partir de estudos baseados em evidência, tem-se identificado que métodos específicos de tratamento funcionam melhor para diferentes populações. Assim, os terapeutas podem utilizar estratégias clínicas de todas as gerações de TCC (por ex.: de condicionamento, de reestruturação cognitiva, de desfusão, experienciais, de *mindfulness*, focadas na emoção, focadas na compaixão, de enfrentamento e de regulação de emoções, etc.) (Hoffmann & Hayes, 2018a).

Um sistema de tratamento baseado no processo se opõe a escolas fechadas de pensamentos. Em vez disso, a proposta de uma abordagem bem mais diversificada favorece a integração entre diferentes modelos para uma busca de resultados baseada em evidências (Hoffmann & Hayes, 2018). Em síntese, a TBP corresponde a um sistema de cuidado/tratamento baseado em evidências, o qual pode reunir diferentes abordagens da TCC e de outras tradições (existenciais, analíticas, humanísticas, sistêmicas e espirituais), para descobrir processos de mudança eficazes (Hoffmann & Hayes, 2018a; Hoffmann & Hayes, 2018b). O paradigma da TBP é recente e requer muitas pesquisas de evidência. Seu avanço poderá levar a uma próxima geração da TCC, mantendo a proposta de um método de avaliação e tratamento que valoriza a integração (em oposição à primazia de um único modelo de Psicoterapia) e a busca de evidências.

Considerações finais

Neste capítulo, procurou-se abordar a evolução do pensamento cognitivo-comportamental como fundamento para as práticas dos vários modelos de TCC, no contexto de uma perspectiva integradora em Psicoterapia. Nesta perspectiva, observa-se que as práticas de cada modelo da TCC se utilizam, senão de todos, da maioria dos fundamentos que as norteiam, os quais foram apresentados anteriormente. Tal constatação reforça o papel integrador da TCC, além de enfatizar a importância de se considerar as demandas do paciente como elemento norteador das técnicas ou modelos eficazes a serem utilizados no tratamento, como alternativa à primazia de cada modelo.

A proposta da manutenção de uma perspectiva integradora em TCC, como uma tendência histórica de integração das Psicoterapias, bem como com o compromisso com procedimentos baseados em evidência, remete à formação de terapeutas desta abordagem, no sentido de que estes devam se familiarizar com um maior número possível de modelos com base em TCC, a fim de que estejam mais bem preparados para atender à ampla variedade de demandas clínicas.

Espera-se que a TCC, como uma abordagem baseada em evidências, consiga, no futuro, fornecer quais modelos ou técnicas podem ser mais eficazes, para que tipos de demandas do cliente e dos diferentes problemas clínicos, levando a uma nova geração de TCC, tal como propõe o paradigma da TBP.

Referências

Barlow, D. H., & Durand, V. M. (2017). *Psicopatologia. Uma abordagem integrada* (2a ed.). São Paulo: Centage Learning.

Beck, A. T., & Alford, B. A. (2000). *O poder integrador da terapia cognitiva.* Porto Alegre: Artmed.

Beck, A. T., Rush, A. J., Shaw, B. F., & Emery, G. (1982). *Terapia cognitiva da depressão.* Rio de Janeiro: Zahar.

Borges, V. F., & Piccoloto, N. M. (2014). Neurociências e terapia cognitiva. In W. V. Melo (Org.). *Estratégias psicoterápicas e a terceira onda em terapia cognitiva* (pp. 640-660). Porto Alegre: Sinopsys.

Caro Gabalda, I. (1997). Las psicoterapias cognitivas: modelos básicos. In I., Caro Gabalda (Ed.). *Manual de psicoterapias cognitivas* (3a ed., pp. 37-52). Barcelona: Paidós.

Clark, D. A., & Beck, A. T. (2012). *Terapia cognitiva para os transtornos de ansiedade.* Porto Alegre: Artmed.

Dobson, K. S., & Dozois, D. J. A. (2006). Fundamentos históricos e filosóficos das terapias cognitivo-comportamentais. In K. S. Dobson (Org.). *Manual de terapias cognitivo-comportamentais* (2a ed., pp. 17-43). Porto Alegre: Artmed.

Dobson, K. S., & Scherrer, M. C. (2004). História e futuro das terapias cognitivo-comportamentais. In P. Knapp (Org.). *Terapia cognitivo-comportamental na prática psiquiátrica* (pp. 42-57). Porto Alegre: Artmed.

Edwards, D., & Arntz, A. (2012). Schematherapy in historical perspective. In M. van Vreeswijk, J. Broersen, & M. Nadort (Orgs.). *The Wiley-Blackwell handbook of schema therapy.Theory, research, and practice* (pp. 3-25). Chichester: Wiley-Blackwell.

Falcone, E. M. O. (2005). As bases teóricas e filosóficas das abordagens cognitivo--comportamentais. In A. M. Jacó-Vilela, A. A. L. Ferreira, F. T. Portugal (Orgs.). *História da psicologia. Rumos e percursos* (pp. 195-214). Rio de Janeiro: Nau Editora.

Falcone, E. M. O. (2014). Terapia do esquema. In W. V. Melo (Ed.). *Estratégias psicoterápicas e a terceira onda em terapia cognitiva* (pp. 264-288). Porto Alegre: Sinopsys.

Falcone, E. M. O. (2018). Terapias cognitivo-comportamentais: história, evolução e princípios teóricos. In N. A. Zanelatto, & R. Laranjeira (Orgs.). *O tratamento da dependência química e as terapias cognitivo-comportamentais* (2a ed., pp. 73-86). Porto Alegre: Artmed.

Falcone, E. M. O., & Gonçalves, R. M. (2019). Avaliação psicológica para os transtornos de ansiedade. In M. N. Baptista, M. Muniz, C. T. Reppold, C. H. S. da Silva Nunes, L. F. Carvalho, R. Primi, ... L. Pasquali (Orgs.). *Compêndio de avaliação psicológica* (pp. 636-646). Petrópolis, RJ: Vozes.

Farrell, J. M., Reiss, N., & Shaw, I. A. (2014). *The schema therapy clinician's guide. A complete resource for building and delivering individual, group and integrated schema mode treatment programs.* Chichester: WileyBlackwell.

Fernandez-Álvarez, F., & Castro, R. O. (2004). Introducción. In H. Fernandez-Álvarez, & R. Opazo (Orgs.). *La integración en psicoterapia* (pp. 13-32). Barcelona: Paidós.

Franzin, R., Caetano, K. A. S., & Melo, W. V. (2018). Tratamentos transdiagnósticos eficazes em terapia cognitivo-comportamental. In Federação Brasileira de Terapias Cognitivas, C. B. Neufeld, E. M. O. Falcone, & B. P. Rangé (Orgs.). *PROCOGNITIVA Programa de Atualização em Terapia Cognitivo-Comportamental: Ciclo 4* (Sistema de Educação Continuada a Distância, v. 4, pp. 31-37). Porto Alegre: Artmed Panamericana.

Gilbert, P. (2010). *Compassion focused therapy: The CBT distinctive features series.* London: Routledge.

Gilbert, P. (2017). Compassion as a social mentality. An evolutionary approach. In P. Gilbert (Org.).*Compassion. Concepts, research and applications* (pp. 31-68).

Greenberg, L. S., Rice, L. N., & Elliott, R. (1993). *Facilitando el cambio emocional. El proceso terapéutico punto por punto.* Barcelona: Paidós.

Hayes, S. C., Strosahl, K., & Wilson, K. G. (2012). *Acceptance and commitment therapy: The process and practice of mindful change.* New York: Guilford Press.

Hofmann, S. G., Asmundson, G. J. G., & Beck, A. T. (2013). The science of cognitive therapy. *BehaviorTherapy, 44*, 199-212. Retrieved from www.elsevier.com/locate/bt

Hofmann, S. G., & Hayes, S. C. (2018a). TCC Moderna CBT: Movendo-se em direção a terapias baseadas em processos. *Revista Brasileira de Terapias Cognitivas, 14*(2), 77-89. Recuperado de https://doi.org/10.5935/1808-5687.20180012

Hofmann, S. G., & Hayes, S. C. (2018b).The History and Current Status of CBT as an Evidence-Based Therapy. In S. C. Hayes, & S. G. Hofmann (Orgs.). *Process based CBT. The science and core clinical competencies of cognitive behavioral therapy* (pp. 7-21). Oakland: Context Press.

Kabat-Zinn, J. (2018). *Meditation is not what you think. Mindfulness and why it is so important.* GreatBritain: Piatkus.

Leahy, R. L. (2016). *Terapia do esquema emocional. Manual para o terapeuta.* Porto Alegre: Artmed.

Leahy, R. L. (2019). *Técnicas de terapia cognitiva. Manual do terapeuta.* Porto Alegre: Artmed.

Linehan, M. M. (2003). *Manual de tratamiento de los trastornos de personalidad límite.* Barcelona: Paidós.

Melo, W. V., Baldisserotto, G., & Souza, C. M. (2019). Terapia comportamental dialética. In W. V. Melo (Org.). *A prática das intervenções psicoterápicas. Como tratar pacientes na vida real* (pp. 401-439).

Mendes, M. A., & Bruno, M. (2019). Terapia focada nas emoções. In W. V. Melo (Org.). *A prática das intervenções psicoterápicas. Como tratar pacientes na vida real* (pp. 277-302). Novo Hamburgo: Sinopsys.

Mendes, M. A., Falcone, E. M. O. (2014). Estratégias experienciais. In W. V. Melo (Org.). *Estratégias psicoterápicas e a terceira onda em terapia cognitiva* (pp. 186-208). Porto Alegre: Sinopsys.

Menezes, C. B., Klampt-Conceição, I., & Melo, W. V. (2014). Mindfulness. In W. V. Melo (Org.). *Estratégias psicoterápicas e a terceira onda em terapia cognitiva* (pp. 209-237). Porto Alegre: Sinopsys.

Oliveira, I. R., & Reis, D. L. (2019). Terapia cognitiva processual. In W. V. Melo (Org.). *A prática das intervenções psicoterápicas. Como tratar pacientes na vida real* (pp. 173-211). Novo Hamburgo: Sinopsys.

Padesky, C. A. (2010). Aaron Beck. A mente, o homem e o mentor. In R. L. Leahy (Org.). *Terapias cognitivas contemporâneas. Teoria, pesquisa e prática* (pp. 19-36). Porto Alegre: Artmed.

Payne, L. A., Ellard, K. K., Farchione, T. J., Fairholme, C. P., & Barlow, D. H. (2016). Transtornos emocionais. Um protocolo unificado transdiagnóstico. In D.

H. Barlow (Org.). *Manual clínico dos transtornos psicológicos: Tratamento passo a passo* (5a ed., pp. 237-274). Porto Alegre: Artmed.

Pergher, G. K., & Melo, W. V. (2014). Terapia de aceitação e compromisso. In W. V. Melo (Org.). *Estratégias psicoterápicas e a terceira onda em terapia cognitiva* (pp. 344-367). Porto Alegre: Sinopsys.

Rijo, D., Motta, C., Silva, D. R., Brazão, N., Paulo, M., & Gilbert, P. (2014). Terapia focada na compaixão. In W. V. Melo (Org.). *Estratégias psicoterápicas e a terceira onda em terapia cognitiva* (pp. 368-395). Porto Alegre: Sinopsys.

Semerari, A. (2002). *Historia, Teorías y técnicas de la psicoterapia cognitiva.* Barcelona: Paidós.

Wells, A. A. (2010). A terapia metacognitiva: elementos de controle mental na compreensão e no tratamento do transtorno da ansiedade generalizada e do transtorno do estresse pós-traumático. In R. L. Leahy (Org.). *Terapias cognitivas contemporâneas. Teoria, pesquisa e prática* (pp. 171-189). Porto Alegre: Artmed.

Wenzel, A. (2018). *Inovações em terapia cognitivo-comportamental. Intervenções estratégicas para uma prática criativa.* Porto Alegre: Artmed.

Williams, M., &Penman, D. (2015). *Atenção Plena. Mindfulness. Como encontrar a paz em um mundo frenético.* Rio de Janeiro: GMT Editores.

Young, J. (2008). Entrevista com Jeffrey Young. *Revista Brasileira de Terapias Cognitivas, 4,* 93-99. Recuperado de www.bvs-psi.org.br

Young, J. E., Klosko, J. S., Weishaar, M. E. (2003). *Schema therapy.A practitioner's guide.* New York: Guilford.

Capítulo 2

TERAPIA COMPORTAMENTAL DIALÉTICA

XVI Mostra de TCC, 2018
Trabalho apresentado na modalidade Mini Curso

Wilson Vieira Melo
Gabriela Baldisserotto
Igor da Rosa Finger

Síntese

A Terapia Comportamental Dialética (DBT) é uma abordagem desenvolvida para o tratamento de casos graves e complexos. Pacientes com múltiplos transtornos comórbidos, nos quais comportamentos automutilatórios, riscos de suicídio e internações psiquiátricas frequentes são observados, é o perfil dos pacientes que mais se beneficiam desta abordagem. As bases de conhecimento que a embasam são: 1) Ciência Comportamental; 2) Filosofia Dialética; e 3) Práticas Zen/Contemplativas.

Introdução

A Terapia Comportamental Dialética é uma abordagem desenvolvida durante a década de 1980, tendo sua primeira publicação em 1991, com um artigo que a apresentou como uma abordagem Cognitivo-Comportamental para o tratamento de comportamentos autolesivos em mulheres com diagnóstico de transtorno da personalidade *borderline* (Linehan, Armstrong, Suarez, Allmon, & Heard, 1991).

Desde então, tem se tornado um tratamento amplo, com características transdiagnósticas aplicáveis a diversos quadros clínicos. Sua aplicabilidade se mostra efetiva principalmente em casos graves e complexos, onde há grave desregulação emocional e múltiplas comorbidades presentes (Melo, 2014).

Dentre as suas características integrativas, podemos destacar o uso dos princípios da ciência comportamental, as práticas *zen*/contemplativas e também a aplicabilidade dos princípios da Filosofia dialética (Linehan, 2010). O termo dialética vem da Filosofia e, frequentemente, é utilizado por muitos filósofos, expressando, por vezes, coisas diferentes. Dentro da DBT, o termo dialética se refere ao equilíbrio e à síntese de opostos. Isso significa dizer que as coisas podem coexistir em nossas vidas. As perguntas que fazemos com frequência podem ter respostas sim e não, os acontecimentos podem ser bons e ao mesmo tempo ruins.

Uma vez que o conceito de dialética é demasiadamente abstrato, dificilmente os pacientes irão assumir um compromisso explícito em serem mais dialéticos em suas vidas (Melo, 2014). Ao invés disso, a DBT procura focar em mudanças comportamentais organizadas em hierarquias de objetivos do tratamento, as quais incluem aqueles comportamentos que oferecem risco à vida, à terapia, ou ainda, à qualidade de vida dos pacientes. Esses são os chamados objetivos primários do tratamento, os quais serão abordados no início da intervenção, a fim de promover estabilidade emocional e segurança nos relacionamentos.

A DBT é um tratamento muito focado na aquisição das habilidades, de modo que comportamentos e sintomas característicos deste tipo de população são entendidos como estratégias mal adaptativas de resolução de problemas (Koerner, 2012). Deste modo, a generalização das habilidades a serem ensinadas ao longo do tratamento também se constitui em objetivos primários. Dentre os conjuntos de habilidades a serem ensinados na DBT padrão, podemos destacar as habilidades de atenção plena (*mindfulness*), tolerância ao mal-estar e sofrimento, regulação emocional e efetividade interpessoal.

A DBT é um tratamento muito focado nas emoções e isso se deve ao fato de acreditarem que a desregulação emocional é o que leva os indivíduos a apresentarem as diversas outras desregulações em suas vidas, tais como a desregulação comportamental, interpessoal, de identidade e também cognitiva (Linehan, 2010). Deste modo, é importante entendermos de onde vem a desregulação emocional destas pessoas que sofrem intensamente. O objetivo deste capítulo será o de apresentar a Terapia Comportamental Dialética como uma abordagem voltada para o tratamento de problemas psicológicos e comportamentais complexos.

Teoria Biossocial

O fenômeno da desregulação emocional está no cerne da psicopatologia do transtorno da personalidade *borderline*, condição para a qual a DBT foi inicialmente desenvolvida. A explicação para a desregulação emocional, proposta por Marsha Linehan (2010), baseia-se na interação de dois elementos: o biológico, aqui considerado como uma maior predisposição para a falta de modulação emocional, e o social, presente em ambientes invalidantes. Hoje essa teoria é aplicada a outros transtornos que compartilham da dificuldade na regulação das emoções (Koerner & Dimeff, 2007).

A predisposição biológica pressupõe um limiar menor para o desencadeamento de emoções negativas, que então se expressam com maior intensidade e com subsequente maior lentidão para retornar ao estado basal. Estas pessoas são naturalmente mais sensíveis e têm reações emocionais mais intensas e prolongadas. Além dos fatores genéticos, o trauma durante o desenvolvimento fetal ou na infância também parece estar relacionado a essa característica (Koerner, 2007).

Um ambiente invalidante se caracteriza pela frequente desconsideração das experiências cognitivas, emocionais e físicas da pessoa. Em tais circunstâncias, é esperado que a pessoa saiba como controlar sua expressão emocional, e que sentimentos "negativos" não sejam externados. O resultado dessa interação, em que a pessoa não é "ouvida", é a escalada da intensidade emocional, levando a formas extremas e inefetivas de expressão. Uma consequência desse ciclo repetido é o desenvolvimento da autoinvalidação. Sem ter sido validado e nem aprendido habilidades de modulação das emoções, o indivíduo passa a se autorrecriminar e julgar quando não consegue enfrentar os problemas (Linehan, 2010).

A invalidação pode surgir de vários tipos de ambientes. Um deles é aquele em que há desencaixe entre as necessidades da criança e o que a família pode oferecer. No entanto, o ambiente mais invalidante advém de lares abusivos (físico, emocional, sexual) ou negligentes, em que, muitas vezes, a invalidação é reforçada pela descrença quando o abuso é revelado. O lar não é o único ambiente invalidante. Todo e qualquer ambiente em que a criança passe tempo suficiente, como a escola, também pode causar esse dano. Muitos componentes do tratamento na DBT, denominados modos, são empregados para lidar com a complexidade das consequências desse padrão de invalidação.

Modos/Formas de Tratamento

Koerner (2012) apresenta cinco funções que um tratamento abrangente para pessoas com desregulação emocional generalizada deveria cumprir a fim de favorecer o desenvolvimento de qualidade de vida: 1) Aprimorar as competências do paciente, auxiliando-o a aproximar suas metas/valores de vida; 2) Melhorar a motivação do paciente a mudar, auxiliando-o a fortalecer as habilidades adquiridas, bem como a retirar os obstáculos que interferem na sua aproximação das metas/valores no decorrer da consulta; 3) Garantir a generalização, fazendo com que as habilidades aprendidas possam ser utilizadas nos diversos contextos necessários; 4) Aprimorar as habilidades e a motivação do terapeuta, tornando-o mais capacitado possível para a aplicação da terapia; 5) Estruturar o ambiente por meio do manejo de contingências, tanto no tratamento quanto no ambiente do paciente.

A DBT Padrão é organizada de maneira que todas essas funções sejam correspondidas. Para tal, existem cinco formas, componentes ou modos de tratamento: terapia individual, treinamento de habilidades, consultoria por telefone, equipe de consultoria, tratamentos auxiliares.

Na **terapia individual** avalia e formula-se o caso; definem-se metas/valores de vida do paciente; identificam-se alvos que interferem na aproximação das metas (tanto comportamentos que devem ser adquiridos e ampliados, quantos comportamentos que devem ser reduzidos); realizam-se análises em cadeia de soluções e de *links*/elos perdidos; incentiva-se e verifica-se o preenchimento do cartão-diário; foca-se na segunda função citada acima (a de melhorar a motivação do paciente), fortalecendo habilidades adquiridas pelo paciente no grupo de treinamento de habilidades. Além disso, o terapeuta individual é o responsável pelo andamento do tratamento como um todo – sendo que todos os outros componentes da DBT estão a serviço do melhor andamento possível da terapia individual (Linehan, 2010). Geralmente, as sessões são semanais, com duração de 50 a 60min (quando a terapia se encontra na etapa de exposição ao trauma, se for o caso, a duração da consulta pode passar de 90 a 120min).

O **treinamento de habilidades** pode ser realizado em grupo – a preferência – ou individual. Esse modo de intervenção em DBT são aulas cujo objetivo é a aquisição prática e teórica de habilidades para a redução dos efeitos da desregulação emocional generalizada e aumento da probabilidade de que os pacientes se aproximem de suas metas/valores (primeira função do tratamento citada anteriormente). Ele é dividido em quatro grandes conteúdos/módulos: Regulação Emocional, Efetividade Interpessoal, Tolerância ao Mal-Estar e *Mindfulness*. Há diversos formatos e cronogramas dos grupos (Para saber mais sobre eles, procure em Linehan, 2018). Usualmente, são realizados em 24 encontros semanais de 1h40min às 2h30min de duração, com dois treinadores que assumem funções diferentes e complementares para o ensino: um focado no conteúdo a ser ensinado e outro focado na atenção e aprendizagem dos pacientes ao conteúdo.

A **consultoria por telefone** são contatos telefônicos que o paciente deve fazer com o terapeuta individual ou outro profissional designado, com o objetivo de generalizar habilidades aprendidas no grupo de treinamento de habilidades e fortalecidas na terapia individual nos diversos contextos necessários para que o paciente se aproxime das suas metas/valores de vida com regulação emocional. Espera-se, aqui, que o terapeuta não fale ao paciente "ligue-me quando estiver em crise" e sim "ligue-me quando quiser e/ou precisar". O foco das consultorias por telefone não é somente auxiliar o paciente em situações de crise emocional ou suicida, mas também auxiliar na aplicabilidade de habilidades para uma qualidade de vida melhor, cumprindo com a terceira função de um tratamento abrangente citado anteriormente. São ligações de até 10min feitas tanto pelo paciente para o terapeuta quanto do terapeuta ao paciente.

A **equipe de consultoria** está a serviço da quarta função: aprimorar as habilidades e a motivação do terapeuta. Atender pacientes com intenso sofrimento desencadeia sofrimento em quem os atende. A equipe de consultoria tem o objetivo de auxiliar o terapeuta (individual, treinador de habilidades e/ou consultor por telefone) a aplicar a DBT na sua própria vida, com seus próprios problemas e conflitos pessoais e/ou profissionais. Da mesma forma que é exigida a participação dos pacientes no grupo de treinamento de habilidades, exige-se a participação do terapeuta em uma equipe de consultoria. As equipes usualmente se reúnem semanalmente para encontros de uma a duas horas de duraçao.

Por fim, há os **tratamentos auxiliares**, usualmente utilizados para cumprir com a quinta função citada no início desta seção. Eles podem incluir farmacoterapia, acompanhante terapêutico, assistente social, terapeuta ocupacional, hospital-dia, treino de habilidades de familiares, orientação profissional, Alcoólicos Anônimos ou Narcóticos Anônimos. O princípio norteador para a utilização desse componente da DBT é se há evidências de que a utilização desse tratamento auxiliar é efetivo para o caso do paciente.

Estágios de Tratamento

Especificamente sobre a terapia individual, o nível de sofrimento do paciente vai direcioná-lo a um estágio de tratamento. Tais estágios não são cronologicamente estruturados e nem rigidamente estabelecidos. Eles têm a função de nortear o terapeuta para auxiliá-lo na decisão de escolher onde dedicar atenção clínica para a mudança em um caso complexo, no qual há muitas demandas de trabalho. Há cinco estágios de tratamento que serão especificados a seguir (Swenson, 2016).

Pré-Tratamento

Todas as sessões necessárias para que haja *orientação* sobre o transtorno, sobre o modelo biossocial e sobre a DBT em si (incluindo suas diversas formas de tratamento); *acordo* entre terapeuta e paciente de que a DBT é a melhor escolha no momento para o caso dele; e *comprometimento* em permanecer vivo e em seguir o plano de tratamento. O termo "pré-tratamento" pode induzir ao erro ao levar ao pensamento de que essa etapa ocorre apenas no início do tratamento. A verdade é que constantemente será necessário orientar, acordar e comprometer o paciente em relação ao que está acontecendo e para onde se vai.

Estágio 1

Pacientes com nível de sofrimento intenso e complexo que podem incluir comportamentos suicidas e autolesivos sem intencionalidade suicida, uso abusivo de substâncias psicoativas e/ou condutas alimentares que coloquem em risco a vida, entre outras condutas. Observa-se que pacientes nesse estágio estão com o nível de comprometimento elevado na funcionalidade em diversos contextos. O objetivo aqui é passar do descontrole comportamental para a estabilidade e controle comportamental, principalmente por meio da aquisição de novas habilidades para regulação emocional. Nesse estágio, direciona-se a atenção terapêutica por meio da hierarquia de alvos prioritários: 1) Comportamentos suicidas e outros com risco à vida; 2) Comportamentos que interferem na terapia (tanto do paciente quanto do terapeuta); 3) Comportamentos que interferem na qualidade de vida; 4) Desenvolvimento de habilidades comportamentais.

Estágio 2

O foco aqui é no tratamento de traumas (TEPT) e episódios que desencadearam muito sofrimento no passado e que ainda impactam no presente. Quer passar do desespero silencioso para a experiência da emoção não declarada/esquivada. A maneira de conseguir isso é aplicando os protocolos baseados em evidência para o tratamento de transtornos residuais do caso, tais como transtornos do humor, ansiedade, controle de impulsos, TEPT, bem como estimular a abertura à experiência e à vivência sem julgamento de emoções anteriormente invalidadas no histórico do paciente, tais como vergonha, culpa, raiva. Referindo-se especificamente ao TEPT, o protocolo de exposição prolongada (Foa, Hembree, & Rothbaum, 2007) é o mais utilizado, devido às evidências desse protocolo até então estabelecidas.

Estágio 3

Passar de problemas na vida para estados emocionais de felicidade e infelicidade comuns a todas as pessoas. Isso pode ser atingido desenvolvendo o autorrespeito, a autoestima e a autoeficácia, além de auxiliar na resolução de problemas que interferem na qualidade de vida do paciente.

Estágio 4

Nessa etapa, quer passar da sensação de incompletude para a sensação de liberdade e completude. O foco aqui está no desenvolvimento de habilidades que aproximem o paciente de experiências, tais como consciência expandida, realização espiritual e contato com o fluxo constante da mudança.

É importante destacar que, ainda que a DBT esteja organizada em cinco estágios, os estudos, até o momento, baseiam-se apenas nos três primeiros estágios (Pré-tratamento, Estágio 1 e 2), sendo que a maior parte do que está manualizado sobre a intervenção padrão também diz respeito apenas a esses primeiros três estágios.

Estilísticas e as Estratégias Dialéticas Específicas

Dentro do modelo da DBT existem dois estilos de interação do terapeuta com o paciente: Recíproca e Irreverente. A primeira está associada a um estilo de comunicação repleto de aceitação, acolhimento e validação. É o estilo de interação defendido pela terapia centrada no cliente e no humanismo fenomenológico (Linehan, 2010). Esta forma de interagir com o paciente corresponde à imensa maioria dos atendimentos em DBT e são fundamentais para a validação das emoções, dos comportamentos e das experiências apresentadas pelo paciente.

Entretanto, naqueles momentos em que o terapeuta se sente manipulado ou percebe que o tratamento está trancado, torna-se necessário surpreender o paciente, falando muitas vezes aquilo que ele não espera ouvir do terapeuta. Este estilo de interação, pouco convencional, é chamado de Interação Irreverente (Melo et al., 2019). Este estilo de comunicação está mais voltado para a mudança e solução de problemas, usualmente no relacionamento terapêutico, devendo ser utilizado com equilíbrio e moderação. Dada a sensibilidade frequentemente observada nestes pacientes, bem como as características da intervenção, pode ser difícil para um terapeuta iniciante implementá-las sem o auxílio da equipe de consultoria ou mesmo supervisão clínica.

As técnicas de Psicoterapia Individual em DBT são chamadas de estratégias dialéticas (Linehan, 2010). Algumas das estratégias que serão citadas no presente capítulo frequentemente apresentam um estilo irreverente de interação do terapeuta com o paciente. Entretanto, é importante levar em consideração que o terapeuta não deve jamais utilizá-las como uma forma de agredir o paciente, soando como sarcasmo ou desinteresse pelo caso. Pelo contrário, é fundamental certa expressão de ingenuidade e expressão genuína de afeto para que a técnica surta o efeito desejado. Para isso, a velocidade geralmente é essencial. Além disso, o terapeuta deve estar atento, observando e pressentindo cada movimento do paciente. A abordagem dialética exige que o terapeuta se mova com certeza, força e comprometimento total. Isso quer dizer que quando uma posição é adotada, ela é adotada com firmeza (Koerner, 2012).

Algumas das estratégias dialéticas específicas (Linehan, 2010) trabalhadas em DBT são apresentadas a seguir.

Penetrar no Paradoxo

Uma das coisas mais importantes em Psicoterapia com pacientes graves é conseguir a sua atenção. Essa estratégia tem a função de surpreender, pois apresenta o inesperado. Nem todos os pacientes conseguem entender as contradições paradoxais e isso é uma variável que deve ser levada em consideração na hora de decidir utilizar esta estratégia com eles. Muitas vezes, ela se apresenta com a substituição da conjunção adversativa "mas" pela conjunção aditiva "e" (p. ex.: "Você tem liberdade para usar cocaína 'e' eu ainda assim acho que isso vai destruir sua vida").

Uso de Metáforas

As metáforas são mais fáceis de serem lembradas e podem ilustrar facilmente conceitos abstratos e difíceis de serem aplicados. Podemos explicar algo que o paciente não entenda por meio de analogia, apresentando conteúdos que ele possa compreender (p. ex.: "Macaco velho não pula em galho seco").

Advogado do Diabo

Usada como uma estratégia para trabalhar crenças irracionais do paciente. O terapeuta deve afirmar algo que seja lógico com a crença disfuncional apresentada pelo paciente, mas ao mesmo tempo suficientemente absurda ou exagerada para provocar a contra argumentação (p. ex.: P: "Não adianta usar as habilidades que você ensina na terapia, pois sei que meus irmãos nunca vão me respeitar"; T: "Então, talvez você deva procurar outra família").

Expandir

Expandir significa levar o paciente mais a sério do que ele gostaria de ser levado. É a versão emocional do Advogado do Diabo. Essa estratégia é especialmente útil naqueles momentos em que o paciente blefa ou em que o terapeuta se sente manipulado (p. ex.: P: "Não vou aceitar você não falar com meus pais sobre eu ir à festa hoje à noite. Se não ligar agora para minha mãe dizendo que devo ir, vou acabar hoje mesmo com a minha vida"; T: "Quando você diz que vai acabar com a sua vida, eu fico tão preocupado que não vejo alternativa senão ligar para o serviço de internação psiquiátrica. Depois eu ligo para sua mãe. Qual é o seu convênio médico mesmo? Isso é muito grave").

Avaliação Dialética

A visão de mundo dialética é sistêmica e holística. Sendo assim, o terapeuta pode ensinar o paciente a questionar suas interpretações (p. ex.: "O que mais, além disso, pode ser?"; "O que você acredita que está ficando de fora nessa maneira de enxergar a situação?").

Permitir Mudanças Naturais

A natureza da realidade é processo, desenvolvimento e mudança. Auxiliar os pacientes a entender esta dinâmica pode ser extremamente importante.

Fazer dos Limões uma Limonada

Transformar as adversidades na vida ou psicoterapia em oportunidades valiosas para utilizar as habilidades e aprender lições a partir delas. A DBT possui muitas técnicas e aprofundá-las aqui foge em parte dos objetivos do presente capítulo. Entretanto, como se trata de uma abordagem bastante focada na aquisição de habilidades, é fundamental abordarmos o treinamento de habilidades em grupo, o qual é apresentado a seguir.

Grupo de Treinamento de Habilidades da DBT

O treinamento de habilidades é um dos modos de tratamento que compõe a DBT padrão, e é um dos pilares dessa abordagem (Koerner & Dimeff, 2007; Linehan, 2010). Nesse sentido, alguns estudos apontam para a eficácia desse modo de tratamento isolado sem a terapia individual (Valentine, Bankoff, Poulin, Reidler, & Pantalone, 2015).

A DBT entende o comportamento ineficaz dos pacientes como uma forma pouco hábil de conseguir o que se quer, ao invés de rotulá-lo como "manipulação". Assim, a aquisição de habilidades tem um papel central e fundamental ao ensinar os pacientes a como agir de forma habilidosa e eficaz para alcançar seus objetivos.

Geralmente, o treinamento é realizado em grupo, entretanto várias técnicas também podem ser ensinadas individualmente em Psicoterapia, quando não há um grupo disponível. Os encontros são semanais, com duração de duas horas, e conduzidos por dois profissionais diferentes, sendo um treinador e outro co-treinador de habilidades (Linehan, 2010). O tempo de duração do treinamento de habilidades, em geral, é de 12 meses, e entre cada um dos módulos específicos (regulação emocional, efetividade interpessoal e tolerância ao mal-estar) são apresentadas as habilidades de *mindfulness* (ou atenção plena), consideradas práticas centrais neste treinamento (Linehan, 2010; Menezes, Klamt-Conceição, & Melo, 2014).

As habilidades são divididas em módulos para organizar o conhecimento de forma didática e facilitar a prática, iniciando por situações de menor complexidade e peso emocional. Na vida real, várias técnicas de módulos diferentes serão utilizadas para o manejo eficaz de uma dada situação quando o paciente já houver desenvolvido maestria suficiente.

Nessa seção, apresentamos brevemente algumas técnicas importantes de cada módulo. Para maior aprofundamento, referimos o leitor para os Manuais de Treinamento de Habilidades, versão do treinador e do paciente (Linehan, 2018aa, 2018ab), e também Melo, Baldisserotto e Morelatto (2019), para exemplos práticos do uso das técnicas.

Habilidades de Atenção Plena (*Mindfulness*)

Ativar a Mente Sábia

Essa técnica, também utilizada na terapia individual, é uma estratégia dialética e uma das primeiras ensinadas no grupo de treinamento de habilidades (Linehan, 2010, 2018a, 2018b). Parte-se do pressuposto que o paciente já tenha esse conhecimento, daí o termo "ativar". Linehan (2010) afirma que a Mente Sábia é como um coração: todo mundo tem um. A tarefa do treinamento de habilidades é ensinar o paciente a ouvir a mente sábia.

A mente sábia se manifesta por meio do uso simultâneo da mente racional (fria e lógica) e da mente emocional (quente e movida a emoções), sendo uma forma intuitiva de saber, uma sabedoria do que é certo em cada momento. As outras habilidades ensinadas no módulo de *mindfulness* em DBT são as habilidades o que e como fazer (Linehan, 2018a).

Habilidades "O que fazer"

Observar

Observar com atenção aquilo que está presente no momento, seja a nossa respiração, nossos pensamentos, nossas emoções ou mesmo nossas sensações.

Descrever

Rotular a experiência, aprendendo a identificar e nomear cada fenômeno.

Participar

Agir no presente, de modo fluido e conectado com o que se passa a cada momento.

Habilidades "Como Fazer"

Sem Julgamento

Nossa mente é um grande processador de informações, interpretamos fatos e emitimos julgamentos quase que constantemente (Koerner, 2012), e quase sempre alguma emoção (muitas vezes negativa) é ativada. Tentar observar de um modo descritivo uma situação ao invés de emitir julgamentos é uma maneira de regular nossas emoções de modo efetivo.

Fazendo Uma Coisa de Cada Vez

Agir de modo contrário à tendência atual (e muitas vezes valorizada) de sermos multitarefas. Significa agir com atenção e se ocupando em fazer uma coisa de cada vez.

Sendo Efetivo

Ser efetivo significa fazer aquilo que funciona. Observar, descrever e participar do momento presente, de um modo não julgador, e fazendo uma coisa de cada vez, torna mais fácil escolher comportamentos voltados para a resolução dos problemas. Ou escolher a aceitação radical quando o problema não tiver uma solução.

Ainda dentro do módulo de *Mindfulness* são trabalhadas as habilidades de Perspectiva espiritual, Meios hábeis e Caminho do meio. Para uma descrição completa, ver Linehan (2017b).

Efetividade Interpessoal

As principais técnicas ensinadas nesse módulo são mais bem lembradas pelo uso de acrônimos (**DEAR MAN, GIVE, FAST**).

DEAR MAN (Descrever, Expressar, pedir Assertivamente, Reforçar, Manter-se em *mindfulness*, Aparentar confiança e Negociar se necessário). O DEAR MAN é utilizado quando o objetivo é conquistar uma meta específica em uma situação particular (Linehan, 2018a).

A habilidade descrita no acrônimo **GIVE** (ser Gentil, agir demonstrando estar Interessado, Validar, adotar um Estilo tranquilo) é utilizada quando o objetivo é manter ou melhorar a relação com as outras pessoas, enquanto se tenta alcançar o que se quer na interação.

O último termo, **FAST**, aborda uma habilidade voltada a manter o autorrespeito enquanto se tenta manter a relação (seja justo, do original *beFair*, sem se desculpar, do original *no Apologies*, Sustentar valores, ser Transparente).

Terminar relacionamentos importantes representa um desafio para grande parte das pessoas. Aqui, a habilidade ensinada é decidir terminar relacionamentos sempre em Mente Sábia, e nunca na Mente Emocional, pois as decisões orientadas somente pelo calor das emoções acabam sendo deletérias para a capacidade de discernimento (Linehan, 2018a).

Regulação Emocional

Esse módulo se inicia com uma verdadeira **Alfabetização Emocional**. As funções das emoções e como reconhecemos cada uma delas, em suas várias manifestações (sensações físicas, pensamentos, impulsos), são abordadas. Muitas vezes, o repertório descritivo de nossos pacientes é pobre, e a correta identificação de cada estado emocional, por si só, já colabora com uma maior regulação emocional, pois, algumas vezes, a emoção é adequada à situação enfrentada, representando uma validação da experiência interna do indivíduo.

As emoções e os pensamentos associados a essas emoções interferem na observação precisa do que está ocorrendo e nos eventos subsequentes, e uma habilidade central para a regulação emocional é o algoritmo que tem como ponto de partida a Verificação dos Fatos. A **Verificação dos Fatos** consiste na observação do que ocorre por meio dos nossos sentidos (visão, audição, olfato, paladar e tato) e na sua descrição. Após essa verificação, decide-se se a emoção presente, ou sua intensidade, encaixa-se nos fatos observados. A partir daí, pode-se optar pela **Ação Oposta** (agir de forma contrária à emoção) ou pela **Solução de Problemas**.

Ainda dentro do módulo de Regulação Emocional, outras técnicas são ensinadas com o objetivo de reduzir a vulnerabilidade emocional. Para uma revisão completa, ver Linehan (2018a).

Tolerância ao Mal-Estar

Nesse módulo, habilidades são treinadas para **lidar com momentos de crise e aceitar a realidade** do momento. De forma geral, uma crise é um momento circunscrito, breve, de grande carga emocional e em que há ameaça de grande desregulação emocional e suas consequências. As habilidades desse módulo visam esses momentos apenas e não os problemas do dia a dia, quando outras habilidades são mais adequadas. Ser eficaz ao manejar momentos de crise proporciona liberdade de escolha para agir de acordo com as metas e valores pessoais, e não exclusivamente por impulsos de ação a partir de emoções intensas.

As seguintes habilidades podem ser usadas para **lidar com momentos de crise.**

STOP

É o acrônimo para: 1) Pare (originalmente *Stop*); 2) Dê um passo atrás (originalmente *Take a stepback*); 3) Observe; e 4) Prossiga em *mindfulness*. É o primeiro recurso em momentos em que uma crise emocional ameaça a estabilidade e a liberdade de escolha, e tem função de "dar um tempo" e pensar melhor.

A Habilidade TIP

Acrônimo para Temperatura, Intensidade, Respiração compassada – originalmente *Paced* – e Relaxamento Progressivo – originalmente *Progressive*.

Ela foi desenvolvida levando-se em conta eventos fisiológicos que acompanham as expressões emocionais.

Água Fria

É um recurso importante e acessível para reduzir as sensações que acompanham o sentimento de raiva. Pode-se somar ao efeito da temperatura o efeito da apneia (Reflexo do Mergulhador que ativa o sistema nervoso parassimpático). Uma opção bastante utilizada é o recurso de segurar uma pedra de gelo em cada uma das mãos, ou ainda, tomar um banho frio.

Exercício Físico Intenso

Pode ser utilizado também com essa finalidade. Fazer uma corrida (mesmo parado), pular corda, andar de bicicleta, fazer apoios ou polichinelos, dançar vigorosamente, etc. cumprem essa função.

Respiração Compassada

Além de funcionar como uma distração produz um efeito abrangente no corpo. A instrução é inspirar, fazer breve pausa, expirar e novamente fazer breve pausa. O tempo da expiração deve ser maior (até o dobro) do tempo da inspiração.

Relaxamento Muscular Progressivo

Trata-se demais uma alternativa quando há a necessidade de se acalmar. Nele, cada grupo muscular é sequencialmente contraído e relaxado em sincronia com os movimentos de inspiração e expiração respectivamente.

Outros recursos ensinados são representados pelos seguintes acrônimos:

- ACCEPTS: Atividades, Contribuições, Comparações, Emoções, Afastamentos (de *Pushing Away*), Pensamentos (de *Thoughts*) e Sensações. Em momentos de crises pode-se ir à busca de um lugar seguro que garanta que o tempo passe.
- IMPROVE: Imagens, Significado (de *Meaning*), Oração (de *Prayer*), Relaxante, Uma coisa por vez (de *One thing)*, Férias breves (de *Vaccation*). Encorajando a si mesmo e repensando a situação. Essa habilidade oferece um repertório de atitudes que nos auxiliam a tolerar momentos de crise.

Aceitação da Realidade

Permite que a dor primária relacionada às circunstâncias não se expanda e se transforme em mais sofrimento, secundário a não aceitação. Cabe ressaltar que aceitar não significa concordar, nem aprovar e nem se submeter à situação. É apenas um primeiro passo para lidar habilmente com a realidade tal como ela se apresenta.

As seguintes habilidades auxiliam na aceitação.

Aceitação Radical

Significa aceitar a realidade tal qual ela é, na mente, no corpo e no coração.

Redirecionar a Mente

É utilizada para nos manter firmes no propósito de aceitar fatos difíceis de serem aceitos (o que muitas vezes é um processo).

Meio Sorriso e Mãos Dispostas

São exercícios de aceitação com o corpo que comunica ao cérebro nossa intenção de ação.

Considerações finais

O número de técnicas e recursos terapêuticos na DBT é muito amplo. Entretanto, isso não faz deste tratamento um conjunto mecanicista de técnicas terapêuticas.

A criadora da abordagem, a psicóloga americana Marsha Linehan, diz que o terapeuta deve conhecer o manual como a palma da sua mão, mas deixá-lo na porta, do lado de fora, quando estiver com o paciente (Melo, 2014). Em outras palavras, precisamos usar o relacionamento terapêutico como veículo de mudança das vidas destas pessoas que sofrem intensamente.

A DBT é um tratamento amplo, com muitos recursos e diversas peculiaridades. Felizmente, atualmente já há muita literatura em português e cursos na área disponíveis no Brasil para auxiliar no conhecimento de tal modelo de intervenção. As considerações apresentadas neste capítulo apenas apresentam uma introdução a este tratamento encantador e cheio de recursos.

Referências

Foa, E.B., Hembree, E. A., & Rothbaum, B.O. (2007). Prolonged exposure therapy for PTSD. New York: Oxford.

Koerner, K. (2012). *Doing dialectical behavioral therapy: A practical guide.* The Guilford Press: New York.

Koerner, K., & Dimeff, L. A. (2007). Overview of Dialectical Behavior Therapy. In Dimeff, L. A., & Koerner, K. (Org.). *Dialectical Behavior Therapy in Clinical Practice: Applications across disorders and settings* (pp. 1-18). New York: The Guilford Press.

Linehan, M. L. (2010). *Terapia cognitivo-comportamental para o transtorno da personalidade borderline.* Porto Alegre: Artmed.

Linehan, M. (2018a). *Manual de treinamento de habilidades da DBT: Manual do terapeuta.* Porto Alegre: Artmed.

Linehan, M. (2018b). *Manual de treinamento de habilidades da DBT: Manual do paciente.* Porto Alegre: Artmed.

Linehan, M. L., Armstrong, H. E., Suarez, A., Allmon, D., & Heard, H. L. (1991). Cognitive-Behavioral Treatment of Chronically Parasuicidal Borderline Patients. *Archives of General Psychiatry, 48*(12):1060-1064. doi:10.1001/archpsyc.1991.01810360024003

Menezes, C.B., Klamt-Conceição, I., Melo, W. V. (2014). Mindfulness. In W. V. Melo (Org.). *Estratégias psicoterápicas e a terceira onda em terapia cognitiva* (pp. 209-237). Novo Hamburgo: Sinopsys.

Melo, W. V. (2014). Terapia comportamental dialética. In W. V. Melo (Org.). *Estratégias psicoterápicas e a terceira onda em terapia cognitiva* (pp. 314-343). Novo Hamburgo: Sinopsys.

Melo, W. V., Baldisserotto, G., & Souza, C.M. (2019). Terapia Comportamental Dialética. In Melo, W. V. (Org.). *A prática das intervenções psicoterápicas: Como tratar pacientes na vida real* (pp. 401- 439). Novo Hamburgo: Sinopsys.

Swenson, C. R. (2016). *DBT principles in action: acceptance, change, and dialectics.* New York: The Guilford Press.

Valentine, S. E., Bankoff, S. M., Poulin, R. M., Reidler, E. B., & Pantalone, D. W. (2015). The Use of Dialectical Behavior Therapy Skills Training as Stand-Alone Treatment: A Systematic Review of the Treatment Outcome Literature. *Journal of Clinical Psychology, 71*: 1-20. doi:10.1002/jclp.22114

Capítulo 3

TERAPIA METACOGNITIVA PARA O TRANSTORNO OBSESSIVO-COMPULSIVO

XI Mostra de TCC, 2013

Trabalho apresentado na modalidade Mesa Redonda

Heitor Pontes Hirata

Bernard Pimentel Rangé

Síntese

A Terapia Metacognitiva é uma abordagem que enfoca a mudança de crenças metacognitivas, ou seja, a interpretação que o indivíduo faz de seus próprios processos cognitivos, como a preocupação ou a ruminação, por exemplo. No caso do transtorno obsessivo-compulsivo, esta forma de terapia baseia-se na mudança de como o indivíduo interpreta os seus pensamentos obsessivos e como se relaciona com eles. É uma forma de trabalho especialmente útil com pacientes que apresentam a variante do transtorno obsessivo-compulsivo predominantemente obsessivo. As estratégias utilizadas envolvem muitas semelhantes às da Terapia Cognitiva para o transtorno obsessivo-compulsivo, com a diferença de que a Terapia Cognitivo-Comportamental trabalha eminentemente com as crenças, visto que a Terapia Metacognitiva foca os processos.

Introdução

O transtorno obsessivo-compulsivo (TOC) é um transtorno que causa prejuízos significativos e sofrimento a seus portadores. Seus sintomas incluem obsessões, ou seja, pensamentos intrusivos que possuem algum conteúdo aflitivo, e compulsões, que são comportamentos geralmente realizados com o intuito de anular as obsessões. No entanto, há a possibilidade do TOC manifestar-se apenas com obsessões ou somente com compulsões (American Psychological Association [APA], 2013). As primeiras podem estar relacionadas a diversos temas, como contaminação, simetria, segurança, religiosidade, dentre outros. Já as segundas consistem em comportamentos repetitivos realizados, geralmente, com o intuito de neutralização das obsessões. O portador do transtorno geralmente reconhece que suas obsessões e compulsões são irracionais, apesar de existirem casos com baixo ou nenhum *insight* (APA, 2013). De acordo com a abordagem cognitivo--comportamental, o tratamento padrão é baseado fundamentalmente em alguns tópicos, como psicoeducação, exposição e prevenção de respostas, experimentos comportamentais e reestruturação cognitiva (Cordioli, 2014). Grande parte dos pacientes consegue passar a ter qualidade de vida após o tratamento.

Há alguns anos, a abordagem metacognitiva desenvolvida por Adrian Wells foi adaptada para o entendimento e tratamento do TOC (Wells, 2009). De acordo com essa proposta, o foco na importância de pensamentos obsessivos e pensamentos sobre compulsões e rituais é fator importante para a compreensão do transtorno. Assim sendo, em resposta a pensamentos obsessivos ou dúvidas, o paciente manifesta preocupação, ruminação e pensamento demasiadamente analítico, o que mantém e agrava o TOC (Wells, 2009). Além disso, também ocorre o monitoramento de ameaças como o foco de atenção em pensamentos que o indivíduo não quer ter e que têm conteúdo ansiogênico. Outro ponto importante a ser destacado é o uso de estratégias por parte do portador de TOC, como supressão de pensamento, neutralização (evidente ou encoberta) e rituais.

O tratamento na Terapia Metacognitiva (TMC) envolve aspectos como avaliação, conceitualização de caso, socialização com o modelo metacognitivo, modificação de crenças sobre intrusões, além de experimentos comportamentais com o intuito de mudar a relação do indivíduo com as crenças metacognitivas. A proposta descrita aqui neste capítulo tem como objetivo desenvolver todos esses tópicos.

Princípios Gerais sobre o TOC

Desde a publicação da quinta edição do Manual Diagnóstico e Estatístico dos Transtornos Mentais (DSM-5), o TOC deixou de estar presente no capítulo sobre transtornos de ansiedade, passando a ser incluído em um novo capítulo intitulado "Transtorno obsessivo compulsivo e transtornos relacionados" (APA, 2013). Nele, além do TOC em si, alguns quadros que outrora pertenciam a outras classificações diagnósticas passaram a estar relacionados ao TOC, como a tricotilomania, o transtorno de escoriação (*skinpicking*) e o transtorno dismórfico corporal. O transtorno de acumulação, que antes era considerado uma variante do TOC, passou a ser um transtorno à parte. Neste capítulo, porém, será contemplado apenas o TOC e não os quadros relacionados.

As pessoas acometidas pelo TOC, em geral, apresentam problemas que passam por diversas áreas da vida, como a familiar, a ocupacional, a social e a afetiva (Cordioli, 2014). Grande parte do tempo pode ser gasto com a realização de rituais, fazendo com que haja grande comprometimento no que se refere, por exemplo, ao cumprimento de horários (Cordioli, 2014). A prevalência do TOC é de cerca de 1,1 a 1,8% na população geral, e há uma quantidade levemente maior de mulheres afetada pelo transtorno na idade adulta. No entanto, se o quadro for manifestado na infância, há prevalência maior de diagnóstico de TOC em meninos do que em meninas (APA, 2013). Um dos modelos mais difundidos sobre o TOC, proposto por Salkoviskis, Forrester e Richards (1998), parte do princípio de que o indivíduo acometido pelo transtorno sofre influências genéticas e ambientais, o que o torna hipersensível a estímulos relacionados ao TOC. Ao entrar em contato com alguma situação que envolva um componente aversivo relacionado ao transtorno, uma ideia invasiva é deflagrada, por sua vez, gerando desconforto emocional. Para neutralizar esta angústia, o portador de TOC realiza rituais ou evita estímulos, o que propicia alívio do sofrimento (Salkoviskis, Forrester, & Richards, 1998). Uma ilustração do modelo está demonstrada a seguir na **Figura 1**.

Figura 1 – Modelo cognitivo do TOC

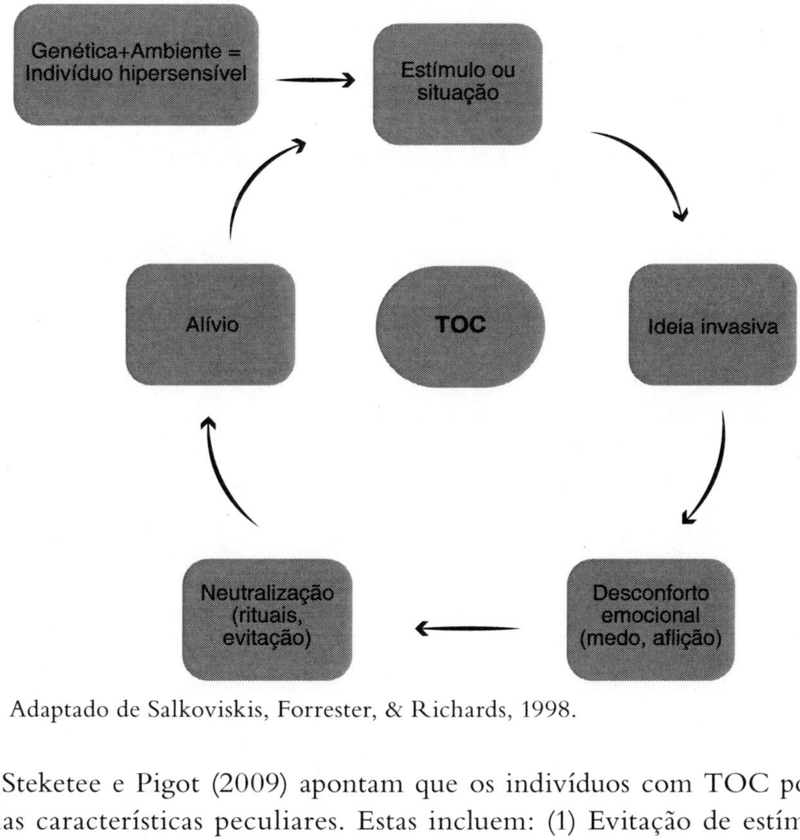

Adaptado de Salkoviskis, Forrester, & Richards, 1998.

Steketee e Pigot (2009) apontam que os indivíduos com TOC possuem algumas características peculiares. Estas incluem: (1) Evitação de estímulos e situações temidas que tenham relação com as obsessões; (2) Avaliação exagerada da importância dos pensamentos; (3) Senso de responsabilidade patológico; (4) Superestimação do dano (caso não seja realizado algum comportamento que "anule" a obsessão) e preocupação e ruminações excessivas.

O tratamento para o TOC, outrora, fora eminentemente comportamental. Em 1966, no Reino Unido, Victor Meyer publicou um artigo que propôs o uso da técnica de exposição e prevenção de rituais como estratégia promissora no tratamento do transtorno (Meyer, 1966). O emprego desta nova abordagem de intervenção para o TOC, até então, confirmou-se efetiva em estudos posteriores (Foa, Steketee, Grayson, Turner, & Latimer, 1984). No decorrer dos anos, elementos cognitivos foram incorporados ao tratamento do TOC, dando origem, inclusive, a protocolos enfaticamente cognitivos, como pode ser verificado em Wilhelm e Steketee (2006). Esta abordagem aproxima-se em diversos elementos ao que propõe a TMC para o TOC. Alguns tópicos, por exemplo, trabalhados por estas autoras em seu trabalho são superestimação dos pensamentos, controle de pensamentos, superestimação do perigo, desejo por certeza (intolerância a dúvidas) e senso de responsabilidade patológico (Wilhelm & Steketee, 2006). Tais tópicos também são abordados no protocolo de base metacognitiva (Wells, 2009).

Conceitos de TMC para o Entendimento do TOC

A TMC voltada para o TOC é direcionada para o trabalho de desafio às crenças metacognitivas ligadas a pensamentos intrusivos e ao modo como os indivíduos se relacionam com eles (Wells, 2009). Para compreender melhor o modelo metacognitivo aplicado ao transtorno, faz-se necessário expor o conceito de síndrome cognitiva atencional (SCA), proposto por Wells (2009). O autor aponta se tratar de um estilo perseverativo de pensamento que toma a forma de preocupação, ruminação e foco na ameaça e que está, muitas vezes, relacionado a comportamentos de *coping* contraproducentes, como supressão, evitação e abuso de substâncias (Wells, 2009).

Este conceito aplicado ao TOC está relacionado a dois pontos. Primeiramente, entende-se que, em resposta a pensamentos obsessivos ou dúvidas, o indivíduo manifesta preocupação, ruminação e pensamento analítico. Ele também monitora ameaças como pensamentos que não deseja que venham à tona. Por exemplo: um cliente que teme o pensamento de estar assassinando alguém pode "procurar" em sua mente se o pensamento está presente ou não. Ao fazer isso, ocorrerá a emergência de um pensamento gatilho, o que fará com que o indivíduo volte toda a sua atenção para ele. Em segundo lugar, ocorre o uso de estratégias contraproducentes, como supressão de pensamento, neutralização evidente ou encoberta e rituais (Myers, Fisher, & Wells, 2009; Wells, 2009). Outro ponto importante a ser destacado é referente às crenças metacognitivas (cognições sobre as crenças). No caso específico do TOC, Wells (2009) aponta que as crenças metacognitivas sobre os pensamentos intrusivos são denominadas crenças fundidas, divididas em três domínios, os quais serão descritos a seguir. Cabe ressaltar que tal proposta é uma releitura do que já havia sido proposto anteriormente por Rachman (1993).

O primeiro domínio é a fusão pensamento-evento (FPE). A FPE é a crença de que um pensamento intrusivo pode causar um evento particular. Pode ser também a crença de que um pensamento intrusivo significa que um evento já deve ter acontecido (Wells, 2009). Deste modo, alguns pacientes podem fazer relações diretas entre ter um pensamento e um evento específico ter ocorrido. Um exemplo de FPE é quando um indivíduo pensa que, por ter pensado que atropelou alguém, isso de fato ocorreu.

O segundo domínio é a fusão pensamento-ação (FPA). Na FPA, há a crença de que pensamentos intrusivos, sentimentos ou impulsos têm o poder de fazer alguém cometer ações indesejadas (Wells, 2009). Um exemplo de FPA é quando um cliente tem o pensamento de que irá proferir obscenidades em público e, por conta disso, acredita que realmente irá cometer tal ato.

O terceiro domínio é a fusão pensamento-objeto (FPO). Na FPO, há a crença de que pensamentos e sentimentos podem ser transferidos para objetos, tornando-os mais "reais" (Wells, 2009). Um exemplo de FPO pode ser percebido quando um paciente pensa em pedofilia enquanto lê um livro, tornando-o "infestado". Assim, da próxima vez que o ler novamente, será aumentado o risco de ele se tornar um pedófilo.

Outro conceito importante para o trabalho de TMC para o TOC é o de sinais de parada (*stop signals*). Wells (2009) aponta que os indivíduos com TOC têm um excesso de confiança em sinais internos e inapropriados que ditam quando um ritual evidente ou encoberto pode ser cessado. Desse modo, um paciente, após lavar as mãos por um tempo determinado, sabe exatamente quando ela está "totalmente livre de germes" e, por isso, há a possibilidade de parar de realizar a compulsão ou ritual. A abordagem metacognitiva entende esses sinais de parada como critérios internos que guiam o comportamento e as avaliações. O terapeuta, portanto, pode levar o cliente a perceber que essa busca por "suficiência" é uma forma de lidar com o sofrimento que não funciona, uma vez que somente aumenta a atenção voltada ao provocador de ansiedade (Wells, 2009).

O Modelo Metacognitivo do TOC

O modelo metacognitivo do TOC parte do princípio de que um gatilho, geralmente uma situação na qual o indivíduo se depara com algo que o faz ter pensamentos obsessivos, ativa crenças metacognitivas ligadas a tais pensamentos. Assim sendo, ocorre a avaliação da intrusão e a ativação de crenças sobre os rituais que irão anular o desconforto causado pelo pensamento obsessivo (emoções). Tal processo leva o indivíduo a realizar uma resposta comportamental. A **Figura 2**, a seguir, ilustra o modelo metacognitivo do TOC.

Figura 2 – Modelo Metacognitivo do TOC

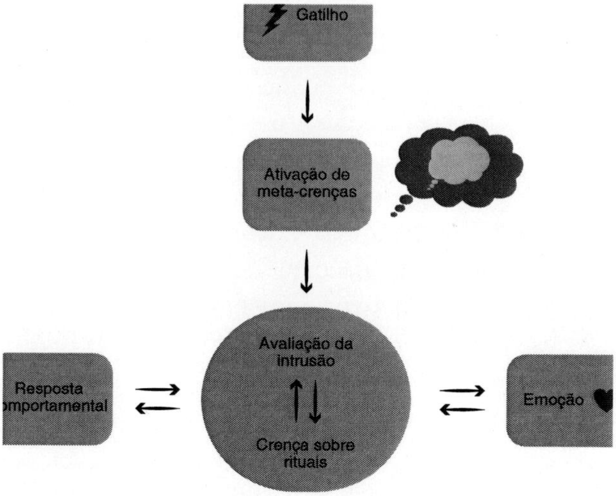

Adaptado de Wells (2009).

A Avaliação e o Tratamento em TMC para o TOC

O protocolo de TMC descrito por Wells (2009) envolve algumas etapas principais. As três primeiras consistem em avaliação, conceitualização de caso e socialização com o modelo metacognitivo. A avaliação diz respeito à entrevista inicial para a detecção de padrões de atividade metacognitiva, além da aplicação de escalas específicas para o TOC, como a Escala Revisada de Transtorno Obsessivo-Compulsivo-OCD-S (Wells, 2009).

A conceitualização de caso envolve uma série de perguntas que são feitas para o cliente com o intuito de construir um diagrama de acordo com o modelo do TOC, tal qual a TMC o concebe (Wells, 2009). Encontra-se a seguir um modelo de avaliação de TMC para o TOC retirado de Wells (2019, p. 420).

"Irei perguntar a você sobre a última vez que você se sentiu angustiado por causa de um pensamento obsessivo e sentiu-se compelido a responder a ele. Quando isso ocorreu?"

1. Qual foi o pensamento/imagem/impulso gatilho?
2. Quando você teve esse pensamento, como você se sentiu emocionalmente (Ex. ansioso, com medo)?
3. O que significa ter esse pensamento? (O que de pior poderia acontecer? O que poderia acontecer se você não fizesse nada para lidar com esse pensamento?)
4. Você acredita que esses pensamentos significam algo? O que de pior eles podem significar? O quanto você acredita nisso neste momento?

5. Você faz algo para evitar que [inserir a crença negativa sobre o pensamento] aconteça? Você faz algo para sanar a sua dúvida? Você tenta parar de se sentir ansioso? (o que você faz?). Você se engaja em algum ritual?
6. Quais são as vantagens em engajar-se nessas respostas? O que poderia acontecer se você não respondesse mais aos seus pensamentos, às suas dúvidas ou aos seus sentimentos? Quando você percebe que é seguro parar de fazer o ritual?

Figura 3 – Modelo de Avaliação de TMC

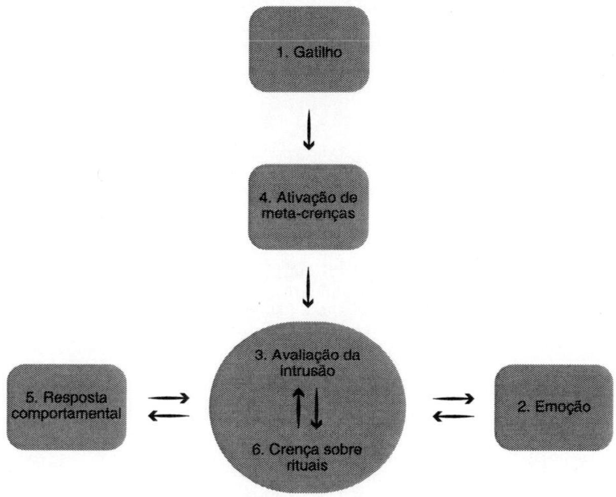

Adaptado de Wells (2009).

Já a socialização com o modelo metacognitivo, semelhante a uma psicoeducação, é feita para que o cliente entenda o que significam as crenças metacognitivas e como elas têm relação com o seu estilo perseverativo de pensamento que atribui valor qualitativo aos pensamentos obsessivos (Wells, 2009). Segundo Wells (2009), no modo do objeto (caracterizado por foco no conteúdo), as obsessões e compulsões estão relacionadas a um tema específico, como contaminação, organização, punição divina, causar dano a alguém, acumular pertences, dentre outros. Já no modo metacognitivo (caracterizado por foco na relação que a pessoa tem com suas cognições), o que importa são os pensamentos relacionados aos temas. No primeiro caso, trabalha-se mais com o tema propriamente dito. No segundo, a ênfase é aplicada às crenças sobre os pensamentos obsessivos a respeito do tema (Wells, 2009). A mudança do modo do objeto ao modo metacognitivo é fundamental, uma vez que, no segundo, o cliente passa a ter uma perspectiva sobre o processo ocorrente do TOC muito mais condizente com o que é trabalhado na TMC (Wells, 2009). A mudança para o modo metacognitivo também é essencial para a modificação das crenças metacognitivas.

Conforme já mencionado, na TMC se trabalha com a premissa de que é preciso manter os pensamentos obsessivos em mente e não tentar afastá-los ou suprimi-los. Inclusive, recomenda-se que a ideia obsessiva permaneça até mesmo enquanto o indivíduo realiza o ritual. Desta forma, a crença metacognitiva de que as obsessões são incontroláveis ou de que as obsessões podem ser controladas pelos rituais é desafiada (Wells, 2009). Nesse sentido, os experimentos comportamentais são utilizados. Contrariamente à forma como se utiliza essa técnica na Terapia Cognitivo-Comportamental (TCC) Tradicional, na TMC ela é empregada com o objetivo de o cliente reestruturar as crenças metacognitivas acerca do processo obsessivo (Fisher & Wells, 2009; Wells, 2009).

Wells (2009) propõe um modelo de tratamento no qual são utilizadas algumas estratégias da TMC, como o treinamento em *detached mindfulness* (DM) para mudança do modo do objeto para o modo metacognitivo, a modificação de crenças metacognitivas sobre intrusões (fusões), a modificação de crenças sobre rituais e *stop signals* e os experimentos comportamentais focados na metacognição.

O treinamento em DM consiste em treinar o cliente a desenvolver um estado de consciência de eventos internos sem responder a eles com avaliações, tentativas de controle ou supressão (Wells, 2005). Trata-se da antítese da SCA, no sentido de dissociar-se dos estilos perseverativos de enfrentamento. Ao realizar o DM, ocorre a mudança do modo do objeto para o modo metacognitivo de processamento. O DM é geralmente trabalhado a partir de metáforas. Para maiores detalhes, ver Wells (2005) e Hirata (2014).

A modificação de crenças metacognitivas sobre intrusões envolve trabalhar com o que Wells (2009) denomina métodos verbais. Isso consiste em isolar e verbalizar a crença sobre os pensamentos intrusivos, pois, geralmente, pacientes com TOC consideram as intrusões úteis de algum modo. O objetivo dessa etapa é descobrir essa utilidade que, por si só, é uma crença metacognitiva. Um exemplo é quando um cliente pode pensar o seguinte: "meus pensamentos sobre matar alguém são importantes" (porque "avisam" que eu posso fazer isso); outro pode pensar: "todos os pensamentos sobre contaminação são importantes" (porque me ajudam a não ficar doente). Assim sendo, consegue-se identificar e verbalizar a atividade metacognitiva que está na base da manutenção da SCA. Outra estratégia consiste na modificação de crenças sobre rituais. Indivíduos com TOC tendem a superestimar a função e os efeitos dos rituais no tocante à evitação de danos ou catástrofes. Na abordagem metacognitiva, tal superestimação é mantida em decorrência das crenças sobre os rituais. Segundo Wells (2009), estas incluem regras sobre o modo de controlar os pensamentos (exemplo: tenho que pensar em Deus para não ser amaldiçoado), sobre o modo de controlar os sentimentos (exemplo: tenho que estar tranquilo para que as coisas corram bem) e sobre o controle de comportamentos (exemplo: tenho que lavar as mãos vinte vezes até que me sinta realmente livre de germes). Assim sendo, as regras sobre os rituais formam um plano metacognitivo para direcionar o comportamento e avaliar o seu sucesso ou fracasso. Um passo importante na TMC para o TOC consiste em modificar essas crenças (Wells, 2009). O trabalho, tanto das crenças metacognitivas quanto das crenças sobre rituais, pode ser feito com questionamento socrático. No entanto, na TMC, esta técnica é utilizada de modo a mudar a percepção do indivíduo sobre o processo e não sobre o conteúdo.

Ao final do tratamento, o terapeuta, em conjunto com o cliente, traça novos planos de processamento em relação ao TOC. Em outras palavras, devem ser levantadas novas possibilidades de entendimento a respeito do processo do TOC naquele cliente específico, ou seja, o indivíduo é instruído a raciocinar de acordo com o modo metacognitivo e a usar as estratégias aprendidas ao longo do tratamento (Wells, 2009).

O exemplo de um modo de processamento do indivíduo com TOC pode incluir: 1) Focar na obsessão; 2) Focar na sensação vívida de ter feito algo – trancar uma porta, por exemplo – e, caso esta sensação não ocorra, significa que a checagem deve ser refeita; 3) Ceder ao ritual ou à compulsão como uma forma de tentar sentir segurança ao invés de dúvida.

Um novo plano (Wells, 2009) possível, após tratamento, é: 1) Foco momentâneo nas ações de checagem; 2) Não tentar lembrar se realizou algum comportamento – como trancar uma porta – após acabar de fazer isso; 3) Tolerar dúvidas e diferenciar pensamentos de fatos; 4) Aplicar o DM para deter a SCA.

Por fim, é recomendado que se faça a prevenção de recaída. O cliente fica com uma cópia do seu diagrama de conceitualização metacognitiva e com o novo plano de processamento. O terapeuta recomenda a utilização constante das ferramentas aprendidas em situações futuras, nas quais o paciente entre em contato com estímulos que podem ser um gatilho para o TOC. Sessões de *follow-up* podem ser agendadas dentro de três e seis meses após o término da terapia (Wells, 2009).

Estudos de Eficácia de TMC aplicada ao TOC

Alguns estudos foram conduzidos utilizando a TMC para o TOC nos últimos quinze anos. A seguir serão apresentados, brevemente, alguns deles.

O primeiro refere-se à pesquisa conduzida por Rees e Koesveld (2008), que consistiu na execução do tratamento de oito pacientes portadores de TOC. Os participantes foram avaliados com o *Yale Brown Obsessive-Compulsive Scale* – Y-BOCS (Goodman et al., 1989), com o *Metacognitions Questionnaire – Short Form* (Wells & Cartwright-Hatton, 2004) e com o Inventário Beck de Depressão (Beck, Ward, Menelson, Mock, & Erbaugh, 1961). O tratamento utilizado consistiu em uma intervenção de TMC (Rees & Koesveld, 2008).

Após o tratamento, a média dos escores das escalas mencionadas reduziu. A análise individual dos casos, relatada pelos pesquisadores, apontou melhoras significativas, incluindo a passagem de graus severos de TOC para patamares mais moderados (Rees & Koesveld, 2008). Em outros casos, cuja gravidade inicialmente mostrou-se moderada, houve ganhos terapêuticos a ponto de os pacientes passarem a uma condição de TOC subclínico (Rees & Koesveld, 2008).

O artigo de Fisher e Wells (2008) relata os resultados do tratamento de quatro pacientes portadores de TOC submetidos à terapia metacognitiva. Os participantes foram avaliados com o *Yale Brown Obsessive-Compulsive Scale*–Y-BOCS (Goodman et al., 1989), Inventário Padua (Sanavio, 1988), Inventário Beck de Depressão – BDI (Beck et al., 1961), Inventário Beck de Ansiedade – BAI (Beck, Brown, Epstein, & Steer, 1988), *Maudsley Obsessive-Compulsive Inventory* (Hodgson & Rachman, 1977), *Thought FusionInstrument* – TFI (Wells, Gwilliam, & Cartwright-Hatton, 2001) e *Obsessive-Compulsive Beliefs Questionnaire* (Wells & Carter, 1999).

Após a avaliação, os pacientes foram tratados em 12 sessões de uma hora de TMC. Os moldes do tratamento se assemelham ao protocolo proposto por Wells (2009). Decorridas as sessões, verificou-se que os escores de todos os inventários baixaram de forma significativa (Fisher & Wells, 2008).

Andouz, Dolatshahi, Moshtagh e Dadkhah (2012) conduziram um estudo em que foi feito tratamento com pacientes que apresentavam TOC somente obsessivo. Os principais conteúdos das obsessões dos participantes da amostra estavam relacionados a pensamentos de cunho sexual, agressivo e blasfemo. Em resposta às obsessões, todos os pacientes realizavam rituais encobertos (Andouz, Dolatshahi, Moshtagh, & Dadkhah, 2012). Neste trabalho, os autores mencionam o fato de que cerca de 25% dos pacientes com TOC não respondem à terapia de exposição e prevenção de respostas (EPR), o que faz com que uma parcela significativa de indivíduos permaneça sofrendo os prejuízos atrelados ao transtorno. Além disso, apontam que a maior parte de evidências encontradas referentes ao sucesso da EPR diz respeito aos subtipos lavagem e checagem do TOC. Outros aspectos, como acumulação, dúvidas e ordenação, são pouco tratados por essa técnica.

Adicionalmente, para o TOC mais obsessivo, a EPR também não apresenta evidências consistentes (Andouz, Dolatshahi, Moshtagh, & Dadkhah, 2012). Partindo destas informações, os pesquisadores mencionam as abordagens cognitivas como alternativas à EPR, em especial à metacognitiva. O tratamento utilizado nessa pesquisa foi o mesmo proposto por Wells (2009), utilizando as técnicas para TOC já citadas neste capítulo. Os resultados demonstraram redução significativa de todos os escores dos instrumentos aplicados. Segundo os autores da pesquisa, a TMC é uma ferramenta útil para ser utilizada com pacientes com TOC puramente obsessivo e que apresentam rituais encobertos. Esse achado foi consistente com pesquisas anteriores, como Fisher e Wells (2008) e Rees e Koesveld (2008), que também verificaram a eficácia da TMC para o TOC.

Van der Heiden, Van Rossen, Dekker, Damstra e Deen (2016) conduziram um ensaio clínico utilizando TMC para o TOC. O trabalho consistiu no tratamento de 25 pacientes que atendiam aos critérios diagnósticos do transtorno. Os pacientes foram avaliados com o Y-BOCS (Goodman et al., 1989), Inventário Beck de Depressão II (Beck, Steer, & Brown, 1996) e com o *Thought Fusion Instrument* (Wells, Gwilliam, & Cartwright-Hatton, 2001). O tratamento envolveu a aplicação de TMC com foco no aumento da consciência do papel das metacognições na manutenção dos sintomas de TOC, DM, mudança de crenças metacognitivas e experimentos comportamentais focados na metacognição. Estes, também utilizados na TCC tradicional, são aplicados na TMC com o objetivo de mudar para o cliente a ideia de que os rituais têm alguma utilidade, de maneira que isso também mude a percepção dele acerca da própria utilidade das obsessões. Os resultados desse ensaio clínico demonstraram queda significativa nos escores dos instrumentos aplicados após o término das sessões, com manutenção checada a partir de *follow-up* após três meses (Van der Heiden et al., 2016).

Considerações finais

Este capítulo teve como objetivo descrever, de forma resumida, os princípios da TMC aplicada ao TOC. Embora ainda seja uma abordagem recente, e pouco explorada no Brasil, este modelo tem sido reconhecido internacionalmente como uma possibilidade promissora no tratamento de alguns transtornos, incluindo o TOC. Embora grande parte dos ensaios clínicos não apresente número elevado de participantes, a TMC tem se mostrado útil no tratamento do TOC, e também de outros quadros, como a depressão e o transtorno de ansiedade generalizada (TAG).

Em uma metanálise, Normann e Morina (2018) concluíram que a TMC pode ser efetiva para alguns transtornos mentais, sendo, inclusive, superior à TCC em alguns casos. No entanto, o baixo número de participantes em quase todos os estudos é um fator que ainda impede que conclusões mais fidedignas sejam consideradas.

Referências

American Psychiatric Association (2013). *Diagnostic and Statistical Manual of Mental Disorders* (5th ed.) DSM-5. Washington, DC: Author.

Andouz, Z., Dolatshahi, B., Moshtagh, N., & Dadkhah, A. (2012). The Efficacy of Metacognitive Therapy on Patients Suffering from Pure Obsession. *Iranian Journal of Psychiatry*, 7, 11-21. Retrieved from https://www.ncbi.nlm.nih.gov/pmc/articles/PMC3395965/pdf/IJPS-7-11.pdf

Beck, A. T., Epstein, N., Brown, G, & Steer, R. A. (1988). An Inventory for Measuring

Clinical Anxiety: Psychometric Properties. *Journal of Consulting and Clinical Psychology, 56*, 893-897. doi: 10.1037//0022-006x.56.6.893

Beck, A. T., Steer, R. A., & Brown, G. K. (1996). *Manual for the Beck Depression Inventory-II.* San Antonio, TX: Psychological Corporation.

Beck, A. T., Ward, C. H., Mendelson, M., Mock, J., & Erbaugh, G. (1961). An Inventory for Measuring Depression. *Archives of General Psychiatry, 4*, 53-63. doi: 10.1001/archpsyc.1961.01710120031004

Cordioli, A. V. (2014). *TOC: manual de terapia cognitivo-comportamental para o transtorno obsessivo-compulsivo.* Porto Alegre: Artmed.

Fisher, P., & Wells, A. (2009). *Metacognitive Therapy.* New York: Routledge.

Fisher, P. L., & Wells, A. (2008). Metacognitive therapy for obsessive-compulsive disorder: a case series. *Journal of Behavior Therapy and Experimental Psychiatry, 39*, 117-132. Retrieved from https://doi.org/10.1016/j.jbtep.2006.12.001

Foa, E. B., Steketee, G., Grayson, J. B., Turner, R. M., & Latimer, P. (1984). Deliberate exposure and blocking of obsessive-compulsive rituals: Immediate and long-term effects. Behavior Therapy, 15, 450-472. Retrieved from https://doi.org/10.1016/S0005-7894(84)80049-0

Goodman, W. K., Price, L. H., Rasmussen, S. A., Mazure, C., Fleischmann, R. L., Hill, C. L., ...Charney, D. S. (1989). The Yale-Brown Obsessive Compulsive Scale: I. Development, use, and reliability. Archives of General Psychiatry, 46(11), 1006-1011. Retrieved from https://doi.org/10.1001/archpsyc.1989.01810110048007

Hirata, H. P. (2014). Terapia Metacognitiva. In C. B. Neufeld, E. M. O. Falcone, & B. Rangé (Orgs.). *PROcognitiva: programa de atualização em terapia cognitivo-comportamental* (pp. 45-98,Ciclo1, 2). Porto Alegre: Artmed Panamericana.

Hodgson, R. J., & Rachman, S. (1977). Obsessional-compulsive complaints. *Behaviour Research and Therapy, 15*, 389-395. doi: 10.1016/0005-7967(77)90042-0

Meyer, V. (1966). Modification of Expectations in Cases with Obsessional Rituals. *Behaviour Research and Therapy, 4*, 273-280. doi: 10.1016/0005-7967(66)90023-4

Myers S., Fisher P., & Wells A. (2009). An empirical test of the metacognitive model of obsessive-compulsive symptoms: fusion beliefs, beliefs about rituals, and stop signals. Journal of Anxiety Disorders, *23*, 436-442. doi:10.1016/j.janxdis.2008.08.007

Normann, N., & Morina, N. (2018). The Efficacy of Metacognitive Therapy: a Systematic Review and Meta-Analysis. *Frontiers in Psychology, 9*, 1-14. doi: 10.3389/fpsyg.2018.02211

Rachman, S. (1993) Obsessions, responsibility and guilt. *Behaviour Research and Therapy, 31*, 149-154. doi: 10.1016/0005-7967(93)90066-4

Rees, C. S., & Koesveld, K. E. (2008). An open trial of group metacognitive therapy for obsessive-compulsive disorder. *Journal of Behavior Therapy, 39*, 451-458. doi: 10.1016/j.jbtep.2007.11.004

Salkoviskis, P. M., Forrester, E., & Richards, C. (1998). Cognitive-behavioral approach to understanding obsessional thinking. *British Journal of Psychiatry, 173*, 53 63. Retrieved from https://doi.org/10.1192/S0007125000297900

Sanavio, E. (1988). Obsessions and compulsions: The Padua Inventory. Behaviour Research and Therapy, 26(2), 169-177. Retrieved from https://doi.org/10.1016/0005-7967(88)90116-7

Steketee, G., & Pigott, T. (2009). *Transtorno Obsessivo-Compulsivo.* Porto Alegre: Artmed.

Van der Heiden, C., Van Rossen, K., Dekker, A., Damstra, M., & Deen, M. (2016). Metacognitive Therapy for Obsessive-Compulsive Disorder: a pilot study. *Journal of Obsessive-Compulsive and Related Disorders, 9*, 24-29. Retrieved from https://doi.org/10.1016/j.jocrd.2016.02.002

Wells, A. (2005). Detached Mindfulness in cognitive therapy: a metacognitive analysis and ten techniques. *Journal of Rational-Emotive and Cognitive-Behavior Therapy, 23*, 337-355. doi: 10.1007/s10942-005-0018-6

Wells, A. (2009). *Metacognitive Therapy for Anxiety and Depression.* New York: GuilfordPress.

Wells, A. (2019). *Terapia Metacognitiva para la Ansiedad y la Depressión.* Bilbao: Desclée De Brouwer.

Wells, A., & Carter, K. (1999). *The obsessive compulsive beliefs questionnaire.* Unpublished scale, Manchester: University of Manchester Press.

Wells, A., & Cartwright-Hatton, S. (2004). A short form of the metacognitions questionnaire: properties of the MCQ-30. *Behaviour Research and Therapy, 42*, 385-396. doi: 10.1016/S0005-7967(03)00147-5

Wells, A., Gwilliam, P. D. H., & Cartwright-Hatton, S. (2001). *The thought fusion instrument.* Unpublished scale, Manchester: University of Manchester Press.

Wilhelm, S., & Steketee, G. (2006). *Cognitive Therapy for Obsessive-Compulsive Disorder: A Guide for Professionals.* Oakland: New Harbinger Publications.

Capítulo 4

ABORDAGEM DE REDE COMO AUXÍLIO PARA A PRÁTICA CLÍNICA

XVII Mostra de TCC, 2019

Trabalho apresentado na modalidade Mesa Redonda

Gabriel Talask

Marcele Regine de Carvalho

Síntese

Nos últimos anos, observa-se a popularização de uma abordagem de rede nos estudos em saúde mental, oferecendo uma alternativa à concepção dos transtornos psicológicos enquanto "efeitos de uma causa comum". O pressuposto teórico básico é de que os transtornos psicológicos devem ser conceitualizados como redes de sintomas de interação causal. A hipótese é que a construção da rede, com base na análise de dados de cada paciente, poderia reduzir o viés do terapeuta, permitindo uma conceitualização do caso ainda mais precisa. Ademais, o acompanhamento da dinâmica da rede pode antever uma possível recaída, permitindo uma intervenção antecipada nos sintomas centrais.

Introdução

A compreensão acerca dos transtornos psicológicos ainda é objeto de ampla discussão. A terceira edição do Manual Diagnóstico e Estatístico de Transtornos Mentais (DSM) (American Psychological Associantion [APA], 1980) representou um importante paradigma referente aos transtornos psiquiátricos. Nessa edição, inaugurou-se uma sistematização das condições clínicas (Alvarenga, Flores-Mendoza, & Gontijo, 2009). Essa abordagem nomotética permitiu pesquisas protocolares e uma intensa busca por eficácia de tratamento. Atualmente, os principais sistemas de classificação dos transtornos psicológicos são o DSM 5 (American Psychological

Associantion [APA], 2014) e a Classificação Estatística Internacional de Doenças (CID-10) (Organização Mundial da Saúde [OMS], 1994).

O debate nosológico se fundamenta principalmente em se os transtornos são mais bem explicados a partir de um paradigma categórico ou dimensional. Como alternativa, o *Research Domain Criteria* (RDoC) propõe integrar aspectos genéticos e neurobiológicos no diagnóstico de um transtorno, compreendendo-os enquanto "transtornos cerebrais" (Insel et al., 2010).

Recentemente, uma perspectiva de rede vem oferecendo algumas respostas aos questionamentos acerca da nosologia psiquiátrica, contrariando o modelo nomotético vigente. A ideia teórica subjacente à perspectiva da rede é de que os transtornos psicológicos devem ser conceitualizados como redes de sintomas de interação causal, em contraponto à concepção dos transtornos psicológicos enquanto "efeitos de uma patologia comum" (Borsboom, 2017). Isto é, os sintomas não refletem transtornos subjacentes, mas são as interações causais entre os próprios sintomas que constituem o que se compreende como tais transtornos (Guloksuz, Pries & van Os, 2017; Fried et al., 2017; MacNally, 2016).

Sendo assim, essa interação pode ser entendida como uma rede, na qual os sintomas são *nós* e as conexões entre eles representam interações causais (**Figura 1**). Neste sentido, os sintomas do Transtorno Depressivo Maior (TDM), por exemplo, não estão associados porque são gerados por uma doença subjacente em comum, mas eles constituem uma rede de sintomas que interagem de maneira na qual tende a se manter (Borsboom & Cramer, 2013; Hofmann, Curtiss, & McNally, 2016). Essa proposta ontológica dos transtornos psicológicos abandona uma concepção estática, aproximando-se de uma visão dinâmica, tendo foco na relação *sintoma-sintoma* e não mais na *síndrome* (Wichers, Wingman, Bringmann, & de Jonge, 2017).

Figura 1 – Modelo de doença latente x Modelo de rede

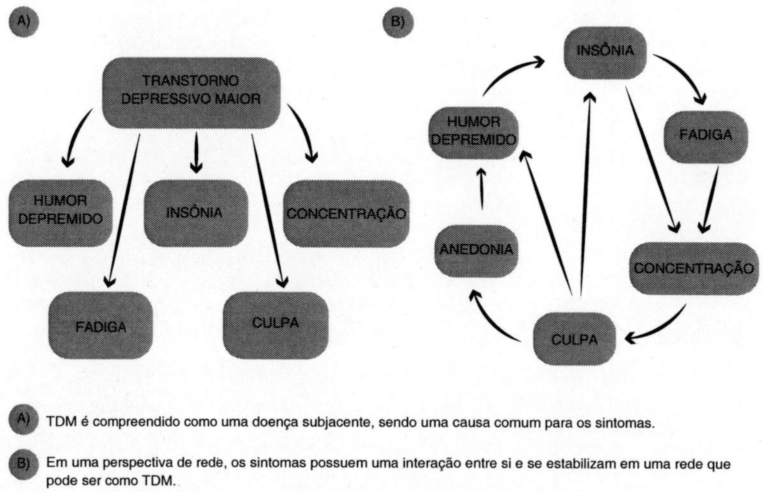

Adaptado de Borsboom & Cramer (2013); Nuijten et al. (2016).

Esta perspectiva permite maior compreensão da heterogeneidade de sintomas de diversos transtornos, abrindo novas oportunidades para entender o conceito e o desenvolvimento de comorbidade e predizer o curso dos sintomas (abordado adiante neste capítulo). Além disso, levanta-se a hipótese de que tais redes podem fornecer informações sobre os mecanismos psicológicos específicos subjacentes ao desenvolvimento de transtornos mentais (Wichers et al., 2017; Nuijten, Deserno, Cramer, & Borsboom, 2016).

A construção da rede é realizada por meio da análise estatística de dados sistematicamente coletados ao longo do tempo. Considera-se que, virtualmente, pode haver uma rede específica para cada indivíduo. Consequentemente, estudos recentes buscam investigar a sua utilização na prática clínica, através da análise de rede de pacientes com diferentes transtornos e a partir da construção de redes personalizadas para cada indivíduo, possibilitando uma intervenção acurada e mais adequada para cada paciente (Epskamp et al., 2018; Fried et al., 2018; Lutz, Hofmann, Fisher, Husen, & Rubel, 2018; Langer et al., 2019; Richentin, Preti, Constantini, & de Panfilis, 2017).

A hipótese é de que a construção da rede com base na análise de dados de cada paciente poderia reduzir o viés do terapeuta, auxiliar a formulação da conceitualização cognitiva (CC) do caso e aumentar sua precisão. Embora considerada uma estratégia central na Terapia Cognitivo-Comportamental (TCC), a base de evidências que a sustenta ainda é inconclusiva em alguns aspectos (Kuyken, Padesky, & Dudley, 2008).

Os terapeutas tendem a chegar a um consenso no nível descritivo (em relação às demandas apresentadas), mas discordam e chegam a conclusões diferentes em relação aos níveis inferenciais, como a compreensão de crenças e padrões de comportamento (Easden & Kazantzis, 2018; Kuyken, 2006; Kyuken et al., 2008). As pesquisas também apontam para maior necessidade de evidências quanto à validade da CC, no que se refere à convergência entre a apresentação de problemas dos clientes, as medidas de seu funcionamento, as impressões do terapeuta e de seus supervisores (Easden & Kazantzis, 2018; Kuyken, 2006).

Ademais, o processo de formulação pode apresentar alguns vieses como: i) *Heurística da representatividade:* quando, na tomada de decisão, busca-se condições semelhantes vividas no passado, trazendo-as para o momento presente, como base para o julgamento; ii) *Heurística da disponibilidade*: tendência de utilizar informações mais prontamente disponíveis na tomada de decisões; e iii) *Heurística de ancoragem e ajustamento:* tendência de organizar julgamentos em torno de uma hipótese inicial, tendo pouca flexibilidade no seu ajuste (Kuyken, 2006). No entanto, fatores como treinamento, experiência e uso de esquemas de conceituação mais estruturados podem contribuir para uma maior confiabilidade da estratégia, mesmo não estando livre de vieses (Kuyken et al., 2008). Basear-se em dados mais objetivos pode facilitar a estruturação e organização da conceitualização cognitiva, assim como a concordância entre terapeutas.

Finalmente, é importante salientar que a abordagem de redes não é uma nova proposta de terapia ou intervenção, mas uma nova leitura e compreensão dos transtornos psicológicos. A utilização de uma análise de redes dos dados coletados de cada paciente pode ser uma importante contribuição na compreensão de cada caso.

Pressupostos da Abordagem de Rede

A abordagem de rede sugere que os sintomas da psicopatologia são causalmente conectados por diversos mecanismos biológicos, psicológicos e sociais. Se essas relações causais forem suficientemente fortes, os sintomas podem gerar um nível de *feedback* que os tornam autossustentáveis (Borsboom, 2017; Mcnally, 2016; Guloksuz et al., 2017).

Neste caso, a rede é capaz de se estabilizar em um estado que pode ser compreendido como um transtorno. Toda rede apresenta um grau de estabilidade a depender da conectividade entre os sintomas. A teoria da rede sustenta uma característica de bi-estabilidade, em que uma condição de saúde mental pode ser definida como o estado estável de uma rede fracamente conectada (*nós* possuem baixo grau de correlação), enquanto a noção de um transtorno mental como outro estado – não desejado – estável de uma rede fortemente conectada (*nós* possuem alto grau de correlação) (Borsboom, 2017; Hofmann & Curtiss, 2018). A densidade da rede (forte correlação global) indica que a ativação de um *nó* facilmente poderá se alastrar na ativação de outros *nós*, sugerindo que quanto mais sintomático for o indivíduo, maior a densidade da rede (Borsboom & Cramer, 2013).

Os estudos indicam que indivíduos mais resilientes possuem uma rede de sintomas fracamente conectada. Nesse sentido, quando há uma perturbação local (i.e. um sintoma é ativado por algum estressor), há uma tendência da rede de se reestabilizar em um estado de saúde mental. No entanto, indivíduos com maior vulnerabilidade apresentam uma rede fortemente conectada, a qual tende a se estabilizar em um estado patológico após uma perturbação local (Borsboom, 2017).

Uma característica importante que sinaliza uma transição dessa estabilidade é a *desaceleração crítica*. Esta se refere ao fenômeno no qual, em indivíduos vulneráveis, a rede se recupera muito mais lentamente de perturbações locais (ex. estressores) e, portanto, pode ser levada mais facilmente para um estado alternativo (ex. TDM) (Hofmman & Curtiss, 2018). A abordagem de rede sugere que a *desaceleração crítica* pode ser usada como um sinal de alerta precoce para o início e término da psicopatologia, possibilitando uma intervenção preventiva (Hofmman & Curtiss, 2018; Nuijten et al., 2016; MacNally, 2016).

Borsboom (2017) propõe cinco princípios que estruturam uma teoria de rede para os transtornos mentais: i) *Complexidade*: os transtornos mentais são mais bem caracterizados em termos da interação entre diferentes componentes em uma rede de psicopatologia. Assim, este princípio ressalta o consenso de que os transtornos mentais são multifatoriais na constituição, etiologia e antecedentes causais; ii) *Correspondência de componentes e sintomas*: os componentes da rede de psicopatologia (*nós*) correspondem aos problemas que foram codificados como sintomas nos antigos manuais diagnósticos (ex. insônia, anedonia, etc.) e aparecem como tais nos manuais atuais; iii) *Conexões causais diretas*: a estrutura da rede é gerada por um padrão de conexões causais diretas entre os sintomas (como ilustrado na **Figura 1**, os sintomas depressivos associados por apresentarem uma relação causal entre eles e não por serem gerados por uma doença subjacente em comum); iv) *Os transtornos mentais seguem a estrutura da rede*: a rede de psicopatologia tem uma topologia não trivial, na qual certos sintomas estão mais intimamente conectados do que outros. Esses agrupamentos de sintomas dão origem à manifestação fenomenológica dos transtornos mentais como grupos de sintomas que frequentemente surgem juntos; v) *Histerese*: os transtornos psicológicos surgem devido à presença de histerese (tendência de um sistema conservar suas propriedades após uma perturbação gerada por um estímulo interno ou externo) em redes de sintomas fortemente conectadas. Isto é, os sintomas continuam a se ativar mesmo depois que a causa da perturbação tenha desaparecido. Nesse sentido, um evento estressor não é responsável por gerar uma doença subjacente, como a depressão, mas ele pode ativar um sintoma que, por sua vez, ativa uma série de outros sintomas, como um alastramento em uma rede, gerando uma estabilidade que pode ser codificada como depressão (Borsboom & Cramer, 2013; Hofmann et al., 2016; Nuijten et al., 2016).

Sendo assim, a abordagem de rede oferece uma válida explicação sobre a heterogeneidade dos diversos transtornos psicológicos. É bastante comum que um mesmo indivíduo possa ser diagnosticado com mais de um transtorno. Usualmente, as comorbidades são compreendidas como transtornos distintos, sendo incorporados ao diagnóstico. No entanto, a abordagem de rede sugere que transtornos comórbidos ocorrem devido à interação entre os diferentes sintomas dos, até então, diferentes transtornos (Guloksuz et al., 2017; Fried et al., 2017). Neste caso, o indivíduo não acumula transtornos, mas simplesmente possui sintomas que favorecem o surgimento de outros sintomas (*sintomas ponte*), que por sua vez se alastram e sustentam uma rede de sintomas análoga ao que seria o transtorno comórbido em questão (**Figura 2**).

Figura 2 – Comorbidade no modelo de rede

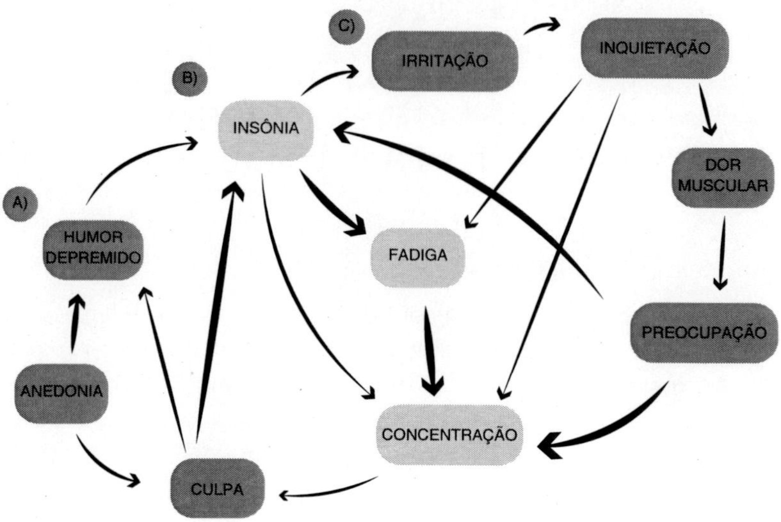

A) Interação entre os sintomas que correspondem ao TDM.

B) Sintomas ponte que favorecem o alastramento da rede.

C) Interação entre os sintomas que correspondem ao transtorno de ansiedade generalizada (TAG).

Adaptado de Borsboom & Cramer (2013); Nuijten et al. (2016).

Método de Amostragem de Experiência

A maior parte das pesquisas clínicas se concentra em desenvolver redes específicas de transtornos por meio de estudos transversais, as quais descrevem como os elementos de um transtorno estão conectados numa amostra interindivíduos. Esse tipo de metodologia gera uma rede contemporânea que, apesar de não fornecer uma análise causal entre sintomas, permite realizar análises correlacionais e de centralidade (Epskamp et al., 2018).

Pesquisas que buscam desenvolver redes individuais e personalizadas ainda são escassas. Metodologias série-temporal – que permitem uma análise intraindivíduo – possibilitam a construção de uma rede temporal, a qual investiga se os sintomas (ou outras variáveis relevantes) predizem um ao outro ao longo do tempo (Epskamp et al., 2018).

Por ser tratar de uma abordagem recente, uma metodologia adequada para coleta e análise de dados na construção de tais redes temporais ainda está em debate. No entanto, o método de amostragem por experiência (MAE) está recebendo significativo destaque. O MAE é uma técnica estruturada de autorrelato que pode avaliar humor, sintomas, contexto e suas avaliações à medida que ocorrem no cotidiano (Hektner & Csikszentmihalyi, 2007). Para isso, ela exige que os participantes preencham um questionário momentâneo diversas vezes ao dia durante vários dias. As respostas dos questionários podem ser condicionadas a três marcadores: i) *Evento*: o participante deverá responder sempre quando ocorrer um dado evento (e.g. ataque de pânico ou uso de substância); ii) *Tempo*: o participante receberá um lembrete em tempos estipulados ou randomizados para o preenchimento do questionário; iii) *Híbrido*: o questionário deverá ser preenchido nas duas condições (Myin-Germeys et al., 2018).

Parâmetros de Centralidade

Uma concepção dinâmica e sistêmica dos transtornos psicológicos permite novas formas de análise e possibilidades de interpretação de dados. A teoria de redes permite o cálculo de métricas de centralidade que revelam a importância de um *nó* (sintoma) (Borsboom & Cramer, 2013; McNally, 2016). Em vez de se concentrar nos sintomas característicos únicos de certo transtorno, a análise de rede calcula as métricas da centralidade dos *nós*. A conectividade de um *nó* pode ser avaliada de acordo com parâmetros de centralidade, *nós* altamente centrais são os de maior importância na rede e estes não precisam ser marcas únicas de um transtorno específico (Nuijten et al., 2016; Hofmann & Curtiss, 2018).

Diferentes medidas de índice de centralidade diferem em sua importância na rede em questão. As principais medidas de centralidade são: i) *Grau de centralidade*: define o número de conexão que um *nó* possui com outros *nós* em uma rede (Fried et al., 2017); ii) *Força da centralidade*: diz respeito à força da correlação entre um *nó* e outro (ex. *r* de Pearson) (McNally, 2016). Isto aponta para a probabilidade de que quando um sintoma é ativado, ele ativará outro; iii) *Intermediação*: o número de vezes que o *nó* está no caminho mais curto entre dois outros *nós*. Os sintomas compartilhados por dois transtornos frequentemente comórbidos possuem alta centralidade de intermediação e servem como pontes entre os dois (Nuijten et al., 2016; McNally, 2016; Hofmann & Curtiss, 2018).

Sendo assim, a ativação de um sintoma com alta centralidade de intermediação é especialmente provável que se espalhe para ambos os grupos sindrômicos, produzindo, assim, uma apresentação comórbida (McNally, 2016).

A centralidade é uma métrica que precisa ser interpretada com grande cuidado, contextualizando-a em relação à amostra, às características da rede e aos seus elementos. Um sintoma pode ser central porque é o ponto final causal de muitos caminhos na rede, então intervir geraria nenhuma mudança no sistema. Além disso, o sintoma com a menor centralidade – desconectado da maioria dos outros sintomas – ainda assim pode ser uma das características clínicas mais importantes (ex. ideação suicida). Outra possibilidade é um sintoma altamente central, mas muito difícil de ser alvo de intervenções (Fried et al., 2018).

Perspectivas Clínicas

Considerando os manuais diagnósticos contemporâneos, dois indivíduos podem ser diagnosticados com um mesmo transtorno, porém com sintomatologia muito distinta. Apesar disso, o protocolo de tratamento recomendado tende a ser o mesmo, uma vez que as análises e os métodos de pesquisa se sustentam em uma abordagem nomotética (Hayes et al., 2019). No entanto, a abordagem de rede propõe uma compreensão idiográfica dos transtornos mentais e, consequentemente, um tratamento orientado para a relação sintoma-sintoma. A análise estatística de rede traz uma série de oportunidades, embasadas de forma objetiva, como possibilitar a identificação da centralidade dos *nós* (ex. os próprios sintomas ou outros tipos de variáveis necessárias para investigar aquele caso), gerar hipóteses relativas ao paciente, selecionar o sintoma a ser tratado e as intervenções específicas (Fried et al., 2017; Guloksuz et al., 2017).

Além disso, discutir as complexidades das redes personalizadas com o paciente pode oferecer oportunidades objetivas para que ele obtenha *insights* sobre suas forças e estratégias de *coping*, além de reforçar um senso de participação no próprio cuidado (Epskamp et al., 2018). Neste sentido, a construção de uma rede dinâmica não apenas pode auxiliar o terapeuta na construção e validação da CC, como também pode ser compartilhada e acompanhada com o cliente.

Richentin et al. (2017) encontraram entre pacientes com transtorno de personalidade borderline (TPB) a *instabilidade afetiva* como um *nó* central do TPB. *Distúrbios de identidade* também desempenharam um papel central na rede, embora em menor grau. Além desses dois elementos, o *esforço para evitar o abandono* também se mostrou como um possível *nó* significativo. Os achados mostram-se consistentes com os dois principais protocolos de tratamento do TPB, sendo eles a Terapia Comportamental Dialética (TCD) e a Psicoterapia Focada na Transferência (PFT), uma vez que a TCD foca na regulação emocional enquanto a PFT se concentra na integração da compreensão do *self*. Porém, sugere-se que a lógica protocolo-síndrome não contemplaria a total demanda do tratamento, sendo mais interessante utilizar distintos procedimentos para diferentes elementos.

Fried et al. (2018) analisaram quatro amostras de pacientes diagnosticados com transtorno de estresse pós-traumático (TEPT). *Reatividade psicológica*, *memórias traumáticas intrusivas*, *distanciamento* e *desinteresse pelas atividades* estavam entre os elementos mais centrais. Os protocolos para o tratamento do TEPT não se concentram explicitamente no desinteresse pelas atividades. Os autores sugerem que pesquisas futuras devem, portanto, elucidar se melhoras podem ser alcançadas caso os tratamentos também visassem outros sintomas centrais, neste caso a perda de interesse, concentrando-se na ativação via reforço de atividades, como é comumente parte da ativação comportamental no tratamento da depressão.

Langer et al. (2019) buscaram investigar os principais sintomas que fazem com que um indivíduo com transtorno de ansiedade social (TAS) também desenvolva TDM. O elemento mais fortemente relacionado ao humor depressivo foi *desvalor*. O papel de ponte do *desvalor* parece sugerir fortes relações entre *humor deprimido* e *desvalor*, *desvalor* e *instabilidade de humor*, e *instabilidade de humor* e *ansiedade social*, ao invés de ser uma relação direta entre *desvalor* e *ansiedade social*. Isso implicaria na possibilidade de elencar no repertório do tratamento intervenções autocompassivas (que buscam diminuir uma autocrítica exagerada) ou desfusionais (que buscam mudanças na relação entre o indivíduo e seus pensamentos), as quais, muitas vezes, são coadjuvantes nos protocolos de tratamento do TAS.

Epskamp et al. (2018) utilizaram o MAE na construção de rede temporal e contemporânea para intervenção psicoterápica com uma paciente em remissão de TDM. A rede individual sugeria que sempre que a paciente experimentava *desconforto*, sentia-se menos *relaxada*, mais *triste*, *ruminava* mais e era menos capaz de se *concentrar*, dentro da mesma janela de medição. Sessões de terapia revelaram que a *limpeza* intensiva de sua casa era a maneira que ela tinha de lidar com o *estresse*. Isso levava ao *desconforto físico* e, eventualmente, à *ruminação* sobre sua incapacidade de fazer as coisas da maneira que ela costumava fazer, resultando em um *humor deprimido*. Intervenções específicas com o objetivo de ensinar-lhe outras maneiras de lidar com o estresse quebraram esse padrão negativo.

A análise de centralidade das pesquisas transversais sugere que, comumente, alguns elementos fundamentais da dinâmica de tais redes não são contemplados quando há uma perspectiva de tratamento voltada para a síndrome. É de responsabilidade do terapeuta traduzir uma teoria nomotética e uma aplicação idiográfica, permitindo que um determinado paciente se beneficie da Psicoterapia. (Hayes et al., 2019). Apesar de sempre ter sido possível adaptar os tratamentos a nível individual, ainda não havia uma metodologia sólida para isso (Nuijten et al., 2016).

As perspectivas clínicas a partir de uma abordagem de rede parece convergir com a proposta de uma terapia com base no processo (TBP) (Hayes & Hofmann, 2018). Uma TPB busca conceituar os resultados do tratamento em função das características do paciente, além dos efeitos específicos da intervenção. Sendo assim, ela se caracteriza pelo uso contextualmente específico de processos terapêuticos ligados a procedimentos terapêuticos na resolução de problemas e na promoção do bem-estar de um indivíduo (Hayes et al., 2019). Perspectivas intraindivíduo inauguram um campo que possibilita desenvolver processos e procedimentos baseados em evidência.

Considerações finais

Apesar de fundamentar o conhecimento acerca dos transtornos psicológicos, os sistemas contemporâneos não são suficientes para oferecer uma visão mais ampla da psicopatologia. Modelos estatísticos vêm permitindo uma compreensão idiográfica e surgem novas perspectivas teóricas. A abordagem de rede pressupõe que os sintomas não são causados por uma doença subjacente, mas é a própria interação entre eles que configura um estado até então codificado como algum transtorno. Essa mudança de uma compreensão estática para uma visão dinâmica dos transtornos psicológicos é traduzida por análises estatísticas que possibilitam a investigação de novas medidas e intervenções mais acuradas. Deste mesmo modo, a utilização da rede pode ser um importante balizador na conceitualização dos pacientes, diminuindo os vieses e erros dos terapeutas.

No entanto, a abordagem de rede ainda está em sua infância, e sua utilização, bem como a interpretação dos resultados, devem ser feitos com cautela. Os métodos e instrumentos utilizados para a construção da rede costumam apresentar grande variação entre os estudos. Ainda não há um consenso quanto à escolha das variáveis que compõem os diferentes *nós*, sendo um desafio à comparação dos resultados das pesquisas empreendidas até o momento. Ainda são escassos estudos de redes individuais que buscam testar os efeitos na rede de sintomas a partir da intervenção nos parâmetros decentralidade.

Finalmente, é importante salientar que uma abordagem de rede oferece uma nova maneira de compreender os transtornos psicológicos e não uma alternativa diagnóstica. Os atuais sistemas de classificação são complementares às pesquisas, mas a abordagem de rede permite estudar o que até então não vinha sendo estudado.

Referências

Alvarenga, M. A. S., Flores-Mendoza, C. E., & Gontijo, D. F. (2009). Evolução do DSM quanto ao critério categorial de diagnóstico para o distúrbio da personalidade antissocial. *Jornal Brasileiro de Psiquiatria*, *58*(4). doi: 10.1590/S0047-20852009000400007

American Psychiatric Association. (2014). *DSM-5: Manual diagnóstico e estatístico de transtornos mentais*. Artmed Editora.

American Psychiatric Association. (1980). *Diagnostic and Statistical Manual of Mental Disorders* (3rd ed.). Washington, DC: Author.

Borsboom, D., & Cramer, A. O. (2013). Network analysis: an integrative approach to the structure of psychopathology. *Annual Review of Clinical Psychology*, *9*, 91-121. doi: 10.1146/annurev-clinpsy-050212-185608

Borsboom, D. (2017). A network theory of mental disorders. *World Psychiatry, 16*(1), 5-13. doi: 10.1002/wps.20375

Easden, M. H., & Kazantzis, N. (2018). Case conceptualization research in cognitive behavior therapy: A state of the science review. *Journal of clinical psychology, 74*(3), 356-384. doi: 10.1002/jclp.2251

Epskamp, S., van Borkulo, C. D., van der Veen, D. C., Servaas, M. N., Isvoranu, A. M., Riese, H., & Cramer, A. O. (2018). Personalized network modeling in psychopathology: The importance of contemporaneous and temporal connections. *Clinical Psychological Science, 6*(3), 416-427. doi: 10.1177/2167702617744325

Fried, E. I., van Borkulo, C. D., Cramer, A. O., Boschloo, L., Schoevers, R. A., & Borsboom, D. (2017). Mental disorders as networks of problems: a review of recent insights. *Social Psychiatry and Psychiatric Epidemiology, 52*(1), 1-10. doi: 10.1007/s00127-016-1319-z

Fried, E. I., Eidhof, M. B., Palic, S., Costantini, G., Huisman-van Dijk, H. M., Bockting, C. L., ... Karstoft, K. I. (2018). Replicability and generalizability of posttraumatic stress disorder (PTSD) networks: a cross-cultural multisite study of PTSD symptoms in four trauma patient samples. *Clinical Psychological Science, 6*(3), 335-351. doi: 10.1177/2167702617745092

Guloksuz, S., Pries, L. K., & van Os, J. (2017). Application of network methods for understanding mental disorders: pitfalls and promise. *Psychological Medicine, 47*(16), 2743-2752. doi: 10.1017/S0033291717001350

Hayes, S. C., Hofmann, S. G., Stanton, C. E., Carpenter, J. K., Sanford, B. T., Curtiss, J. E., & Ciarrochi, J. (2019). The role of the individual in the coming era of process-based therapy. *Behaviour Research and Therapy, 117*, 40-53. doi: 10.1016/j.brat.2018.10.005

Hayes, S. C., & Hofmann, S. G. (Eds.) (2018). *Process-based CBT: The science and core clinical competencies of cognitive behavioral therapy.* Oakland, CA: New Harbinger Publications.

Hektner, J. M., Schmidt, J. A., & Csikszentmihalyi, M. (2007). *Experience sampling method: Measuring the quality of everyday life.* Thousand Oaks, CA: Sage Publications, Inc.

Hofmann, S. G., & Curtiss, J. (2018). A complex network approach to clinical science. *European Journal of Clinical Investigation, 48*(8), e12986. doi: 10.1111/eci.12986

Hofmann, S. G., Curtiss, J., & McNally, R. J. (2016). A complex network perspective on clinical science. *Perspectives on Psychological Science, 11*(5), 597-605. doi: 10.1177/1745691616639283

Insel, T., Cuthbert, B., Garvey, M., Heinssen, R., Pine, D. S., Quinn, K., ... Wang, P. (2010). Research domain criteria (RDoC): toward a new classification framework for research on mental disorders. *The American Journal of Psychiatric, 167(7),* 748-751. doi: 10.1176/appi.ajp.2010.09091379

Kuyken,W. (2006). Evidence-based case formulation: Is the emperor clothed? In N. Tarrier (Ed.).*Case formulation in cognitive behavior therapy: The treatment of challenging and complex clinical cases* (pp. 12-35). London: Brunner-Routledge.

Kuyken, W., Padesky, C. A., & Dudley, R. (2008).The science and practice of case conceptualization. *Behavioural and Cognitive Psychotherapy, 36*(6), 757-768. doi: 10.1017/S1352465808004815

Langer, J. K., Tonge, N. A., Piccirillo, M., Rodebaugh, T. L., Thompson, R. J., & Gotlib, I. H. (2019). Symptoms of social anxiety disorder and major depressive disorder: A network perspective. *Journal of Affective Disorders, 243,* 531-538. doi: 10.1016/j.jad.2018.09.078

Lutz, W., Schwartz, B., Hofmann, S. G., Fisher, A. J., Husen, K., & Rubel, J. A. (2018). Using network analysis for the prediction of treatment dropout in patients with mood and anxiety disorders: A methodological proof-of-concept study. *Scientific Reports, 8*(1), 7819. doi: 10.1038/s41598-018-25953-0

McNally, R. J. (2016). Can network analysis transform psychopathology? *Behaviour Research and Therapy, 86,* 95-104. doi: 10.1016/j.brat.2016.06.006

Myin-Germeys, I., Kasanova, Z., Vaessen, T., Vachon, H., Kirtley, O., Viechtbauer, W., & Reininghaus, U. (2018). Experience sampling methodology in mental health research: new insights and technical developments. *World Psychiatry, 17*(2), 123-132. doi: 10.1002/wps.20513

Nuijten, M. B., Deserno, M. K., Cramer, A. O. J., & Borsboom, D. (2016). Mental disorders as complex networks. *Clinical Neuropsychiatry, 13*(4/5), 68-76.

Organização Mundial da Saúde (1994). *CID-10: Classificação Estatística Internacional de Doenças com disquete* (Vol. 1). Edusp.

Richetin, J., Preti, E., Costantini, G., & De Panfilis, C. (2017). The centrality of affective instability and identity in Borderline Personality Disorder: Evidence from network analysis. *PloS one, 12*(10), e0186695. doi: 10.1371/journal.pone.0186695

Wichers, M., Wigman, J. T., Bringmann, L. F., & de Jonge, P. (2017). Mental disorders as networks: some cautionary reflections on a promising approach. *Social Psychiatry and Psychiatric Epidemiology, 52*(2), 143-145. doi: 10.1007/s00127-016-1335-z

Capítulo 5

PROTOCOLO UNIFICADO PARA TRATAMENTO EM TRANSDIAGNÓSTICOS

X Mostra de TCC, 2012

Trabalho apresentado na modalidade Mesa Redonda

Ana Claudia Corrêa de Ornelas

Síntese

Por muitos anos, a Terapia Cognitivo-Comportamental (TCC) tem desenvolvido protocolos de tratamentos eficazes para pacientes com múltiplos transtornos emocionais. Porém, a ciência é algo que se aprimora a cada dia. Antigamente, nas décadas de 60 a 90, ter uma hipótese diagnóstica era importante para realizar um plano de tratamento, e o foco da intervenção era o comportamento problemático, ou seja, os sintomas. Um novo modelo de intervenção será visto a seguir, o qual vai além do tratamento dos sintomas.

Introdução

A abordagem transdiagnóstica surge se referindo aos princípios terapêuticos e aos problemas psicossociais subjacentes comuns entre os transtornos mentais e não necessariamente compatível com diagnósticos específicos (Gallagher et al., 2013; Frank & Davidson, 2014; Barlow, Allen, & Choate, 2004; Farchione et al., 2012; Frank & Davison, 2014). Diante de uma possível sobreposição entre alguns transtornos psiquiátricos ressaltam-se as comorbidades como eram denominadas. Mediante tais evidências surgem programas de tratamento unificados e transdiagnósticos para quadros que compartilham características comuns.Os objetivos desse capítulo são mostrar as evidências da literatura que dão suporte a esse novo guia de intervenção; apresentar um Protocolo Unificado para intervenção transdiagnóstica e, por último; descrever os passos do Protocolo Unificado, apresentando exemplos das intervenções.

Evidências da Literatura sobre o Protocolo Unificado (PU)

O PU foi desenvolvido pelo Professor Doutor David Barlow e sua equipe, desde 2008, no *Center for Anxiety and Related Disorders (CARD)*, em Massachusetts (Estados Unidos), na *Boston University*. A primeira publicação do método foi em 2011, mediante a grande evidência de resultados que foi apresentada em pesquisas com pacientes de 18 a 65 anos, com diagnósticos de ansiedade, depressão, somatização e dissociação que buscaram a terapia na clínica social dessa Universidade (Barlow et al., 2011a, 2011b).

O PU mostrou-se eficaz em várias meta-análises tanto quanto nos Protocolos Específicos da TCC (Gallagher et al., 2013; Frank & Davidson, 2014; Farchione et al., 2012; Pearl & Norton, 2017). Contudo, os Protocolos Específicos apresentam algumas limitações, como quando o diagnóstico atende a várias comorbidades, em que há a necessidade de múltiplas teorias subjacentes para cada diagnóstico específico, múltiplos protocolos de tratamento. Podemos citar, como exemplo dessas teorias, a intervenção do foco sensorial para dessensibilizar sistematicamente a ansiedade diante da situação desencadeante.

Dessa forma, o tratamento fica limitado a uma única intervenção para várias queixas diagnósticas. Em resposta a essas limitações, e devido à ampliação da compreensão da natureza dos transtornos emocionais, a terceira onda chega como contribuinte às abordagens cognitivo-comportamentais. O Protocolo Unificado é uma abordagem transdiagnóstica que comprova que a semelhança entre os transtornos é maior do que a diferença entre eles (Mansell, Rigby, Tai, & Lowe, 2008).

Em segundo lugar, esta abordagem busca tratar distúrbios comórbidos por meio do desenvolvimento de protocolos terapêuticos novos e unificados (Barlow, Allen, & Choate, 2004; Pearl & Norton, 2017). De acordo com as pesquisas, os impactos dos transtornos emocionais agem diretamente na qualidade de vida em geral e, com isso, a condição social, afetiva, sexual e física é totalmente afetada (Ornelas, Maia, Nardi, & Cardoso, 2014). O tratamento com a TCC traz benefícios, como a eficácia nos resultados e a resiliência em longo prazo, além da diminuição da utilização de outros cuidados de saúde (Gallagher, Lopez, & Preacher, 2009; Ornelas Maia, Sanford, Boettcher, Nardi, & Barlow, 2017; Ornelas Maia, Nardi, & Cardoso, 2014; Khakpoor & Saed, 2018; Maia, Braga, Nunes, Nardi, & Silva, 2013). Esses estudos demonstraram que os transtornos de ansiedade e depressão melhoraram significativamente entre os participantes tratados com o PU da TCC. Os resultados apoiam a eficácia da abordagem, tanto na qualidade de vida quanto no funcionamento sexual em pacientes com transdiagnósticos.

O primeiro passo para a escolha do protocolo específico, ou para o tratamento com o PU, inicia-se pela conceituação clínica na TCC, a qual se baseia em alguns objetivos: 1) Identificar as variáveis intervenientes que contribuem para o problema ou a queixa diagnóstica (que pode ser descrita como um transtorno ou não); 2) Entender a problemática entre a disfunção e a função do problema ou queixa diagnóstica e, por último; 3) Fazer um plano de tratamento, o qual será desenvolvido de acordo com o cliente na prevenção de recaídas frente a situações semelhantes ou diferentes que possam surgir durante ou após o tratamento (Roemer & Orsillo, 2010; Kuyken, Padesky, & Dudley, 2010).

As técnicas utilizadas no PU são orientadas com base na TCC, como a exposição, a prevenção de esquiva comportamental e cognitiva, a identificação e reestruturação de cognições disfuncionais, a psicoeducação, o questionamento socrático, a seta descendente, as vantagens e desvantagens, a atenção plena (Barlow et al., 2011a, 2011b). Diferentemente da intervenção de supressão de respostas do comportamento sintomático, o tratamento com PU enfatiza a regulação emocional. Esta regulação é o processo no qual a pessoa identifica a intensidade, a frequência e a durabilidade que expressa e experimenta suas emoções. Ao entender que as emoções fazem parte da vida, buscam tentativas de administrá-las, direcionando o aprendizado e a funcionalidade das mesmas. Nesse processo, o *déficit* atua como variável de desencadeamento e manutenção dos transtornos emocionais, como os modos de funcionamento e de defesa que o paciente apresenta em sua rotina, como a evitação, a luta e a supercompensação (Fairholme, Boisseau, Ellard, Ehrenreich, & Barlow, 2009; Farchione et al., 2012; Gallagher et al., 2013; Frank & Davidson, 2014).

Desenvolvimento do Protocolo Unificado

O PU tem como objetivo desenvolver, durante o tratamento, três estratégias de habilidades emocionais para que o indivíduo possa aprender a identificar e manejar a regulação emocional. A primeira estratégia consiste em um amplo entendimento sobre o que são pensamentos, sentimentos e comportamentos (Frank & Davidson, 2014; Barlow, Allen, & Choate, 2004).

Nesse processo, o indivíduo vai identificar, na sua cognição, as crenças e a rigidez que regem os seus pensamentos automáticos; a tolerância ao estresse ou as frustrações; as experiências de evitação, supercompensação e lutas; os pensamentos suprimidos, o controle e as preocupações; os sintomas autonômicos, sejam eles somáticos e neurovegetativos; os conceitos de desaprovação cognitiva mediante a atenção e o preconceitos de si e dos outros e, por último,os pensamentos repetitivos negativos, as ruminações e as consequências (Gallagher et al., 2013; Frank & Davidson, 2014; Barlow et al., 2004; Barlow et al., 2016; Farchione et al., 2012).

A segunda etapa de desenvolvimento do protocolo é o desafio em manejar e aprimorar essas características emocionais e comportamentais que foram identificadas na primeira etapa. Esta etapa tem como objetivo motivar o cliente na conduta da regulação emocional por meio das estratégias baseadas na Terapia Racional Emotiva e Comportamental, além do reconhecimento e do manejo da emoção com a exposição.

A terceira etapa no processo do PU é a modificação no funcionamento do direcionamento emocional que rege os pensamentos e comportamentos consequenciais (Gallagher et al., 2013; Frank & Davidson, 2014; Barlow et al., 2004; Barlow et al., 2016). A proposta é que as emoções dirijam os pensamentos e modifiquem as crenças mal adaptativas. Com isso, as pessoas que se submetem ao PU aprimoram suas tolerâncias físicas e emocionais e aprendem a ter uma flexibilidade cognitiva, alcançando, assim, a regulação emocional.

O protocolo PU é dividido em oito módulos principais, os quais manuseiam a chave da regulação do processamento emocional, tais como: (1) Instilação de motivação para engajamento no tratamento; (2) Compreensão das emoções, percepção, reconhecimento e avaliação das respostas emocionais; (3) Treinamento da consciência emocional por meio da observação das próprias experiências, para que haja a promoção da consciência das emoções que ocorrem no momento em que o indivíduo as experimenta; (4) Percepção e reavaliação cognitiva; (5) Esquiva emocional; (6) Comportamentos gerados por emoções, consciência e tolerância às sensações físicas inerentes às emoções; (7) Exposição interoceptiva e situacional; e (8) Prevenção de recaída (Barlow et al., 2011a, 2011b).

O número de sessões varia de acordo com a proposta do terapeuta referente ao alcance das metas na aprendizagem de cada módulo descrito acima, podendo variar, então, entre 8 a 18 sessões. Cada módulo tem uma durabilidade específica de sessões.

Instilar Motivação do Cliente para o Engajamento no Tratamento

Duração de uma a duas sessões.

Para que o cliente tenha motivação para o tratamento, é fundamental que ocorra um encorajamento quanto à abertura para a mudança. Nesse processo, os clientes são solicitados a listar os prós e os contras tanto dos passos para ocorrer a mudança quanto da permanência às mesmas estratégias de enfrentamento já utilizadas. Esta sessão ainda é importante para o estabelecimento de metas, em que o terapeuta procura um questionamento socrático para estabelecimento de objetivos concretos e possíveis ações que podem ser úteis para alcançá-los. Para isso, o terapeuta deve validar os recursos que os clientes reconhecem e que sejam possíveis para tal modificação.

Favorecer ao Cliente a Compreensão das Emoções, da Percepção, do Reconhecimento e da Avaliação das Respostas Emocionais

Duração de uma a duas sessões.

O terapeuta deve promover uma psicoeducação acerca da natureza das emoções. Cabe ao cliente, nessa sessão, identificar todos os componentes comuns às experiências emocionais e quais comportamentos emitem sobre suas emoções vivenciadas durante as situações do dia a dia. Ao longo do tempo, essas respostas podem se tornar padrões habituais de comportamentos, emitidos por gatilhos emocionais e suas manutenções. Como tarefa de casa, o paciente deve monitorar as respostas emitidas frente às emoções, bem como os gatilhos emocionais, situacionais e/ou internos, de modo a adquirir maior consciência dos próprios padrões emocionais habituais.

Avaliar, com o Cliente, o Treino e a Experiência da Consciência Emocional por Meio da Observação das Emoções que ocorrem no Momento Presente

Duração de uma a duas sessões.

O objetivo é promover a consciência e a aceitação das próprias emoções. Os pacientes são estimulados a identificar o modo como respondem às próprias emoções, não avaliando ou julgando, focando a atenção nas experiências emocionais. A prática dos exercícios de atenção plena para a indução das emoções aumenta a habilidade de observação das próprias emoções enquanto estas ocorrem.

Percepção e Reavaliação Cognitiva

Duração de uma a duas sessões.

Discutir com os clientes sobre a influência que crenças disfuncionais possuem sobre as experiências emocionais. Os pacientes são estimulados a identificar, avaliar e modificar os pensamentos disfuncionais que exacerbam as experiências emocionais. Praticar a flexibilidade cognitiva com o uso de algumas estratégias nas sessões, como a seta descendente, questionamento socrático, terapia racional emotiva, vantagens e desvantagens, prós e contras (Barlow et al., 2011a, 2011b).

Avaliação da Evitação Emocional e o Manejo das Emoções que direcionam os Comportamentos e Pensamentos

Duração de uma a duas sessões.

Nessas sessões, o trabalho está direcionado ao componente comportamental das experiências emocionais. Os clientes são estimulados a identificar padrões habituais da evitação e dos comportamentos disfuncionais gerados por diversas sensações fisiológicas. Para modificar tais padrões emocionais e comportamentais, a técnica é a de exposição.

Comportamentos e Tolerância às Sensações Físicas e Sintomas relacionados às Emoções

Duração de uma sessão.

O objetivo dessa sessão é, por meio de uma discussão, obter a função das emoções e o papel das sensações físicas durante as experiências emocionais. As sensações físicas durante a exposição interoceptiva são semelhantes à resposta de ansiedade, por exemplo (Barlow et al., 2011a, 2011b).

Os clientes são motivados a identificar a relação entre a percepção das respostas fisiológicas e os pensamentos e comportamentos. A hiperventilação pode ser uma das técnicas utilizadas para auxiliar o paciente a entrar em contato com tais sensações fisiológicas.

Exposição Interoceptiva e Situacional

Duração de quatro a seis sessões.

Durante esse processo, o foco da terapia é exercitar a exposição com os clientes e ensiná-los a administrar as sensações internas e fisiológicas e externas que emergem das emoções. Com isso, passo a passo, os clientes vão expandindo a tolerância de suas experiências emocionais. O terapeuta realiza as exposições no consultório e fora, numa hierarquia de respostas de esquiva emocional. Com isso, o objetivo é auxiliar o cliente na generalização da resposta positiva ao tratamento e ao manejo das emoções.

Prevenção de Recaída

Duração de uma sessão.

A agenda da última sessão está na discussão sobre prevenção de recaída. Uma revisão sobre os principais tópicos discutidos durante todo o tratamento e também formas de manutenção dos ganhos obtidos durante a terapia devem ser discutidos nessa última etapa do tratamento. Podem ser utilizados meios de avaliação do antes e depois da terapia.

Passos Práticos do PU em Transdiagnósticos

As estratégias serão apresentadas a seguir com base no Manual do Terapeuta, publicado por Barlow et al. (2011a, 2011b). Essas técnicas apresentam exemplos práticos e seguem todos os passos para a prática do PU.

Prós e Contras ou Benefícios e Prejuízos para o Tratamento (Instilação de Motivação)

Pró/Benefícios	Contras/Prejuízos
Cuidar de mim	Deixar tudo para resolver depois.
Ter mais prazer	Perder meus prazos ou ser irresponsável.
Socialização Estar mais conectado com pessoas	Errar ou falhar já faz parte de minha vida. Sou assim, nunca vou mudar.

O Inquérito sobre Prós e Contras (Dicas de Perguntas do Terapeuta para o Cliente)

- O que me dificulta a sair dessa situação?
- Quais seriam as mudanças em busca do meu progresso emocional se eu fizer a terapia?
- Neste momento, o que será melhor para mim?
- E se eu ficar na mesma situação?
- Quais seriam as maiores vantagens de continuar agindo assim?
- O que eu perco com essas atitudes e pensamentos?

Metas do Cliente com o PU e Estratégias para alcançá-las

"Socializar mais, conseguir manejar as emoções diante da ansiedade e depressão, melhorar minha qualidade de vida e relacionamentos, lidar com as perdas, aprender e trocar experiências que foram tanto positivas quanto negativas."

"Convidar meus amigos para um encontro, utilizar a atenção plena e viver o presente momento, fazer as minhas escolhas na realidade e tomar decisões diante dos benefícios. Aprender a me observar, me perceber e me cuidar melhor, avaliar sem julgar."

"Ser presente, focar mais em cada momento ou situação vivenciada, aprender com as experiências e trabalhar a aceitação e compaixão comigo mesmo e com o outro."

"Melhorar as habilidades sociais, como a empatia, a tomada de decisões, identificar a autonomia e independência emocional."

Identificar os Pensamentos, as Emoções e os Comportamentos

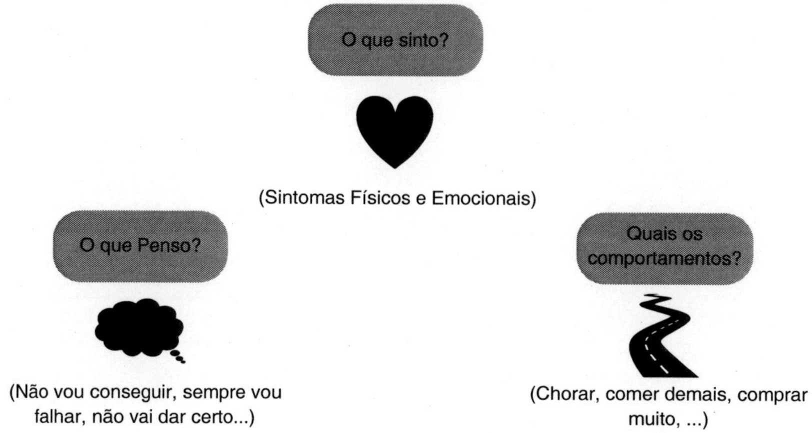

Monitorando as Experiências Emocionais (TREC – Terapia Racional Emotiva Comportamental) (Barlow et al., 2011a, 2011b)

A – Eventos antecedentes, situações, memória emocional das experiências.

R – Respostas a esses antecedentes, todos os comportamentos, pensamentos e sensações.

C – Consequências das respostas, aprendizagens.

Antecedentes ↓ **Respostas** ↓ **Consequências** ↓

Data	Situação/ Evento	Pensamentos	Sensações	Comportamentos	O que aconteceu depois?
Seg	Perdeu a hora.	Parece que sou descompromissada.	Triste	Arrumou-se de qualquer jeito.	Percebeu-se inadequada para ocasião.
Ter	Filho com problemas na escola.	Não sou competente como mãe.	Preocupada	Responsabiliza-se totalmente pela falta de tempo com ele e faz tudo o que ele quer.	Fica intolerante e sensível com o filho.
Qua	Divorciou.	Sou fracassada.	Frustrada	Fala mal do ex-marido e da família.	Fica com a imagem negativa, perde amizades.

Data	Situação/ Evento	Pensamentos	Sensações	Comportamentos	O que aconteceu depois?
Qui	Festa na casa de amigos.	Sinto-me estranha ou acuada nesses lugares.	Agitada Ansiosa	Isola-se na festa e reforça a ideia que deveria ir para casa.	Isola-se socialmente.
Sex	Brigou com a mãe.	Ela não me ama o suficiente.	Triste Inseguro	Critica as atitudes da mãe.	Insegurança nos relacionamentos.
Sab	Passou de ano na escola.	Será que vou conseguir vaga na faculdade?	Ansioso Estressado	Insônia, come demais.	Engorda, perde concentração.

Trabalhando com as Emoções na Direção dos Comportamentos e Pensamentos (Barlow et al., 2011a, 2011b)

Seta Descendente

Perguntas socráticas que favorecem o cliente a entender suas crenças subjacentes e centrais.

Exemplos: O que isso diz sobre mim? Qual a evidência que confirma que estou correto? E se der errado, posso corrigir?

Psicoeducação

Esclarecer os fatores desencadeantes e mantenedores dos comportamentos, pensamentos e emoções que afetam o cliente. Possibilita ao cliente a identificar as armadilhas dos pensamentos e as crenças sobre cada situação ou evento.

Atenção Plena

Ativação dos órgãos de sentido na vivência plena do momento, ampliando a observação, a percepção e a consciência do que realmente está acontecendo. Desenvolvimento do estilo observador sem julgamentos, sem críticas e sem pontos de vistas.

Exposição Interoceptiva

Experimentar as sensações físicas de ansiedade e emoções relacionadas por meio de exercícios (respirar pela boca num canudo por 1 minuto, correr ou pular por 1 minuto, etc.) que aumentam a hiperventilação e ativam sintomas neurovegetativos. Vivenciar a situação propriamente dita, sem julgamentos, e desenvolver a compaixão e empatia consigo e com os outros.

Métodos de Segurança

Utilizar construções novas, reconstruções e comportamentos de segurança que podem ativar novas experiências e aprendizagens. Desenvolver habilidades sociais e de enfrentamentos que aumentem a sensação de segurança emocional e novas respostas funcionais

Considerações finais

O tratamento transdiagnóstico com o PU promove um amplo conhecimento acerca das emoções, dos pensamentos e da prática de respostas e comportamentos aprendidos em situações que provocam um estado emocional disfuncional. Durante o tratamento, os clientes são capazes de avaliar os pensamentos e sentimentos que alteram os sinais e sintomas de ansiedade e depressão, bem como desenvolver alguns aspectos de funcionamento baseado em esquemas e crenças centrais não acessados anteriormente.

Os benefícios alcançados nesse modelo vão além de alguns efeitos paralelos no contexto sintomático, o qual se repete automaticamente na resposta do indivíduo. Observa-se a produção de respostas diferentes e mais efetivas, as quais são acessadas e reorganizadas pelo manejo da regulação emocional e não da supressão de sintomas.

Referências

Barlow, D. (2016). *Manual clínico dos transtornos psicológicos: tratamento passo a passo.* Porto Alegre: Artmed.

Barlow, D. H, Allen, L. B, & Choate, M. L. (2004). *Toward a unified treatment for emotional disorders. Behavior Therapy, 35,* 205-230. Retrieved from https://doi.org/10.1016/S0005-7894(04)80036-4

Barlow, D. H, Farchione, T. J, Firholme, C. P., Ellard, K. K., Boisseau, C. L., Allen, L. B., & Ehrenreich, M. J. (2011a). *Unified Protocol for Transdiagnostic Treatment of Emotional Disorders.* Therapist Guide. New York: Oxford University Press.

Barlow, D. H., Farchione, T. J., Firholme, C. P., Ellard, K. K., Boisseau, C. L., Allen, L. B., &Ehrenreich, M. J. (2011b).*Unified Protocol for Transdiagnostic Treatment of Emotional Disorders.*Workbook. New York: Oxford University Press.

Farchione, T. J., Fairholme, C. P., Ellard, K. K., Boisseau, C. L., Thompson-Hollands, J., Carl, J. R., ... Barlow, D. H. (2012). *Unified protocol for transdiagnostic treatment of emotional disorders: a randomized controlled trial. Behavavior Therapy, 43* (3), 666-678. doi: 10.1016/j.beth.2012.01.001

Frank, R. I., & Davidson, J. (2014).*The transdiagnostic road map to case formulation and treatment planning: practical guidance for clinical decision making.* California: New Harbinger.

Gallagher, M. W., Lopez, S. J., & Preacer, K. J. (2009). *The hierarchical structure of* Well being.*Journal of Personality,* 77, 1025-1050. doi: 10.1111/j.1467-6494.2009.00573.x

Gallagher, M. W., Sauer-Zavala, S. E., Boswell, J. F., Carl, J. R., Bullis, J., Farchione, T. J., & Barlow, D. H. (2013). *The Impact of the Unified Protocol for Emotional Disorders on Quality of Life. International journal of cognitive therapy, 6*(1), 10.1521/ijct.2013.6.1.57. Retrieved from https://doi.org/10.1521/ijct.2013.6.1.57

Khakpoor, S., & Saed, O. (2018). *Transdiagnostic cognitive behavioral therapy based on unified protocol: new approach to emotional disorders. Asia Pacific Journal of Clinical Trials Nervous System Diseases, 3,* 151-155. Retrieved from https:// doi.org/10.4103/2542-3932.245225

Kuyken, W., Padesky, C. A., & Dudley, R. (2010). *Conceitualização de casos colaborativa: o trabalho em equipe com pacientes em terapia cognitivo-comportamental.* Artmed: Porto Alegre.

Maia, A. C. C. O., Braga, A. A., Nunes, C. A., Nardi, A. E., & Silva, A.C. (2013). *Transdiagnostic treatment using a unified protocol: application for patients with a range of comorbid mood and anxiety disorders. Trends of Psychiatry and Psychotherapy, 35* (2), 134-140. Retrieved from https://doi.org/10.1590/S2237-60892013000200007

Mansell, W, Rigby, Z, Tai, S, & Lowe, C. (2008). *Do current beliefs predict hypomanic symptoms beyond personality style? Factor analysis of the hypomanic attitudes and positive predictions inventory (HAPPI) and its association with hypomanic symptoms in a student population. Journal of Clinical Psychology, 64*(4):450-65. Retrieved from https://doi: 10.1002/jclp.20455

Ornelas Maia, A. C. C., Nardi, A. E., & Cardoso, A. (2013). *The utilization of unified protocols in behavioral cognitive therapy in transdiagnostic group subjects: a clinical trial. Journal of Affective Disorder. 172,* 179-183. Retrieved from https://doi.org/10.1016/j.jad.2014.09.023

Ornelas Maia, A. C. C, Sanford J., Boettcher H., Nardi A. E., & Barlow, D. (2017). *Improvement in quality of life and sexual functioning in a comorbid sample after the unified protocol transdiagnostic group treatment. Journal of Psychiatric Research, 93,* 30-36. Retrieved from https://doi: 10.1016/j.jpsychires.2017.05.013

Pearl, S. B., & Norton, P. J. (2017). *Transdiagnostic versus diagnosis specific cognitive behavioural therapies for anxiety: A meta-analysis. Journal of Anxiety Disorder, 46*:11-247. Retrieved from https://doi.org/10.1016/j.janxdis.2016.07.004

Roemer, L., & Orsillo, S. M. (2010). *A prática da terapia cognitivo-comportamental baseada em mindfulness e aceitação.* Porto Alegre: Artmed.

Capítulo 6

"EU SEI, MAS NÃO SINTO!": O USO DAS TÉCNICAS EXPERIENCIAIS EM TERAPIA COGNITIVA

XVI Mostra de TCC, 2018
Trabalho apresentado na modalidade Comunicação Oral

Érica de Lana

Síntese

As técnicas experienciais (TExp) são ferramentas de uso clínico que acessam repertórios comportamentais complexos e seus referentes estados emocionais. O seu uso se fundamenta na integração entre os comportamentos complexos, as memórias e as emoções associadas, proporcionando uma reestruturação cognitiva mais ecológica e uma experiência emocional corretiva: o paciente pode contextualizar (comportamental e emocionalmente) novas reformulações, experimentando e integrando novos comportamentos ao seu repertório.

Introdução

É comum que clínicos de Terapias Cognitivas já tenham ouvido de seus clientes: *"Eu sei (!!), mas não sinto!!!"?* Os clientes em Psicoterapia trazem falas como *"Eu não levo essas evidências em consideração"* ou *"Eu sei que isso é verdade, mas mesmo assim não acredito nisso"*. Essas falas evidenciam uma não integração dos aspectos cognitivos e afetivos, o que vai reverberar na impossibilidade de mudança comportamental desejada. As técnicas experienciais (TExp) são ferramentas de uso clínico que acessam repertórios comportamentais complexos e seus referentes estados emocionais, promovendo a integração necessária entre eles (Arntz, 2018).

Este capítulo tem como objetivos: 1) Apresentar um panorama do desenvolvimento do uso de TExp em Psicoterapia; 2) Fundamentar seu uso; 3)

Prover exemplos e detalhar seus processos de aplicação, com foco na dissociação cognitivo-emocional; e 4) Citar as habilidades do terapeuta para o trabalho com as TExp.

Indicação do Uso das TExp: a Aproximação das TCCs da Abordagem dos Afetos

"O que eu sei que é verdade ou o que eu sinto que é verdade?"; "O que eu penso ou o que penso 'mesmo'?"; "Racionalmente eu sei, mas..."; "Não 'acredito emocionalmente'...".

Com a atual orientação por uma abordagem integrativa em Terapia Cognitivo-Comportamental (TCC) (Melo, 2014), observa-se um crescente interesse nas técnicas vivenciais ou experienciais (Mendes & Falcone, 2014), acompanhando a também progressiva aproximação da TCC com os modelos de terapias voltados para os estados afetivos. As estratégias de ativação emocional e as TExp permitem, geralmente, ultrapassar – pelo menos parcialmente – processos de evitação e compensações. Esse tipo de estratégia, que tem sido abordada como o trabalho com "cognições quentes" (Pinto-Gouveia & Rijo, 2011), aponta para a importância de se avaliar e trabalhar na terapia as cognições capazes de ativar um determinado estado emocional (Leahy, Tirch, & Napolitano, 2013; Leahy, 2019); o princípio subjacente é o de que, quanto mais intensa for a emoção associada a uma determinada cognição, maior probabilidade existe de se tratar de uma cognição nuclear (Young, 2003). Desta forma, deriva-se que o terapeuta deve estar atento a qualquer mudança no estado de humor do paciente, uma vez que estas mudanças podem informar acerca da importância das cognições predominantes naquele momento. Além disso, quando o paciente revela dificuldade em acessar cognições presentes em determinado contexto, torna-se essencial induzir ativação emocional capaz de facilitar o acesso a essas cognições, e essa ativação emocional é conseguida pelas TExp (Arntz, 2011, 2018; Young, 2003).

A literatura da área aponta para a indicação do uso das TExp em dois momentos (Reis & Franzin, 2019): 1) Para a coleta de informações – na Conceitualização de caso, na psicoeducação sobre o modelo cognitivo e sobre a ativação das crenças centrais, e no levantamento de crenças e padrões disfuncionais de reatividade emocional e comportamental; e 2) No tratamento em si, promovendo a integração dos aspectos afetivos, cognitivos profundos e comportamentais.

Nota-se que, muitas vezes, um extenso trabalho cognitivo (envolvendo questionamentos socráticos, reestruturações cognitivas) será necessário até que o paciente chegue à cisão presente na fala "eu sei, mas não sinto!" (citada na literatura internacional como "*head-heartlag*" (Stott, 2007) – numa tradução adaptada, "dissonância cognitivo-emocional"); isso significa dizer que o terapeuta cognitivo-comportamental deverá se valer, inicialmente, de um trabalho cognitivo de questionamento das forças das crenças centrais, buscando que o paciente esclareça: (1) O aspecto desenvolvimental das mesmas, validando sua existência e o desenvolvimento como funcional em algum momento da vida; (2) O impacto (negativo e positivo, em termos de ganhos secundários) atual das crenças centrais; (3) O que poderia ser diferente em sua vida se essa crença não fosse tão verdadeira; e (4) Evidências que suportam e invalidam a veracidade da crença disfuncional em questão, questionando sua validade, enfraquecendo assim a generalização que, muitas vezes, caracteriza as mesmas (Leahy, Tirch, & Napolitano, 2013). Recomenda-se também a leitura do livro "Técnicas em terapia cognitiva", de Robert Leahy (2019).

Quando todas essas etapas forem trabalhadas, a crença já não se sustentará por aspectos cognitivos/racionais; assim, o paciente pode experimentar a ideia de que ela já não faz mais sentido, embora possa ainda sentir-se diferente do que pensa. Esse trabalho cognitivo anterior potencializa o alcance das TExp, pois na reintegração das memórias associadas, terapeuta e paciente lançam mão das reestruturações já realizadas.

A indicação clássica para usarem TExp é a de quando os pacientes têm dificuldade de se aproveitar do trabalho cognitivo em relação às suas crenças (Mendes & Falcone, 2014). Nesse texto, extrapolamos essa ideia: muitos pacientes chegam a questionar suas crenças e esquemas, ou seja, têm *insights*, não descartam as evidências contrárias a essas cognições e são capazes de se perceberem destacados de seus esquemas, mas **ainda assim** não se sentem diferentes. É como se uma "parte" deles ainda os mantivesse no padrão anterior.

Fundamentação do Uso das Técnicas Experienciais

O uso das TExp se fundamenta na integração entre os comportamentos complexos e as memórias e emoções a eles associadas. As Neurociências também aparecem como fundamento do uso das TExp, uma vez que as memórias dos eventos e aquelas conceituais também se associam às memórias implícitas – como as emocionais. Ainda encontramos argumentos nas Neurociências Cognitivas para a compreensão dos efeitos terapêuticos desse conjunto de técnicas.

A Neuropsicologia da memória compreende distintos processos de armazenamento de informação: um processamento explícito, em que são armazenados conteúdos relacionados aos eventos e significados, que têm acesso consciente e são relacionados a estruturas do lobo temporal medial e lateral; e um implícito que compreende condicionamentos, aprendizados motores e memórias emocionais, relacionados a estruturas subcorticais como os núcleos da base, cerebelo e complexo amigdaloide (Callegaro, 2011; Callegaro & Landeira-Fernandez, 2008; Izquierdo, 2018). A tabela a seguir apresenta as subdivisões da memória de longo prazo com suas definições (**Tabela 1**).

Tabela 1 – Subdivisões do sistema de memória de longo prazo e suas definições

Sistema de Memória	Subdivisão	Definição
Memória Explícita	Episódica	Armazena eventos situados no tempo e espaço.
	Semântica	Organiza conceitos, fatos; ligada a esquemas cognitivos.
Memória Implícita	Pré-ativação (*Priming*)	Fenômeno pré-semântico; facilitação da recuperação de uma memória por pistas.
	Procedimento	Habilidades adquiridas com a repetição e o treino.
	Emocional	Respostas emocionais aprendidas; envolve as respostas fisiológicas e subjetivas.
	Aprendizado motor condicionado	Comportamentos motores aprendidos por condicionamentos.

Fonte: Baseado em Izquierdo, 2018.

Sendo assim, as memórias que subjazem a ativação de uma crença compreendem um registro no sistema explícito (referente às lembranças de eventos importantes que podem ter originado as crenças, as memórias das emoções sentidas nesses eventos e os conceitos ou significados que foram produto desse conjunto de informações vivenciadas e armazenadas na memória explícita), e um registro no sistema implícito (que configura a ativação emocional experimentada diante do acionamento da rede neural que contém a memória do evento, e que pode, portanto, ser ativada diante de situações atuais similares a eventos passados significativos).

Vale ressaltar que as estruturas cerebrais responsáveis pelo registro mnemônico implícito têm amadurecimento anterior ao das ligadas ao registro consciente dos eventos em si, implicando em que memórias implícitas (que orientam nossa reatividade emocional) podem ser formadas muito precocemente, e serem independentes de um registro explícito dos eventos que as geraram (Callegaro, 2011).

No esquema a seguir (**Figura 1**), teoriza-se que as experiências emocionais da infância podem criar traços nas memórias explícita episódica e implícita. A seta cinza escuro (linha contínua) representa a possibilidade de que eventos repetidos possam ir formando crenças e esquemas cognitivos (memória semântica) (de Lana, 2019). A seta cinza claro (linha tracejada) refere-se ao conteúdo emocional dos eventos que rege a reatividade afetiva experimentada na ativação de uma crença central ou esquema. Assim, a Psicoterapia Cognitiva deve conter ferramentas que abarquem o aspecto cognitivo mais consciente (como as técnicas cognitivas, a reestruturação cognitiva, por exemplo) e também técnicas fundamentadas em aspectos implícitos, que deem conta do âmbito emocional destes conteúdos, como as TExp.

Figura 1 – Neuropsicologia da memória na formação de crenças e esquemas, e a necessidade de uma intervenção conjugada

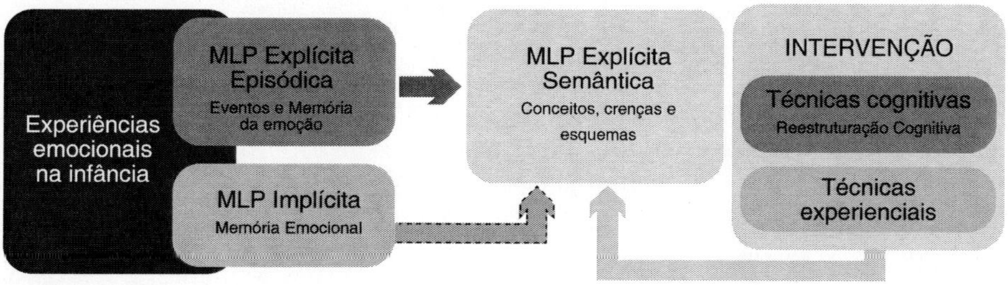

• MLP= Memória de longo prazo.

Baseado em: de Lana, 2019, p. 112.

Na compreensão do processo de formação de memórias (**Figura 2**), tem-se o subprocesso de Consolidação, quando um conteúdo da Memória de Curto Prazo (MCP) é armazenado de forma consistente e integrado à Memória de Longo Prazo (MLP), como um traço de memória em estado inativo (estável) (Izquierdo, 2018).

Embora os conteúdos da MLP sejam de duração ilimitada, isso não significa dizer que os mesmos sejam estáticos, muito ao contrário, sabe-se que as redes de traços de memórias são dinâmicas e a ativação (recuperação) de um conteúdo de memória faz com que o mesmo seja novamente colocado em um estado ativo, plástico, suscetível a modificações/atualizações, podendo passar novamente por um processo similar à Consolidação: a Reconsolidação. Na Reconsolidação, os traços em estado ativo sofrem novamente a adaptação à rede neural, embora agora atualizados. Isto faz com que seja possível sua modificação, o que seria o fundamento neurobiológico da reestruturação cognitiva, e da experiência emocional corretiva (Lane, 2018), no âmbito emocional.

Figura 2 – Processos ativos de Consolidação, Reativação e Reconsolidação de memórias

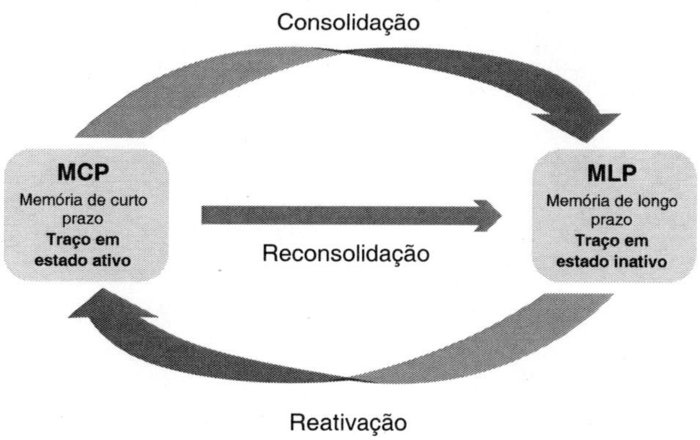

Baseado em: Exton-McGuinness, Lee, & Reichelt, 2015.

Na **Figura 2**, vê-se que um conteúdo de MCP consiste em um traço em estado ativo (editável) e que, sofrendo o processo de Consolidação, tal conteúdo se transforma em uma MLP, na forma de um traço em estado inativo. A Reativação compreende a recuperação do material (em Psicoterapia, por exemplo, por meio da recordação de memórias nas sessões e por intermédio das TExp, como a escrita expressiva e as imagens mentais que veremos a seguir neste capítulo) que agora, novamente como traços em estado ativo (reeditáveis), podem ser modificados por meio do processo terapêutico, e serão rearmazenados (processo de Reconsolidação) agora alterados, na MLP (Waits & Hoge, 2018). Os traços de memórias emocionais também podem ser reconsolidados, assim, uma vez alterado um traço de memória, que poderia estar subsidiando uma determinada resposta emocional, a ativação de emoções pode ser alterada[1].

Objetivos Terapêuticos

As TExp têm dois principais objetivos: a) Ativar emoções conectadas a cognições (crenças ou esquemas) remotos ou a situações passadas; e b) Ressignificar as emoções e crenças ao satisfazer, parcialmente, as necessidades não atendidas na infância, de modo geral ou em situações específicas. A promoção da mudança terapêutica passa pela regulação das emoções (Callegaro & Landeira-Fernandez, 2008; Leahy, Tirch, & Napolitano, 2013).

Regulação Emocional em Psicoterapia

De acordo com preceitos básicos da Terapia Focada nas Emoções (Greenberg, 2017), os clientes não mudam suas emoções simplesmente falando sobre elas, entendendo suas origens, ou mudando crenças; mais do que isso, as emoções são mudadas *depois* que são aceitas e experienciadas. É mais fácil focar nas cognições do que nas emoções implícitas (as quais não estão conscientes no momento) porque as cognições são mais facilmente acessíveis à consciência, e é mais fácil tentar mudar comportamentos do que respostas emocionais automáticas, visto que comportamentos são mais acessíveis ao controle deliberado.

O paradoxo do trabalho emocional é que a mudança inicialmente envolve mais aceitação do que esforços para mudar. A dor emocional deve ser permitida e aceita para ser completamente sentida e ouvida. Somente então ela irá cessar. Desta

[1] Para uma compreensão mais aprofundada de como se interconectam os diferentes tipos de emoções, cognições e memórias, nas modalidades implícita e explícita, sugere-se a leitura do livro "O novo inconsciente" (Callegaro, 2011).

forma, a mudança emocional (que paradoxalmente inicia-se por sua aceitação) é central para a mudança duradoura. A Psicoterapia tradicional enfatizou mais o entendimento consciente e a mudança cognitiva e comportamental do que estabeleceu um foco sobre a mudança emocional. A proposta é que uma abordagem terapêutica, com foco em conteúdos emocionais e em seus reflexos, deva enfatizar: a importância da consciência, a aceitação e o entendimento da emoção; a experiência visceral da emoção na terapia; e a importância da mudança emocional na promoção da mudança psicoterapêutica (Greenberg, 2017; Leahy, Tirch, & Napolitano, 2013).

Exemplos de Técnicas Experienciais

Neste capítulo, apresentaremos os três principais conjuntos de TExp (mesma lista citada em Arntz, 2018; Mendes & Falcone, 2014; Reis & Franzin, 2019): a) Escrita expressiva e Cartas para não enviar; b) Imaginação guiada (como o *imagery rescripting* em Arntz, 2011); e c) Cadeiras vazias e técnicas de *role-playing* ou dramatização (como a *motivational chairwork* em Pugh & Salter, 2018; e *chair work dialogues* em Roediger, Stevens, & Brockman, 2018b, por exemplo).

Escrita Expressiva e Cartas para não enviar

A Escrita expressiva consiste em escrever livremente sobre uma situação--problema (Leahy, 2019). Colocar situações em palavras (pronunciá-las oralmente ou por escrito) faz um verdadeiro processamento da experiência subjetiva que é verbalizada e, portanto, não é apenas uma história ou testemunho que as deixa inalteradas (Castelli, 2009). A escrita expressiva favorece o alívio dos sentimentos – ao mesmo tempo em que o paciente é capaz de pensar sobre eles –, bem como o surgimento de lembranças e de pensamentos relacionados ao que está escrevendo e dos quais o paciente pode não ter tido conhecimento anteriormente.

É importante que o paciente não escreva de maneira concisa, mas elabore sobre o assunto em questão, para que possa expressar de maneira completa os vários detalhes significativos da situação e de suas próprias experiências. É necessário escrever o mais espontaneamente possível, tentando despejar diretamente no papel o que passa pela sua mente. Da mesma forma, é aconselhável que o paciente expresse aberta e sinceramente seus afetos, sejam eles quais forem, que os nomeie e os descreva na medida do possível.

Da maior importância, instruímos que o paciente entre em contato com a situação que ele deve colocar em palavras, não importando o quanto isso provoque sentimentos de angústia, tristeza ou outros afetos desagradáveis (Leahy, 2019). A redação que evita os aspectos problemáticos da experiência não oferece nenhum benefício, como foi mostrado em uma investigação detalhada (Van Zuuren et al., 1999).

As Cartas para não enviar se referem a uma modalidade da escrita que consiste essencialmente em sugerir ao paciente que escreva uma carta à pessoa (ou às pessoas) que está implicada na sua situação-problema (ou no conjunto de memórias de eventos que possam ter fundamentado a construção de uma crença ou esquema). Essa técnica tem sido utilizada com sucesso em diferentes contextos terapêuticos (indivíduo, de casal, terapia familiar) e tem sido trabalhada a partir de diferentes referenciais teóricos (Castelli, 2009; Leahy, 2019).

Propõe-se que o paciente libere os vários pensamentos e sentimentos que surgem quando escreve e que o faça de uma forma espontânea, sem levar em conta sintaxe, ortografia, etc., a fim de obter maior liberdade e abertura possível para se expressar. Fica claro que ele não entregará a carta ao destinatário e pode ser convidado a levá-la à sessão – se assim o desejar – para trabalhar em conjunto com o terapeuta. O paciente pode ser proposto a escrever uma carta para a pessoa (ou para o conjunto de pessoas), na qual conta tudo o que surgir em relação àquela situação, incluindo os sentimentos que o despertam, eventuais censuras e tudo mais que ele deseje dizer relacionado ou não ao motivo imediato da carta, mas que surge espontaneamente no momento da redação. Essa técnica possui algumas características que a torna particularmente adequada para situações como a mencionada acima: primeiro, direcionar à verbalização (neste caso, por exemplo, às censuras) diretamente para a pessoa que causou o desconforto; este processo produz um alívio significativo que geralmente é vivido como libertador e é diferente do que se pode conseguir falando "sobre" o evento ou sobre o outro.

Conforme mostrado na **Figura 3**, a expressão dos afetos via escrita pode promover alterações tanto na identificação dos mesmos quanto em seu processamento (Castelli, 2009), num processo dinâmico de atualização, visando, sobretudo, a regulação emocional.

Figura 3 – *Feedback* entre a expressão de afetos via escrita e a identificação e processamento de afetos

Adaptado de: Castelli, 2009.

Imaginação Guiada e o Trabalho com Imagens Mentais

A técnica de Imaginação guiada consiste basicamente em sugerir que o paciente feche os olhos e imagine cenas e/ou circunstâncias propostas pelo terapeuta.

Estas cenas são referentes ao que se está trabalhando no processo psicoterapêutico, de acordo com a Conceitualização personalizada daquele paciente. Assim, a Imaginação será guiada para conteúdos relevantes, para as crenças e esquemas cognitivos que estão levando o paciente ao fenômeno "eu sei, mas não sinto", apontado neste texto como "dissociação cognitivo-emocional".

Existem diferentes aplicações das técnicas de imagens mentais: uso de imagens diagnósticas, na fase de Conceitualização; imagem do lugar seguro; uso de imaginação guiada de memórias infantis; e uso de imaginação guiada para acessar problemas atuais e futuros (Arntz, 2011; Roediger, Stevens, & Brockman, 2018a). Uma vez a imaginação induzida, o terapeuta pede ao paciente que vá descrevendo detalhadamente a cena em termos visuais, auditivos e cenestésicos (os detalhes aumentam a ativação emocional (McKay, 2018)) e o terapeuta vai guiando o desenrolar da cena, num diálogo construído dinamicamente por ambos. Dois pontos são considerações importantes para o bom desenvolvimento das técnicas de Imaginação guiada.

O primeiro consiste em habituar os pacientes paulatinamente às imaginações: o trabalho requer uma participação ativa do paciente em verbalizar os conteúdos das imagens para o terapeuta, identificando percepções, sensações e emoções, promovendo diálogos internos e atuando, comportamentalmente, de formas alternativas. Este processo deve ser treinado. É indicado começar sempre pela Imaginação do "lugar seguro" (Arntz, 2011): pede-se para o paciente se imaginar num lugar seguro, agradável para ele, um lugar que ele conheça ou não e, de acordo com a experiência de cada paciente, ir avançando para conteúdos mais específicos e mais carregados emocionalmente.

Em segundo lugar, na experiência clínica da autora, um prévio trabalho cognitivo de questionamento da validade de crenças e a reestruturação cognitiva dos conteúdos são fundamentais para o melhor andamento das técnicas de imaginação guiada, pois tais conteúdos podem ser acessados mais prontamente pela díade terapeuta-cliente durante a imaginação. Há dois caminhos propostos para a utilização das técnicas de imaginação (Arntz, 2011; Roediger, Stevens, & Brockman, 2018a). No primeiro deles, o terapeuta pode iniciar, solicitando ao paciente que imagine uma cena do seu dia a dia relacionada aos seus problemas atuais: situações específicas ou circunstâncias em geral em que o paciente experimente a forte ativação emocional, a qual perdura mesmo com as cognições reestruturadas. Durante esta cena, o terapeuta vai sugerindo ao paciente que tenha novas perspectivas sobre a situação, que entre em contato com a experiência emocional da cena e possa ter um *coping* emocional alternativo, assim como o manejo comportamental da situação. Um desdobramento deste primeiro caminho é perguntar ao paciente, durante a Imaginação com um estado afetivo, *"Em que situação ou circunstância anterior em sua vida se sentiu exatamente assim?"*. Induz-se então que o paciente possa se imaginar voltando àquela cena e, sendo necessário, que altere a sua percepção para aquela mesma idade referente à época. Aqui também são trabalhadas reestruturações cognitivas, reavaliação (*reappraisal*, como em Wenzel, 2018), estímulo à experiência e a expressões emocionais, e novos comportamentos (Leahy, 2019).

O segundo caminho seria paciente e terapeuta já iniciarem a técnica de Imaginação guiada com um conteúdo de MLP selecionado previamente, identificado como correlato à crença que precisa ser mais bem elaborada em termos emocionais. A Imaginação se inicia com a indução de voltar àquela cena específica, com o paciente se imaginando sendo a criança/adolescente que vivencia o contexto, podendo-se derivar para a coexistência de dois "eus": paciente adulto e paciente criança/adolescente. No contexto específico, como no caminho anteriormente citado, podem-se trabalhar reestruturações cognitivas, "reexperimentação" emocional e novos estilos de resposta afetiva e comportamental. Neste caso, pode-se focar nas necessidades não atendidas na cena, promovendo "reparentalização" limitada (Reis & Franzin, 2019; Young, 2003) por parte do terapeuta ou do "eu adulto" do paciente.

É importante salientar, inclusive para o paciente, que os conteúdos acessados não necessariamente são aqueles exatos às memórias acontecidas à época. Embora as neurociências apontem para a duração ilimitada de conteúdos da MLP, sabe-se que os traços de memória são dinâmicos e passíveis de atualização/modificação ao longo do tempo. Assim, trabalha-se com a ideia de que o que estamos acessando nas TExp são representações mentais dos conteúdos cognitivo-afetivos dos pacientes, o que é suficiente para os objetivos que se tenham na Psicoterapia[2].

Cadeiras Vazias e Técnicas de *Role-Playing*

O trabalho com Cadeiras Vazias – e outras técnicas de *role-playing* – consiste em uma coleção trans-terapêutica de TExp baseada em ação (atuação): "desenvolvido pela primeira vez no psicodrama de grupo (Moreno & Moreno, 1969), foi adotado em várias terapias populares, incluindo Terapia Focada na Emoção (Greenberg, 2015), TCC (Pugh, 2017), Terapia do Esquema (Young, Klosko, & Weishaar, 2006), Terapia Focada na Compaixão (Gilbert, 2010) e abordagens integrativas (Goldfried, 2006, 2013)" (citações em Pugh & Salter, 2018, p. 4). Estes autores citam pesquisas que indicam que essas técnicas podem ser aplicadas com sucesso no tratamento de uma série de dificuldades emocionais, incluindo depressão e trauma na infância, além de processos psicopatológicos, como autocrítica excessiva e ruminação, indecisão e ambivalência).

[2] Dificuldades que podem ser encontradas na aplicação de Imaginação guiada em Psicoterapia são apontadas e discutidas por Arntz (2011), como dissociação do paciente e crenças negativas sobre a técnica em si e seus conteúdos específicos.

No trabalho com as Cadeiras Vazias, diferentes pessoas (como familiares do paciente) ou mesmo diferentes "partes do *self*" podem ser representadas por cadeiras vazias (Leahy, 2019; Roediger, Stevens, & Brockman, 2018). A **Figura 4** representa uma possível cena, utilizando-se a dramatização e as cadeiras vazias: pessoas, sintomas e partes do *self* (os diferentes "eus") podem assumir lugares, assim como o terapeuta e o paciente podem dinamicamente trocar de lugar (movimentos representados pelas setas azuis), assumindo assim outras posturas/outros modos de funcionamento, atentando-se a percepções, sensações, emoções e estilos comportamentais únicos de cada parte do *self*.

Figura 4 – Representação de uma possível cena utilizando a ferramenta da Cadeira Vazia

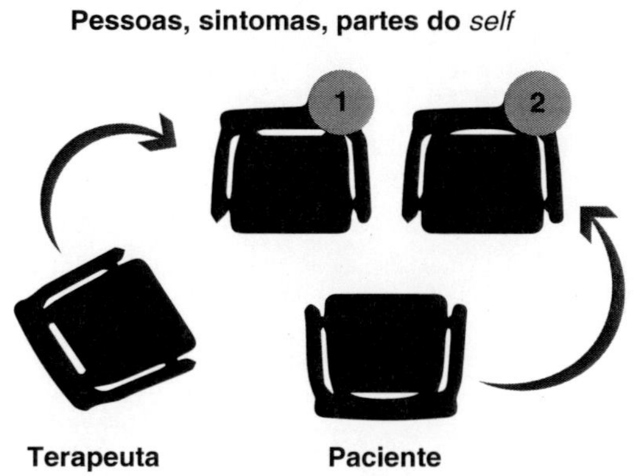

Assim, no tema mais específico deste capítulo, a dissonância entre aspectos cognitivos e emocionais poderia ser representada por cadeiras vazias, onde numa das posições estaria o "eu", que compreende cognitivamente a nova crença (por exemplo, "eu sei que tenho valor"), e numa outra, tomaria lugar a outra parte do *self* (o outro "eu") que "não se sente com valor".

Na dinâmica, é importante explorar características sensoriais de cada posição; por exemplo: o terapeuta pode perguntar: *"Como esse seu lado lhe parece? (mulher, homem, objeto, símbolo); O que ele estaria usando? Que expressões ele tem? Qual o tom de voz? Como você se sente na presença dele?"* (Pugh & Salter, 2018). Estes autores também apontam o uso possível do trabalho com Cadeiras Vazias com *selves* futuros – por exemplo, um *self* futuro para se a crença disfuncional se mantiver, e outro *self* futuro para se a crença mudar.

Combinação de Técnicas Experienciais

De acordo com especificidades da conceitualização cognitivo-comportamental de cada caso clínico, é possível e desejável que haja uma combinação das

TExp (Rijkeboer, Daemen, Flipse, Bouwman, & Hagenaars, 2019). Por exemplo: um cliente pode trazer ao terapeuta: *"Eu sei que tenho valor, mas eu não sinto isso!"*. Seu terapeuta pode ter sugerido a escrita de uma Carta para não enviar para todas as pessoas da vida do paciente que tenham sido responsáveis por ele se sentir assim, sem valor. A leitura da Carta pode ser feita na sessão, mas no contexto de Cadeiras Vazias: uma ou mais cadeiras representando as pessoas citadas na Carta. Depois, pode-se seguir com uma técnica de Imaginação guiada, trabalhando cenas específicas que tenham sido citadas na Carta e/ou com as pessoas da técnica da Cadeira Vazia; assim, o paciente pode ter um novo manejo da situação, em especial, como reforçado ao longo do texto, dos aspectos emocionais: experimentar afetos, exprimi-los corretamente e criar um novo desfecho comportamental para a cena e para sua história.

Habilidades do Terapeuta Cognitivo-Comportamental no Trabalho com TExp

No trabalho com TExp, os psicoterapeutas precisam manejar uma série de processos, para os quais são requeridas habilidades específicas derivadas de escolas gestálticas, humanísticas e cognitivo-comportamentais (Pugh & Salter, 2018): manter os limites entre partes do *self* (estimulando Separação, Personificação, Movimento (entre as posições/*selves*) e Direcionamento da Atenção); facilitar a expressão (estimulando Elaboração, Especificidade e Simbolizar Comunicações Não Verbais); potencializar a experiência afetiva (estimulando Repetição, Tonalidade e Oferecimento de frases/declarações); e aumentar a responsabilização (estimulando Assunção de Perspectiva e Linguagem Existencial).

Considerações finais

Do nosso conhecimento, este é o primeiro texto produzido no Brasil sobre o tema da "dissociação cognitivo-emocional". O uso de TExp potencializa a experiência emocional corretiva em Psicoterapia, trabalha a granulação emocional e proporciona uma reestruturação cognitiva mais ecológica, uma vez que o paciente pode contextualizar (comportamental e emocionalmente) novas reformulações de compreensão e novas reações emocionais a situações passadas, além de poder experimentar novos comportamentos (mais adaptativos), eventualmente integrando-os ao seu repertório.

Assim, o uso das TExp em Psicoterapia pode servir de importante recurso clínico para trabalhar a dissociação cognitivo-emocional. Neste contexto, destacam-se características importantes das TExp: sua utilização transdiagnóstica (podendo abarcar diferentes clientes, com diferentes quadros clínicos) e transteórica (já tendo sido utilizadas em diferentes linhas de Psicoterapias), seu caráter integrativo e suas bases neurocognitivas, assim como as habilidades do terapeuta cognitivo-comportamental para o manejo deste recurso.

Referências

Arntz, A. (2011). Imagery Rescripting for Personality Disorders. *Cognitive and Behavioral Practice, 18*(04), 466-481. Retrieved from https://doi.org/10.1016/j.cbpra.2011.04.006

Arntz, A. (2018). Modifying core beliefs. In S. Hayes, & S. Hofmann. *Process-based CBT* (pp. 339-350)

Callegaro, M. M., & Landeira-Fernandez, J. (2008). Pesquisas em neurociência e suas implicações na prática psicoterápica. In A. V. Cordioli. *Psicoterapias: abordagens atuais* (pp. 851-872). Porto Alegre: ArtMed.

Callegaro, M. M. (2011). *O novo inconsciente: Como a Terapia Cognitiva e as Neurociências revolucionaram o modelo do processamento mental.* Porto Alegre: Artmed.

Castelli, G. L. (2009). Mentalización y expresión de los afectos: Un aporte a la propuesta de Peter Fonagy. *Aperturas Psicoanalíticas. Revista de Psicoanálisis en Internet, 31.* Retrieved from http://www.aperturas.org/articulo.php?articulo=588

de Lana, E. (2019). Estresse precoce e o Desenvolvimento de Esquemas. In A. H. Reis (Org.). *Terapia do esquema com crianças e adolescentes: do modelo teórico à prática clínica* (pp. 87-120). Campo Grande: Epsiteme.

Exton-McGuinness, M., Lee, J. L. C. & Reichelt, A. C. (2014). Updating memories –The role of prediction errors in memory reconsolidation. *Behavioural Brain Research*, 278, 375-384. doi. 10.1016/j.bbr.2014.10.011

Greenberg, L. S. (2017). *Emotion-focused therapy.* Series: Theories of Psychotherpy Series. Washington: American Psycological Association.

Izquierdo, I. (2018). *Memória* (3a ed.). Porto Alegre: Artmed.

Lane, R. D. (2018). From Reconstruction to Construction: The Power of Corrective Emotional Experiences in Memory Reconsolidation and Enduring Change. *Journal of the American Psychoanalytic Association, 66*(3), 507-516.

Leahy, R., Tirch, D., & Napolitano, L. A. (2013). *Regulação emocional em Psicoterapia: um guia para o terapeuta cognitivo-comportamental.* Porto Alegre: ArtMed.

Leahy, R. (2019). *Técnicas em terapia cognitiva: manual do terapeuta.* Porto Alegre: Artmed.

McKay, M. (2018). Arousal reduction. In S. Hayes, & S. Hofmann. *Process-based CBT* (pp. 245-260). Oakland: Context Press.

Mendes, M. A., & Falcone, E. M. O. (2014). Estratégias experienciais. In W. V. Melo (Org.). *Estratégias psicoterápicas e a terceira onda em terapia cognitiva* (pp. 186-208). Novo Hamburgo: Synopsis Editora.

Pinto-Gouveia, J., & Rijo, D. (2011). Terapia focada nos esquemas: Questões acerca da sua validação empírica. *Psicologia, 15*(2), 309-324.

Pugh, M., & Salter, C. (2018). Motivational chairwork: An experiential approach to resolving ambivalence. *European Journal of Counselling Theory, Research and Practise. 2*, 1-15.

Reis, A. H., & Franzin, R. (2019). Terapia do Esquema. In W. V. Melo (Org.). *A prática das intervenções psicoterápicas: como tratar pacientes na vida real* (pp. 240-276). Novo Hamburgo: Sinopsys.

Rijkeboer, M. M., Daemen, J. J, Flipse, A., Bouwman, V., & Hagenaars, M. A. (2019). Rescripting experimental trauma: Effects of imagery and writing as a way to reduce the development of intrusive memories. *Journal of Behavior Therapy and Experimental Psychiatry, 101478.* Retrieved from https://doi.org/10.1016/j.jbtep.2019.04.004

Roediger, E, Stevens, B. A., & Brockman, R. (2018). *Contextual Schema Therapy: An integrative approach to personality disorders, emotional deregulation and interpersonal functioning.* Oakland: Context Press.

Stott, R. (2007). When Head and Heart Do Not Agree: A Theoretical and Clinical Analysis of Rational-Emotional Dissociation (RED) in Cognitive Therapy. *Journal of Cognitive Psychotherapy, 21*, 37-50.

Van Zuuren, F. J., Schoutrop, M. J. A., Lange, A., Louis, C. M., & Slegers, J. E. M. (1999). Effective and ineffective ways of writing about traumatic experiences: A qualitative study. *Psychotherapy Research, 9*(3), 363-380. doi: 10.1080/10503309912331332821a

Waits, W. M., & Hoge, C. W. (2018). Reconsolidation of Traumatic Memories Using Psychotherapy. *American Journal of Psychiatry, 175*(11), 1145-1145

Wenzel, A. (2018). Cognitive reappraisal. In S. Hayes, & S. Hofmann. *Process-based CBT* (pp. 325-337). Oakland: Context Press.

Young, J. (2003). *Terapia Cognitiva para Transtornos da Personalidade – Uma Abordagem Focada no Esquema.* Porto Alegre: Artmed.

Capítulo 7

APRENDIZAGEM INIBITÓRIA COMO MECANISMO DE AÇÃO NA TERAPIA DE EXPOSIÇÃO

XVI Mostra de TCC, 2018
Trabalho apresentado na modalidade Mesa Redonda

Raquel Menezes Gonçalves

Síntese

Apesar de sua eficácia comprovada, a terapia baseada em exposição ainda necessita de aprimoramento, tendo em vista que muitos pacientes recaem ou não apresentam resposta adequada à intervenção. Estratégias baseadas no aprendizado inibitório vêm sendo estudadas com o intuito de preencher esta lacuna, melhorando a eficácia e a aceitabilidade do tratamento. Neste capítulo, seis estratégias são descritas, tendo como base seus resultados positivos na prevenção do retorno do medo condicionado.

Introdução

O estudo da extinção do medo tem implicações profundas para a clínica cognitivo-comportamental. A partir dela pode-se aprimorar o tratamento dos diversos transtornos relacionados à ansiedade e ao medo, o que significa melhorar a qualidade de vida de milhões de pessoas.

A terapia de exposição é considerada a ferramenta mais potente para tratar pessoas que sofrem com esses transtornos, contando com inúmeras evidências científicas (para revisão sobre o tema, ver Butler et al., 2006). As suas formas de administração são várias: gradual, por inundação (quando a exposição é realizada de forma intensiva), por meio de realidade virtual, de forma breve ou prolongada, acompanhada ou desacompanhada de estratégias cognitivas; e somáticas, em sua forma imaginária, ao vivo ou interoceptiva (Craske et al., 2014). Apesar de ser um tratamento baseado em evidências, 19% a 62% dos pacientes tratados com exposição não manifestam resposta adequada ao tratamento (Craske, Hermans, & Vansteenwegen, 2006). Além disso, dados de ganhos em longo prazo são questionáveis, visto que ainda há poucos estudos com metodologia adequada que investiguem índices de recaídas (Macedo et al., 2018).

O primeiro passo para que um tratamento seja aprimorado é compreender os mecanismos de ação que estão por trás da técnica, ou seja, entender *como* um determinado procedimento funciona. Por exemplo, se considerarmos o transtorno de estresse pós-traumático (TEPT), sabe-se que os *tratamentos* com mais evidências científicas de eficácia são a exposição prolongada e a terapia do processamento cognitivo (Watkins, Sprang, & Rothbaum, 2018). Sabe-se também que o *componente* principal que leva à eficácia destas terapias é a técnica de exposição. O *mecanismo de ação da exposição* (o que faz com que esta técnica leve ao benefício terapêutico) é a pergunta que se quer responder.

O estudo do aprendizado inibitório vem demonstrando resultados promissores, tanto para melhorar a eficácia da terapia de exposição quanto para aumentar o engajamento dos pacientes no tratamento (Craske et al., 2014). Este capítulo tem como objetivo descrever estratégias de aprendizado inibitório, cujo potencial é de contribuir para aperfeiçoar este tratamento.

O Condicionamento Clássico é um Aprendizado

Para introduzir o assunto, é necessário compreender um dos conceitos mais básicos da Terapia Cognitivo-Comportamental: o condicionamento clássico. Imaginar-se comendo uma comida preferida, pensar no cheiro que ela emite, no sabor que se sente ao dar a primeira mordida, na textura do alimento, na sensação que deixa após ser engolida. É provável que evocar esta cena provoque emoções agradáveis, como prazer ou nostalgia e, dependendo da capacidade imagética no momento, até mesmo a reação fisiológica de salivação. Trata-se de uma associação feita entre esta comida e o prazer natural de ser bem alimentado. Por mais que uma pessoa goste tanto desta comida, que a considere unânime, outra pessoa pode ter uma reação alérgica ao experimentá-la e ter arrepios de medo só de imaginá-la. Esta pessoa aprendeu a associar (ou condicionou) a sua comida preferida à falta de ar provocada pelo fechamento da glote durante a grave reação. Ao invés de prazer, a emoção provocada é medo. Ao invés de planejar comê-la, o comportamento será evitar esta comida a qualquer custo.

Um condicionamento de medo nada mais é do que um aprendizado referente à associação de um estímulo a priori neutro (que não provoca naturalmente reações emocionais, fisiológicas e comportamentais de medo) com outro estímulo incondicionado (que naturalmente provoca essas reações). Esses condicionamentos são extremamente úteis para a nossa sobrevivência enquanto espécie. No exemplo da reação alérgica, é saudável que a pessoa em questão sinta medo frente à possibilidade de ingestão do alimento, afinal, isso a mantém viva.

Contudo, inúmeros condicionamentos de medo não são adaptativos, pois passam do ponto da proteção, causando mais prejuízos do que benefícios, limitando a vida da pessoa. É o que ocorre nos diversos transtornos relacionados ao medo, como o TEPT, o transtorno obsessivo-compulsivo (TOC), o transtorno do pânico (TP), o transtorno de ansiedade social (TAS), o transtorno de ansiedade generalizada (TAG), as fobias específicas (FE). Alguém que passou por uma violência sexual pode desenvolver TEPT e aprender a associar sexo à dor, abuso e violência. Este condicionamento é útil se a pessoa ainda é exposta a situações de grande vulnerabilidade (como continuar morando com o perpetrador do abuso), mas se torna prejudicial se ela tem um relacionamento amoroso com alguém de confiança.

É Possível Desaprender Associações que sejam Desadaptativas?

Até poucas décadas, as pesquisas sobre memória pareciam demonstrar que não apagamos definitivamente condicionamentos. Esta ideia é fundamentada nas evidências de retorno do medo disfuncional, que na prática clínica conhecemos como recaída. O retorno do medo pode ocorrer espontaneamente pela simples passagem do tempo (recuperação espontânea) (Pavlov, 1927), quando o estímulo incondicionado é reapresentado inesperadamente (reintegração) (Rescorla & Heth, 1975) ou quando o estímulo condicionado é apresentado fora do contexto em que a extinção ocorreu (renovação) (Bouton & King, 1983).

Desaprender não é uma opção, afinal o cérebro funciona no sentido de aumentar nossas chances de sobrevivência e, nesse sentido, é melhor prevenir do que remediar. Para que o indivíduo se mantenha vivo, é melhor que ele reaja com medo exagerado a algo que não é perigoso – mas que representou perigo de alguma forma no passado – do que não reaja com medo a algo potencialmente fatal. É por isso que pacientes com TP temem tanto certas sensações interoceptivas; pessoas com TOC possuem verdadeiro horror a objetos que estejam sujos; e portadores de TAG se apavoram a menor preocupação de que algum acontecimento possa terminar em catástrofe.

A extinção do medo é referida como a perda ou diminuição a um nível insignificante da intensidade do medo diante de um estímulo (objeto, situação, pensamento, memória) que antes provocava esta emoção. Este processo ocorre quando um condicionamento é enfraquecido em virtude da apresentação repetida de um estímulo condicionado (voar de avião) na ausência de um estímulo incondicionado (acidente de avião) (Jones, 1924).

Neste sentido, entende-se que uma nova memória, que consiste na associação do "andar de avião" com "viagem segura" é criada a partir da exposição repetida ao avião, inibindo assim o condicionamento anterior (Gershman, Blei, & Niv,

2010). Por isso, o termo "aprendizado inibitório", neste caso, é mais adequado do que "extinção". A habituação é o meio pelo qual este processo ocorre. Apesar de ser frequentemente descrita como um *processo*, a habituação pode ser mais bem descrita como um *produto* que traz informações sobre o resultado do tratamento, e não como um mecanismo de ação da exposição (Benito & Walther, 2015).

O Modelo do Aprendizado Inibitório – O Que faz a Exposição Funcionar?

O modelo da extinção do medo foi baseado durante muito tempo no processo de habituação. O objetivo era diminuir a ansiedade durante as sessões até que se tornasse nula ou insignificante. Acreditava-se que era preciso ativar a ansiedade de forma suficientemente intensa e que as exposições fossem suficientemente longas para que se observasse melhora nos quadros clínicos (Lader & Mathews, 1968).

Atualmente, estudos vêm demonstrando que, embora a habituação possa participar do processo, essa condição não é necessária para a diminuição do medo (Baker, Mystkowski, Culver, Yi, Mortazavi, & Craske, 2010; Prenoveau, Craske, Liao, & Ornitz, 2013). O foco do tratamento deve ser o contato com o estímulo e não com o medo (Foa & Chambless, 1978). Desta forma, abre-se caminho para facilitar o engajamento dos clínicos (Richard & Gloster, 2007) e tornar as sessões de exposição mais flexíveis e criativas. Algumas estratégias com evidências científicas estão descritas a seguir:

Quebra de Expectative

Uma pessoa com transtorno de ansiedade social prevê que determinadas interações envolvendo outras pessoas resultarão em avaliações negativas sobre ela. Assim, como a pessoa deste exemplo, quando se teme algum estímulo, espera-se que o contato com ele provoque o resultado temido. Quando isto não ocorre, a quebra da expectativa tem o potencial de criar uma nova associação (do estímulo temido com o novo resultado) que é incompatível com o condicionamento do medo, resultando no seu enfraquecimento (Rescorla & Wagner, 1972). Este é o potencial do "elemento surpresa".

O objetivo desta estratégia é induzir ansiedade prolongadamente até que a expectativa do surgimento do estímulo incondicionado seja quebrada (Craske et al., 2014). Voltando ao caso de ansiedade social, se o indivíduo provoca interações e não é humilhado, as interações passam a ser consideradas menos danosas. O fim da exposição é determinado pela violação da expectativa e não pela redução do medo. Para que isso ocorra, é necessário sempre identificar o estímulo incondicionado antes da exposição.

Ao final da sessão, o paciente é questionado se o pior desfecho aconteceu. Esta nova perspectiva permite que a passagem para o item seguinte da hierarquia de exposição possa ser feita mesmo com a ansiedade alta, pois a ansiedade alta aumenta a expectativa de ocorrência do estímulo incondicionado e, consequentemente, a quebra da expectativa é maior.

Alguns fatores atrapalham a exposição por diminuírem a expectativa da ocorrência do estímulo incondicionado e são eles: a distração, as técnicas de manejo da ansiedade e a reestruturação cognitiva antes da exposição. Utilizando este último como exemplo, se o paciente utiliza um cartão de enfrentamento contendo o pensamento "É pouco provável que eu seja mordido por um cachorro", a expectativa da ocorrência do estímulo incondicionado (dor provocada pela mordida) diminui e, portanto, a quebra da expectativa é menor. Mas ao contrário, se ele se expõe ao cachorro sem a reestruturação cognitiva, isto aumenta a saliência do estímulo e a quebra da expectativa é maior.

Extinção por Reforço Ocasional

Esta estratégia preconiza apresentar ocasionalmente o estímulo incondicionado durante a exposição. Desta maneira, permite-se que o controle seja deixado de lado, a expectativa seja quebrada e que crenças a respeito do que pode acontecer ao se expor ao estímulo sejam desmistificadas (Krompinger, Van Kirk, Garner, Potluri, & Elias, 2019). Durante a exposição, é esperado que a ansiedade se mantenha alta, mas a chance de reaquisição do medo a longo prazo diminui. Por exemplo: um paciente com TOC teme ser contaminado e ficar doente ao tocar em determinados objetos. Se ele ficar doente durante o tratamento, isso permite que ele perceba que esta consequência não necessariamente implica em hospitalização ou morte.

Extinção Profunda

A exposição profunda consiste na exposição a estímulos condicionados separadamente e a posterior exposição a ambos de maneira conjunta. Por exemplo: um paciente com TOC pode segurar uma faca em frente ao filho enquanto evoca uma obsessão sobre matá-lo. Neste exemplo, temos a exposição com prevenção de resposta ao *pensamento obsessivo* e ao mesmo tempo a exposição à *faca próxima ao filho*. Do mesmo modo, um paciente com TAG pode não verificar se o filho está em perigo ao longo do dia e fazer a exposição imaginária a uma possível catástrofe envolvendo o mesmo antes de voltar a entrar em contato com ele.

Esta estratégia aumenta a saliência do estímulo e a expectativa e, portanto, a quebra da expectativa e o consequente aprendizado inibitório são maiores. Na prática, é necessário que todos os estímulos predigam o mesmo estímulo incondicionado. Já foi verificado que ela reduz a recuperação espontânea e a reintegração em animais (Rescorla, 2006) e humanos (Culver, Vervliet, & Craske, 2015).

Remoção dos Comportamentos de Segurança

Não é incomum observarmos pacientes com agorafobia portarem benzodiazepínicos consigo durante a exposição a ambientes ansiogênicos, ainda que não o consumam. Esta estratégia é um exemplo de comportamento de segurança. Estes elementos facilitam a exposição por aliviarem a ansiedade enquanto estão presentes, mas, quando retirados, o medo retorna, pois o paciente acaba atribuindo o sucesso da exposição à presença deles.

Já é bem estabelecido que os comportamentos de segurança são associados à pior resposta ao tratamento (Blakey & Abramowitz, 2016). Portanto, ainda que seu uso seja permitido para facilitar o engajamento dos pacientes nas exposições, recomenda-se que sejam retirados até o fim das sessões de exposição.

Contextos Múltiplos

Quando se varia o contexto da exposição, seja essa variação por meio da exposição em locais diferentes, das pessoas que acompanham a exposição (o terapeuta, um co-terapeuta ou somente o paciente), da variação da hora ou do dia em que a exposição é realizada, etc., diminui o risco de recaídas e ajuda na promoção da generalização do novo aprendizado.

Já foi verificado que a exposição em vários contextos diminui a renovação em roedores (Gunther, Denniston, & Miller, 1998), em humanos saudáveis (Balooch, Neumann, & Boschen, 2012), em estudantes com medo de aranha (Vansteenwegen et al., 2007) e em indivíduos com fobia de aranha (Shiban, Pauli, & Mühlberger, 2013).

Reconsolidação da Memória

Seria possível reescrever memórias ao invés de apenas inibi-las? Seria possível apagar definitivamente condicionamentos disfuncionais? Se essa possibilidade fosse viável, estaríamos diante de uma poderosa ferramenta para diminuir os índices de recaída da terapia de exposição. É justamente sobre estas perguntas que alguns grupos de pesquisa vêm se debruçando.

Reconsolidação da memória consiste em um processo neural no qual uma memória de longo prazo é ativada por um curto período de tempo e se torna passível de mudança, exigindo uma nova síntese de proteínas para que se torne estável novamente. Entre sua ativação e reestabilização, esta memória pode ser distorcida, modificada ou fortalecida (Sinclair & Barense, 2019).

O estudo de Nader, Schafe e Le Doux (2000) foi o primeiro a demonstrar que é possível ocasionar amnésia do componente emocional de memórias quando se interfere nela durante o período de reconsolidação. A janela de tempo entre a reativação da memória e a exposição que permite a edição daquele condicionamento ainda não está precisamente definida, mas acredita-se que gire em torno de 10 minutos a 6 horas (Duvarci, 2004; Walker, Brakefield, Allan Hobson, & Stickgold, 2003). Já foi verificado em humanos que quando conseguimos realizar a exposição dentro deste espaço de tempo, as chances de retorno do medo diminuem (Monfils et al., 2009; Schiller et al., 2010).

Os primeiros estudos tentando realizar a exposição dentro da janela de reconsolidação em pacientes diagnosticados com transtornos relacionados ao medo foram publicados recentemente. Já são três as publicações com fobias específicas (Maples-Keller et al., 2017; Shiban et al., 2015; Telch et al., 2017). O estudo que conseguiu interferir na reconsolidação se propôs a reativar a memória por 10 segundos e realizar a exposição 30 minutos após esta reativação. Assim, o participante com fobia de cobra ou aranha entrava em uma sala, ficava de frente para o animal por 10 segundos (reativação), dirigia-se a outra sala, onde aguardava 30 minutos e, em seguida, retornava à sala onde estava o animal para realizar o procedimento de exposição. Esses sujeitos apresentaram menor resposta de medo um mês após o tratamento e habituação mais rápida quando comparados a sujeitos submetidos à terapia de exposição convencional (sem a reativação prévia) (Telch et al., 2017).

Ainda são necessárias mais pesquisas para determinar em que condições é possível interferir na reconsolidação da memória do medo e qual é o efeito da intervenção em longo prazo, mas alguns fatores parecem influenciar os resultados das pesquisas: precisar a janela de tempo entre a reativação da memória e o início da exposição, a orientação ao paciente ou participante da pesquisa durante reativação (Telch et al., 2017), o estímulo utilizado na reativação (realidade virtual, estímulo real), a natureza e a força do condicionamento (Elsey, Van Ast, & Kindt, 2018). Portanto, é possível que indivíduos com transtornos mais graves, como o TEPT, beneficiem-se menos do processo de reconsolidação do que indivíduos com fobias específicas (Gräff et al., 2014), já que condicionamentos mais fortes parecem ser menos suscetíveis à reconsolidação (Wang, de Oliveira Alvares, & Nader, 2009).

Considerações finais

As novas pesquisas sobre o aprendizado inibitório têm chamado atenção por seu potencial de exercer nítido impacto na intervenção clínica dos transtornos relacionados ao medo, pois abrem caminho para o aprimoramento da técnica mais bem estudada no campo do tratamento destes transtornos. Os achados citados incitam a mudança de paradigmas, movendo o foco da habituação para a tentativa de potencialização do aprendizado inibitório, o qual pode ocorrer durante estas estratégias. A ideia central continua sendo tornar memórias negativas menos emocionalmente perturbadoras, intrusivas e vinculadas a um contexto específico, a fim de não prejudicar o funcionamento do indivíduo. Embora ainda sejam necessárias mais pesquisas para consolidar este conhecimento, os resultados até agora têm se mostrado promissores.

Referências

Baker, A., Mystkowski, J., Culver, N., Yi, R., Mortazavi, A., & Craske, M. G. (2010). Does habituation matter? Emotional processing theory and exposure therapy for acrophobia. *Behaviour Research and Therapy, 48*(11),1139-1143. doi: 10.1016/j.brat.2010.07.009

Balooch, S. B., Neumann, D. L., & Boschen, M. J. (2012). Extinction treatment in multiple contexts attenuates ABC renewal in humans. *Behaviour Research and Therapy, 50*(10), 604-609. doi: 10.1016/j.brat.2012.06.003

Benito, K. G., & Walther, M. (2015). Therapeutic process during exposure: Habituation model. *Journal of Obsessive-Compulsive and Related Disorders, 6*, 147-157. doi:10.1016/j.jocrd.2015.01.006

Blakey, S. M., & Abramowitz, J. S. (2016). The effects of safety behaviors during exposure therapy for anxiety: Critical analysis from an inhibitory learning perspective. *Clinical Psychology Review, 49*, 1-15. doi: 10.1016/j.cpr.2016.07.002

Bouton, M. E., King, D. A. (1983). Contextual control of the extinction of conditioned fear: Tests for the associative value of the context. *Journal of Experimental Psychology: Animal Behavior Processes, 9*(3), 248-65. doi: 10.1037/0097-7403.34.2.223

Butler, A., Chapman, J., Forman, E., & Beck, A. (2006). The empirical status of cognitive-behavioral therapy: A review of meta-analyses. *Clinical Psychology Review, 26*(1), 17-31. doi: 10.1016/j.cpr.2005.07.003

Craske, M. G., Hermans, D., & Vansteenwegen, D. (Eds.) (2006). *Fear and learning: from basic processes to clinical implications* (1st ed). Washington, DC: American Psychological Association.

Craske, M. G., Treanor, M., Conway, C. C., Zbozinek, T., & Vervliet, B. (2014). Maximizing exposure therapy: An inhibitory learning approach. *Behaviour Research and Therapy, 58*, 10-23. doi:10.1016/j.brat.2014.04.006

Culver, N. C., Vervliet, B., & Craske, M. G. (2015). Compound Extinction: Using the Rescorla – Wagner Model to Maximize Exposure Therapy

Effects for Anxiety Disorders. *Clinical Psychological Science, 3*(3), 335-348. doi: 10.1177/2167702614542103

Duvarci, S. (2004). Characterization of Fear Memory Reconsolidation. *Journal of Neuroscience, 24*(42), 9269-9275. doi: 10.1523/JNEUROSCI.2971-04.2004

Elsey, J. W. B., Van Ast, V. A., & Kindt, M. (2018). Human memory reconsolidation: A guiding framework and critical review of the evidence. *Psychological Bulletin, 144*(8), 797-848. doi: 10.1037/bul0000152

Foa, E. B., & Chambless, D. L. (1978). Habituation of subjective anxiety during flooding in imagery. *Behaviour Research and Therapy, 16*(6), 391-399. doi: 10.1016/0005-7967(78)90010-4

Gershman, S. J., Blei, D. M., & Niv, Y. (2010). Context, learning, and extinction. *Psychological Review, 117*(1), 197-209. doi: 10.1037/a0017808

Gräff, J., Joseph, N. F., Horn, M. E., Samiei, A., Meng, J., Seo, J., … Tsai, L.-H. (2014). Epigenetic Priming of Memory Updating during Reconsolidation to Attenuate Remote Fear Memories. *Cell, 156*(1-2), 261-276. doi: 10.1016/j.cell.2013.12.020

Gunther, L. M., Denniston, J. C., & Miller, R. R. (1998). Conducting exposure treatment in multiple contexts can prevent relapse. *Behaviour Research and Therapy, 36*(1), 75-91. doi: 10.1016/S0005-7967(97)10019-5

Jones, M. C. (1924). A Laboratory Study of Fear: The Case of Peter. *Pedagogical Seminary, 31*, 308-315. doi: 10.1080/08856559.1924.9944851

Krompinger, J. W., Van Kirk, N. P., Garner, L. E., Potluri, S. I., & Elias, J. A. (2019). Hope for the Worst: Occasional Reinforced Extinction and Expectancy Violation in the Treatment of OCD. *Cognitive and Behavioral Practice, 26*(1), 143-153. doi: 10.1016/j.cbpra.2017.12.002

Lader, M. H., & Mathews, A. M. (1968). A physiological model of phobic anxiety and desensitization. *Behaviour Research and Therapy, 6*(4), 411-421. doi: 10.1016/0005-7967(68)90021-1

Macedo, T., Barbosa, M., Rodrigues, H., Coutinho, E. da S. F., Figueira, I., & Ventura, P. (2018). Does CBT have lasting effects in the treatment of PTSD after one year of follow-up? A systematic review of randomized controlled trials. *Trends in Psychiatry and Psychotherapy, 40*(4), 352-359. doi: 10.1590/2237-6089-2017-0153

Maples-Keller, J. L., Price, M., Jovanovic, T., Norrholm, S. D., Odenat, L., Post, L., … Rothbaum, B. O. (2017). Targeting memory reconsolidation to prevent there turn of fear in patients with fear of flying. *Depression and Anxiety, 34*(7), 610-620. doi: 10.1002/da.22626

Monfils, M. H., Cowansage, K. K., Klann, E., & LeDoux, J. E. (2009). Extinction-Reconsolidation Boundaries: Key to Persistent Attenuation of Fear Memories. *Science, 324*(5929), 951-955. doi: 10.1126/science.1167975

Nader, K, & Schafe, G. E. (2000). Fear memories require protein synthesis in the amygdala for reconsolidation after retrieval. *Nature, 406*(6797):722-6. Retrieved from https://doi.org/10.1038/35021052

Pavlov, I. P. (1927). *Conditioned reflexes: an investigation of the physiological activity of the cerebral cortex.* Oxford, England: Oxford Univ. Press. doi: 10.5214/ans.0972-7531.1017309

Prenoveau, J. M., Craske, M. G., Liao, B., & Ornitz, E. M. (2013). Human fear conditioning and extinction: Timing is everything… or is it? *Biological Psychology, 92*(1), 59-68. doi: 10.1016/j.biopsycho.2012.02.005

Rescorla, R. A., Heth, C. D. (1975). Reinstatement of fear to an extinguished conditioned stimulus. *Journal of Experimental Psychology: Animal Behavior Processes, 1*(1):88-96. Retrieved from: https://doi.org/10.1037/0097-7403.1.1.88

Rescorla, R. A. (2006). Deepened extinction from compound stimulus presentation. *Journal of Experimental Psychology: Animal Behavior Processes, 32*(2), 135-144. doi: 10.1037/0097-7403.32.2.135

Rescorla, R. A., & Wagner, A. R. (1972). A Theory of Pavlovian Conditioning: Variations in the Effectiveness of Reinforcement and Nonreinforcement. In A. H. Black, & W. F. Prokasy (Eds.). *Classical conditioning: current research and theory* (pp.64-99). New York, NY: Appleton-Century-Crofts.

Richard, D. C. S., & Gloster, A. T. (2007).Exposure Therapy Has a Public Relations Problem: A Dearth of Litigation Amid a Wealth of Concern. In D. Richard, & D. Lauterbach (Eds.). *Handbook of Exposure Therapies* (pp. 409-425). Cambridge, Massachusetts: Academic Press.

Schiller, D., Monfils, M.-H., Raio, C. M., Johnson, D. C., LeDoux, J. E., & Phelps, E. A. (2010). Preventing the return of fear in humans using reconsolidation up date mechanisms. *Nature, 463*(7277), 49-53. doi: 10.1038/nature08637

Shiban, Y., Brütting, J., Pauli, P., & Mühlberger, A. (2015). Fear reactivation prior to exposure therapy: Does it facilitate the effects of VR exposure in a randomized clinical sample? *Journal of Behavior Therapy and Experimental Psychiatry, 46*, 133-140. doi: 10.1016/j.jbtep.2014.09.009

Shiban, Y., Pauli, P., & Mühlberger, A. (2013).Effect of multiple context exposure on renewal in spider phobia. *Behaviour Research and Therapy, 51*(2), 68-74. doi: 10.1016/j.brat.2012.10.007

Sinclair, A. H., & Barense, M. D. (2019). Prediction Error and Memory Reactivation: How Incomplete Reminders Drive Reconsolidation. *Trends in Neurosciences, 42*(10), 727-739. Retrieved from: https://doi.org/10.1016/j.tins.2019.08.007

Telch, M. J., York, J., Lancaster, C. L., & Monfils, M. H. (2017).Use of a Brief Fear Memory Reactivation Procedure for Enhancing Exposure Therapy. *Clinical Psychological Science*, *5*(2), 367-378. Retrieved from: https://doi.org/10.1177/2167702617690151

Vansteenwegen, D., Vervliet, B., Iberico, C., Baeyens, F., Van denBergh, O., & Hermans, D. (2007). The repeated confrontation with videotapes of spiders in multiple contexts attenuates renewal of fear in spider-anxious students. *Behaviour Research and Therapy*, *45*(6), 1169-1179. Retrieved from: https://doi.org/10.1016/j.brat.2006.08.023

Walker, M. P., Brakefield, T., Allan Hobson, J., & Stickgold, R. (2003). Dissociable stages of human memory consolidation and reconsolidation. *Nature*, *425*(6958), 616-620. Retrieved from: https://doi.org/10.1038/nature01930

Wang, S.-H., de Oliveira Alvares, L., & Nader, K. (2009). Cellularand systems mechanisms of memory strength as a constraint on auditory fear reconsolidation. *Nature Neuroscience*, *12*(7), 905-912. doi: 10.1038/nn.2350.

Watkins, L. E., Sprang, K. R., & Rothbaum, B. O. (2018). Treating PTSD: A Review of Evidence-Based Psychotherapy Interventions. *Frontiers in Behavioral Neuroscience*, *12*, 258.doi: 10.3389/fnbeh.2018.00258

Capítulo 8

FORMAÇÃO EM TERAPIA COGNITIVA SEXUAL: APRESENTAÇÃO DE UM MODELO FOCADO EM AÇÕES SOCIAIS

XVI Mostra de TCC, 2018
Trabalho apresentado na modalidade Mesa Redonda

Antonio Carvalho
Alexandra da Silva Pereira

Síntese

O capítulo relata a elaboração e execução de um curso de formação em Terapia Cognitiva Sexual para psicólogos, alunos de Psicologia e profissionais de áreas afins interessados no trabalho com a sexualidade, a fim de instruí-los e capacitá-los. O projeto teve um caráter colaborativo e focado em ações sociais, avaliando o aprendizado dos alunos por meio da construção de projetos em sexualidade a serem aplicados na comunidade. Os resultados revelaram-se proveitosos, e novas turmas serão desenvolvidas.

Introdução

O Curso de Formação em Terapia Cognitiva Sexual, focado em modelo de ações sociais, é um projeto do Grupo de Estudos em Terapia Cognitiva Sexual (GETCS) que entende o seu papel na sociedade e trabalha com o objetivo de difundir os estudos da sexualidade e auxiliar na formação e capacitação de profissionais para atuar nessa área, tendo o estímulo ao modelo cooperativo como pilar da difusão do conhecimento.

Neste capítulo será conhecida a origem e a filosofia de trabalho do Grupo de Estudos, além do conhecimento de como surgiu a proposta do primeiro Curso de Formação em Terapia Cognitiva Sexual (CF-TCS) presencial do Brasil e por que o modelo é focado em ações sociais.

Passando pelas características da Terapia Cognitiva Sexual, que durante mais de 20 anos vem sendo desenvolvida pelo coordenador do Grupo, Antonio Carvalho – um dos autores do livro de mesmo nome – o presente capítulo tem o objetivo de, indiretamente, sinalizar a importância da formação na área da sexualidade pelo fato de que esse mercado de trabalho está carente de profissionais treinados para atuar com um público cada vez mais necessitado.

Os autores consideram que o trabalho em grupo facilita o pensar crítico em sexualidade e ajuda o profissional a não polarizar o seu pensamento, disseminando suas próprias crenças como verdadeiras, um possível risco em cursos ministrados por um único participante. Ao possibilitar ao discente contato com vários professores, abre-se um leque de possiblidades para o aluno que, no decorrer do curso, pode procurar o mestre com o qual mais se identifica para apoiá-lo no início de sua vida profissional, já que o docente está imbuído do propósito cooperativo do Grupo de Estudos.

Origem, Estrutura e Modelo de Funcionamento do Grupo de Estudos em Terapia Cognitiva Sexual

O Grupo de Estudos em Terapia Cognitiva Sexual surgiu em 2017, por meio de um projeto piloto proposto por Antonio Carvalho, na companhia do seu antigo professor do mestrado em Sexologia, Pedro Jurberg. O coordenador, Antonio Carvalho, convidou seus antigos alunos do curso de extensão em Terapia Cognitiva Sexual para discutirem assuntos atuais em sexualidade. O objetivo dos encontros foi fomentar o estudo e o debate de temas controversos em sexualidade, estimulando o pensar crítico do profissional que trabalha nessa área.

O primeiro encontro do grupo ocorreu em 18 de novembro de 2017, na Associação Nobrega de Educação e Assistência Social, localizada na rua Bambina 115, em Botafogo, no Rio de Janeiro/Brasil, e versou sobre identidade de gênero, cirurgia de redesignação sexual, processos de hormonização e temas similares, contando com a presença de 18 participantes.

Seguindo uma proposta de estudos que foge de um modelo tradicional, visando a adaptação às novas tecnologias, mas mantendo a presença física como peça fundamental de interação, foi criado um grupo de *WhatsApp* denominado Dinâmicas em Sexualidade. A sugestão foi cada um postar material do seu interesse, de acordo com o tema acordado, para ser discutido presencialmente, sem comentários no grupo virtual. O trabalho do coordenador foi compilar e organizar o material postado para discussão e criar dinâmicas presenciais que fomentassem a habilidade do profissional em exercitar a plasticidade que o estudo crítico da sexualidade proporciona.

A heterogeneidade do Grupo de Estudos, com participantes com idades, tempos de formação, áreas de pesquisa e estudos, além de posições políticas e religiosas diversas, exercita a habilidade de se colocar no lugar do outro e estimula uma discussão saudável e produtiva. Atualmente, o Grupo de Estudos em Terapia Cognitiva Sexual conta com 15 membros, no formato de reuniões mensais. Nelas são discutidas pautas preestabelecidas, bem como ideias de novos projetos difundidos pelo *site* <www.terapiacognitivasexual.com.br>, *Facebook* e *Instagram* com domínios próprios.

A necessidade de difundir o material de estudo para a sociedade em geral fez com que o grupo focasse na produção de projetos sociais, buscando uma maior interação social. O primeiro grande projeto foi, no dia 19 de maio de 2018, a realização do I Encontro de Terapia Cognitiva Sexual, que aconteceu no Centro Cultural João XXIII, das 8 às 18 horas, e contou com a participação dos membros do grupo como palestrantes. O coordenador Antonio Carvalho fez a conferência de abertura com a palestra "Pensando a Terapia Cognitiva Sexual em 2030". O evento foi um sucesso e teve todas as vagas preenchidas antecipadamente, demonstrando a carência que a cidade tinha de um evento voltado para as questões da sexualidade. O valor arrecadado com o evento foi revertido para novos projetos.

Em busca da capacitação e abrindo espaço para questionamentos, o Grupo de Estudos convidou outros profissionais com diferentes formações para dialogar, o que gerou riqueza de conhecimento e despertou novas e produtivas discussões. Muitas dessas discussões se transformaram em conferências proferidas na XVI Mostra de Terapia Cognitivo-Comportamental, na Pontifícia Universidade Católica do Rio de Janeiro, em setembro de 2018, pelos participantes do Grupo de Estudos.

Para ajudar os participantes a não se influenciarem por seus próprios mitos e crenças, os temas das apresentações em aula e/ou palestras em nome do Grupo são proferidos antes no próprio grupo, fomentando discussões e levando o palestrante a uma reflexão crítica do seu trabalho. O objetivo de encaminhar as ideias apresentadas em congressos e textos acadêmicos para discussão em um grupo, propositalmente heterogêneo, parte da premissa de que as pessoas tendem a agir emocionalmente e ignorar inúmeras informações no momento de sua escolha (Kahneman, 2012). Segundo Kahneman (2012), isso seria uma característica da espécie, que busca, assim, ter menos gasto energético para o cérebro. Essa tendência leva o indivíduo a cercar-se de pessoas que tenham a mesma visão de mundo que ele, e isso é extremamente perigoso quando se estuda sexualidade humana, pois simplesmente pode haver uma polarização das questões e ele não permitir um pensar realmente crítico da sexualidade, passando, assim, apenas a reproduzir e multiplicar as próprias verdades.

Seguindo com a proposta de difundir e dividir o conhecimento na sexualidade, o Grupo abraçou a ideia de oferecer uma formação nessa área, sendo esse o embrião que culminou no primeiro CF-TCS presencial no Brasil, custeado graças à verba oriunda do II Encontro de Terapia Cognitiva Sexual, também organizado pelo Grupo, o qual versou sobre a Sexualidade da Mulher e contou com a presença de ilustres profissionais, dentre eles as professoras Eliane Falcone e Maria do Carmo Andrade Silva, esta a coordenadora do primeiro Mestrado em Sexologia do Brasil. Esse evento teve lotação e no seu público e na sua rede de apoio, a presença dos alunos do curso de formação.

Indo de encontro a uma sociedade focada no individualismo e que estimula a competição, em que cada um procura somente pelos seus interesses, o Grupo de Estudos segue na premissa de fomentar a cooperação e entende que a Terapia Cognitiva Sexual é a autoria de todos aqueles que estudam sexualidade e utilizam os arcabouços teóricos da Terapia Cognitiva na prática profissional.

A Terapia Cognitiva Sexual

Fundamentada como uma abordagem singular sob os pressupostos das Terapias Cognitivo-Comportamentais (TCCs), a Terapia Cognitiva Sexual articula aspectos teóricos e práticos dos paradigmas comportamental, contextual e cognitivistas. Objetiva proporcionar tratamentos eficazes para as disfunções sexuais e embasar uma vivência mais satisfatória da sexualidade (Carvalho & Sardinha, 2017).

Como uma terapia pautada em pressupostos, técnicas e estratégias empiricamente validadas, a Terapia Cognitiva Sexual teve seu desenvolvimento em um cenário de demandas e ineficiências. Ao mesmo tempo em que a sociedade caminhava em uma crescente atribuição de importância à própria vida e às experiências sexuais, os estudos científicos e as práticas empregadas não evoluíam para acompanhar esta crescente. Desta forma, o tratamento da sexualidade, em especial das disfunções sexuais, pouco se beneficiou das evoluções promovidas pelos movimentos cognitivistas e contextuais que fazem parte das TCCs contemporâneas (Carvalho & Sardinha, 2017; Ribeiro, 2005).

Ao se aproximar da fonte comportamental, a Terapia Cognitiva Sexual se utiliza de técnicas focadas na percepção de estímulos sexuais, incentivando o ser humano a vivenciar de forma atenta sua excitação sexual e a manter sua abertura à experiência sexual (Carvalho & Sardinha, 2017). Segundo Carvalho e Sardinha (2017), é ressaltado o papel da erotização, do repertório de comportamentos sexuais do indivíduo, da capacidade de ajustamento do sujeito às demandas singulares de cada situação sexual, bem como a presença de possíveis comportamentos desadaptativos, tais quais evitação e fuga de situações sociais.

A partir das colaborações cognitivistas, Carvalho e Sardinha (2017) absorveram a concepção da importância das atitudes, interpretações e cognições no interesse, prazer e desempenho sexuais. Ao se abordar a cognição, diferentes níveis de processamento da informação estão envolvidos na vivência da sexualidade. No nível mais profundo, central e rígido, as crenças distorcidas aplicadas ao contexto sexual interferem na forma como os indivíduos vivenciam situações sexuais e relacionamentos, além de mediar a autopercepção de satisfação e eficácia. No nível mais superficial, pensamentos automáticos negativos decorrentes de experiências prévias e interpretações distorcidas dos estímulos são impeditivos ao funcionamento sexual saudável.

Nos modelos cognitivistas, os esquemas têm posição central no funcionamento sexual e interpessoal. Vistos como ideias gerais sobre a sexualidade (incluindo-se regras, padrões e expectativas relativas ao sexo) e sobre si mesmos (percepção de autoeficácia, performance, atratividade, foco em estímulos, etc.), esquemas sexuais rígidos podem levar a concepções distorcidas, autoavaliação negativa e insatisfação sexual, afetando como o sujeito processa os estímulos sexuais e as conexões interpessoais, subjazendo como fatores cognitivos ao possível desenvolvimento de disfunções sexuais (Carvalho & Sardinha, 2017).

A Terapia Cognitiva Sexual também empresta os conhecimentos produzidos pelas abordagens contextuais, aplicando-os às necessidades de pessoas sexualmente disfuncionais. Para isso, é enfatizada a ideia de focalizar a relação que o cliente estabelece com seus processos de desejo, excitação e prazer, destacando o não controle dos processos em si. Para tal, Carvalho e Sardinha (2017) destacam a necessidade da reestruturação de crenças sobre o funcionamento da sexualidade, das emoções e dos processos cognitivos, bem como as crenças sobre controle, educando o paciente e mantendo uma terapêutica coesa e consistente.

Em suma, a Terapia Cognitiva Sexual surgiu como uma proposta integrativa com vistas a promover embasamento teórico-prático eficiente para as disfunções sexuais, de forma a aplicar os conhecimentos, as estratégias e as técnicas mais recentes das TCCs ao contexto sexual e relacional, preocupando-se com o respaldo científico e empírico.

Na Terapia Cognitiva Sexual, os sujeitos vão tomando consciência de suas crenças, de seus sentimentos, de suas interpretações e dos seus padrões distorcidos a respeito do sexo, abrindo-se à possibilidade de modificá-los e/ou reconstruí-los de forma funcional, direcionando-se a uma vida sexual mais satisfatória.

Formação em Sexualidade e o Mercado de Trabalho para o Profissional que Trabalha com Queixas Sexuais

A Organização Mundial da Saúde (Boniebale, 2019) declarou, no âmbito global, a importância da saúde sexual e a necessidade de profissionais capacitados. Entretanto, falar sobre sexualidade ainda se mostra um tabu e o tema está vinculado à repressão histórica e cultural, ditada por ordens religiosas e conservadores. Isto se reflete no lento avanço dos países em incorporar a sexualidade e a formação em saúde sexual em seus currículos, seja em níveis secundários ou de graduação e pós-graduação (Bueno & Ribeiro, 2018).

Na França, Bonierbale (2019) apontou que as primeiras certificações em sexologia foram criadas na década de 70, priorizando-se o campo da prevenção e da educação sexual, bem como o tratamento e manejo da sexualidade frente a doenças crônicas, à violência sexual, a dificuldades de orientação sexual e à identidade de gênero, focando-se na capacitação de profissionais.

Nos Estados Unidos, na década de 50, investigações sobre sexualidade já aconteciam nas universidades, com foco na vida sexual do casal heterossexual (Russo, Rohden, Torres, & Wall, 2009).

A América Latina exibe diferentes níveis de aproximação com a sexualidade humana como ciência e área de atuação. O Uruguai se mantém na liderança como o país que realizou formações em sexologia clínica desde 1965, capacitando tantos médicos quanto psicólogos, acarretando diversas conquistas no âmbito dos direitos sexuais (Cedrés, 2019). Como um contraponto à abertura uruguaia, o Chile começou a capacitar seus profissionais no campo da sexualidade oficialmente em 2016, focando-se principalmente no aconselhamento e na educação em sexualidade (Becker, 2019).

No contexto brasileiro, muitas tensões e disputas se assomam, principalmente entre profissionais do campo médico, psicólogos e educadores. No que tange ao Rio de Janeiro em específico, o movimento de articulação do campo da sexologia/sexualidade humana decorreu da aproximação entre profissionais médicos da ginecologia-obstetrícia e psicólogos (Russo, Rohden, Torres, & Wall, 2009). Os autores ressaltaram que um importante marco do estudo em sexualidade fluminense foi a pós-graduação *latu sensu* da Universidade Gama Filho, que deu origem a um posterior mestrado em sexologia nos anos de 1994 a 2005, sendo responsável pela formação de diversos sexólogos em atuação no país.

Não há faculdade de sexologia no Brasil. O profissional que deseja trabalhar com sexualidade humana deve ter uma graduação em Medicina ou em Psicologia, sendo incentivado a fazer uma pós-graduação com a temática de sexologia. Em consonância com o ensino sobre a sexualidade humana, o CF-TCS promove o embasamento teórico-crítico da sexualidade humana, debruçando-se sobre a compreensão do funcionamento sexual, ciclo de resposta e aspectos ambientais e relacionais que estabelecem uma relação de co-influência. O CF-TCS também proporciona conhecimento na área de disfunções sexuais, incentivando a intersecção com profissionais médicos para uma compreensão integrada dos sujeitos e de suas queixas.

As escassas possibilidades de formação e especialização já demonstram um campo pouco ocupado pelos profissionais da Psicologia, o que possibilita a aproximação de outras profissões que se consideram aptas a tratar as demandas da sexualidade, tais como a Fisioterapia Pélvica e, mais recentemente, o *sex coaching*. O *sex coaching* é uma tendência internacional que se descreve como um caminho holístico para guiar e direcionar os clientes à resolução de suas preocupações e disfuncionalidades sexuais, possuindo atualmente validação como uma profissão reconhecida em países como os Estados Unidos (Britton, 2015).

O tabu que permeia a sexualidade humana também se constitui como obstáculo na atuação profissional, na medida em que a busca por tratamentos relativos a queixas sexuais é atravancada por influências da cultura, valores morais e crenças pessoais rígidas. Há a necessidade da integração entre os profissionais, de forma a solidificar uma rede de atenção sexual aos indivíduos, propiciando terapêuticas enfocadas na totalidade do ser humano e na multipluralidade dos eventos e interpretações que resultam em uma dificuldade e/ou disfunção sexual. O CF-TCS se coloca como uma porta aberta aos profissionais que desejam atuar no campo da sexualidade.

Ação Social e a Necessidade de Trabalhar em Grupo quando o Assunto é Sexualidade

Matt Tilley falou em uma de suas apresentações, na vigésima quarta edição do *Congressofthe World Association for Sexual Health (WAS)*, em 2019, sobre a necessidade do profissional que trabalha com sexualidade se manter atento às suas crenças, atitudes e valores. Segundo ele, este estado de atenção possibilita que o profissional identifique barreiras e entraves que possam dificultar o seu trabalho e posicionamento sobre a sexualidade humana, bem como atrapalhar a construção de uma aproximação positiva frente ao sexo e aos aspectos inerentes à sua própria sexualidade.

Em adição à perspectiva de Tilley (2019), que nos aponta para a autoanálise e *awareness*, os processos grupais também são considerados como extremamente relevantes para o aprendizado da sexualidade. Estar em um grupo, de preferência com características multifacetadas, possibilita questionamentos constantes aos mitos e às crenças pessoais, levando à reformulação e à reconstrução destes. O viés crítico é intensificado no grupo, por meio de discussões e debates, motivando, por conseguinte, pesquisas, estudos e a obtenção de novas informações, corroborando com o crescimento pessoal e grupal.

O CF-TCS beneficiou-se de um processo grupal crítico, na medida em que contou com pessoas de várias idades, estudantes e profissionais de Psicologia e profissionais de outras áreas conectadas à Psicologia. Os estudantes também se distribuíam geograficamente, ocupando diversos bairros do Rio de Janeiro. Dada a vertente social do curso e sua viabilização focada em projetos, os membros da turma não estavam previamente trabalhando com a sexualidade, e sim, buscando aproximação com essa temática para uma futura inserção no mercado.

Devido à escassez de possibilidades na área de estudo da sexualidade e à proposta integrativa criada pelo Grupo de Estudos em Terapia Cognitiva Sexual, o CF-TCS foi fruto de intenso interesse da comunidade voltada à saúde mental e sexual, sendo necessários processos de entrevista e seleção para assegurar que os alunos tivessem o perfil desejado. O curso foi em parte custeado pelo próprio grupo, reduzindo-se à mensalidade para que esta não se constituísse como impeditivo à busca de conhecimento.

Características do Curso de Formação

O CF-TCS teve sua primeira edição no ano de 2019, no Estado do Rio de Janeiro. A seleção dos alunos ocorreu no mês de fevereiro por meio de entrevista com membros do grupo de Terapia Cognitiva Sexual, os quais também viriam a ser professores voluntários do curso. De forma diferenciada, os alunos visados pelo curso deveriam ter características de renda diminuída, serem graduandos ou profissionais que ainda não atuassem no campo da sexualidade, residentes de diferentes áreas do Estado e interessados na realização de projetos sociais.

A seleção dos alunos foi pensada de forma a solidificar os objetivos traçados pelo grupo de estudos, como centrais ao curso. Estes objetivos foram: a disseminação dos conhecimentos acerca da sexualidade, a fundamentação teórico-prática para que mais profissionais se sintam capacitados a ocupar este espaço de trabalho, o desenvolvimento de um pensamento crítico sobre a formação da sexualidade e suas estreitas ligações com mitos e crenças pessoais, bem como valores e regras, além da possibilidade de reestruturação do próprio entendimento sobre a sexualidade nas discussões e debates em grupo.

O esboço do CF-TCS foi constituído com base em uma metodologia pedagógica e de ensino diferenciadas. Focou-se na construção ativa do aprendizado, com aulas que não abordassem apenas a exposição indiscriminada de conteúdos, mas promovessem a reflexão, o debate e a participação ativa dos alunos. Para tal, professores se mostravam disponíveis e abertos a questionamentos constantes, com aulas desenhadas para facilitar o engajamento da turma, além da participação de profissionais de áreas afins, convidados para colaborar com o melhor desenvolvimento e aprendizado em sexualidade e Terapia Cognitiva Sexual.

As aulas tiveram duração de 5 (cinco) horas em encontros mensais, totalizando 50 (cinquenta) horas a partir de 10 (dez) encontros, iniciando-se no mês de março e finalizando no mês de dezembro. Os eixos temáticos foram sempre ministrados por mais de um professor, um traço de colaboração e reflexão crítica presentes em todas as aulas. Iniciou-se com a História Crítica da Sexualidade [Aula 1], seguindo para os temas de Evolucionismo, Sexualidade e Diversidade Sexual [Aula 2], Resposta Sexual Humana e Terapia Comportamental [Aula 3], Terapia Cognitiva Comportamental e Terapia Cognitiva Sexual e Conceitualização Cognitiva [Aula 4].

Dando sequência, nos meses de julho e agosto, foram abordadas Disfunções Sexuais Masculinas [Aula 5] e Femininas [Aula 6], prosseguindo com Projetos em Sexualidade [Aula 7], Medicina Sexual [Aula 8], Casal, Terapia de Grupo e Sexualidade [Aula 9] e Estudo de Casos Clínicos [Aula 10]. É importante ressaltar que a aula de Medicina Sexual recebeu os profissionais convidados Henrique Chvaicer (médico urologista) e NathalieRaibolt (médica ginecologista) para compartilharem seus conhecimentos e tirarem dúvidas da turma sobre os aspectos médicos e tratamentos farmacológicos das disfunções e dificuldades sexuais.

Os professores do curso são membros do grupo de estudos, profissionais da área da sexualidade com interesse no constante compartilhamento do processo de ensino-aprendizagem, bem como na elaboração deste processo. Suas aulas são ministradas de forma voluntária. Seguindo a ordem das aulas são listados os professores: Joaquim de Castro, Jacqueline Carrano, Carla Ribeiro, Bruna Manoel, Pedro Juberg, Leonardo Hack, Ingrid Philigret de Brito, Diana Soledade, Maristela Baptista, Marcele Carvalho, Marcia Votre, Sabrina Vollet, Cheila Schuenck, Kátia Telles, Cristina Barros e Antonio Carvalho.

A forma de avaliação proposta pelo curso foi de trabalho final. Organizado como um projeto, individual ou grupal, o trabalho deveria abordar a temática da sexualidade e ter um viés comunitário e de fácil execução, a fim de engajar a comunidade na compreensão da sexualidade. Disponíveis aos alunos, os professores do curso foram acessados para orientar os projetos, e o grupo de estudos se prontificou a auxiliar na viabilização e divulgação dos mesmos. Algumas categorias de projetos surgiram, desde a realização de eventos até a produção de material didático, a maior parte deles focada no público adulto, com exceção do projeto das alunas Luana Galoni e Grazielly Ribas, intitulado "Dona Capiba em: EU TENHO UM CORPO", uma contação de histórias para prevenção de abuso sexual infantil, destinada a crianças.

Como exemplos de eventos, aulas e bate-papos realizaram-se: o "Sexo, bate-papo e café", organizado pelos estudantes Fabrício Mohaupt, Madalena Mohaupt, Mônica Silva, Philipe Carrano e Sabrina Mourão; "Educação sexual como instrumento de empoderamento feminino na luta contra o feminicídio", da estudante Raquel Mello; "A importância da educação sexual para crianças e adolescentes", de Mayara Paiva; "Orientação e suporte terapêutico para pacientes homossexuais soropositivo", pensado pelo Tiago Souza; "Sexualidade para os que precisam falar de sexualidade – Uma visão científica para educadores cristão--protestantes", das alunas Adriana Oliveira, Naiara Cruz, Cintia Rochel e Juliana Gomes. Algumas cartilhas foram desenvolvidas, dentre as quais pode-se citar a "Sexualidade Feminina – cartilha informativa", produzida pela aluna Alexandra Pereira e disponibilizada gratuitamente *on-line*.

Considerações finais

O sucesso da formação em Terapia Cognitiva Sexual, focada em ações, traduzido na quantidade de projetos desenvolvidos, e a serem desenvolvidos, mostra que o Grupo de Estudo segue acertando na premissa de divulgar e promover o estudo da sexualidade para a comunidade. Desse modo, novas iniciativas continuarão a ser propostas, de forma que o GETCS siga exercendo seu papel social baseado na pesquisa científica do comportamento sexual humano.

Referências

Becker, M. R. (2019). Formación em Sexualidad em Chile. In *Resumos do24th Congress of the World Association for Sexual Health* (p. 627).Cidade do México, México.

Bonierbale, M. B. (2019). Developments of Sexology in France between 1974 and 2019. In *Resumos do24th Congress of the World Association for Sexual Health* (p. 627). Cidade do México, México.

Britton, P. (2015). Sex coaching. In P. Whelehan, & A. Bolin (Orgs.).*The international encyclopedia of human sexuality* (paginação irregular). Nova Jersey, Estados Unidos da América: John Wiley & Sons.

Bueno, R. C. P., & Ribeiro, P. R. M. (2019). História da educação sexual no Brasil: apontamentos para reflexão. *Revista Brasileira de Sexualidade Humana, 29*(1), 49-56. doi: 10.35919/rbsh.v29i1.41

Cedrés, S. (2019). Formacíon em Sexualidad a NivelLatinoamericano: La Experiencia de Uruguay. In *Resumos do24th Congress of the World Association for Sexual Health* (p. 627). Cidade do México, México.

Carvalho, A., & Sardinha, A. (2017). *Terapia cognitiva sexual: uma proposta integrativa na psicoterapia da sexualidade.* Rio de Janeiro, RJ: Editora Cognitiva.

Kahneman, D. (2012). *Rápido e devagar: duas formas de pensar.* Rio de Janeiro, RJ: Editora Objetiva.

Pacheco, N. S. P. N. (2012). *A Sexualidade dos jovens estudantes universitários portugueses* (Tese de Doutorado, Universidade da Beira Interior, Programa de Ciências Sociais e Humanas). Recuperado de https://ubibliorum.ubi.pt/bitstream/10400.6/3975/1/A%20sexualidade%20dos%20jovens%20estudantes%20universit%C3%A1rios%20portugueses_Nat%C3%A1lia%20Nogueira%20.pdf

Ribeiro, P. R. M. (2005). A sexualidade também tem história: comportamentos e atitudes sexuais através dos tempos. In A. C. Bortolozzi, & A. F. Maia (Orgs). *Sexualidade e infância* (pp. 17-32). Bauru: FC/CECEMCA & Brasília: MEC/SEF.

Russo, J. A., Rohden, F., Torres, I.,& Faro, L. (2009). O campo da sexologia no Brasil: constituição e institucionalização. *Revista de Saúde Coletiva, 19*(3), 617-636. doi: 10.1590/S0103-73312009000300004

Tilley, M (2019). Understanding the role of beliefs, attitudes, and values in sexological education: A university unit evaluation. In *Resumos do 24th Congress of the World Association for Sexual Health* (p. 627). Cidade do México, México.

II. APLICAÇÕES DA TCC EM DIFERENTES DEMANDAS

Capítulo 9

PREOCUPAÇÕES EXCESSIVAS: O QUE TORNA OS TRATAMENTOS EFICAZES

XVII Mostra de TCC, 2019
Trabalho apresentado na modalidade Conferência

Angela Donato Oliva

Síntese

"Primeiro é preciso pensar em tudo!" Esse é um pensamento que permeia o universo de muitos que sofrem com preocupações excessivas. O presente capítulo visa dar um panorama sobre como as terapias cognitivas têm ajudado pessoas que apresentam esse quadro. Aspectos eficazes das intervenções serão indicados, de acordo com pesquisas empíricas, os quais são utilizados em distintas práticas psicoterápicas.

A partir disso, buscar-se-á destacar as semelhanças presentes em diferentes abordagens, posto que compartilham um mesmo paradigma teórico conceitual. Espera-se, assim, despertar no leitor a ideia de que ampliar o conhecimento psicoterápico direciona as investigações para melhor atender as pessoas.

Introdução

Preocupar-se é algo bastante comum e está presente desde cedo no desenvolvimento humano. Quem nunca se preocupou com alguma coisa? Preocupação, em certa medida, faz parte do repertório de traços selecionados pela evolução e oscila conforme a ocasião, seja mais estressante ou represente mudança significativa na rotina diária. Trata-se de um processo cognitivo natural que ocorre na mente e envolve pensamentos antecipatórios sobre o futuro. É compreensível que estejamos preocupados com coisas que aumentem nosso bem-estar e, por isso, gastamos um tempo no planejamento de metas, ponderando previamente resultados decorrentes das decisões.

Contudo, há um momento em que essas preocupações são consideradas excessivas, mais do que seria apropriado para a situação. Isso se dá quando não há nada de errado acontecendo e ainda assim a mente incessantemente produz pensamentos sobre possíveis problemas.

Preocupação excessiva é diferente de se preocupar com algo real. Faz sentido cuidar da ingestão de alimentos ricos em carboidrato e açúcar se um exame apontar uma taxa elevada de glicose. No entanto, se as taxas estiverem nos padrões e ainda assim houver uma preocupação exagerada e incontrolável em relação ao consumo desse tipo de alimento, isso sugere a existência de um problema de natureza psicológica e merece atenção. Preocupação incontrolável refere-se ao quão difícil é parar de se preocupar, uma vez que se tenha começado. É desafiador identificar quando a preocupação é excessiva, pois esse processo ocorre no plano mental. O objetivo deste capítulo é oferecer um panorama sobre as preocupações, apontar características principais e indicar elementos terapêuticos eficazes em seu tratamento.

Diferenciando Preocupação e Ansiedade

Preocupação é um processo cognitivo, de natureza mental, que está no plano da imaginação, e é possibilitada por áreas cerebrais responsáveis por processos de criatividade. As antecipações mentais negativas e a preparação do indivíduo para resultados potencialmente negativos no futuro ocorrem na mente e desencadeiam uma resposta emocional (Robichaud & Dugas, 2015).

A ansiedade, por sua vez, é percebida no corpo, nas reações fisiológicas relacionadas a tremores, à sudorese, ao aumento de batimentos cardíacos, à tontura, ao formigamento, à sensação de desrealização, ao desconforto estomacal, à inquietação, a calafrios ou rubores. É parte de um sistema do corpo projetado para responder àquilo que se considera como ameaça, preparando-o para agir no caso de perigo. Esse sistema é acionado quando o indivíduo pensa que está em risco (Robichaud & Dugas, 2015).

Como pode ser visto, preocupação e ansiedade, embora não sejam sinônimos, são complementares. O transtorno de ansiedade generalizada (TAG) caracteriza-se pela presença excessiva de ambas. Estar ansioso ou manifestar preocupação em determinadas circunstâncias não significa um problema. O que problemático é quando essas experiências se apresentam em um grau elevado e prejudicam aspectos da vida. A preocupação se traduz em um *continuum* que pode ir de pouca, ou nenhuma, até à severa e incapacitante.

Em centros urbanos, as ameaças que precisam ser enfrentadas, contemporânea e frequentemente, não são as de se defender de animais selvagens como leões e cobras, mas se situam na esfera social. Nas relações humanas, nem sempre é possível prever os acontecimentos, gerando dúvidas sobre o futuro. A intolerância à incerteza é um componente central do modelo cognitivo da ansiedade.

A preocupação crônica e excessiva faz o indivíduo: sentir-se inquieto, tenso ou no limite, irritado; apresentar fadiga facilmente; ter dificuldade de concentração; apresentar tensão muscular e distúrbios do sono (Dugas et al., 2001). A tarefa do terapeuta é, em um primeiro momento, tentar identificar aquilo que preocupa a pessoa.

Detectando Preocupações Excessivas

Quando muitas horas do dia são dedicadas para pensamentos sobre situações hipotéticas futuras, um sinal de alerta se acende. Caso esse seja o funcionamento usual em diversas esferas da vida, a ponto de a preocupação perturbar outras atividades, tirando a concentração e reduzindo a qualidade de vida, então está na hora de buscar ajuda em um tratamento psicológico.

O excesso de preocupações negativas pode se tornar um problema quando não se circunscreve às ocorrências difíceis reais, é desproporcional à situação, fica fora de controle, interfere de maneira importante em diversas esferas da vida e conduz a pessoa à angústia significativa (Robichaud & Dugas, 2015). E isso é mais comum do que se pensa, porém tem pouca visibilidade porque acontece internamente e de forma silenciosa. Preocupações não são observáveis, apenas os comportamentos são, ou seja, a ponta do *iceberg*.

Considere a tarefa de organizar um jantar em médio ou curto prazo. A lista de afazeres deve incluir, de maneira geral, os seguintes itens: escolha do cardápio, cálculo aproximado sobre a quantidade de comida e de bebida, orçamento disponível, momento em que as compras devem ser feitas, organização e decoração do espaço para receber as pessoas e distribuição do trabalho entre os envolvidos e/ou contratados. As decisões inerentes à operacionalização de cada um desses itens são preocupações naturais e ajudam a dar eficiência à organização do evento. No entanto, há pessoas que dedicam um tempo muito grande fazendo previsões futuras negativas relacionadas ao jantar e que não necessariamente ocorrerão. Elas criam mentalmente suposições, enredos que não existem e buscam se antecipar a eles de modo a evitá-los ou a ter uma solução rápida, o que pode ser bastante custoso emocionalmente. Elas entram em um sofrimento interno, povoado por pensamentos que geram cenários negativos como:

- "Será que o preparo do prato vai dar certo?"
- "Será que os convidados irão gostar do que será oferecido?"

- "Não consigo suportar a ideia de as pessoas não apreciarem o jantar e ficarem com fome. Então melhor comprar outras coisas para o caso de a comida não ficar no ponto."
- "Talvez minha geladeira não comporte as coisas extras. A solução será pedir ao vizinho para ele guardar alguma coisa na dele. Vou ficar devendo um favor e não sei se isso será bom. Ele pode inclusive achar que estou abusando da boa vontade dele, ou se sentir constrangido."
- "Como fazer para evitar que meu jantar seja um desastre?...".

Esse *looping* de pensamentos se mantém, é incontrolável e o sofrimento é certo.

Características da Preocupação

Com o exemplo do jantar, é possível perceber que há dois componentes na preocupação: o pensamento sobre algo ruim que pode acontecer juntamente com as consequências (antecipação negativa de que o preparo da comida pode não dar certo e os convidados podem não gostar do cardápio), e a solução de problemas ou tentativas de lidar com esses resultados negativos antecipados (pensamentos sobre comprar comida a mais, onde estocá-la, se é conveniente acionar o vizinho). Antecipações mentais negativas e a preparação ou o plano para enfrentar resultados negativos futuros são típicos da preocupação (Robichaud & Dugas, 2015).

O ponto é identificar quando as preocupações se tornam um mecanismo incontrolável, pois passam despercebidas uma vez que não costumam ser compartilhadas com os outros e os processos internos não são visíveis. Em situações de lazer, o indivíduo não consegue relaxar e fica atento a possíveis situações relacionadas a si próprio ou àqueles a quem ama:

- "E se alguém se machucar na viagem, o que preciso ter como primeiros socorros?"
- "E se o hospital for muito longe, o que fazer para acudir rapidamente se um de nós passar mal?"

Chega ao ponto de se preocupar com a saúde mesmo quando os exames mostram que está tudo certo, permanecendo em alerta, esperando que a qualquer momento surja algo de errado:

- "E se no laboratório tiverem trocado os laudos?"
- "E se for um falso negativo?"
- "E se um problema grave começar hoje?"

Fica ansioso para levar o carro para revisão:

- "E se identificarem um problema que está fora da garantia, será que vou ter dinheiro para pagar o conserto?"
- "E se ficar muito tempo sem o carro, como vou fazer para trabalhar e levar as crianças para a escola?".
- E esses pensamentos não têm fim.

Como se viu, a preocupação é caracterizada como um planejamento mental e a preparação para o futuro (sombrio) com a construção de cenários elaborados e esforço correspondente, prevendo o que pode acontecer e como lidar com várias situações hipotéticas. Assume um formato do tipo "e se...?" (Robichaud & Dugas, 2015). Os "se" são tão numerosos na estrutura mental que faz sentido, em língua portuguesa e em alguns idiomas latinos, chamar a atenção de maneira bem humorada para o fato de que, agrupadas foneticamente, as conjecturas de tipo "[si... si...si...si]" assemelham-se ao som do canto da cigarra:

- "O que fazer **se** xxx acontecer?"
- "**Se** www acontecer, então eu poderia fazer isso .... Mas e o que fazer **se** Y acontecer? Então eu poderia fazer zzz **se** ...?".

É típico da preocupação o caráter negativo. Não há foco sobre as coisas positivas, o pensamento futuro tem conteúdo desfavorável, muitas vezes catastrófico, dirigindo a atenção para o pior cenário, ainda que este não seja o mais provável. A consequência disso é que pacientes narram mudanças fisiológicas reais, sensações físicas desagradáveis, um sofrimento imenso gerado por processos imaginativos. Ideias trazem consequências reais, tanto em nossas ações, quanto em nossas emoções e fisiologia.

Outro ponto importante da preocupação é a dificuldade de a pessoa lidar com a imprevisibilidade tão característica dos sistemas humanos (Oliva, 2019). Os indivíduos se deparam diariamente com situações de incerteza, novidades, coisas que não estão sob o controle deles e fogem ao planejamento básico. A preocupação excessiva é uma tentativa (não bem-sucedida) de tentar pensar sobre todas as possibilidades que poderiam surgir a partir de uma circunstância. O passo seguinte é a busca por soluções antecipadas para fazer frente a esses possíveis cenários. Diariamente, coisas imprevisíveis podem surgir. Não é possível prever quando ou onde alguém irá se deparar com algum problema, situações inusitadas, que vão requerer respostas diferentes e flexíveis, como a de modificar a agenda do dia para resolver um contratempo com o carro, trocar de emprego e enfrentar novos desafios na vida profissional, mudar de bairro e lidar com vizinhos desconhecidos e adaptações aos meios de transporte, nascimento de um filho e alteração de horários e rotinas, entre outras.

Se uma pessoa é excessivamente preocupada, ao receber uma mensagem sem conteúdo explicitado, os pensamentos conduzem à interpretação negativa:

"Devo ter feito algo errado!". O mesmo padrão de pensamento acontece quando não recebe com brevidade resposta para sua mensagem, imaginando que o atraso deve ser por alguma falha cometida, por isso o silêncio como forma de punição.

Indivíduos ansiosos julgam não conseguirem lidar com a emoção negativa que surge de cenários considerados ameaçadores e a maneira que encontram de evitá-la é se preocupando para antecipadamente se protegerem. Essa estratégia parece eficiente e ativa áreas corticais de modo a impedir o sofrimento emocional. No entanto, as áreas subcorticais, nas quais as emoções básicas são processadas, têm autonomia para funcionar e não tardam a aparecer sintomas físicos que acabam conduzindo, involuntariamente, ao sofrimento que tentavam evitar. Pessoas ansiosas bloqueiam temporariamente suas emoções se preocupando (Barlow, 2016).

O terapeuta deve lembrar ao cliente que ao afastar esses sentimentos produzindo preocupações (e isso só funciona temporariamente) está reforçando duas crenças: a) a de que é possível se livrar do desconforto por intermédio de preocupações, e b) a de que emoções negativas não podem ser toleradas ou suportadas. Indicar esse círculo vicioso é fundamental para o sucesso do tratamento. Assim como um viciado precisa da droga para não sentir a sensação ruim, o ansioso usa o pensamento de preocupação como aquilo que alivia seu sofrimento (Robichaud & Dugas, 2015).

No desdobramento desse processo, Borkovec, Alcaine e Behar (2004) ressaltam que é bastante comum o aparecimento da insônia, decorrente de um funcionamento crônico do pensamento, no qual não consegue parar de se preocupar. Tal mecanismo visa, ainda que implicitamente, evitar a morte, mas, paradoxalmente, é ele próprio que impede que se viva a vida ao máximo, aproveitando experiências novas e diferentes (Robichaud & Dugas, 2015).

A Função Evolutiva da Preocupação

A preocupação é uma característica selecionada ao longo da evolução por sua função adaptativa. Ela abre um leque de possíveis desfechos futuros ruins, permitindo, com isso, que sejam pensadas formas de evitá-los. Antever mentalmente cenários de risco no futuro e considerar possíveis planos de ação, caso venham a acontecer, são habilidades cognitivas que favorecem a sobrevivência. É, portanto, um mecanismo cognitivo que pode trazer resultados positivos ou proporcionar eficiência às ações. Só que nem sempre é assim. A exacerbação desse traço pode se tornar psicopatológica.

Pessoas preocupadas apresentam um viés atencional (Bradley, Mogg, White, Groom, & De Bono, 1999) para estímulos potencialmente perigosos. Pequenos sinais são capazes de ativar rapidamente sistemas subcorticais nas áreas límbicas, como a amígdala cerebral, responsável pelas respostas de medo. Quanto maior a preocupação, maior a sensibilidade a esses estímulos. Ao mesmo tempo, a preocupação tem a função de bloquear as emoções negativas (Barlow, 2016; Clark & Beck, 2012).

Fisiologicamente, a preocupação ativa a parte cortical e bloqueia a amígdala, evitando o desconforto. A preocupação desliga ou anestesia os sentimentos desagradáveis, permitindo um afastamento dessas emoções (Robichaud & Dugas, 2015). Contudo, esse efeito é temporário e as respostas emocionais aparecem sob a forma de ansiedade e inquietude. A preocupação é uma estratégia para evitar o que se teme, e se mantém pela crença de que ajuda, efetivamente, na preparação para enfrentar possíveis desfechos negativos futuros (Borkovec et al., 2004). Essa crença é reforçada negativamente, pois como os eventos ruins imaginados não costumam acontecer, esse funcionamento tende a se repetir, estabelecendo uma associação espúria, qual seja, a de que a preocupação teve papel de afugentar os desfechos negativos (Clark & Beck, 2012). Ou seja, o uso de estratégias mal-adaptativas de regulação das emoções, incluindo tentativas de evitar ou atenuar a intensidade das emoções desconfortáveis, contribui para a manutenção dos sintomas (Liverant, Brown, Barlow, & Roemer, 2008). A preocupação crônica também se associa à crença da incapacidade de solucionar problemas, alimentando um funcionamento mental de produção ininterrupta de pensamentos voltados para solucionar eventuais problemas (Clark & Beck, 2012).

As relações interpessoais cumprem um papel preponderante no grau em que se manifesta esse fenômeno. Verifica-se que os transtornos de ansiedade dependem da avaliação que um indivíduo faz sobre a própria possibilidade de sucesso ou de fracasso na obtenção de recursos e de manejar os perigos que o tabuleiro social impõe (Oliva, 2019). Subestimar as próprias habilidades e superestimar as ameaças eleva o nível de ansiedade e favorece o incremento de preocupações excessivas (Clark & Beck, 2012).

A nossa sobrevivência e reprodução depende da obtenção de recursos. O indivíduo sozinho consegue obter alguns recursos pelo seu próprio esforço, mas a aquisição de muitos outros só será possível por intermédio da ação conjunta dos membros de um grupo. Contudo, isso coloca na mesa de negociação o problema da divisão daquilo que foi conseguido pelo esforço coletivo. A inteligência social desempenha um papel significativo nas transações que se estabelecem para a repartição dos recursos, mantém relação próxima, com comportamentos pró-sociais, e pode ser fonte de ansiedade porque não se tem controle de diversos fatores que movimentam essa engrenagem (Oliva, 2019).

Na luta pela sobrevivência, é necessário equacionar as demandas de dois sistemas, cujos objetivos nem sempre convergem: atender nossas necessidades motivacionais e fisiológicas e, simultaneamente, evitar danos à integridade física (Robichaud & Dugas, 2015). Os sistemas motivacionais e os de defesa interagem de maneira complexa no desenvolvimento de estratégias na busca por recursos, o que requer ininterruptas análises de contexto. Exemplificando: ao mesmo tempo em que somos compelidos a obter comida, encontrar parceiros sexuais e formar alianças, também procuramos evitar pessoas e situações que oferecem risco à nossa integridade ou nos enganam quando na busca de qualquer um desses propósitos.

Preocupação Funcional e Disfuncional: Um Caminho Terapêutico Eficaz

A função do planejamento mental é preparar as pessoas para resolver problemas potenciais futuros. Até certo ponto, isso pode ser bastante útil. No entanto, como já visto, preocupar-se excessivamente pode se mostrar disfuncional, causando sofrimento em tarefas rotineiras. Há pessoas que se atormentam por dias com a ideia de um exame recém-realizado revelar uma doença séria: "Se eu morrer em poucos meses, então o futuro dos meus filhos ficará comprometido, eles não poderão estudar, nem ficarão preparados para a vida. Vão ficar sempre em empregos de baixa remuneração, pois não terão como se capacitar, terão uma vida miserável e medíocre. Não irei vê-los crescer, etc.". Nesse caso, os pensamentos catastróficos são inúteis, uma vez que o exame realizado não muda a condição clínica da pessoa. A preocupação traz aflição sobre algo que imagina vir a acontecer no futuro, e não sobre o momento presente e o que se apresenta como realidade. O pensamento busca solução para problemas inexistentes. Obviamente, elucubrar sobre o que não existe não tem efetividade para o bem-estar; não muda a realidade, não trabalha a aceitação e nem desenvolve a resiliência (Barlow, 2016).

Pessoas muito preocupadas já devem ter ouvido frases tais como: "tente pensar mais positivamente, não há nada para se preocupar, tudo acabará bem, pare de se preocupar etc.". Isso pode trazer alívio provisoriamente, mas elas voltam a lidar com a preocupação da pior forma. Leahy (2005) indica que o manejo errado das preocupações se caracteriza pela busca de reasseguramento com as pessoas, pela tentativa de parar os próprios pensamentos, pela obtenção exaustiva de informação e pela checagem incessante, pela evitação de desconforto, pela tentativa de estar preparado para tudo e pelo uso de comportamentos de segurança, pela ruminação constantemente, entre outros.

Leahy (2005, 2006) apresenta sete passos que norteiam o tratamento da ansiedade: 1) Distinguir entre preocupação produtiva, sobre a qual é possível realizar alguma ação para resolver um problema real, e preocupação improdutiva, sobre a qual não é possível fazer nada, pois ou não existe ou está fora do controle do indivíduo; 2) Aceitar a realidade e a incerteza, comprometendo-se com a mudança; 3) Desafiar suas preocupações, não acreditando que uma possibilidade é o que necessariamente virá a ser realidade; 4) Reconhecer que o seu sistema de crenças e características de personalidade contribuem para manter a preocupação; 5) Perceber que o fracasso não é o fim de tudo como pensam os preocupados, mas pode ser uma oportunidade; 6) Aceitar as emoções dolorosas e usá-las de alguma forma, ao invés de se preocupar com elas; 7) Desligar o senso de urgência, viver o momento presente e se afastar do medo que parece existir no futuro.

De certo modo, esses passos encontram-se presentes nas Terapias Cognitivas, sendo trabalhados de acordo com as especificidades de cada uma delas. Surgem novos ingredientes nas Psicoterapias Cognitivas que ampliam a margem de ação do tratamento. Considera-se a importância das contribuições recentes e avalia-se que não parecem ser notas dissonantes aos aspectos estruturais que embasam as Terapias Cognitivo-Comportamentais, mas sim que enriquecem os acordes inicialmente propostos.

Evidências da Eficácia da Terapia Cognitivo-Comportamental (TCC)

Davidson, Bose, Korotzer e Zheng (2004) conduziram um estudo com pessoas que sofriam de ansiedade e transtornos relacionados. Os resultados indicaram maior probabilidade de recaída nos participantes dos grupos que usaram apenas medicação ou medicação associada com TCC. Os participantes do grupo que usaram placebo apresentaram as mesmas taxas de recaída do que os participantes do grupo submetidos apenas à TCC. A explicação para isso é a de que evocar ansiedade e pânico é um componente fundamental dos protocolos de TCC, o que não acontece com os pacientes que estejam tomando medicação (Barlow, 2016). A pessoa sentir as emoções negativas e aprender a lidar com elas faz parte do tratamento. A dificuldade é que o cliente pode manter as preocupações e não dizer isso ao terapeuta, qualquer que seja sua abordagem, e a habilidade deste é fundamental nesse processo (Porter & Chambless, 2015). A preocupação é um hábito cognitivo que aprisiona os ansiosos em circuitos difíceis de desvencilharem (Barlow, 2016). O ponto é interromper esse ciclo de preocupações.

Metanálises revelam que TCCs são eficazes para tratamento de TAG, com efeitos positivos significativos e que se mantêm durante períodos de acompanhamento (Borkovec & Sharpless, 2004; Covin, Ouimet, Seeds, & Dozois, 2008). Um estudo comparativo indicou que o foco na metapreocupação produziu resultados melhores no tratamento do TAG do que relaxamento (Wells et al., 2010). Apesar de o tamanho dessa amostra ser pequeno, os dados obtidos convergem com os de outras investigações. Chambless e Gillis (1993) fizeram um estudo de metanálise sobre TAG e transtorno de pânico – tratados com TCC – ao longo de uma década de publicações. Os resultados dessa revisão indicaram melhora significativamente superior nos participantes dos grupos submetidos à TCC quando comparados aos participantes de grupos de terapia não diretiva ou aos de grupos que faziam uso de placebo.

Uma década depois, Chambless e Peterman (2004) reexaminaram a eficácia da TCC nessas mesmas condições. Os resultados mostraram a mesma diferença do estudo anterior, com índices de melhora maiores nos participantes do grupo de TCC em comparação com os participantes das condições de espera, placebo e Psicoterapias de apoio. Stewart e Chambless (2009) conduziram um estudo de metanálise sobre a eficácia da TCC em adultos com transtorno de ansiedade e os resultados mostraram diferenças favoráveis para os grupos que usavam TCC.

Zickgraf et al. (2015) demonstraram que fatores interpessoais estavam associados com a baixa aderência à TCC nos transtornos de pânico. Em uma revisão sistemática, Porter e Chambless (2015) encontraram que a eficácia para tratamento de transtorno do pânico com TCC tem relação com alguns preditores, entre eles a maior experiência do terapeuta e a menor atribuição dos comportamentos negativos dos clientes, por parte dos familiares, aos fatores inerentes ao próprio transtorno. Assim, quando os familiares consideram que a pessoa desempenha um papel mais ativo nas próprias ações e está menos à mercê ou refém do transtorno, isso parece aumentar o sentido de autoeficácia do cliente.

Estudos evidenciam que diferentes variáveis interferem no tratamento psicoterápico em geral, tais como família (Dattilio, 2006; Pressi & Falcke, 2016), relação terapêutica (Gilbert & Leahy, 2007; Waddington, 2002), características pessoais do terapeuta (Bennett-Levy, 2006) e do cliente (Suárez, Bennett, Goldstein, & Barlow, 2009; Zickgraf et al., 2015) e a abordagem utilizada (Chambless & Gillis, 1993; Stewart & Chambless, 2009). Especificamente para os transtornos de ansiedade, o que inclui as preocupações excessivas, o modelo ou a teoria da *tripla vulnerabilidade* considera as vulnerabilidades biológicas, psicológicas e de aprendizagem. A propensão dos indivíduos ao neuroticismo (tendência para ter emoções negativas como raiva, ansiedade e depressão) associada à tendência de forte reatividade emocional, ao controle regulatório ineficiente ou deficiente, à disposição acentuada a ver experiências como aversivas, com tentativas de alterar, evitar ou controlar a resposta emocional (caracterizando a vulnerabilidade biológica) somado aos gatilhos do contexto, criam terreno fértil para o desenvolvimento de transtornos emocionais (Barlow 2016; Borza, 2017; Suárez, Bennett, Goldstein, & Barlow, 2009).

O que as Novas Terapias Compartilham com suas Predecessoras?

Atualmente, há uma diversidade de terapias que trabalham com processos cognitivos e inúmeras técnicas que podem ser utilizadas com quem apresenta preocupações excessivas. Obviamente, nenhum terapeuta conseguirá conhecer todas as abordagens profundamente. Haveria, dentre todas, uma que fosse mais eficaz para cessar o processo de preocupações excessivas, qualquer que fosse a pessoa, ou a eficácia das intervenções é, em certa medida, cliente-dependente? Em qual das abordagens o terapeuta tem maior proficiência? Essas e outras questões são difíceis de serem respondidas quando se considera apenas um único sujeito, pois sem parâmetros de comparação não há como atribuir qualquer melhora como sendo devida exclusivamente à terapia. Apesar de evidências empíricas indicarem que a TCC apresenta bons resultados quando comparada a outras abordagens, como apresentado na seção anterior, ela não é igualmente eficaz com todas as pessoas.

Buscando abranger casos que se mostraram resistentes, nas últimas décadas vimos surgir terapias que, apesar de compartilharem algumas bases conceituais do modelo teórico cognitivo-comportamental, construíram abordagens que ampliaram o paradigma original, preservando especificidades e técnicas de intervenção próprias, constituindo-se como novas Psicoterapias. Entretanto, pesando as diferenças e semelhanças, permanece um núcleo comum entre elas que permite uma troca enriquecedora (para uma discussão mais aprofundada, ver Falcone, 2020, Capítulo 1, nesta obra).

O que Torna os Tratamentos Eficazes

Há aspectos estruturais que as TCCs, guardadas as suas diferenças, utilizam para lidar com as preocupações excessivas. Alguns deles serão aqui listados, não exaustivamente, mas apenas para encaminhar uma reflexão sobre o quão familiar é o que se apregoa como novidade.

Conhecer o histórico de sintomas de ansiedade, fazer uma cuidadosa avaliação inicial do contexto em torno do cliente, a descobrir como ele, seus familiares e amigos entendem sua ansiedade, são aspectos fundamentais, pois preparam o terreno para os elementos do tratamento (Borkovec & Sharpless, 2004). Dentre os fatores estruturais que o terapeuta tem para tratar as preocupações podem ser destacados: ampliar a autoconsciência; desenvolver uma posição menos julgadora em relação às experiências internas aceitando-as; praticar relaxamento e *mindfulness*; prestar atenção no momento presente (Dimidjian & Linehan, 2009); exercitar técnicas de respiração; praticar exercícios físicos; e contestar as suposições que afloram na mente (Barlow, 2016).

Em qualquer que seja a prática psicoterápica, o cliente precisa aprender que tem controle sobre determinadas coisas da vida, mas não de todas. Aceitar essa limitação e colocar foco naquilo que de fato depende dele é um bom começo. O modo como se pensa é algo que precisa ser exercitado e manejado, pois esse é o começo da mudança terapêutica. O registro das preocupações é parte do protocolo de tratamento (Kaczkurkin & Foa, 2015).

A aliança terapêutica será a base a partir da qual o processo de mudança irá ocorrer. Aliado a isso, a Psicoeducação esclarece como a preocupação e a ansiedade funcionam (Roemer & Orsillo, 2009), colocando-as como processos naturais da nossa história evolutiva. Uma boa compreensão do que se passa consigo mesmo já traz benefícios, como a aceitação de experiências internas (Barlow, 2016). O automonitoramento ajuda no próprio autoconhecimento, e ambos são essenciais em processos de mudanças. O cliente pode ser ensinado a ser mais preciso e dizer, por exemplo, que está "tendo um pensamento" ou "sentindo uma sensação", ao invés de considerá-los como fatos. Mudanças na linguagem devem ser praticadas, priorizando dizer que "quero viajar e também sinto ansiedade" ao invés de "quero viajar, mas sinto ansiedade". O terapeuta ajuda o cliente a encontrar valores subjacentes às metas que estabelece para si como prioritárias (Barlow, Bullis, Comer, & Ametaj, 2013; Orsillo & Roemer, 2011). Alguém preocupado em passar em um concurso, às vezes não percebe que há diferentes caminhos para conquistar um espaço profissional de sucesso.

Avalia-se que os atuais protocolos de TCC para o tratamento das preocupações excessivas e ansiedade têm muito em comum e se resumem a três princípios de mudança amplos: 1) Alterar avaliações equivocadas de eventos importantes baseados em emoções; 2) Impedir a evitação de gatilhos negativos; e 3) Reduzir a ansiedade e o desconforto por meio de experimentar emoções intensas.

Destaca-se que um aspecto importantíssimo subjacente a todas as abordagens é o sistema de crenças que vai sendo construído ao longo da vida, e que ele não é estático (Beck, 2018; Borza, 2017). As decisões que as pessoas tomam são baseadas nas emoções e em um mundo socialmente construído e em construção. Decisões são baseadas em crenças ativadas em um momento; a confiança que é depositada nas pessoas e nas instituições, nos aspectos que regulam comportamento moral são contexto-dependente. O que os indivíduos fazem e sentem retratam como pensam diante de uma situação, sabendo que esse processo é dinâmico e pode mudar conforme as circunstâncias. Esse é o modelo cognitivo básico da ansiedade.

Considerações finais

As Terapias Cognitivas têm avançado, e revisões do modelo inicial apresentado por Beck na década de 60, no século XX, incorporaram aspectos importantes descortinados por evidências empíricas. O desafio do momento é contemplar, cada vez mais, as demandas dos clientes no processo terapêutico. Avalia-se que o paradigma conceitual das Terapias Cognitivas, no sentido Kuhniano, não foi substituído por outro. Isso porque os pilares teóricos das diferentes terapias cognitivas conservam aspectos comuns importantes, apesar de incorporarem contribuições que serviram para ampliar a base teórica conceitual original.

Para finalizar o presente capítulo, é lembrada a citação, atribuída a ZigZiglar, utilizando a palavra "medo" em inglês (FEAR). Ela forma dois acrônimos com significados distintos que resumem bem como manejar a emoção do medo e contemplam as diversas Psicoterapias: **F**orget **E**verything **A**nd **R**un (Esqueça tudo e fuja) ou **F**ace **E**verything **A**nd **R**ise (Encare tudo e cresça) – a escolha é sua (Lowe, 2017). Para neutralizar o sofrimento causado por sentimentos difíceis, o caminho é enfrentá-los, pois eles precisam ser sentidos. É necessário passar pelo desconforto para superá-lo.

Referências

Barlow, D. H. (2016). *Manual Clínico dos Transtornos Psicológicos: Tratamento passo a* passo (5a. ed.). Porto Alegre: Artmed.

Barlow, D. H., Bullis, J. R., Comer, J. S., & Ametaj, A. A. (2013). Evidence-Based Psychological Treatments: An Update and a Way Forward. *Annual Review of Clinical Psychology, 9*, 1-27. doi: 10.1146/annurev-clinpsy-050212-185629

Beck, A. T. (2018). A 60-Year Evolution of Cognitive Theory and Therapy.*Perspectives on Psychological Science, 14*(1):16-20. doi: 10.1177/1745691618804187

Bennett-Levy, J. (2006). *Therapist skills: a cognitive model of their acquisition and refinement. Behavioral and Cognitive Psychotherapy* (pp. 57-78). Oxford: Oxford Cognitive Therapy Centre.

Borkovec, T. D., Alcaine, O. M., & Behar, E. (2004). Avoidance theory of worry and generalized anxiety disorder. In R. G. Heimberg, C. L. Turk, & D. S. Mennin (Eds.). *Generalized Anxiety Disorder: Advances in research and practice* (pp. 77-108). New York: Guilford Press.

Borkovec, T. D., & Sharpless, B. (2004). Generalized anxiety disorder: Bringing cognitive-behavioral therapy into the valued present. In S. C. Hayes, V. M. Follette, & M. M. Linehan (Eds.). *Mindfulness and acceptance: Expanding the cognitive-behavioral tradition* (pp. 209-242). New York: Guilford Press.

Borza, L. (2017). Cognitive-behavioral therapy for generalized anxiety. *Dialogues in Clinical Neuroscience, 19*(2): 203-208. PMCID: PMC5573564 PMID: 28867944

Bradley, B. P., Mogg, K., White, J., Groom, C., & De Bono, J. (1999). Attention bias for emotional faces in generalized anxiety disorder. *British Journal of Clinical Psychology, 38*(3), 267-278. doi: 10.1348/014466599162845

Chambless, D. L., & Gillis, M. M. (1993). Cognitive therapy of anxiety disorders. Journal of Consulting and Clinical Psychology, *61*(2), 248-260. doi:org/10.1037/0022-006X.61.2.248

Chambless, D. L., & Peterman, M. (2004). Evidence on Cognitive-Behavioral Therapy for Generalized Anxiety Disorder and Panic Disorder: The Second Decade. In R. L. Leahy (Ed.). Contemporary cognitive therapy: Theory, research, and practice (p. 86-115). The Guilford Press.

Clark, D. A., & Beck, A. T. (2012). *Terapia cognitiva para os transtornos de ansiedade.* Porto Alegre: Artmed.

Covin, R., Ouimet, A. J., Seeds, P. M., & Dozois, D. J. A. (2008). A meta-analysis of CBT for pathological worry among clients with GAD. *Journal of Anxiety Disorders, 22*(1), 108-116.

Dattilio, F. M. (2006). Reestruturação de esquemas familiares. *Revista Brasileira de Terapias Cognitivas, 2*(1), 17-34. doi: 10.5935/1808-5687.20060003

Davidson, J. R. T., Bose, A., Korotzer, A., & Zheng, H. (2004). Escitalopram in the treatment of generalized anxiety disorder: Double-blind, placebo controlled, flexible-dose study. *Depression and Anxiety, 19*(4), 234-240.

Dimidjian, S.,& Linehan, M. M. (2009). Mindfulness practice. In W. T. O'Donohue, & J. E. Fisher (Eds.). *General principles and empirically supported techniques of cognitive behavior therapy* (pp. 425-434). Hoboken, NJ: Wiley.

Dugas, M. J., Freeston, M. H., Provencher, M. D., Lachance, S., Ladouceur, R., & Gosselin, P. (2001). Le questionnaire surl'inquiétude et l'anxiété: Validation dans des échantillons non cliniques et cliniques. *Journal de Thérapie Comportementale et Cognitive, 11*, 31-36.

Falcone, E. M. O. (2020). O pensamento cognitivo-comportamental: integração, evolução e aplicações na clínica. In M. R. Carvalho, E. M. O. Falcone, L. E. M. Novaes, & A. D. Oliva (Orgs.). *Produções em Terapia Cognitivo-Comportamental: Integração e Atualização* (pp. 27-43). Belo Horizonte: Artesã.

Gilbert, P., & Leahy, R. (2007). Introduction and overview: Basic issues in the therapeutic relationship. In P. Gilbert, & R. Leahy (Eds.). *The therapeutic relationship in the cognitive behavioral psychotherapies* (pp. 3-23). London and New York: Routledge.

Kaczkurkin, A. N., & Foa, E. B. (2015). Cognitive-behavioral therapy for anxiety disorders: an update on the empirical evidence. *Dialogues in Clinical Neuroscience, 17*(3): 337-346. PMCID: PMC4610618 PMID: 26487814

Leahy, R. L. (2005). *The Worry Cure: Seven Steps to Stop Worry from Stopping You.* New York: Three Rivers Press.

Leahy, R. L. (2006). *Técnicas de Terapia Cognitiva: manual do terapeuta.* Porto Alegre: ArtMed.

Liverant, G. I., Brown, T. A., Barlow, D. H., & Roemer, L. (2008). Emotion regulation in unipolar depression: the effects of acceptance and suppression of subjective emotional experience on the intensity and duration of sadness and negative affect. *Behaviour Research and Therapy, 46*(11), 1201-1209. doi: 10.1016/j.brat.2008.08.001

Lowe, E. (2017). *Fear transformed = Power: use fear to fuel your wildest dreams.* California: Createspace Independent Publishing Platform.

Oliva, A. D. (2019). Bases etológicas da ansiedade e do medo. In M. Bernik, M. Savoia, & F. L. Neto (Eds.). *A clínica dos transtornos ansiosos e transtornos relacionados: A experiência do projeto AMBAN* (pp. 119-125). São Paulo: Edimédica.

Orsillo, S. M., & Roemer, L. (2011).*The mindful way through anxiety: Break free from chronic worry and reclaim your life.* New York: Guilford Press.

Porter, E., & Chambless, D. L. (2015).A systematic review of predictors and moderators of improvement in cognitive-behavioral therapy for panic disorder and agoraphobia. *Clinical Psychology Review, 42*, 179-192. doi: 10.1016/j.cpr.2015.09.004

Pressi, J., & Falcke, D. (2016). Influência da família de origem nos domínios de esquemas. *Revista Brasileira de Terapias Cognitivas, 12*(2), 73-82. doi: 10.5935/1808-5687.20160013

Robichaud, M., & Dugas, M. J. (2015). *The Generalized Anxiety Disorder Workbook: A Comprehensive CBT Guide for Coping with Uncertainty, Worry and Fear.* Oakland: New Harbinger Publications.

Roemer, L., & Orsillo, S. M. (2009). *Mindfulness and acceptance-based behavioral therapies in practice.* New York: Guilford Press.

Stewart, R. E., & Chambless, D. L. (2009). Cognitive-behavioral therapy for adult anxiety disorders in clinical practice: a meta-analysis of effectiveness studies. *Journal of Consulting and Clinical Psychololgy, 77*(4), 595-606. doi: 10.1037/a0016032

Suárez, L. M., Bennett, S. M., Goldstein, C. R., & Barlow, D. H. (2009). Understanding anxiety disorders from a "triple vulnerability" framework. In M. M. Antony, & M. B. Stein (Eds.). Oxford library of psychology. Oxford handbook of anxiety and related disorders (p. 153-172). Oxford University Press.

Waddington, L. (2002). The therapy relationship in cognitive therapy: a review. *Behavioral and Cognitive Psychotherapy, 30*, 179-191.

Wells, A., Welford, M., King, P., Papageorgiou, C., Wisely, J., & Mendel, E. (2010). A pilot randomized trial of metacognitive therapy vs applied relaxation in the treatment of adults with generalized anxiety disorder. *Behaviour Research and Therapy, 48*(5), 429-434. doi: 10.1016/j.brat.2009.11.013

Zickgraf, H. F., Chambless, D. L., McCarthy, K. S., Gallop, R., Sharpless, B. A., Milrod, B. L., & Barber, J. P. (2015). Interpersonal Factors Are Associated with Lower Therapist Adherence in Cognitive-Behavioural Therapy for Panic Disorder. *Clinical Psychology & Psychotherapy, 23*(3), 272-284. doi:10.1002/cpp.1955

Capítulo 10

AUTOCRÍTICA EXAGERADA E O TRABALHO EM TERAPIA: COMO AJUDAR?

XVI Mostra de TCC, 2018
Trabalho apresentado na modalidade Mesa Redonda

Maria Amélia Penido
Nicolly Marques

Síntese

A autocrítica exagerada ou autocriticismo é um processo psicológico que aparece como uma queixa comum na prática clínica e está associada à pior saúde mental. É uma autoavaliação negativa exagerada direcionada ao *self,* a qual pode atuar mantendo e agravando problemas de saúde mental dos pacientes. Ao compreender as consequências problemáticas da autocrítica exagerada, este capítulo tem como interesse e objetivo revisar a literatura e discorrer sobre diferentes aspectos relacionados à autocrítica disfuncional e a possíveis intervenções terapêuticas.

Introdução

A autocrítica refere-se a uma forma de autojulgamento e autoavaliação negativos, que podem ser direcionados a diversos aspectos do *self*, como a aparência física, as emoções, os comportamentos, os pensamentos, a personalidade e os atributos intelectuais (Gilbert, 2000; Longe et al., 2010). Relacionar-se negativamente com o eu, na forma de autocrítica excessiva (chamada também de autocriticismo), é um dos processos psicológicos mais consideráveis que se pensa influenciar a suscetibilidade e a manutenção de várias psicopatologias (Hewitt & Flett, 2004; Blatt & Zuroff, 1992). Tal processo pode até mesmo se tornar o estimulador e mantenedor interno dos circuitos neurofisiológicos ligados à ameaça ou à segurança (Longe et al., 2010).

Como alternativa, estudos apontam a Terapia Focada na Compaixão (TFC) e a autocompaixão como eficazes para o cuidado da autocrítica excessiva (Leaviss & Uttley, 2015; Barnard & Curry, 2011). A partir da perspectiva da TFC, acredita-se ser possível investir em sistema de regulação emocional especializado de modo a beneficiar as pessoas com alto nível de vergonha e autocrítica. Essas pessoas podem ter dificuldades de se sentirem tranquilas e seguras, principalmente por esse sistema ser baseado em "ameaça" em seus mundos interno e externo (Gilbert, 2009). A autocompaixão também pode ser vista como uma estratégia de regulação emocional extremamente útil, na qual os sentimentos e pensamentos negativos não são evitados, mas sim encarados com uma consciência clara, cuidadosa, compreensiva e com um sentido de partilha comum da experiência de ser humano (Castilho & Gouveia, 2011). Ao contrário da autocrítica, considera-se que a autocompaixão é uma resposta alternativa mais adaptativa à falha percebida (Gilbert, Clarke, Hempel, Miles, & Irons, 2004).

Dessa forma, o presente capítulo traz uma revisão da literatura sobre autocriticismo e trabalha as propostas terapêuticas recentes que têm como foco desenvolver a compaixão e a autocompaixão, como a Terapia Focada na Compaixão, e intervenções baseadas em *Mindfulness,* Meditação Compassiva e Meditação Focada no Amor e na Bondade.

Autocrítica Exagerada

A autocrítica pode ser definida como um estilo de resposta à falha percebida, caracterizada por autojulgamento e autoavaliação negativos, e está associada às emoções negativas, especialmente ao desprezo e à repulsa a si próprio (Gilbert et al., 2004), de modo que diferentes aspectos de si mesmos, como traços de personalidade, aparência e desempenho são julgados negativamente (Shahar et al., 2015). Gilbert et al. (2004) desenvolveram uma escala (Self-Criticism Scale – LOSC) para verificaras razões das pessoas para serem autocríticas, revelando dois fatores importantes: a intenção de melhorar a si mesmo e evitar erros (autocrítica corretiva) e a autoperseguição, concentrando-se no desejo de prejudicar ou direcionar vingança a si mesmo (autocrítica punitiva). Os autores concluíram que diferentes tipos de autocrítica podem desempenhar papéis diferentes em relação à depressão e a outras patologias.

Embora todos se autoavaliem, as pessoas que experimentam níveis elevados de autocrítica geralmente adotam uma maneira dura, desdenhosa e hostil em relação a si mesmas, o que geralmente as deixa se sentindo impotentes, deprimidas e ansiosas (Shahar et al., 2015). Pesquisas sugerem que é a força das emoções negativas em relação a si mesmo e a inabilidade para lidar com essas emoções que deixam indivíduos altamente autocríticos suscetíveis ao desenvolvimento e à manutenção de episódios depressivos (Gilbert et al., 2004). Além disso, acredita-se que experiências negativas na infância, tais como comportamentos parentais de crítica, controle e desinteresse, estejam associadas a um estilo autocrítico e às emoções negativas (ansiedade, tristeza, raiva), e logo, a uma baixa autocompaixão (Castilho & Gouveia, 2011).

A autocrítica se mostra empiricamente relacionada ao isolamento e à superidentificação, ou seja, acredita-se que o foco na reflexão das próprias limitações resulta em uma visão de túnel que impede a experiência profunda do momento presente (Barnard & Curry, 2011). Conforme outro estudo examina, estudantes autocríticos relatavam mais críticas percebidas por outros, menos apoio social percebido, evitavam situações que apresentavam oportunidade de falhar (desengajamento comportamental) ou pensamento e sentimentos associados a autocríticas (desengajamento mental) (Dunkley, Zuroff, & Blankstein, 2003). Outro estudo reforça essa premissa, pois os resultados indicaram que os autocríticos mostram menos intimidade e esforços afiliativos, possivelmente porque temem a rejeição e a desaprovação (Zuroff, Moskowitz, & Cote, 1999). Quando os autocríticos interagem, eles obtêm pouca segurança ou desvalorizam os efeitos positivos após interação, sendo assim, seu isolamento pode impedi-los de reconhecer que suas inseguranças fazem parte da condição humana (Zuroff et al., 1999).

Diversos outros estudos preocupam-se com a relação da autocrítica com as diversas psicopatologias e sinais importantes:

- **Ideação suicida no transtorno bipolar** (Stange et al., 2015).
- **Ansiedade social e vergonha** (Cox et al., 2000; Boersma, Håkanson, Salomonsson, & Johansson, 2015; Kopala-Sibley, Zuroff, Russell, & Moskowitz, 2014).
- **Raiva e agressão** (Gilbert & Miles, 2000).
- **Transtorno de estresse pós-traumático** (Sharhabani-Arzy, Amir, & Swisa, 2005).
- **Transtorno de personalidade limítrofe** (Kopala-Sibley, Zuroff, Russell, Moskowitz, & Paris, 2012; Levy, Edell & McGlashan, 2007).
- **Dor crônica** (Lerman, Shahar, & Rudich, 2012).

Corroborando com este cenário, voltada para o objetivo de analisar o corpo recente da literatura (2012 até 2018), para resumir a relação de autocrítica e psicopatologia além da depressão, uma revisão sistemática encontrou relações positivas entre autocrítica e os sintomas de transtorno de ansiedade social, transtornos alimentares, transtornos de personalidade, bem comosintomas psicóticos ou problemas interpessoais (Werner, Tibubos, Rohrmann, & Reiss, 2019).

Um artigo de Kannan e Levitt (2017) teve como objetivo investigar a relação entre autocriticismo em psicólogos iniciantes e seu impacto no treinamento e na supervisão clínica. Verificou-se que o autocriticismo afeta vários aspectos do treinamento e o desenvolvimento da Psicoterapia, tanto as experiências de aprendizagem dos supervisionados quanto a sua capacidade de formar alianças com clientes. O autocriticismo restringe a capacidade dos estagiários de identificar a emoção dos clientes em sessão (Gnilka, Chang, & Dew, 2012). O autocriticismo mostrou-se inversamente e significativamente correlacionado a aspectos da inteligência emocional, como: atenção às emoções, clareza de emoções, capacidade de reparar e discernir as emoções dos outros. As experiências difíceis para os terapeutas iniciantes podem incluir: regular os medos relacionados ao desempenho, negociar rupturas terapêuticas com os clientes e ajustar um senso exagerado de responsabilidade pelos clientes (Oliveira & Vandenberghe, 2014). Acessar o autocriticismo em supervisão, aceitando-o como parte natural do processo de aprendizagem e ensinando a habilidade de compaixão e autocompaixão, pode ser uma importante ferramenta no treinamento de terapeutas (Kannan & Levitt 2017).

Autocompaixão

Para iniciar, uma apreciação do conceito de compaixão é necessária, visto que a definição de autocompaixão está relacionada à definição mais geral de compaixão (Neff & Germer, 2019). A partir de uma revisão integrativa, cuja proposta foi responder à pergunta "O que é compaixão?", relatou-se que embora a compaixão seja controversa, ela se define como o sentimento manifestado ao se testemunhar o sofrimento do outro e que carrega um desejo subsequente de ajudar (Goetz, Keltner, & Simon-Thomas, 2010).

O primeiro estágio da compaixão é a resposta empática ao sofrimento de outra pessoa (Batson & Shaw, 1991) e o segundo estágio envolve a motivação para reduzir o sofrimento de outro, com a intenção de cuidado (Simon-Thomas et al., 2012). O cuidado compassivo pode ser demonstrado com palavras e por uma atitude silenciosa, carinhosa e respeitosa (Perez-Bret, Altisent, & Rocafort, 2016), que carrega a intenção de cuidado e ajuda. A compaixão é um processo proveniente da relação de eventos somáticos, afetivos, processos cognitivos, atencionais e incorporados, os quais podem ser treinados (Perez-Bret et al., 2016), principalmente com o intuito de promover um maior comprometimento pró-social (Leiberg, Klimecki, & Singer, 2011).

Indivíduos saudáveis que se submeteram ao treinamento de compaixão tiveram uma mudança efetiva na avaliação de emoções positivas, negativas e na empatia. Por meio de imagem por ressonância magnética funcional, foi observada uma neuromodulação no córtex orbitofrontal em relação ao grupo controle submetido a um treinamento de memória das emoções (Klimecki, Leiberg, Lamm, & Singer, 2013). Quanto à sua neurofisiologia, não se sabe ao certo se existe um sistema específico de base neurofisiológica para o processamento de compaixão, entretanto sabe-se que há uma correlação entre as regiões neuroanatômicas relacionadas ao amor e à afiliação (Klimecki et al., 2013). As regiões ínsula, estriado ventral e córtex orbitofrontal medial são classicamente descritas como envolvidas no processamento destes eventos (Bartels & Zeki, 2004).

A compaixão também envolve oferecer compreensão sem julgamento àqueles que falham ou cometem erros, de modo que sejam vistos no contexto da falibilidade humana compartilhada (Neff & Germer, 2019). Há evidências crescentes de que a compaixão é um poderoso antídoto para uma variedade de dificuldades de saúde mental, dentre elas a depressão e a ansiedade (Gilbert, McEwan, Matos, & Rivis, 2011).

Da mesma forma, vários estudos descobriram que a autocompaixão também é um poderoso preditor de saúde mental (Neff, Rude, & Kirkpatrick, 2007), sendo a autocompaixão negativamente associada à ruminação, à autocrítica, à depressão, à ansiedade, à supressão do pensamento e ao perfeccionismo neurótico, além de ter associação positiva com a satisfação com a vida e com a conexão social (Neff & Germer, 2019). A autora conceitua a autocompaixão como a que envolve abertura e compreensão: ser aberto para o próprio sofrimento, não evitando ou desconectando-se dele, mas gerando o desejo de aliviar o sofrimento e curar-se com bondade, oferecendo compreensão no lugar do julgamento dador, de inadequações e fracassos, de modo que a experiência seja vista como parte da experiência humana mais ampla (Neff, 2003).

Portanto, em síntese, a autocompaixão se constitui a partir de três componentes: (a) Autogentileza, que envolve adotar uma postura gentil e compreensiva com si mesmo em casos de dor ou fracasso, no lugar de ser severamente autocrítico; (b) Humanidade comum, que expressa perceber as experiências como parte da experiência humana de modo irrestrito, amplo, no lugar de vê-las como sendo separadas e isoladas; (c) Atenção plena (*Mindfulness*), que, ao contrário da superindentificação com pensamentos e sentimentos dolorosos, sugere mantê-los em consciência equilibrada (Neff & Germer, 2019). Ironicamente, as pessoas que passam por eventos negativos geralmente se tratam muito mais criticamente e de maneira indelicada se comparada à forma que tratariam um ente querido em circunstâncias semelhantes, e a autocompaixão implica em tratar-se com o mesmo tipo de preocupação e cuidado com o qual tratariam seus entes queridos (Terry & Leary, 2011).

Terapia Focada na Compaixão

A Terapia Focada na Compaixão (TFC), proposta por Paul Gilbert (2009), é uma terapia que integra conceitos do budismo, da Psicologia Evolucionista e das Neurociências para compreensão do sofrimento humano. A vergonha e o autocriticismo são fatores que podem contribuir para a manutenção de problemas mentais. Vários estudos mostram que o autocriticismo e a vergonha aparecem como aspectos centrais em transtornos psicológicos como: ansiedade, depressão, trauma, transtornos de personalidade, psicose e transtornos alimentares (Gilbert, 2009).

Para Gilbert (2019), as diferentes motivações que têm origem em nossa evolução são reguladas por nossas emoções, as quais se dividem em três grandes sistemas de regulação emocional: um sistema de defesa/ameaça, um sistema de busca de recursos e recompensas e um sistema de afiliação, afeto e aconchego. Esses três sistemas funcionam como uma orquestra, de forma conjunta e interdependente na regulação de nossas emoções. Quando o autocriticismo domina a relação com o *self*, a excessiva ativação do sistema de defesa/ameaça vulnerabiliza o indivíduo para a psicopatologia e para problemas interpessoais, inibindo o sistema de afiliação, afeto e aconchego. O desenvolvimento de autocompaixão atua fortalecendo esse sistema, a fim de reestabelecer um equilíbrio entre os sistemas de regulação emocional.

Desenvolver compaixão aparece associado à diminuição do sentimento de exclusão, do autocriticismo e da vergonha. O autocriticismo e a vergonha são dois problemas de saúde mental muito presentes na clínica e provocam sérias dificuldades da capacidade de estimular os sistemas afiliativos internos, importantes para a regulação emocional.

O autocriticismo opera por meio do sistema de ameaça, enquanto a compaixão trabalha com os sistemas cerebrais de afiliação. O trabalho clínico com autocriticismo busca encontrar formas para mudar o diálogo interno de ameaça por formas compassivas de tratar a si mesmo (Gilbert, 2009).

A TFC tem por objetivo ajudar as pessoas a acessarem e estimularem suas motivações, emoções e competências afiliativas que podem ser parte da experiência do *self* compassivo. Isso inclui intervenções como o uso da respiração, a postura empática, as expressões faciais, os tons de voz, entre outros exercícios. Ela procura desenvolver no trabalho terapêutico uma série de exercícios de cultivo da compaixão, como: treino atencional e prática de *mindfulness,* mentalização, cultivo da autoidentidade compassiva, uso de imagens mentais compassivas, escrita compassiva e o ato de realizar comportamentos compassivos regularmente. Essas intervenções são planejadas para estimular os sistemas de motivação, emoção e cognição que corroboram na compaixão, de forma que possam se tornar mais integradas ao senso de autoidentidade.

Mindfulness, Meditação Compassiva, Autocompaixão e Meditação Focada no Amor e na Bondade

O *mindfulness* tem origem na filosofia budista, definido como uma qualidade mental que pode ser desenvolvida e cultivada por meio da prática de meditação.

Ele busca a ampliação da consciência, o desenvolvendo de uma consciência plena do momento presente. A prática de *mindfulness* leva a uma harmonia com a realidade e evita a ignorância e o sofrimento, considerados obstáculos para a felicidade.

No budismo, ignorância significa ver-se separado dos outros e do mundo, a visão budista enfatiza a noção de conectividade entre a pessoa e tudo o que a cerca (Gilbert & Choden, 2014).

Acredita-se que a prática de *minfulness* contribua para uma postura mais reflexiva do que reativa, funcionando como uma alternativa para estratégias de esquiva emocional, usadas para diminuir a intensidade ou a frequência de estados internos indesejados. Essas estratégias de esquiva contribuem para a manutenção dos problemas emocionais (Hofmann, Sawyer, Witt, & Oh, 2010).

Mais recentemente, as definições de *mindfulness* passaram a incluir, além da atenção plena no momento presente, uma postura não julgadora e uma mente aberta e curiosa que busca fluir com a realidade, e também uma atitude de aceitação, bondade e compaixão. Algumas pesquisas apontam que a prática de *mindfulness* aumenta a compaixão e comportamentos pró-sociais (Baer, 2003).

Duas práticas de meditação, descritas na literatura, com foco em desenvolver afeto positivo são a meditação compassiva e a meditação focada na bondade e no amor, também chamada de treino em afeto positivo. Amor, bondade e compaixão são vistos como atributos de uma postura não julgadora, pois, sem eles, julgamentos negativos podem interferir em manter uma mente *mindfulness*. Na meditação compassiva, o foco da atenção é direcionado a aumentar a consciência sobre o sofrimento de todos os seres vivos e no desejo em aliviar esse sofrimento. Esse tipo de meditação também pode incluir a autocompaixão, direcionando o foco de atenção para o *self*, buscando estar aberto ao próprio sofrimento, experimentando sentimentos de calor, cuidado e compreensão direcionados ao eu. Na meditação focada no amor e na bondade, o foco está em desenvolver o sentimento de amor e compaixão pelo bem-estar do próximo, buscando desenvolver um estado emocional de bondade incondicional pelas pessoas, sendo útil para aumentar o afeto positivo. Essas meditações ajudam a mudar a visão básica sobre o *self* na relação com outros e aumentar a empatia e a compaixão (Hofmann et al., 2010).

Ambas as práticas meditativas foram apenas recentemente investigadas em experimentos empíricos. Até o presente momento, a revisão da literatura sugere que a prática da meditação compassiva e da meditação focada no amor e na bondade são bastante promissoras para aumentar o afeto positivo, reduzindo o estresse e o afeto negativo (Hofmann et al., 2010).

Uma pesquisa avaliou uma intervenção baseada na meditação focada no amor e na bondade para tratar o autocriticismo, e os resultados sugeriram que o protocolo de tratamento foi eficaz em ajudar os indivíduos autocríticos a se tornarem menos autocríticos e mais autocompassivos. O estudo também sugere que praticar a meditação de amor e bondade pode reduzir os sintomas depressivos e aumentar emoções positivas (Shahar et al., 2015). Por ser um campo de pesquisa recente, ainda é preciso desenvolver mais pesquisas para identificar que componentes específicos dessas práticas influenciam a mudança, além de comprovar sua efetividade.

Considerações finais

A pesquisa clínica em Terapia Cognitivo-Comportamental (TCC), mais recentemente, tem procurado compreender como acontece o processo de mudança em Psicoterapia. A pergunta não é mais que intervenção global funciona para quem, ou que técnicas funcionam para qual transtorno, mas sim procurar entender quais processos básicos estão envolvidos na mudança alcançada em Psicoterapia.

O objetivo é descobrir qual processo básico biopsicossocial pode ser acessado e modificado em um paciente específico, com um objetivo específico em determinada situação e, então, entender o componente que precisa ser modificado para um funcionamento saudável (Hofmann & Hayes, 2019). O autocriticismo é considerado um processo psicológico transdiagnóstico associado à pior saúde mental que tem sido investiga da empiricamente, aparecendo associado a diferentes psicopatologias. Consequentemente, formas de intervenção clínica que contribuam para diminuir o autocriticismo também têm sido investigadas. O desenvolvimento de maior autocompaixão contribui para diminuir o autocriticismo, sendo a autocompaixão um preditor de saúde mental, dessa forma intervenções clínicas que focam em desenvolver a autocompaixão têm surgido como uma alternativa para pacientes autocríticos.

Destacam-se a TFC e práticas de meditação que têm, por objetivo, estimular o afeto positivo e o bem-estar como intervenções de escolha para pacientes muito autocríticos. Ainda são necessárias mais pesquisas sobre essas intervenções, porém os resultados encontrados são promissores.

A Psicologia Clínica deve estar cada vez mais fundamentada em uma ciência biopsicossocial integrativa, evolutiva e contextual, focando em entender o processo de mudança em Psicoterapia. Para Gilbert (2019), as terapias do futuro também se concentrarão mais nos aspectos morais da terapia e abordarão a necessidade de promover comportamentos pró-sociais e éticos consigo mesmo e com os outros.

Referências

Baer, R. A. (2003). Mindfulness Training as a Clinical Intervention: A Conceptual and Empirical Review. *Clinical Psychology: Science and Practice, 10*(2), 125-143. Retrieved from https://doi.org/10.1093/clipsy.bpg015

Barnard, L. K., & Curry, J. F. (2011). Self-compassion: Conceptualizations, correlates, & interventions. *Review of General Psychology, 15*(4), 289-303. Retrieved from https://doi.org/10.1037/a0025754

Bartels, A., &Zeki, S. (2004). The neural correlates of maternal and romantic love. *NeuroImage, 21*(3), 1155-1166. Retrieved from https://doi.org/10.1016/j.neuroimage.2003.11.003

Batson, C. D., & Shaw, L. L. (1991). Evidence of Prosocial Motives Toward a Pluralism for Altruism. *Psychological Inquiry, 2*(2), 107-122. Retrieved from https://doi.org/10.2307/1449242

Blatt, S. J., & Zuroff, D. C. (1992). Interpersonal relatedness and self-definition: Two prototypes for depression. *Clinical Psychology Review, 12*(5), 527-562. Retrieved from https://doi.org/https://doi.org/10.1016/0272-7358(92)90070-O

Boersma, K., Håkanson, A., Salomonsson, E., & Johansson, I. (2015). Compassion Focused Therapy to Counteract Shame, Self-Criticism and Isolation. A Replicated Single Case Experimental Study for Individuals With Social Anxiety. *Journal of Contemporary Psychotherapy, 45*(2), 89-98. Retrieved from https://doi.org/10.1007/s10879-014-9286-8

Castilho, P., & Gouveia, J. (2011). Validação da versão portuguesa da Escala da Autocompaixão e da sua relação com as experiências adversas na infância, a comparação social e a psicopatologia. *Psychologica*, (54), 203-230. Recuperado de http://98.130.112.242/index.php/psychologica/article/view/1106

Cox, B. J., Rector, N. A., Bagby, R. M., Swinson, R. P., Levitt, A. J., &Joffe, R. T. (2000). Is self-criticism unique for depression? A comparison with social phobia. *Journal of Affective Disorders, 57*(1), 223-228. Retrieved from https://doi.org/https://doi.org/10.1016/S0165-0327(99)00043-9

Dunkley, D. M., Zuroff, D. C., &Blankstein, K. R. (2003). Self-critical perfectionism and daily affect: dispositional and situational influences on stress and coping. *Journal of Personality and Social Psychology, 84*(1), 234-252.

Gilbert, P, Clarke, M., Hempel, S., Miles, J. N. V, & Irons, C. (2004). Criticizing and reassuring oneself: An exploration of forms, styles and reasons in female students. *British Journal of Clinical Psychology, 43*(1), 31-50. Retrieved from https://doi.org/10.1348/014466504772812959

Gilbert, P. (2000). Social mentalities: Internal "social' conflict and the role of inner warmth and compassion in cognitive therapy. In P. Gilbert, & K. G. Bailey (Eds.). Genes on the couch: Explorations in evolutionary psychotherapy (pp. 118- 150). Brunner-Routledge.

Gilbert, P. (2009). Introducing compassion-focused therapy. *Advances in Psychiatric Treatment, 15*(3), 199-208. Retrieved from https://doi.org/10.1192/apt.bp.107.005264

Gilbert, P., & Choden.D. (2014). *Mindful compassion: How the science of compassion can help you understand your emotions, live in the present, and connect deeply with others.Mindful compassion: How the science of compassion can help you understand your emotions, live in the present, and connect deeply with others.* Oakland, CA, US: New Harbinger Publications.

Gilbert, P, McEwan, K., Matos, M., & Rivis, A. (2011). Fears of compassion: Development of three self-report measures. *Psychology and Psychotherapy: Theory, Research and Practice, 84*(3), 239-255. Retrieved from https://doi.org/10.1348/147608310X526511

Gilbert, P (2019). Psychotherapy for the 21st century: An integrative, evolutionary, contextual, biopsychosocial approach, Psychology and Psychotherapy: Theory, Research and Practice, *92*(2), 164-189. Retrieved fromhttps://doi.org/10.1111/papt.12226

Gilbert, P., & Miles, J. N. V. (2000). Sensitivity to Social Put-Down: it's relationship to perceptions of social rank, shame, social anxiety, depression, anger and self-other blame. *Personality and Individual Differences, 29*(4), 757-774. Retrieved from https://doi.org/https://doi.org/10.1016/S0191-8869(99)00230-5

Gnilka, P. B., Chang, C. Y., & Dew, B. J. (2012). The relationship between supervisee stress, coping resources, the working alliance, and the supervisory working alliance. *Journal of Counseling and Development, 90*(1), 63-70. doi: 10.1111/j.1556-6676.2012.00009.

Goetz, J., Keltner, D., & Simon-Thomas, E. (2010). Compassion: an evolutionary analysis and empirical review. *Psychological Bulletin, 136*(3), 351-374. Retrieved from https://doi.org/10.1037/a0018807.

Hewitt, P. L., & Flett, G. L. (2004). Perfectionism and stress processes in psychopathology. *Perfectionism: Theory, Research, and Treatment* (pp. 255-284). Retrieved from https://doi.org/10.1037/10458-011

Hofmann, S. G., & Hayes, S. C. (2019). The Future of Intervention Science: Process-Based Therapy. *Clinical Psychological Science*, 7(1), 37-50. Retrieved from https://doi.org/10.1177/2167702618772296

Hofmann, S. G., Sawyer, A. T., Witt, A.A, & Oh, D. (2010). The effect of mindfulness-based therapy on anxiety and expression: a meta-analytic review. *Journal Consulting Clinical Psychology, 78*(2), 169-183. Retrieved from https://doi.org/10.1037/a0018555

Klimecki, O. M., Leiberg, S., Lamm, C., & Singer, T. (2013). Functional neural plasticity and associated changes in positive affect after compassion training. *Cerebral Cortex, 23*(7), 1552-1561. Retrieved from https://doi.org/10.1093/cercor/bhs142

Kannan, D., & Levitt, H. M. (2017). Self-criticism in therapist training: A grounded theory analysis. *Psychotherapy Research*, 27, 201-214. doi:10.1080/10503307.2015.1090036

Kopala-Sibley, D. C., Zuroff, D. C., Russell, J. J., &Moskowitz, D. S. (2013). Understanding heterogeneity in social anxiety disorder: Dependency and self-criticism moderate fear responses to interpersonal cues. *British Journal of Clinical Psychology, 53*(2), 141-156. Retrieved from https://doi.org/10.1111/bjc.12032

Kopala-Sibley, D. C., Zuroff, D. C., Russell, J. J., &Moskowitz, D. S. (2014). Understanding heterogeneity in social anxiety disorder: dependency and self-criticism moderate fear responses to interpersonal cues. *The British Journal of Clinical Psychology, 53*(2), 141-156. Retrieved from https://doi.org/10.1111/bjc.12032

Leaviss, J., & Uttley, L. (2015). Psychotherapeutic benefits of compassion-focused therapy: an early systematic review. *Psychological Medicine, 45*(5), 927-945. Retrieved from https://doi.org/10.1017/S0033291714002141

Leiberg, S., Klimecki, O., & Singer, T. (2011). Short-term compassion training increases prosocial behavior in a newly developed prosocial game. *PLoS ONE, 6*(3). Retrieved from https://doi.org/10.1371/journal.pone.0017798

Lerman, S. F., Shahar, G., & Rudich, Z. (2012). Self-criticism interacts with the affective component of pain to predict depressive symptoms in female patients. *European Journal of Pain, 16*(1), 115-122. Retrieved from https://doi.org/10.1016/j.ejpain.2011.05.007

Levy, K. N., Edell, W. S., &McGlashan, T. H. (2007). Depressive Experiences in Inpatients with Borderline Personality Disorder. *Psychiatric Quarterly, 78*(2), 129-143. Retrieved from https://doi.org/10.1007/s11126-006-9033-8

Longe, O., Maratos, F. A., Gilbert, P., Evans, G., Volker, F., Rockliff, H., &Rippon, G. (2010). Having a word with yourself: Neural correlates of self-criticism and self-reassurance. *NeuroImage, 49*(2), 1849-1856. Retrieved from https://doi.org/10.1016/j.neuroimage.2009.09.019

Neff, K. D., Rude, S. S., & Kirkpatrick, K. L. (2007). An examination of self-compassion in relation to positive psychological functioning and personality traits. *Journal of Research in Personality, 41*(4), 908-916. Retrieved from https://doi.org/https://doi.org/10.1016/j.jrp.2006.08.002

Neff, K. (2003). The development and validation of a scale to measure self-compassion. *Self and Identity, 2*(793220055), 223-250. Retrieved from https://doi.org/10.1080/15298860390209035

Neff, K., & Germer, C (2019). Manual de *mindfulness* e autocompaixão: um guia para construir forças internas e prosperar na arte de ser seu melhor amigo. Porto Alegre: Artmed.

Perez-Bret, E., Altisent, R., &Rocafort, J. (2016). Definition of compassion in healthcare: a systematic literature review. *International Journal of Palliative Nursing, 22*(12), 599-606. Retrieved from https://doi.org/10.12968/ijpn.2016.22.12.599

Shahar, B., Szepsenwol, O., Zilcha-Mano, S., Haim, N., Zamir, O., Levi-Yeshuvi, S., & Levit-Binnun, N. (2015). A Wait-List Randomized Controlled Trial of Loving-Kindness Meditation Programme for Self-Criticism. *Clinical Psychology & Psychotherapy, 22*(4), 346-356. Retrieved from https://doi.org/10.1002/cpp.1893

Sharhabani-Arzy, R., Amir, M., & Swisa, A. (2005). Self-criticism, dependency and posttraumatic stress disorder among a female group of help-seeking victims of domestic violence in Israel. *Personality and Individual Differences, 38*(5), 1231-1240. Retrieved from https://doi.org/https://doi.org/10.1016/j.paid.2004.08.006

Simon-thomas, E. R., Godzik, J., Castle, E., Antonenko, O., Ponz, A., Kogan, A., & Keltner, D. J. (2012). An fmri study of caring vs self-focus during induced compassion and pride. *Social Cognitive and Affective Neuroscience*, 7(6), 635-648. Retrieved from https://doi.org/10.1093/scan/nsr045

Stange, J. P., Hamilton, J. L., Burke, T. A., Kleiman, E. M., O'Garro-Moore, J. K., Seligman, N. D., … Alloy, L. B. (2015). Negative cognitive styles synergistically predict suicidal ideation in bipolar spectrum disorders: A 3-year prospective study. *Psychiatry Research, 226*(1), 162-168. Retrieved from https://doi.org/https://doi.org/10.1016/j.psychres.2014.12.042

Terry, M. L., & Leary, M. R. (2011). Self-compassion, self-regulation, and health. *Self and Identity, 10*(3), 352-362. Retrieved from https://doi.org/10.1080/15298868.2011.558404

Werner, A. M., Tibubos, A. N., Rohrmann, S., & Reiss, N. (2019). The clinical trait self-criticism and its relation to psychopathology: A systematic review – Update. *Journal of Affective Disorders*. Retrieved from https://doi.org/10.1016/j.jad.2018.12.069

Zuroff, D. C., Moskowitz, D. S., & Cote, S. (1999). Dependency, self-criticism, interpersonal behaviour and affect: evolutionary perspectives. *The British Journal of Clinical Psychology, 38*(3), 231-250. Retrieved from https://doi.org/10.1348/014466599162827

Capítulo 11

DESENVOLVIMENTO DE UM PROTOCOLO DE REALIDADE VIRTUAL PARA O MEDO DE AVIÃO

XIII Mostra de TCC, 2015
Trabalho apresentado na modalidade Painel

Helga Rodrigues
Cíntia Mesquita
Paula Ventura

Síntese

O medo de voar é um problema heterogêneo e pode estar relacionado a vários transtornos de ansiedade ou a nenhum em particular. O objetivo do presente capítulo é descrever o processo de desenvolvimento de um protocolo de tratamento de terapia cognitivo-comportamental com realidade virtual para o medo de avião. Também será descrita sua administração em um caso clínico, o qual obteve sucesso segundo a avaliação clínica e as escalas utilizadas antes e após o término do tratamento.

Introdução

Imagine você estar planejando uma tão sonhada viagem e apresentar um desgaste que pode ser imaginar-se dentro do avião por ter muito medo. Você pode começar a suar frio e tremer só de pensar em aeroportos. Considere que você está dentro de um avião e com nível de tensão tão alto que surgem sintomas de ansiedade como: taquicardia, respiração ofegante, sensação de cabeça vazia e rigidez muscular. Tipicamente, as pessoas que temem avião escutam frases como: "Ahhhh, deixa disso... Não tem perigo!"; "Se o avião cair, você nem vai sentir!"; "E se você tomar um remedinho para dormir?", mas frases motivadoras como essas não resolvem o problema. Podem até dar um alívio imediato, mas logo o medo retorna ou, dependendo, perpetuam ou pioram o quadro do paciente. Esse medo pode representar uma fobia específica ou um medo de voar, os quais serão descritos a seguir.

As fobias específicas, classificadas dentro dos transtornos de ansiedade, estão relacionadas a um medo ou a uma ansiedade intensa e persistente de uma ou mais situações e, de acordo com a quinta edição de revisão do Manual Diagnóstico e Estatístico dos Transtornos Mentais (DSM-5) (APA, 2013), a pessoa não necessariamente precisa perceber o seu medo como excessivo ou irracional. Esse julgamento pode ser avaliado pelo clínico. A fobia específica de avião está entre as fobias específicas situacionais.

As fobias específicas representam prejuízos significativos na vida do paciente e de seus familiares quando não tratadas adequadamente. Nos casos da fobia específica de avião, além de prejuízos pela perda de oportunidades de trabalho e lazer, a fobia apresenta importante impacto na indústria de aviação (Wiederhold &Wiederhold, 1998).

Já o medo de voar de avião é um problema heterogêneo que nem sempre surge devido a uma fobia específica. Ele pode estar relacionado a vários outros transtornos de ansiedade ou até mesmo a nenhum diagnóstico fechado. Varia de intensidade e pode, em um *continuum*, ir de um leve desconforto até ao medo extremo, afetando de 10 a 40% da população adulta (Van Gerwen, Diekstra, Arondeus, &Wolfger, 2004).

Sabe-se que 20% das pessoas que voam usam sedativos (Greist & Greist, 1981; Klein, 1998), sendo esse um dado preocupante, já que os sedativos podem funcionar como forma de evitação e consequente perpetuação do problema.

Felizmente, existem tratamentos muito eficazes para o medo de voar. A estratégia de exposição gradual da Terapia Cognitivo-Comportamental (TCC) é a principal ferramenta de tratamento para os transtornos de ansiedade (Rodrigues, Figueira, Gonçalves, Mendlowicz, Macedo, & Ventura, 2011). Na exposição gradual, o paciente é exposto aos poucos às situações por ele temidas, iniciando-se com a mais fácil, até a que causa maior desconforto. Mesmo comprovadamente eficaz, especificamente para o medo de avião, a terapia de exposição tradicional apresenta limitações importantes do ponto de vista prático (Cardoş, David, & David, 2017).

Voar de avião é uma experiência "tudo ou nada" e, por isso, é difícil planejar uma exposição ao vivo, repetida e gradual. Entrar em um avião significa chegar até o final da viagem. Além disso, os preços das passagens aéreas são altos, o que dificulta arcar com os gastos e fazer repetidas viagens até que a ansiedade reduza. Outra dificuldade refere-se à impossibilidade de controle dos estímulos ansiogênicos: provavelmente chuva, relâmpago e turbulência são estímulos mais ansiogênicos, os quais precisariam ser introduzidos gradualmente, e esse controle não é possível em uma exposição ao vivo. O paciente pode estar fazendo um primeiro voo e já ser confrontado com um desses estímulos.

Para contornar essas e outras limitações surge a proposta do uso de realidade virtual (RV). A RV é uma tecnologia que integra gráficos de computador a estímulos visuais e sonoros, promovendo a imersão de seus usuários em ambiente virtual, gerado por simulador, diminuindo a fronteira entre a imaginação e a realidade (North, North, & Coble, 1997; Rothbaum, Hodges, Smith, Lee, & Price, 2000). A terapia de exposição com RV é baseada na mesma lógica da terapia de exposição ao vivo. No entanto, na exposição com RV, os estímulos fóbicos são apresentados em 3D (Wechsler, Mühlberger, & Kümpers, 2019). Evidências apontam que a terapia de exposição tradicional e a RV são igualmente eficazes (Cardoş, David, & David, 2017).

Uma das preocupações oriundas do emprego da RV seria seu possível efeito deletério no tratamento dos pacientes, ou seja, que eles piorem, entretanto, a boa notícia é que não foi encontrada diferença significativa entre tratamentos com RV e outros que envolvem exposição em relação à piora dos sintomas, tanto nos transtornos de ansiedade quanto nos transtornos relacionados ao estresse (Fernández-Álvarez et al., 2019). Sobre sintomas de náusea relatados pelos pacientes ao usarem o simulador, o mais provável é que sejam melhor explicados pelos próprios sintomas ansiosos do que aqueles atribuídos à RV (Reger et al., 2019).

Desde o primeiro estudo com RV e o medo de voar, em 1996 (Rothbaum, Hodges, Watson, Kessler, & Opdyke, 1996), muitos outros estudos foram publicados com o uso dessa ferramenta. O objetivo do presente capítulo é descrever o desenvolvimento de um protocolo de tratamento de medo voar de avião com uso da RV, ilustrando com um caso clínico.

Desenvolvimento do Protocolo

Revisão Bibliográfica

Para a construção do protocolo, foi feita uma revisão sistemática e a metanálise (Rodrigues, 2018) de ensaios clínicos randomizados que incluíram protocolos utilizando RV para tratamento da fobia específica de avião, no intuito de complementar os dados da literatura já existente sobre a RV no tratamento do medo de voar (Cardoş, David, & David, 2017). Seis artigos que corresponderam aos critérios de inclusão foram localizados e os resultados apontaram a eficácia do tratamento com RV.

A revisão possibilitou a identificação de algumas limitações importantes nos artigos revisados, como: 1) Amostra heterogênea de participantes com relação aos diagnósticos relacionados ao medo de voar e não especificação do número de participantes em cada transtorno. Por medo de voar pode se entender a presença de desconforto ao voar ou se imaginar voando de avião a ponto de impedir a viagem ou, caso ela aconteça, seja feita com sintomas de ansiedade; 2) Cada estudo utilizou um formato de grupo controle e instrumentos psicométricos para avaliar o medo de voar, dificultando a inclusão de estudos para a metanálise e comparação dos resultados; 3) Falta de padronização do tempo de exposição por meio de RV e o número de sessões; 4) Não especificação das comorbidades; 5) Não especificação do uso de medicação; e 5) Não descrição do histórico de voos.

Construção do *Software* de Realidade Virtual

O *software* de RV foi desenvolvido em parceria com a equipe de Informática da Pontifícia Universidade Católica do Rio de Janeiro (PUC-Rio). A equipe de Psicologia da UFRJ colaborou com a orientação dos itens necessários de situações para hierarquia de exposição e a equipe de Informática da PUC colaborou com a parte tecnológica do desenvolvimento do *software*. Foram realizados diversos encontros em parceria com as equipes para a construção do *software*.

Elaboração de um Estudo Piloto

Após aprovação pelo Comitê de Ética em Pesquisa (CEP) do Instituto de Psiquiatria da Universidade Federal do Rio de Janeiro e a partir da revisão sistemática supracitada, o protocolo utilizado em nosso estudofoi desenvolvido. O protocolo buscou corresponder com rigor aos critérios metodológicos da *Cochrane Collaboration* (Higgins & Green, 2008) e preencher as lacunas das limitações encontradas. O estudo piloto foi desenvolvido, servindo como base para as mudanças a serem feitas no protocolo original. A partir desses resultados foi então elaborado o protocolo a ser utilizado no ensaio clínico randomizado em andamento, objetivo principal da pesquisa.

Descrição do Protocolo Final e Mudanças a partir do Estudo Piloto

Os critérios diagnósticos dos pacientes para a entrada na pesquisa foram estabelecidos de acordo com o DSM-5 (APA, 2013) para fobia específica de avião, transtorno de pânico, agorafobia ou transtorno de ansiedade generalizada (TAG), desde que os sintomas não interferissem na exposição com RV e voar fosse o estímulo principal do medo. A idade deveria ser igual ou superior a 18 anos e todos os pacientes assinaram o termo de consentimento livre e esclarecido.

Os critérios de exclusão do estudo foram: pessoas não alfabetizadas; transtorno psicopatológico, necessitando de tratamento imediato; risco de suicídio; retardo mental; dependência de substâncias psicoativas; doença cardiovascular ou respiratória que representasse risco; pacientes grávidas; pessoas com transtorno psicótico; transtorno de personalidade antissocial; esquizofrenia;

mania; epilepsia; pacientes em tratamentos psicoterápicos concomitantes ou que precisassem alterar o uso de medicação durante o tratamento; e pessoas com mais de 65 anos.

Os equipamentos utilizados para a RV foram: *software* 3D *Studio Max*, *Mixamo/Fuse* e *Game Engine*; *Oculus Rift* DK2; *Joystick* PS3 *Navigation Controller;* e um computador. As medidas psicométricas utilizadas foram as mais citadas nos artigos revisados e as já tradicionalmente utilizadas na área de TCC. Tais medidas e os momentos em que foram administradas estão descritos na **Tabela 1**.

Dois protocolos de atendimento foram construídos, sendo um de TCC e exposição com RV (grupo de intervenção) e outro de TCC e exposição tradicional, utilizando-se de vídeos em 2D (grupo controle). Os protocolos são basicamente os mesmos, sendo a principal diferença, além do tipo de exposição, as explicações dadas ao paciente sobre a TCC (com e sem RV) e a administração do Questionário *Sickness* no Simulador (*Simulator Sickness Questionnaire*) (SSQ), (de Carvalho, Costa, & Nardi, 2011; Kennedy, Lane, Kevin, & Lilienthal, 1993) utilizado somente no grupo de intervenção, por ser um questionário que avalia possíveis sintomas de mal-estar (como náuseas) gerados pelo simulador.

O Questionário de Presença (IPQ) (Vasconcelos-Raposo et al., 2016) avalia a sensação de presença do paciente na cena. Apesar de ser uma medida comumente utilizada para os aparatos em 3D, foi incluído no grupo controle para possibilitar a comparação nas cenas geradas em 2D.

A partir do estudo piloto e dos *feedbacks* dados pelos pacientes, diversas modificações foram realizadas no protocolo. Dentre elas:

1. Alterações no *software* de RV (em avatares, objetos e sons) na busca de deixar o programa o mais realista possível.
2. Alteração dos momentos de verificação do nível de ansiedade do paciente pela Escala de Unidades Subjetivas de Desconforto (SUDS), de três em três minutos para de cinco em cinco minutos e em momentos em que o paciente demonstrasse alterações importantes.
3. Alteração no formato e no número de sessões, passando para um total de oito encontros, com tempo de exposição aumentado de 25 para 30 minutos.
4. Inserção de comportamentos típicos de segurança do paciente na mesma sessão em que é elaborada a hierarquia de exposição.
5. Psicoeducação mais direta sobre turbulência e outras estatísticas de segurança, como: "Voar com turbulência não é perigoso"; "O dano que pode gerar aos passageiros é devido a não utilização do cinto de segurança" ou "Estatísticos mostram que você precisaria voar todos os dias durante 8.100 anos até morrer em um acidente aéreo".

6. Alterações nos textos de tarefa de casa com a inclusão de informações, por exemplo, sobre arremeter a aeronave.
7. Realização de estudo piloto para o grupo controle (sem uso de RV), incluindo exposição com vídeos que incluíram cenas de voos reais, buscando inserir as mesmas etapas de viagem presentes no grupo de RV.

O protocolo final consiste, além da triagem, de mais oito sessões estruturadas de Psicoterapia, com frequência semanal e duração média de uma hora cada. As etapas do protocolo são subdivididas em:

1. Administração das medidas psicométricas nas sessões em momentos predeterminados.
2. Psicoeducação sobre: oque é a TCC, modelo cognitivo, distorções cognitivas, terapia de exposição com e sem o uso de RV, psicofisiologia da ansiedade, exercício de respiração diafragmática e funcionamento e segurança do avião.
3. Exposição (tradicional ou RV) durante 30 minutos a cada sessão a partir da segunda sessão. Todas as tarefas de exposição são previamente combinadas com o paciente, conforme hierarquia.
4. Reestruturação cognitiva e instrução sobre a tarefa de casa.

Tabela 1 – Medidas Psicométricas e os momentos de seu uso

Momento	Medidas Psicométricas	Material
Entrevista de Triagem	–SCID[a] –MINI[b] – Questionário sociodemográfico –Entrevista de medo de avião	– Termo de Consentimento – Envelopes de randomização
Sessão 1	–BAI[c] e BDI[d] –FAS[e] e FAMd[f] –CGI[g] –SSQ[h] (grupo RV)	–Texto TCC (conforme grupo: RV ou controle) – Texto: Medo de voar – Texto: O que é ansiedade
Sessão 2	–IPQ[i] – SSQ (grupo RV)	– Formulário de hierarquia da exposição – SUDS[j] – Exercício 1 sobre comportamentos de segurança – Texto: Respiração diafragmática

Momento	Medidas Psicométricas	Material
Sessão 3	X	– Texto: Segurança no avião e estatísticas – Texto: Turbulência
Sessão 4	X	– Texto: Distorções cognitivas
Sessão 5	– IPQ – SSQ (grupo RV) – CGI	– Texto: Mitos e medos frequentes
Sessão 6	X	– Exercício 2: O que tornaria seu voo mais agradável – Cartões de enfrentamento – Texto: Curiosidades
Sessão 7	X	– Texto: Dicas para a viagem
Sessão 8	– BAI e BDI – FAS e FAM –CGI – IPQ – SSQ (grupo RV)	X

Nota. [a]SCID = Entrevista Clínica Estruturada para os Transtornos do DSM-5 (First, Michael B., Williams, Janet B. W., Karg, Rhonda S., & Spitzer, 2017); [b]MINI = Entrevista Breve para Diagnóstico de Transtornos Mentais (Amorim, 2000); [c]BAI = Inventário Beck de Ansiedade (Cunha, 2001); [d]BDI = Inventário Beck de Depressão (Cunha, 2001); [e]FAS = Questionário de Ansiedade em Situações de Voo: quantificação do medo em várias situações de voo (Van Gerwen, Spinhoven, Van Dyck, & Diekstra, 1999) (Mestre, Lopes, Reis, da Costa, & Albuquerque, 2017); [f]FAM = Questionário das Modalidades de Ansiedade de Voo: como eu expresso o meu medo? (Mestre et al., 2017; Van Gerwen et al., 1999); [g]CGI = Escala de Melhora Clínica Global (Guy, 1976); [h]SSQ = Questionário *Sickness* no Simulador (de Carvalho et al., 2011; Kennedy et al., 1993); [i]IPQ = Questionário de Presença (Vasconcelos-Raposo et al., 2016); SUDS[j] = Escala de Unidades Subjetivas de Desconforto.

Avaliações de seguimento para verificar a manutenção dos ganhos são realizadas após seis meses, um ano e dois anos.

Caso Clínico

A seguir, é apresentado um caso clínico de uma mulher, cujo nome mantivemos em oculto. E., 42 anos, casada, sem filhos, funcionária pública e com ensino superior (pós-graduação), atendida com o protocolo acima descrito.

Na entrevista de triagem seus diagnósticos foram agorafobia e fobia específica de avião. A paciente havia feito tratamento psicológico em 2010 por ser "muito ansiosa" (sic), mas, segundo ela, ficou pouco tempo e não gostou porque achava que "falava sozinha" (sic). Não estava em atendimento psicológico ou psiquiátrico durante a execução do protocolo e não fazia uso de nenhuma medicação.

Apesar de diversas oportunidades, devido ao medo, E. nunca havia realizado viagens aéreas. Em seu caso, observamos que mesmo com a psicoeducação sobre funcionamento do avião, estatísticas de segurança, dentre outras informações, a paciente acreditava intensamente que o avião não era seguro, pois ela não estava no controle da aeronave. Tais pensamentos foram alvo constante de reestruturação cognitiva. Apesar de o tratamento focar especificamente no medo de voar, a paciente pôde não só diminuir a crença de que ela precisaria estar no controle do avião para que se sentisse segura, como ainda foi possível que ela generalizasse tal conclusão para outras situações da vida, percebendo que no cotidiano já fazemos várias coisas sobre as quais não temos total controle.

Assim como muitos pacientes com fobia específica de voar, alguns de seus pensamentos automáticos eram: "Vai haver uma pane, o avião vai cair e eu vou morrer", "Eu não tenho controle do avião". Além da exposição, o trabalho com psicoeducação e reestruturação cognitiva se mostrou de grande relevância no tratamento e na flexibilização desses e de outros pensamentos automáticos.

Após o tratamento, E. relatou que "muitos mitos haviam sido derrubados" (sic), que obteve muita melhora e flexibilizou muito sua ideia de voar de avião. Depois das exposições, percebeu que era mais complicado "pensar em voar do que voar de verdade" (sic).

Em sua oitava sessão, E. disse que estava bastante animada e que já estava com passagens de avião compradas para ir visitar familiares em outro Estado.

A hierarquia da paciente, apresentada na **Tabela 2**, foi construída com etapas de viagem mais significativas para ela. Os números de **0** a **10** referem-se aos graus de ansiedade relatados pela paciente no início e ao final do tratamento.

Tabela 2 – Etapas de viagem mais significativas para E

Situação	SUDS[a] – Sessão 1 (0 a 10)	SUDS – Sessão 8 (0 a 10)
Sala de embarque	1	0
Aterrissagem	2	0
Avião taxiando	3	0
Entrando no avião	3	0

Situação	SUDS[a] – Sessão 1 (0 a 10)	SUDS – Sessão 8 (0 a 10)
Decolagem	5	0
Voando com tempo bom	6	1
Voando com chuva	7	1
Turbulência leve	8	1
Turbulência moderada	9	1
Turbulência intensa	10	1

Nota. [a]SUDS = Escala de Unidades Subjetivas de Desconforto.

Os resultados das escalas psicométricas, antes e depois do tratamento, estão apresentados nas **Tabelas 3, 4** e **5** a seguir.

Tabela 3 – Os resultados das escalas psicométricas 1

	BDI[a]	BAI[b]	CGI[c]
PRÉ	0	0	6
	Mínimo	Mínimo	Grave
PÓS	0	0	1
	Mínimo	Mínimo	Normal

Nota. [a]BDI = Inventário Beck de Depressão (Cunha, 2001); [b]BAI = Inventário Beck de Ansiedade (Cunha, 001); [c]CGI = Escala de Impressão Clínica Global (Guy, 1976).

Tabela 4 – Os resultados das escalas psicométricas 2

	FAS[a]			
	ANTECIPATÓRIA	AO VOAR	GENERALIZADA	TOTAL
PRÉ	57	42	7	119
	Ansiedade Extrema	Ansiedade Moderada	Nenhuma Ansiedade	Ansiedade Moderada

	FAS[a]			
	ANTECIPATÓRIA	AO VOAR	GENERALIZADA	TOTAL
PÓS	12	16	4	35
	Nenhuma Ansiedade	Nenhuma Ansiedade	Nenhuma Ansiedade	Nenhuma Ansiedade

Nota. [a]FAS = Questionário de Ansiedade em Situações de Voo: quantificação do medo em várias situações de voo (Mestre et al., 2017; Van Gerwen et al., 1999).

Tabela 5 – Os resultados das escalas psicométricas 3

	FAM[a]		
	SOMÁTICA	COGNITIVA	SINTOMAS DE PÂNICO
PRÉ	13	28	0
	Sem ansiedade	Ansiedade Extrema	Sem indicação de T. de pânico
PÓS	11	9	0
	Sem ansiedade	Sem Ansiedade	Sem indicação de T. de pânico

Nota. [a]FAM = Questionário das Modalidades de Ansiedade de Voo: como eu expresso o meu medo (Mestre et al., 2017; Van Gerwen et al., 1999).

Considerações finais

O medo de voar é um problema comum e talvez menos estigmatizado do que outras queixas psicológicas. Apesar disso, assim como nas fobias específicas, de modo geral, as pessoas procuram tratamento para o medo de voar somente quando não é mais possível evitá-lo ou quando esse se torna um limitador importante em suas vidas. Acreditamos que o interesse e a curiosidade pelo uso da RV tenha sido um dos grandes motivadores da elevada demanda de tratamento na pesquisa em andamento.

O estudo piloto foi uma importante experiência para o aprimoramento do protocolo desenvolvido e que dará seguimento à publicação de um ensaio clínico randomizado. Os *feedbacks* recebidos pelos pacientes atendidos no estudo piloto possibilitaram diversas alterações, tanto no *software* de RV, quanto nos protocolos do grupo de intervenção e do grupo controle. Todas as alterações feitas a partir da experiência com o estudo piloto também tiveram como base a revisão da literatura.

A RV, especialmente para o medo de voar, pode ser uma proposta interessante, uma vez que possibilita transformar a experiência de voo "tudo ou nada" numa experiência gradual. Ao voar, não há controle das situações que ocorrerão ao longo da viagem, como turbulência ou mau tempo, nem por parte do paciente, nem por parte do terapeuta, que busca o controle dessas variáveis na construção da hierarquia. A RV viria, portanto, como um importante passo de exposição gradual anterior à exposição ao vivo.

Entretanto, mesmo como ferramenta potencialmente facilitadora para a exposição, assim como toda tecnologia, há também as desvantagens ou os desafios que a acompanham. Algumas das dificuldades encontradas neste tipo de tratamento foram: 1) O valor do computador e dos *Oculus Rift* usados para RV encarecem o tratamento, apesar da economia com os custos das passagens aéreas; 2) Há necessidade frequente de ajuda especializada, profissionais técnicos da área para ajustes no *software* e nos aparatos utilizados; 3) Fios do aparato tecnológico que dificultam a movimentação do paciente (aparatos de RV sem fio estão para serem comercializados); 4) A experiência de mal-estar (enjoos e náusea) específica da RV, que apesar de não ter sido importante no nosso estudo piloto, ocorre em alguns casos e pode estar relacionada com aumento da taxa de abandono ao tratamento; 5) Inviabilidade de algumas alterações nos avatares do *software,* como a inclusão de expressões com mais apelo emocional, o que pode diminuir a imersão do paciente na cena virtual.

Os resultados do caso clínico apresentado estão de acordo com os encontrados na literatura, mostrando que a RV é potencialmente eficaz como ferramenta do tratamento de exposição para a redução dos sintomas relacionados ao medo de voar, de acordo com os resultados encontrados nas medidas psicométricas utilizadas. Estudos futuros com desenhos metodológicos mais rigorosos são necessários.

Referências

American Psychiatric Association. (2013). *Diagnostic and statistical manual of mental disorders*: (5th ed.). Washington, DC: Author.

Amorim, P. (2000). Mini International Neuropsychiatric Interview (MINI): validação de entrevista breve para diagnóstico de transtornos mentais. *Brazilian Journal of Psychiatry, 22*(3), 106-115. Retrieved from https://dx.doi.org/10.1590/S1516-44462000000300003

Cardoş, R. A. I., David, O. A., & David, D. O. (2017). Virtual reality exposure therapy in flight anxiety: A quantitative meta-analysis. *Computers in Human Behavior, 72*(37), 371-380. Retrieved from https://doi.org/10.1016/j.chb.2017.03.007

de Carvalho, M. R., Costa, R. T. da, & Nardi, A. E. (2011). Simulator Sickness Questionnaire: tradução e adaptação transcultural Simulator Sickness Questionnaire: translation and cross-cultural adaptation. *Jornal Brasileiro de Psiquiatria*, 60(4), 247-252. Recuperado de https://dx.doi.org/10.1590/S0047-20852011000400003

Cunha, J. A. (2001). *Manual da versão em português das Escalas de Beck*. São Paulo: Casa do Psicólogo Livraria e Editora Ltda.

Fernández-Álvarez, J., Rozental, A., Carlbring, P., Colombo, D., Riva, G., Anderson, P. L., … Botella, C. (2019). Deterioration rates in Virtual Reality Therapy: An individual patient data level meta-analysis. *Journal of Anxiety Disorders*, *61*, 3-17. Retrieved from https://doi.org/10.1016/j.janxdis.2018.06.005

First, M. B., Williams, J. B. W., Karg, R. S., & Spitzer, R. L. (2017). *Entrevista clínica estruturada para os transtornos do DSM-5: SCID-5-CV versão clínica* (5ª ed.). Porto Alegre: Artmed.

Greist, J., & Greist, G. (1981). *Fearless flying*. A passenger guide to modern travel. Chicago: Nelson Hall.

Guy, W. (1976). *Clinical global impression* (CGI). Rockville, MD, US Department of Health and Human Services, Public Health Service, Alcohol Drug Abuse and Mental Health Administration: ECDEU Assessment Manual for Psychopharmacology.

Higgins, J. P., & S. Green (Eds.) (2008). *Cochrane Handbook for Systematic Reviews of Interventions: Cochrane Book Series*. Chichester, UK: John Wiley & Sons. doi: 10.1002/9780470712184.ch8

Kennedy, R. S., Lane, N. E., Kevin, S., & Lilienthal, M. G. (1993). The International Journal of Aviation Psychology Simulator Sickness Questionnaire : An Enhanced Method for Quantifying Simulator Sickness. *The International Journal of Aviation Psychology*, *3*(3), 203–220. Retrieved from https://doi.org/10.1207/s15327108ijap0303

Klein, R. A. (1998). Virtual reality exposure therapy (fear of flying): From a private practice perspective. *Cyberpsychology and Behavior*, *1*(3), 311-316. Retrieved from https://doi.org/10.1089/cpb.1998.1.311

Mestre, C., Lopes, A., Reis, C., da Costa, S. L., & Albuquerque, C. (2017). Translation and validation of two questionnaires assessing fear of flying for portuguese language. *Análise Psicológica*, *35*(3), 351-365. Retrieved from https://doi.org/10.14417/ap.1197

North, M. M., North, S. M., &Coble, J. R. (1997). Virtual reality therapy for fear of flying *The American Journal of Psychiatry*, *154*(1), 130. Retrieved from https://doi.org/10.1176/ajp.154.1.130b

Reger, G. M., Smolenski, D., Edwards-Stewart, A., Skopp, N. A., Rizzo, Skip, A., & Norr, A. (2019). Does Virtual Reality Increase Simulator Sickness During

Exposure Therapy for Post-Traumatic Stress Disorder? *Telemedicine and E-Health, 25*(9), 859-861. Retrieved from https://doi.org/10.1089/tmj.2018.0175

Rodrigues, H., Figueira, I., Gonçalves, R., Mendlowicz, M., Macedo, T., & Ventura, P. (2011). CBT for pharmacotherapy non-remitters-a systematic review of a next-step strategy. *Journal of Affective Disorders, 129*(1-3), 219-228. Retrieved from https://doi.org/10.1016/j.jad.2010.08.025

Rodrigues, H. (2018). *Avaliação da eficácia da terapia de exposição com realidade virtual no medo de avião* (Tese de Doutorado em Saúde Mental). Instituto de Psiquiatria da Universidade Federal do Rio de Janeiro, Rio de Janeiro.

Rothbaum, B. O., Hodges, L., Watson, B. A., Kessler, G. D., & Opdyke, D. (1996). Virtual reality exposure therapy in the treatment of fear of flying: A case report. *Behaviour Research and Therapy, 34*(5-6), 477-481. Retrieved from https://doi.org/10.1016/0005-7967(96)00007-1

Rothbaum, B. O., Hodges, L., Smith, S., Lee, J. H., & Price, L. (2000). A controlled study of virtual reality exposure therapy for the fear of flying. *Journal of Consulting and Clinical Psychology, 68*(6), 1020-1026. Retrieved from https://doi.org/10.1037/0022-006X.68.6.1020

Van Gerwen, L. J., Diekstra, R. F. W., Arondeus, J. M., &Wolfger, R. (2004). Fear of flying treatment programs for passengers: An international update. Travel Medicine and Infectious Disease, *2*(1), 27-35. Retrieved from https://doi.org/10.1016/j.tmaid.2004.01.002

Van Gerwen, L. J., Spinhoven, P., Van Dyck, R., & Diekstra, R. F. W. (1999). Construction and psychometric characteristics of two self-report questionnaires for the assessment of fear of flying. *Psychological Assessment, 11*(2), 146-158. Retrieved from https://doi.org/10.1037/1040-3590.11.2.146

Vasconcelos-Raposo, J., Bessa, M., Melo, M., Barbosa, L., Rodrigues, R., Teixeira, C., Cabral, L., & Sousa, A. A. (2016). Adaptation and Validation of the I group Presence Questionnaire (IPQ) in a Portuguese Sample. *Presence, 25*(3), 1-13. Retrieved fromhttps://doi.org/10.1162/PRES

Wechsler, T. F., Mühlberger, A., & Kümpers, F. (2019). Inferiority or even superiority of virtual reality exposure therapy in phobias?– A systematic review and quantitative meta-analysis on randomized controlled trials specifically comparing the efficacy of virtual reality exposure to gold standard in vivo exposure in Agoraphobia, Specific Phobia and Social Phobia. *Frontiers in Psychology, 10*, 1-25. Retrieved from https://doi.org/10.3389/fpsyg.2019.01758

Wiederhold, B. K., & Wiederhold, M. D. (1998).A review of virtual reality as a psychotherapeutic tool. *Cyberpsychology and Behavior, 1*(1), 45-52. Retrieved from https://doi.org/10.1089/cpb.1998.1.45

Capítulo 12

USO ABUSIVO DE INTERNET E SEUS IMPACTOS

XII Mostra de TCC, 2014
Trabalho apresentado na modalidade Mesa Redonda

Veruska Andrea dos Santos

Síntese

A internet revolucionou o mundo e trouxe mudanças significativas, tornando-se parte integrante da vida moderna, facilitando o dia a dia de muitos indivíduos e proporcionando inúmeros benefícios. No entanto, seu uso excessivo introduziu um potencial aditivo e prejuízos em domínios sociais, acadêmicos, financeiros, psicológicos e laborais.

O presente capítulo discorre sobre a história, as definições de dependência de internet, seus benefícios, prejuízos, prevalência, avaliação, tratamentos e um protocolo desenvolvido para pacientes com dependência de internet e transtornos de ansiedade.

Introdução

A primeira comunicação a distância registrada surgiu no meio da Guerra Fria, quando o departamento de defesa dos Estados Unidos, com medo de ataques soviéticos, criou um sistema de compartilhamento de informações entre pessoas distantes para facilitar estratégias de guerra. Esse sistema ficou conhecido por Arpanet (*Advanced Research Projects Agency)* e estabeleceu a primeira conexão via *e-mail*, em 29 de outubro de 1969, entre a Universidade da Califórnia e o Instituto de Pesquisa de Stanford (Bisen & Deshpande, 2018).

A comunicação via *e-mail* chegou ao Brasil no final da década de 80, quando as universidades brasileiras começaram a compartilhar artigos científicos e dados de pesquisas com os Estados Unidos. A palavra internet surgiu somente na década de 90 quando o físico britânico Tim Berners-Lee desenvolveu um navegador chamado *World Wide Web* (www), o qual conectou computadores em todo mundo com uma convenção padrão. A partir daí, surgiram novos navegadores, a rede se popularizou pelo mundo e atingiu domínios como o social, pessoal e profissional e sua utilização se ampliou para socializar, fazer compras, pesquisas complexas, gerenciamento de contas, negócios, educação, etc., além de causar uma proliferação de *sites*, *chats*, redes sociais, fazendo da internet uma teia global de computadores conectados.

No Brasil, somente em 1989, com a fundação da Rede Nacional de Ensino e Pesquisa (RNP), que tanto a divulgação quanto o acesso à internet cresceram com o objetivo de difundi-la pelo Brasil, facilitando a troca de informações e pesquisas, mas essa iniciativa ainda beneficiava apenas uma pequena parcela da população no país. Somente em 1997, a internet se expandiu e se popularizou por meio das redes locais de conexão que conseguem abranger todo território nacional (Diana, 2019).

De acordo com o relatório *global digital report* da *We are social*, instituição americana de pesquisa que analisa dados sobre a utilização da internet e das mídias sociais no mundo, em 2019, a penetração da Internet atingiu 70% no Brasil, enquanto a média global foi de 57%. Isso significa que mais de 149 milhões de habitantes são usuários de internet. O mesmo relatório aponta que 85% dos usuários de internet no Brasil navegam na web todos os dias e que, em termos de horas gastas na internet, os brasileiros passam 9h e 29min por dia, enquanto a média global é de 6h e 42 min de uso diário da internet.

Em 2019, o Brasil somente perdeu para as Filipinas em termos de horas gastas na internet (https://wearesocial.com/global-digital-report-2019[1]). A internet foi um marco na evolução tecnológica e seu uso promoveu uma grande transformação na vida das pessoas. Ela aproximou pessoas e culturas, gerou lazer e oportunidades de trabalho, e hoje, diversas esferas da vida pessoal e profissional estão permeadas pela internet. Mas como essainteração provoca impactos em nossos comportamentos?

Aspectos Positivos e Negativos da Internet

A internet traz em sua utilização muitos aspectos positivos, principalmente no que se refere ao domínio social. Os usuários conhecem pessoas, estabelecem conversas, criam redes de apoio emocional, aprendem sobre culturas diferentes, etc. A internet também proporciona facilidades para que indivíduos abram seus

[1] A *Global Digital Report* é um relatório de pesquisa realizado anualmente pela *We Are Social* e *Hootsuite* que analisa como as pessoas, em todo o mundo, utilizam a internet, os serviços de dispositivos móveis, as mídias sociais digitais e compras *on-line*.

negócios e ofereçam produtos e serviços para mercados que jamais teriam acesso se não fosse pela rede. Nesse mesmo domínio, tanto a procura por emprego quanto a recolocação no mercado de trabalho hoje acontece por meio da internet (Bisen & Deshpande, 2018).

A internet é usada como ferramenta de aprendizado, via aplicativos, que facilita e propicia o aprendizado de línguas, de matemática e de todos os conteúdos imagináveis. Vários jogos de memória, atenção e testes para reabilitação cognitiva são amplamente utilizados e cada vez mais desenvolvidos. Sem falar nos cursos livres de formaçao, pós-graduaçáo e até mesmo graduação que já são amplamente oferecidos por universidades em todo o mundo e que chegam às nossas casas via internet.

Outro aspecto importante são os tratamentos em saúde mental oferecidos pela internet. Diversos tratamentos em Terapia Cognitivo Comportamental (TCC) *on-line*, individual e em grupo são oferecidos por universidades e outras instituições para tratar clientes com diferentes diagnósticos, como transtorno alimentar (Buliket al., 2012), depressão (Kuribayashi et al., 2019), transtornos de ansiedade (Manoharan et al., 2019), insônia (Ye Y-Y et al., 2015), transtorno do estresse pós-traumático (Allen et al., 2015), transtorno obsessivo-compulsivo (Kyrios et al., 2018), zumbido (Beukes et al., 2018), além das plataformas *on-line* reguladas pelos conselhos de Psicologia que oferecem psicoterapias de diferentes abordagens para o tratamento de inúmeros transtornos mentais (Rodrigo & Berger, 2016).

Em contrapartida, uma parte dos indivíduos que usa a internet de forma abusiva acaba desenvolvendo problemas físicos como lesões musculares (ombros, pescoço, punhos e braços), problemas ortopédicos, lesões por esforço repetitivo (LER) (Guterres et al., 2017); insônia (Lin et al., 2019); sedentarismo e obesidade (Bozkurt et al., 2018); além de problemas psicológicos como solidão e depressão (Young et al., 2010); ansiedade (Ho et al., 2014); TDAH (Ko et al., 2009); estresse; baixa autoestima e pouca capacidade de enfrentamento (Takao et al., 2009); hostilidadee comportamentos agressivos (Yen et al., 2010); diminuição da felicidade e da satisfação com a vida (Dowling & Brown, 2010); e também prejuízos cognitivos (Cheung et al., 2011).

Alguns comportamentos prejudiciais do mau uso da internet estão presentes no *cybersexo*, *cyberbullying*, *sexting*, pornografia infantil e adulta sem restrição de acesso, roubo de informações, uso indevido de imagens e crimes virtuais. É importante ressaltar que usuários abusivos de internet geralmente apresentam comorbidades psiquiátricas que agravam o uso da internet (Santos et al., 2016).

Terminologias e Definições

Embora acarrete sofrimento e prejuízos clínicos, o uso abusivo de internet ainda não está descrito no DSM-5 (*American Psychiatric Association*, 2014) como um transtorno mental. O Transtorno do Jogo pela Internet (*Internet Gaming Disorder*– IGD) foi incluído na seção de condições para estudos posteriores do DSM-5, e essa inclusão abre precedente para estudos mais aprofundados no mundo, a fim de que se justifique, ou não, a descrição e a classificação do mesmo como um transtorno de saúde mental.

A definição do Transtorno do Jogo pela Internet é o uso persistente e recorrente da internet para engajamento em jogos, muitas vezes com a participação de outros jogadores, causando prejuízo ou sofrimento clinicamente significativos, como indicado por cinco (ou mais) dos nove critérios apresentados a seguir no período de 12 meses: A) Preocupação com jogos na internet; B) Sintomas de abstinência quando o jogo é interrompido; C) Tolerância; D) Insucesso para controlar a participação nos jogos; E) Perda de interesse em passatempos e entretenimentos por conta dos jogos na internet; F) Continuidade do uso excessivo de jogos na Internet, apesar do conhecimento dos problemas psicossociais; G) Mentir para familiares ou outros em relação à quantidade do jogo pela internet; H) Uso de jogos na internet para escapar ou aliviar humor negativo; I)Perda de relação significativa, emprego ou educacional ou profissional em função dos jogos na internet (APA, 2014).

O uso da internet para negócio ou profissão não está incluído, bem como recreação (incluindo *sites* sexuais) ou para o uso social. O transtorno do jogo é atualmente o único transtorno não relacionado com substância proposto para inclusão no próximo DSM (APA, 2014).

Exatamente por conta do não reconhecimento oficial do uso abusivo de internet como um transtorno, não existe consenso para uma terminologia. Alguns termos propostos são dependência de internet, uso patológico da internet, uso problemático da internet, uso compulsivo do computador, transtorno da adição à internet, uso abusivo de tecnologias, entre outros.

Para Mark Griffiths, psicólogo inglês e grande pesquisador na área, quando a internet é utilizada como intermediária para adições específicas como compras e sexo, não seria adequada a visão de adicção à internet, e sim à condição específica, e a Internet seria apenas o meio utilizado para viabilizar e perpetuar a adicção específica. (Griffiths, 1999). Nessa mesma direção, Davis (2001) propõe o modelo de uso problemático da internet, diferenciando adicção à Internet de adicções na internet, no qual o uso problemático da internet pode ser generalizado (uma utilização multidimensional da internet por si só) ou o uso problemático da internet pode ser específico (uso abusivo da internet para uma função específica).

Outro grande nome da área em pesquisa, Kimberly Young, vê a adicção à internet como uma espécie de transtorno do controle do impulso, e divide o diagnóstico em 5 subtipos: A) Dependência de sexo virtual; B) Dependentes de relacionamentos virtuais; C) Compulsões virtuais; D) Compulsão por navegar na internet ou sobrecarga de informações; E) Dependência de computador (Young, 2009).

A conceituação do uso abusivo de internet não apresenta consenso entre os pesquisadores, os quais o conceitualizam como transtorno obsessivo-compulsivo (TOC) (Grant et al. 2010), transtorno de controle do impulso (Young, 2009) ou como uma adicção comportamental (Fisoun et al., 2012; Mihajlov & Vejmelka, 2017).

Na visão de conceitualização como TOC, o uso abusivo de internet seria uma categoria de compulsão similar às compulsões por limpeza, simetria e outras descritas no TOC. A questão é que não encontramos por traz do uso abusivo, considerado uma compulsão, pensamentos obsessivos ou a necessidade de realizar a compulsão para impedir que algo ruim aconteça, como é característico do TOC, e sim, uma sensação prazerosa. Na visão de adicção comportamental, a conceituação divide similaridades com a adicção a substâncias e assim considera quatro critérios: A) Excessivo frequentemente associado com a perda da noção do tempo gasto e negligência de aspectos importantes da vida; B) Abstinência, incluindo sentimentos de raiva, irritação e depressão quando está desconectado; C) Tolerância, incluindo a necessidade de aumentar o tempo conectado, melhores equipamentos e mais *softwares;* D) Repercussões negativas como mentiras, fadiga, isolamento social, baixo rendimento (Chakraborty et al., 2010).

Considerando o critério diagnóstico de transtorno de controle do impulso, Tao et al. (2010) expandiram os critérios descritos e ressaltaram a presença das seguintes características: A) Preocupação excessiva com a internet quando está *off-line*; B) Abstinência manifestada por humor disfórico, ansiedade, irritação, tédio após ter ficado sem internet por alguns dias. E, adicionalmente, um ou mais dos critérios a seguir: C) Tolerância; D) Fracassos repetitivos em tentar reduzir, controlar ou descontinuar o uso da internet; E) Uso excessivo continuado, mesmo ciente dos prejuízos causados; F) Perda de interesse em *hobbies* anteriores e outras atividades prazerosas; e G) Uso da internet para aliviar humor disfórico.

De acordo com essa proposta de classificação, é importante também levar em consideração se o uso excessivo da internet não é mais bem explicado por conta de outro diagnóstico, se o uso excessivo da internet traz prejuízos no funcionamento acadêmico, profissional ou nas relações interpessoais e, por último, se a duração do uso excessivo excede 3 meses, com pelo menos 6 horas de utilização diária para uso não essencial, que não seja trabalho ou estudo, e sim, um momento em que o indivíduo, ao invés de se engajar em outras atividades, escolhe ficar na internet (Mihajlov & Vejmelka, 2017).

Prevalência

As taxas de prevalência variam de 1 a 18,7% por conta das diferenças nos critérios diagnósticos, na variedade das amostras e na diversidade dos instrumentos de avaliação (Pontes et al., 2015). As diferenças de gênero surgem nas atividades *on-line*, os homens são mais propensos à adição aos *smartphones* e preferem jogos e pornografia, enquanto as mulheres preferem *chats* e fóruns (Bisen & Deshpande, 2018).

Avaliação

A falta de reconhecimento oficial do uso abusivo da internet como transtorno também interfere na avaliação do mesmo, pois os instrumentos geralmente se baseiam nos critérios diagnósticos. Diversos questionários avaliam o uso abusivo de internet: o Teste de dependência de internet (*Young Internet Addiction Test*) (IAT) (Young, 1999); a escala de uso compulsivo da internet (*Compulsive Internet Use Scale*) (CIUS) (Meerkerket al., 2009); a escala de uso excessivo de internet (*Excessive Internet Use Scale)* (EIU) (Johansson et. al., 2004); o questionário de uso problemático da internet (*Problematic Internet Use Questionnaire*) (PIUQ) (Demetrovics et. al., 2008); a escala Chen de adição à internet (*the Chen Internet Addiction Scale*) (CIAS) (Chen et al., 2003); o índice de perfil de adição à internet (*the Addiction Profile Index Internet Addiction*) (BAPINT-SV) (Ogel et al., 2012); e a escala de propensão ao vício em Internet (*the Internet Addiction Proneness Scale*) (KS scale) (Kim et al., 2008).

Tratamentos

O uso abusivo de tecnologia tem despertado especial interesse na Psiquiatria, principalmente por estar associado a outras condições psiquiátricas. Tem-se questionado se é um sintoma de outro transtorno psiquiátrico primário ou se é um transtorno em si.

As comorbidades com depressão, TDAH, hipomania, transtorno de ansiedade generalizada, transtorno de ansiedade social, distimia, abuso de álcool, transtornos alimentares, transtorno obsessivo-compulsivo, transtorno de personalidade *borderline*, transtorno de personalidade evitativa e insônia já são descritas na literatura (Santos et al., 2017).

Independentemente desse questionamento, a demanda para tratamento é real. Muitos pesquisadores utilizam a TCC como tratamento padrão (Young, 2009; Kaneez et al., 2013; Wölfling et al., 2012; Li & Wang, 2013). Outras possibilidades de tratamento citadas na literatura são: TCC e medicação (Kaneezet al., 2013; Wölfling et al., 2012; Winkler et al., 2013); programas modificados de TCC com atendimentos individuais, em grupos e com familiares (Jäger et al., 2012); psicoterapias de grupo e hospitalização para desintoxicação (Yen et al.,

2010); psicoterapia para os familiares; tratamento das comorbidades; medicação e hospitalização (Dowling & Brown, 2010).

Protocolo de Tratamento

O protocolo de tratamento que será apresentado foi desenvolvido pela autora como parte da dissertação de mestrado e utilizado com sucesso para atendimento dos pacientes com transtorno de ansiedade e uso abusivo de tecnologias do Instituto de Psiquiatria da Universidade Federal do Rio de Janeiro (UFRJ), no Laboratório de Pânico e Respiração.

Oitenta e quatro pacientes foram atendidos em dez semanas de psicoterapia, com foco em ensiná-los como manejar os sintomas de ansiedade sem usar a internet, promovendo o uso consciente da mesma. Todos estavam medicados e a psicoterapia seguiu as seguintes fases:

1) Entendimento da relação do paciente com a internet e da sua utilização (jogos *on-line*, compras, WhatsApp/Facebook, etc.). Psicoeducação sobre uso prejudicial e consciente. Como os pacientes tinham diagnóstico de transtornos de ansiedade, nessa primeira fase também se falou sobre o mecanismo fisiológico e psicológico da ansiedade, identificando o uso da internet para manejar suas crises e ensinando outras formas de manejo da ansiedade, como treinamento em respiração e estratégias de atenção plena.

2) Reestruturação cognitiva das crenças relacionadas à ansiedade e ao uso abusivo da internet. Crenças como: "*Estar sem meu celular é como se estivesse sem roupa*"; "*Eu durmo com o celular debaixo do travesseiro para me sentir segura*"; "*Só consigo enfrentar uma fila se estiver jogando no meu celular*"; "*É mais fácil dizer o que penso e sinto pela internet*"; "*Na internet sou uma pessoa admirada*"; "*Posso ser quem eu quiser na internet*"; "*A vida sem internet não tem a menor graça*"; "*Não posso sair do jogo, vou perder tudo que já conquistei*". Distorções cognitivas, como abstração seletiva, generalização, pensamento dicotômico e outras. Essas intervenções auxiliaram os pacientes a compreenderem a influência dos pensamentos sobre os comportamentos e os prepararam para as mudanças comportamentais.

3) Modificação comportamental, que envolve quebrar hábitos no padrão de uso da internet e a preparação de uma nova rotina de uso. Neste momento, exposições de situações temidas/ansiogênicas são realizadas e o gerenciamento do tempo é trabalhado. A modificação comportamental abrange áreas sociais, interpessoais e mudanças em como lidar com amigos, família e atividades físicas. Ainda nesta fase, outro alvo é inserir emoção positiva na vida do paciente, a fim de aumentar a motivação para o desenvolvimento de habilidades sociais no sentido de trazer o paciente de volta para a vida real.

4) A última fase do tratamento é a prevenção da recaída por meio da análise das conquistas, reforçando novas crenças e comportamentos, treinando estratégias

de resolução de problemas e assertividade. O tratamento completo durou em média dez sessões.

O aspecto mais importante do tratamento é promover o uso consciente da internet criando um uso saudável, modificando o uso automático/inconsciente da internet, tornando esse uso em um uso consciente. Tanto o uso abusivo da internet quanto a ansiedade diminuíram na amostra que participou deste protocolo de atendimento e as análises estatísticas mostraram uma forte relação entre ansiedade e uso abusivo da internet. (Santos et al., 2017).

Considerações finais

A internet revolucionou nossa sociedade e invadiu todo o repertório de comportamentos humanos. É difícil, hoje, pensar em alguma coisa que alguém faça que não seja direta ou indiretamente influenciada pelo uso da internet.

O uso abusivo da internet existe e precisa ser reconhecido e tratado como prejudicial, levando em conta todos os impactos que produz. Neste contexto, o principal investimento da sociedade deve ser em disseminar o uso consciente da internet, o que envolve valorizar, em contrapartida, a família, os amigos, a vida social real, as atividades ao ar livre e os exercícios físicos para a promoção de saúde, bem-estar e qualidade de vida. A internet pode ser usada para promover e motivar interações e eventos no "mundo real", dessa forma, nossa sociedade estará orientada para as interações interpessoais, as quais são os principais pilares do desenvolvimento humano.

Referências

Allen, A. R., Newby, J. M., Smith, J., & Andrews, G. (2015). Internet-based cognitive behavioural therapy (iCBT) for posttraumatic stress disorder versus waitlist control: study protocol for a randomised controlled trial. *Trials, 16*, 544. doi: 10.1186/s13063-015-1059-5

American PsychiatricAssociation. (2014). *DSM-5 – Manual Diagnóstico e Estatístico de Transtornos Mentais.* Porto Alegre: Artmed.

Beukes, E.W., Baguley, D.M., Allen, P.M., Manchaiah, V., & Andersson, G. (2018). Audiologist-Guided Internet-Based Cognitive Behavior Therapy for Adults With Tinnitus in the United Kingdom: A Randomized Controlled Trial. *Ear and Hearing, 39*(3), 423-433. doi: 10.1097/AUD.0000000000000505

Bisen, S.S. & Deshpande, Y.M. (2018). Understanding Internet addiction: a comprehensive review. *Mental Health Review Journal, 23*(3), 165-184. doi: 10.1108/MHRJ-07-2017-0023

Bozkurt, H., Özer, S., Şahin, S., & Sönmezgöz, E. (2018). Internet use patterns and Internet addiction in children and adolescents with obesity. *Pediatric Obesity*, 13(5), 301-306. doi: 10.1111/ijpo.12216

Bulik, C.M., Marcus, M.D., Zerwas, S., Levine, M., Hofmeier, S., Trace, S.E., ...Kordy H. (2012). CBT4BN versus CBTF2F: Comparison of online versus face-to-face treatment for bulimia nervosa. *Contemporary Clinical Trials*, *33*(5), 1056-1064. doi: 10.1016/j.cct.2012.05.008. PMID: 22659072

Chakraborty. K., Basu, D., & Kumar, K.G.V. (2010). Internet addiction: consensus, controversies, and the way ahead. *East Asian Archives of Psychiatry*, *20*:123-132. PMID: 22348866. Retrieved from https://www.ncbi.nlm.nih.gov/pubmed/22348866

Davis, R.A. (2001). Cognitive-behavioral model of pathological Internet use. *Computers in Human Behavior*,17,187-195. Retrieved from https://doi.org/10.1016/S0747-5632(00)00041-8

Demetrovics, Z., Szeredi, B., & Rózsa, S. (2008). The three-factor model of Internet addiction: The development of the Problematic Internet Use Questionnaire. *Behavior Research Methods*, *40*(2):563-74. doi: 10.3758/ BRM.40.2.563

Diana, D. (2019). *A história da Internet*. Recuperado de https://www.todamateria.com.br/historia-da-internet/

Dowling, N.A., & Brown, M. (2010). Commonalities in the psychological factors associated with problem gambling and Internet dependence. *Cyberpsychology Behavior and Social Networking*, *13*(4):437-441. doi: 10.1089/cyber.2009.0317

Fisoun, V., Floros, G., Siomos, K., Geroukalis, D., & Navridis, K. (2012). Internet addiction as an important predictor in early detection of adolescent drug use experience-implications for research and practice. *Journal of Addiction Medicine*, *6*(1),77-84. doi: 10.1097/ADM.0b013e318233d637

Griffiths, M.D. (1999). Internet addiction: Internet fuels other addictions. *Student British Medical Journal*,*7*, 428-429. Retrieved from https://www.academia.edu/751806

Griffiths, M.D., & Pontes, H.M. (2014). Internet addiction disorder and internet gaming disorder are not the same.*Journal of Addiction Research and Therapy*, *5*:e124. doi: 10.4172/2155-6105.1000e124

Guterres, J.L., Schmitt, F. S., Oliveira, L.C., Simon, C. D. S., & Lopes, A. R. (2017). Principais Queixas Relacionadas ao Uso Excessivo de Dispositivos Móveis. *Pleiade*, *11*(21), 39-45. Recuperado de https://pleiade.uniamerica.br/index.php/pleiade/article/view/333/416

Jäger, S., Müller, K.W., Ruckes, C., Wittig, T., Batra, A., Musalek, M., Mann, K., Wolfing, K., & Beutel, M.E. (2012). Effects of a manualized short-term treatment of internet and computer game addiction (STICA): Study protocol for a randomized controlled trial. *Trials, 13*, 43. doi: 10.1186/1745-6215-13-43

Kaneez, F. S., Zhu, K., Tie, L., & Osman, N.B.H. (2013). Is cognitive behavioral therapy an intervention for possible Internet addiction disorder? *Journal of Drug and Alcohol Research, 2*,1-9.doi: 10.4303/jdar/235819

Kuribayashi, K., Imamura, K., Watanabe, K., Miyamoto, Y., Takano, A., Sawada,..., Kawakami, N. (2019). Effects of an internet-based cognitive behavioral therapy (iCBT) intervention on improving depressive symptoms and work-related outcomes among nurses in Japan: a protocol for a randomized controlled trial. *BMC Psychiatry, 19*, 245. doi:10.1186/s12888-019-2221-5

Kyrios, M., Ahern, C., Fassnacht, D. B., Nedeljkovic, M., Moulding, R., & Meyer, D. (2018). Therapist-Assisted Internet-Based Cognitive Behavioral Therapy Versus Progressive Relaxation in Obsessive-Compulsive Disorder: Randomized Controlled Trial. *Journal of Medical Internet Research, 20*(8), 242. doi: 10.2196/jmir.9566

Li, H., & Wang, S. (2013). The role of cognitive distortion in online game addiction among Chinese adolescents. *Chidren and Youth Services Review, 35*, 1468-1475. doi: 10.1016/j.childyouth.2013.05.021

Lin, P.H., Lee, Y.C., Chen, K.L., Hsieh, P.L., Yang, S.Y.,& Lin, Y.L. (2019). The Relationship Between Sleep Quality and Internet Addiction Among Female College Students. *Frontiers in Neuroscience, 13*, 599. doi: 10.3389/fnins.2019.00599

Manoharan, A., McMartin, K., Young, C., Gajic-Veljanoski, O., Ali, A., & Walter, M. (2019). Internet-Delivered Cognitive Behavioural Therapy for Major Depression and Anxiety Disorders: A Health Technology Assessment. *Ontario Health Technology Assessment Services, 19*(6):1-199. PMC6394534.

Meerkerk, G. J., Van Den Eijnden, R.J., Vermulst, A. A., & Garretsen, H.F. (2009). The Compulsive Internet Use Scale (CIUS): Some psychometric properties. *Cyberpsychology Behavior and Social Networking, 12*(1),1-6. doi:10.1089/cpb.2008.0181

Mihajlov, M.,& Vejmelka, L. (2017). Internet addiction: a review of the first twenty years. *Psychiatria Danubina, 29* (3), 260-272. doi: 10.24869/psyd.2017.260

Ogel, K., Karadag, F., & Satgan, D. (2012). Psychometric properties of the Addiction Profile Index Internet Addiction Form (BAPINT). *Bulletin Clinical of Psychopharmacology, 22*(1),110.

Pontes, H., Kuss, D., & Griffiths, M.D. (2015). Clinical psychology of Internet addiction: a review of its conceptualization, prevalence, neuronal processes, and implications for treatment. *Neuroscience and Neuroeconomics, 4*(1), 1-13. doi: 10.2147/NAN.S60982

Rodrigo, & Berger, T. (2016). Intervenções auto-guiadas baseadas na internet: uma entrevista com o Dr. Thomas Berger. *Revista Brasileira de Terapias Cognitivas, 12*(1), 57-61. Recuperado de https://dx.doi.org/10.5935/1808-5687.20160009

Santos, V. A., Freire, R., Zugliani, M., Cirillo, P., Santos, H. H., Nardi, A. E., & King, A. L. (2016). Treatment of Internet Addiction with Anxiety Disorders: Treatment Protocol and Preliminary Before-After Results Involving Pharmacotherapy and Modified Cognitive Behavioral Therapy. *Journal of Medical Internet Research Research Protocols, 5*(1), 46. doi: 10.2196/resprot.5278

Santos, V., Freire, R., Zugliani, M., Cirillo, P., Santos, H. H. K., Nardi, A. E., & King, A.L.S. (2017). Treatment outcomes in patients with Internet Addiction and anxiety. *Medical Express, 4*,(2):M170206. Retrieved from http://www.dx.doi.org/10.5935/MedicalExpress.2017.02.06

Tao, R., Huang, X., Wang, J., Zhang, H., Zhang, Y.,& Li, M. (2010). Proposed diagnostic criteria for internet addiction. *Addiction*, 105, 556-564. doi: 10.1111/j. 1360-0443.2009.02828.x

We are Social (2019). Digital 2019.We are Social. *Hootsuite*. Retrieved from https://wearesocial.com/global-digital-report-2019

Winkler, A., Dörsing, B., Rief, W., Shen, Y., & Glombiewski, J.A. (2013).Treatment of internet addiction: a meta-analysis. *Clinical Psychology Review, 33*(2), 317-329. Retrieved from http://dx.doi.org/10.1016/j.crp.2012.12.005

Wolfing, K., Muller, K. W., Drejer, M., Ruckes, C., Oliver Deuster..., Beutel, M.E. (2019). Efficacy of Short-term Treatment of Internet and Computer Game Addiction: A Randomized Clinical Trial. *JAMA Psychiatry, 76*(10), 1018-1025. doi: 10.1001/jamapsychiatry.2019.1676Ye

Ye, Y-Y., Zhang, Y-F., Chen, J., Liu, J., Li, X-J., Liu, Y-Z., ..., Jiang, X-J. (2015). Internet-Based Cognitive Behavioral Therapy for Insomnia (ICBT-i) Improves Comorbid Anxiety and Depression–A Meta-Analysis of Randomized Controlled Trials. *PLoS ONE, 10*(11), e0142258. Retrieved from https://doi.org/10.1371/journal.pone.0142258

Yen, CF, Yen, J, & Ko, C. (2010). Internet addiction: Ongoing research in Asia. *World Psychiatry, 9*(2), 97. doi: 10.1002/j.2051-5545.2010.tb00285.x

Young, K. S. (1999). Internet addiction: symptoms, evaluation and treatment. *Innovations In Clinical Practice, 17*, 19-31.

Young, K.S. (2009). Internet addiction: Diagnosis and treatment considerations. *Journal of Contemporay Psychotherapy, 39*, 241-246. doi:10.1111/j. 1465-3362.2008.00001.x

Capítulo 13

NÃO ADESÃO AO TRATAMENTO DE DOENÇAS CRÔNICAS: FATORES ASSOCIADOS E ESTRATÉGIAS DE INTERVENÇÃO

XI Mostra de TCC, 2013

Trabalho apresentado na modalidade Mesa Redonda

Raquel Ayres de Almeida

Lucia Emmanoel Novaes Malagris

Síntese

Um dos problemas mais importantes no tratamento de doenças crônicas não transmissíveis (DCNT) é a não adesão por parte dos pacientes aos regimes terapêuticos prescritos pelas equipes de saúde, tendo como consequência o agravamento do caso e o aumento dos gastos com atenção especializada. Os fatores que contribuem para a não adesão são variados e merecem a atenção dos profissionais. Estratégias cognitivo-comportamentais podem contribuir para a minimização do problema.

Introdução

O Ministério da Saúde enfatiza que um dos grandes desafios da atualidade é a atenção em saúde para as doenças crônicas, pois possuem alta prevalência, são multifatoriais, com coexistência de determinantes biológicos e socioculturais (Brasil, 2016). Para que uma abordagem terapêutica seja efetiva, diante desses aspectos, seu planejamento envolve, necessariamente, conhecer os fatores que interferem na não adesão dos pacientes ao tratamento indicado pela equipe de saúde, objetivo do presente capítulo.

Adesão e Não Adesão

A forma como o paciente lida com a enfermidade, com o regime terapêutico e com a necessidade de mudanças em seus hábitos de vida representam variáveis importantes que influenciam diretamente o curso da doença, a evolução do tratamento e as repercussões para a qualidade de vida (Salles, 2017). A adesão terapêutica é fundamental para a resolubilidade de um tratamento instituído pela equipe de saúde e não se restringe à ingestão da medicação prescrita, pois se refere também à mudança e ao desenvolvimento de uma série de comportamentos (Tavares et al., 2016).

Em 1979, Haynes desenvolveu o conceito de *compliance*, reportando-se ao grau em que o comportamento do indivíduo com uma doença crônica coincide com a prescrição clínica. O termo refere-se à capacidade de seguir a prescrição médica. Não *compliance* indica uma incompetência em seguir orientações, ou um comportamento desviante. Essa concepção tem sido criticada por se basear em uma relação em que o profissional de saúde é o responsável pelas decisões e o paciente apenas cumpre as indicações, implicando em uma visão do doente como um cumpridor de recomendações, sem autonomia para decidir se segue ou não um tratamento (Dias et al., 2011).

O termo adesão tem sido usado com mais frequência e sugere uma diminuição do poder do clínico na decisão da conduta a ser seguida em favor de uma cooperação do paciente na escolha do seu tratamento. Nesse caso, o indivíduo é visto como um agente ativo na sua saúde, o qual tem o poder de decidir se quer ou não seguir uma recomendação terapêutica (Dias et al., 2011). O Ministério da Saúde enfatiza que quando a pessoa é agente de sua própria saúde e compartilha com os profissionais o processo de tomada de decisão acerca do seu plano de cuidados, ocorre maior sucesso terapêutico. Além disso, recomenda que o termo adesão seja utilizado na prática clínica e nas publicações científicas (Brasil, 2016).

No mesmo sentido, a Organização Mundial de Saúde (OMS) (WHO, 2003) define a adesão como o grau em que o comportamento de uma pessoa – representado pela ingestão de medicação, seguimento da dieta e mudanças no estilo de vida – corresponde às recomendações de um médico ou profissional de saúde. De acordo com essa visão, a adesão ao tratamento implica em uma atitude ativa do paciente, envolvido de forma voluntária e colaborativa em conjunto com o profissional de saúde, visando a uma mudança de comportamento.

Ainda de acordo com a OMS (2003), problemas de adesão são observados em todas as situações em que é necessária uma autoadministração do tratamento, independentemente do tipo e da severidade da doença e da acessibilidade aos recursos de saúde. Leite e Vasconcellos (2003) afirmam que há adesão quando são seguidas pelo menos 80% das prescrições no seu total, observando horários e doses no uso dos medicamentos, tempo de tratamento, comparecimento às consultas, aos grupos de apoio, prática de exercícios físicos, seguimento de regimes alimentares e abandono de comportamentos de risco (Alves & Calixto, 2012; Arruda, Eto, Velten, Morelato, & Oliveira, 2015; Brasil, 2016).

Hori e Silva (2016) salientam que, apesar de os dados sobre a adesão muitas vezes serem descritos como variáveis dicotômicas – adesão *versus* não adesão –, a adesão pode variar de 0% a mais de 100%, nesse caso significando que a pessoa vai além das recomendações. Essas taxas de adesão são geralmente expressas como a porcentagem de doses efetivamente tomadas pelo paciente, em relação às prescritas, durante um período específico, sendo muito comum os estudos considerarem aceitáveis as taxas acima de 80%, indo ao encontro de referência preconizada por Leite e Vasconcellos descrita acima. Embora os autores se refiram à ingestão da medicação, pode-se também considerar a porcentagem de adesão aos comportamentos de saúde prescritos para o cálculo da taxa de adesão.

Recentemente, surgiu o termo "adesão parcial", referente a situações em que o paciente não adere totalmente ao tratamento. Tal atitude pode ser intencional – como quando um paciente diminui a dose ou interrompe a medicação diante de efeitos colaterais ou pela falta de sintomas da doença, por exemplo –, ou não intencional, causada por esquecimento da dose prescrita, pela falta de compreensão da informação prestada pelo profissional de saúde, pela confusão do esquema de tratamento, pelo rótulo impreciso ou pela dificuldade financeira para adquirir determinado produto (Dias et al., 2011).

Em suma, a não adesão ao regime terapêutico refere-se à atitude ou ao comportamento do indivíduo que não condiz com o conjunto de medidas terapêuticas prescritas para o controle da doença. Ela pode ser definida como: erros na dosagem ou na temporalidade da medicação, intencionais ou acidentais; faltas às consultas; e comportamentos de mudança equivocados ou mesmo não implementados. A não adesão é conhecida como a principal causa para o aumento da morbidade e mortalidade, para complicações de saúde e psicossociais, para a redução da qualidade de vida, para o aumento dos custos médicos e excesso na utilização dos serviços de saúde, implicando custos significativos em termos médicos e sociais (Arruda et al., 2015; Dias et al., 2011; Salles, 2017).

Outro fator agravante relacionado à baixa adesão é a ausência de sintomas de algumas doenças (Carvalho, 2018; Sousa, 2015). Alves e Calixto (2012) indicam que a falta de adesão ao tratamento de DCNT, como a hipertensão arterial sistêmica (HAS) e a diabetes mellitus (DM), é um grave problema de saúde pública, resultando na morte de milhares de brasileiros por ano (400 mil indivíduos com HAS e 36 mil com DM). A adesão ao tratamento é uma questão complexa por envolver diversas variáveis como gênero, idade, escolaridade, ausência de sintomas, efeitos indesejáveis, esquemas de administração complexos, não entendimento e reconhecimento da gravidade e a necessidade do tratamento, a relação paciente-profissional de saúde, dentre outros que serão discutidos a seguir.

Fatores Associados a Não Adesão

Embora possa parecer uma questão simples, muitos fatores contribuem para a dificuldade da adesão. Além de serem variadas, as barreiras que contribuem para a interrupção ou limitação do tratamento podem agir simultaneamente. Estudiosos da adesão afirmam que os fatores que interferem na adesão ao tratamento estão relacionados: ao paciente (sexo, idade, etnia, estado civil, escolaridade e nível socioeconômico); à doença (cronicidade, ausência de sintomas e consequências tardias); às crenças de saúde, aos hábitos de vida e a fatores culturais (percepção da seriedade do problema, desconhecimento, experiência com a doença no contexto familiar e autoestima); ao tratamento, no qual se engloba a qualidade de vida (custos, efeitos indesejáveis, esquemas terapêuticos complexos); à instituição (política de saúde, acesso ao serviço de saúde, tempo de espera e tempo de atendimento); às comorbidades; e ao relacionamento com a equipe de saúde (Carvalho, 2018; Salles, 2017; Sousa, 2015).

Em consonância com os fatores acima descritos, a OMS (2003) enfatiza que a adesão é um fenômeno multidimensional determinado pela interação de cinco conjuntos de fatores ou dimensões. Segundo esta abordagem, os fatores que concernem ao paciente são apenas um dos determinantes e a crença comum de que os pacientes são os únicos responsáveis por seguir seu tratamento é enganosa.

Na maioria das vezes, essa crença ocasiona uma incompreensão de como outros fatores podem afetar o comportamento e a capacidade das pessoas de aderir ao tratamento. Os cinco grupos, ou dimensões, descritos pela OMS são: sociais, econômicos e culturais; relacionados aos serviços e aos profissionais de saúde; relacionados à doença de base e a comorbidades; relacionados ao tratamento; e relacionados ao paciente.

No grupo dos fatores sociais, econômicos e culturais, destacam-se o nível de escolaridade, a situação profissional, os apoios sociais, as condições habitacionais, o preço dos transportes e dos medicamentos, a distância ao local de tratamento, e ainda, guerras, raça, crenças culturais e desigualdades sociais. Alguns autores incluem nesse grupo fatores sociodemográficos como a idade, o sexo e o estado civil (Carvalho, 2018; Salles, 2017; Sousa, 2015).

De acordo com a OMS, embora o nível socioeconômico não seja um preditor independente de adesão, nos países em desenvolvimento com baixa condição socioeconômica, os pacientes se veem numa posição de ter que escolher entre prioridades concorrentes, muitas vezes direcionando os escassos recursos disponíveis para atender à demanda de outros membros da família (WHO, 2003).

No grupo dos fatores relacionados aos serviços e aos profissionais de saúde se evidenciam o grau de desenvolvimento dos sistemas de saúde, o sistema de distribuição e acesso aos medicamentos, o grau de esclarecimento dos doentes face às orientações de tratamento, os recursos humanos e técnicos disponíveis nos serviços de saúde, os horários, a duração e frequência das consultas, os conhecimentos dos profissionais de saúde acerca das doenças, a qualidade da comunicação e a interação estabelecida entre profissional e paciente durante a consulta (Carvalho, 2018; Salles, 2017; Sousa, 2015; WHO, 2003). A OMS (2003) considera que, do mesmo modo que uma boa relação médico-paciente pode melhorar a adesão, muitos destes fatores podem ter efeito negativo, como a realização de consultas curtas e a pobre distribuição de medicamentos.

No grupo de fatores relacionados à doença de base e às comorbidades, encontram-se: a gravidade dos sintomas; a incapacidade física, psicológica, social e profissional que a doença acarreta; o grau de risco que a pessoa atribui à doença; o impacto que esta representa na sua vida; a natureza da doença, isto é, se é aguda ou crônica, sintomática ou assintomática. O impacto destes fatores depende de como eles influenciam a percepção dos pacientes quanto ao risco, à importância de seguir ou não o tratamento e à prioridade dada à adesão (Carvalho, 2018; Salles, 2017; Sousa, 2015; WHO, 2003).

No grupo de fatores relacionados ao tratamento estão incluídos a realização de alterações frequentes na medicação; a ausência imediata de melhoria dos sintomas e efeitos colaterais da medicação; o custo da medicação; o regime terapêutico complexo com grande quantidade de medicamentos a serem ingeridos; a variedade de horários de administração desses medicamentos; as mudanças nos hábitos de vida com exigências de mudanças comportamentais (Carvalho, 2018; Salles, 2017; Sousa, 2015; WHO, 2003).

Já no grupo dos fatores relacionados ao paciente destacam-se os recursos psicológicos, os conhecimentos, as atitudes e as crenças do paciente acerca de sua saúde e enfermidade; as percepções relativas a episódios de doenças (anteriores ou atuais); e as expectativas da própria pessoa. Também estão incluídas a motivação, a ausência de informação, o suporte, o apoio social e familiar para a mudança de comportamentos, a falta de capacidade, de motivação e de autoeficácia para gerir o regime terapêutico (Carvalho, 2018; Salles, 2017; Sousa, 2015; WHO, 2003).

De modo a identificar os fatores associados, Vasconcelos, Silva e Miranda (2017) realizaram uma revisão integrativa da literatura com o objetivo de identificar os fatores associados a não adesão ao tratamento de HAS e concluíram que existe uma série de fatores que contribuem para a não adesão medicamentosa. Dentre esses, observaram que a baixa escolaridade, a menor idade, o nível socioeconômico baixo, o etilismo, o curto tempo de diagnóstico da doença, o baixo grau de conhecimento sobre a doença e o maior número de medicamentos usados são fatores significantes para a não adesão. Tal resultado reforça alguns dos fatores já descritos.

O Ministério da Saúde (Brasil, 2016) chama atenção para outro fator que está diretamente relacionado à adesão ao tratamento: a literacia funcional em saúde (*functional health literacy*). Tal medida indica a capacidade dos indivíduos em obter, processar e compreender informações e serviços de saúde necessários para tomar decisões de saúde apropriadas. Estudos demonstram que adultos com inadequada literacia em saúde possuem maiores dificuldades para identificar seus medicamentos pelo nome, aderem menos ao tratamento e necessitam de intervenções específicas para melhorar a adesão, quando comparados com aqueles que possuem adequada literacia em saúde (Carvalho, 2018).

Um estudo publicado por Tavares et al. (2016), oriundo da Pesquisa Nacional sobre Acesso, Utilização e Promoção do Uso Racional de Medicamentos (PNAUM), avaliou os fatores associados à baixa adesão ao tratamento de doenças crônicas em uma amostra representativa da população brasileira adulta com 20 anos ou mais (n = 14.358). Os autores identificaram alguns aspectos importantes a serem considerados nessa população como será descrito a seguir.

A baixa adesão ao tratamento foi maior naqueles indivíduos com menor escolaridade, mostrando que este é um fator que deve ser considerado no processo de cuidado; a classe econômica dos indivíduos não se mostrou associada ao tratamento de doenças crônicas no Brasil; não foi encontrada diferença significativa entre homens e mulheres, mas os indivíduos mais jovens apresentaram maior baixa adesão ao tratamento.

Ainda como resultado da pesquisa de Tavares et al. (2016), em relação às características relacionadas à saúde dos indivíduos, a autopercepção de saúde muito ruim mostrou associação positiva com baixa adesão ao tratamento em pacientes em tratamento de doenças crônicas. Constatou-se também forte associação entre maior número de doenças crônicas e baixa adesão, indicando que o tratamento simultâneo para várias condições crônicas de saúde pode resultar em "polifarmácia". Regimes complexos de medicação que levam à necessidade da ingestão de medicamentos muitas vezes ao dia apresentam riscos farmacológicos e predispõem a não adesão. Constatou-se ainda que as maiores prevalências de baixa adesão foram encontradas nos indivíduos que tiveram que pagar parte do seu tratamento em relação aos que tiveram o acesso gratuito a todos os medicamentos. Quanto aos indivíduos que usavam três ou mais medicamentos, observou-se maior prevalência de baixa adesão, reforçando a complexidade do esquema terapêutico como um importante preditor negativo da adesão ao tratamento.

Como o Psicólogo pode ajudar no Desenvolvimento da Adesão?

Como visto, existem vários fatores envolvidos no processo de adesão e muitos deles têm relação com aspectos emocionais e comportamentais. Portanto, o psicólogo pode ter um importante papel no desenvolvimento de uma boa adesão ao tratamento de DCNT, especialmente o terapeuta cognitivo-comportamental devido ao grande arsenal de estratégias que faz parte da abordagem teórico/prática de base. Rudnicki (2014) afirma que, em se tratando de adesão, nenhuma intervenção simples é eficaz. É necessária a combinação de várias estratégias, como a informação adequada, o aconselhamento, o automonitoramento, os lembretes, os reforços periódicos, a terapia familiar, a psicoterapia, o acompanhamento na internação e outras táticas cabíveis para cada caso.

Graffigna e Barello (2018) enfatizam que o "engajamento" do indivíduo inclui envolvimento ativo no processo de cuidados de saúde, o que tem relação com habilidades, conhecimento e autoeficácia do paciente em relação à sua saúde e à gestão de cuidados. Eles acrescentam que é preciso considerar até que ponto o indivíduo quer (ou não) estar envolvido no autocuidado e quais são os fatores/obstáculos específicos no caso dele. De acordo com os autores, explorar as perspectivas dos pacientes sobre o envolvimento é crucial para apoiar estratégias de cuidados realmente capazes de melhorar o envolvimento no mundo real.

Os autores propõem, portanto, uma perspectiva psicossocial sobre o envolvimento do paciente e apresentam o modelo *Patient Health Engagement* (PHE), desenvolvido a partir das noções e paradigmas da Psicologia da saúde do consumidor. É uma teoria psicológica baseada na experiência, fundamentada no estudo sistemático e aprofundado das vivências de doença dos pacientes por meio de pesquisa qualitativa narrativa.

De acordo com essa teoria, o envolvimento do paciente é um processo de desenvolvimento que inclui a capacidade de planejamento de projetos realistas de vida e a orientação por metas, mesmo vivendo com uma doença. O conceito de engajamento implica na escolha pessoal do indivíduo em mudar a sua atitude face ao sistema de saúde, passando de passivo para parceiro e copiloto com o prestador de cuidados de saúde. Esta mudança na identidade do papel pessoal é uma função do ajustamento evolutivo e da resiliência dos pacientes à sua condição de saúde (Graffigna & Barello, 2018).

Em consonância com a teoria descrita, é importante mencionar o papel da entrevista motivacional (EM) para o desenvolvimento do engajamento do indivíduo no tratamento. Tal abordagem psicoterápica foi desenvolvida por Miller e Rollnick (2001) com o objetivo de encorajar o paciente para mudanças comportamentais. Segundo os autores, a EM é uma estratégia diretiva, a qual busca o aumento de motivação por meio de uma reflexão baseada na empatia, visando à autonomia do paciente e à autoeficácia. Utiliza perguntas abertas, baseando-se em alguns princípios básicos como estender e explorar as motivações do paciente, fortalecê-lo com o estímulo de esperança e otimismo e escutá-lo com empatia.

Estudo realizado por Nascimento (2016) com pacientes com DM investigou o impacto da EM sobre dados clínicos e laboratoriais e no comportamento de autocuidado. Além disso, avaliou como profissionais de saúde lidavam com o método de trabalho, após terem sido treinados para a utilização da abordagem da EM. Embora não tenha sido encontrada diferença nas variáveis clínicas, observaram-se mudanças favoráveis no tipo de alimentos consumidos pelos pacientes, aumento na atividade física e melhora na adesão à medicação. Além disso, os agentes comunitários de saúde informaram ter havido melhora na qualidade do cuidado oferecido por eles e que o treinamento em EM mudou a interação com os pacientes.

A Terapia Cognitivo-Comportamental tem muito a oferecer no que diz respeito à adesão, com algumas estratégias eficientes para lidar com condições crônicas. O primeiro passo é fazer uma avaliação e uma conceituação cognitiva dos obstáculos ao uso efetivo da medicação e à adoção de outras recomendações médicas. Almeida (2014) salienta que entender o porquê de as pessoas não seguirem as recomendações médicas é primordial. Muitas questões práticas podem impedir um paciente de aderir corretamente às prescrições da equipe de saúde, como efeitos colaterais da medicação, falta de condição física ou financeira para realizar determinado comportamento, problemas sociais e familiares, entre outros.

A autora sugere ainda que alguns obstáculos psicológicos podem interferir no comportamento de não seguir as recomendações médicas. Tais obstáculos costumam ser acessíveis às técnicas da TCC e geralmente envolvem as crenças do paciente, muitas vezes disfuncionais, e que podem ser relacionadas aos médicos e/ou ao tratamento. Deve-se analisar a precisão dessas crenças, das regras e dos pensamentos automáticos dos pacientes e solicitar-lhes que examinem as evidências em favor de tais crenças. Os pacientes podem fazer experimentos com mudanças na medicação e no estilo de vida e avaliar os resultados para verificar se suas previsões são de fato precisas. Para além dessas técnicas, é importante validar as dificuldades reais do paciente sem catastrofizá-las, defender uma avaliação não discriminatória da doença e normalizar o luto pelas perdas significativas que o paciente enfrenta.

A Psicoeducação é outra estratégia fundamental quando se trabalha com pacientes com dificuldades de adesão e envolve avaliar o que ele entende sobre a natureza da sua doença e do tratamento, corrigindo as suas concepções incorretas. É preciso, ainda, utilizar outras técnicas cognitivas e comportamentais em conjunto com a Psicoeducação, como o estabelecimento de metas. Por meio desta técnica, é possível proporcionar uma estrutura de ação clara que, conforme os objetivos são alcançados, leva a um fortalecimento do senso de autoeficácia ao longo do tempo (Almeida, 2014).

Além das estratégias mencionadas, várias outras de base cognitivo-comportamental, comumente utilizadas para diversas outras queixas, podem ser adaptadas para desenvolver ou aprimorar a adesão ao tratamento, como técnicas de automonitoramento, reestruturação cognitiva, relaxamento e respiração diafragmática, treino de assertividade, resolução de problemas e prevenção de recaída (Almeida, 2004).

Considerações finais

Aderir ao tratamento é imprescindível para o controle das DCNT, todavia há fortes evidências de que muitos pacientes têm dificuldade em aderir aos esquemas terapêuticos recomendados. A não adesão é classicamente considerada um fenômeno complexo e multideterminado, resultando da interação de um conjunto de fatores, não podendo ser responsabilidade única e exclusiva do paciente. Os estudos epidemiológicos apontam variados fatores associados a não adesão que costumam ser analisados conjuntamente, destacando-se fatores sociais, econômicos e culturais, ligados aos serviços e aos profissionais de saúde, fatores que concernem à doença de base e a comorbidades, fatores que dizem respeito ao tratamento e àqueles relacionados ao paciente. Qualquer ação que busque intervir na adesão de um ou mais indivíduos precisa levar em consideração esses cinco grupos de fatores, caso contrário, há uma grande chance de não conseguir atingir os resultados esperados.

A baixa adesão ao tratamento medicamentoso para doenças crônicas no Brasil é relevante e as diferenças regionais, demográficas e aquelas relacionadas à atenção à saúde do paciente e ao regime terapêutico requerem ações coordenadas entre profissionais de saúde, pesquisadores, gestores e formuladores de políticas para o seu enfrentamento (Tavares et al., 2016). Melhorar a adesão não é tarefa fácil.

Intervenções para melhorar a adesão, sejam educativas, comportamentais ou baseadas em recursos tecnológicos, precisam ser desenvolvidas levando-se em consideração as características das pessoas e os serviços envolvidos.

Referências

Almeida, R. A. (2014). *Adesão ao tratamento de hipertensão e diabetes: elaboração de um inventário de adesão e de um protocolo de intervenção cognitivo-comportamental* (Tese de Doutorado). Instituto de Psicologia, Universidade Federal do Rio de Janeiro, Rio de Janeiro, RJ, Brasil.

Alves, B. A., & Calixto, A. A. T. F. (2012). Aspectos determinantes da adesão ao tratamento de hipertensão e diabetes em uma Unidade Básica de Saúde do interior paulista. *Journal of the Health Sciences Institute, 30*(3), 255-260. Recuperado de https://www3.unip.br/presencial/comunicacao/publicacoes/ics/edicoes/2012/03_jul-set/V30_n3_2012_p255a260.pdf

Arruda, D. C. J., Eto, F. N., Velten, A. P. C., Morelato, R. L., & Oliveira, E. R. A. (2015). Fatores associados a não adesão medicamentosa entre idosos de um ambulatório filantrópico do Espírito Santo. *Revista Brasileira de Geriatria e Gerontologia, 18*(2), 327-337. doi: http://dx.doi.org/10.1590/1809-9823.2015.14074

Brasil. Ministério da Saúde. Secretaria de Ciência, Tecnologia e Insumos Estratégicos. Departamento de Ciência e Tecnologia. (2016). *Síntese de evidências para políticas de saúde: adesão ao tratamento medicamentoso por pacientes portadores de doenças crônicas.* Brasília: Ministério da Saúde.

Carvalho, T. R. (2018). *Análise da associação entre letramento funcional em saúde e adesão ao tratamento medicamentoso da Hipertensão Arterial Sistêmica* (Dissertação de Mestrado). Faculdade de Medicina, Universidade Federal de Juiz de Fora, Juiz de Fora, MG, Brasil.

Dias, A. M., Cunha, M. Santos, A. M. M, Neves, A. P. G., Pinto, A. F. C., Silva, A. S. A., & Castro, S. A. (2011). Adesão ao regime terapêutico na doença crônica: revisão de literatura. *Millenium, 40*, 201-219. Recuperado de https://revistas.rcaap.pt/millenium/article/view/8228

Graffigna, G., & Barello, S. (2018). SpotlightonthePatient Health engagement model (PHemodel): a psychosocial theory tounderstand people's meaningful engagement in their own health care. *Patient Preference and Adherence, 12*, 1261-1271. doi: 10.2147/PPA.S145646

Haynes R.B. (1979). Determinants of compliance: the disease and the mechanics of treatment. In: R. B. Haynes, D. W. Taylor, & D. L. Sackett (Orgs.). *Compliance in Health Care* (pp. 49-62). Baltimore: Johns Hopkins University Press.

Hori, P. C., & Silva, G. V. (2016). Adesão ao tratamento farmacológico anti-hipertensivo: abordagem, métodos de aferição e programas de obtenção de bons resultados. *Revista Brasileira de Hipertensão, 23*(4), 84-89. Recuperado de https://www.researchgate.net/profile/Weimar_Souza/publication/323930281_Manejo_clinico_da_pre-hipertensao/links/5ab3018eaca272171001c6ae/Manejo-clinico-da-pre-hipertensao.pdf#page=8

Leite, S. N., & Vasconcellos, M. P. C. (2003). Adesão à terapêutica medicamentosa: elementos para a discussão de conceitos e pressupostos adotados na literatura. *Ciência & Saúde Coletiva, 8*(3), 775-782. Recuperado de http://www.scielo.br/pdf/csc/v8n3/17457.pdf

Mansour, S. M., Monteiro, C. N., & Luiz, O. C. (2016). Adesão ao tratamento farmacológico de pacientes hipertensos entre participantes do Programa Remédio em Casa. *Revista Epidemiologia e Serviços de Saúde, 25*(3), 647-654. doi: doi.org/10.5123/S1679-49742016000300021

Massi-Benedetti, M. (2012). Advisory Board. The costof diabetes Type II in Europe: the CODE-2 Study. *Diabetologia, 45*(7), S1-4. doi: 10.1007/s00125-002-0860-3

Miller, W. R., & Rollnick, S. (2001). *Entrevista Motivacional: preparando as pessoas para a mudança de comportamentos adictivos*. Porto Alegre: Artes Médicas.

Nascimento, T. M. R. V. (2016). *A prática do autocuidado em diabetes: o papel da equipe estratégia de saúde da família com ênfase no agente comunitário na região oeste de São Paulo* (Dissertação de Mestrado). Universidade de São Paulo, São Paulo, Brasil.

Salles, M. C. R. (2017). *Projeto de intervenção para melhorar a adesão ao regime terapêutico em idosos hipertensos da Unidade Básica de Saúde de Ravena, município de Sabará, Minas*

Gerais (Trabalho de conclusão de curso). Universidade Federal de Minas Gerais, Lagoa Santa, Minas Gerais, Brasil.

Sousa, M. C. P. T. (2015). *Proposta de intervenção para melhora da adesão ao tratamento de doenças crônicas: um estudo na Unidade Básica de Saúde Pedreira Santa Rita, Contagem, Minas Gerais* (Trabalho de Conclusão de Curso). Universidade Federal de Minas Gerais, Belo Horizonte, Minas Gerais, Brasil.

Tavares, N. U. L, Bertoldi, A. D., Mengue, S. S., Arrais, P. S. D., Luiza, V. L., Oliveira, ... & Dal Pizzol, T. S. (2016). Fatores associados à baixa adesão ao tratamento farmacológico de doenças crônicas no Brasil. *Revista de Saúde Pública, 50*(supl. 2), 1s-10s. doi: 10.1590/S1518-8787.2016050006150

Vasconcelos, T. R. S., Silva, J. M., & Miranda, L. N. (2017). Fatores associados a não adesão ao tratamento de pacientes com Hipertensão Arterial Sistêmica: uma revisão integrativa da literatura. *Ciências Biológicas e de Saúde Unit, 4*(2), 385-396. Recuperado de https://periodicos.set.edu.br/index.php/fitsbiosaude/article/view/4591/2627

World Health Organization. (2003). Adherence to long-term therapies: evidence for action. Recuperado de http://www.who.int/chp/knowledge/publications/adherence_full_report.pdf

Capítulo 14

CONTRIBUIÇÕES DAS TERAPIAS COGNITIVO-COMPORTAMENTAIS NO MANEJO DO ESTRESSE DE MINORIAS EM LÉSBICAS, *GAYS*, BISSEXUAIS E PESSOAS TRANS

XIII Mostra de TCC, 2015
Trabalho apresentado na modalidade Comunicação Oral

Fernanda de Oliveira Paveltchuk
Marcele Regine de Carvalho

Síntese

O estresse relacionado à homofobia e à transfobia, considerado um tipo de estresse de minoria, pode funcionar como facilitador no desenvolvimento de psicopatologias em indivíduos LGBT. A Terapia Cognitivo-Comportamental pode contribuir para a melhoria da qualidade de vida da população LGBT ao oferecer um tratamento afirmativo que rompa com padrões cognitivos permeados pela internalização da homofobia ou da transfobia, além de favorecer o desenvolvimento de estratégias de *coping,* que funcionem como mediadoras ao estresse decorrente dos processos de estigmatização e discriminação sofridos.

Introdução

Minorias sexuais e de gênero, como lésbicas (mulheres que se atraem e se apaixonam por outras mulheres), *gays* (homens que se atraem e se apaixonam por outros homens), bissexuais (pessoas que se atraem por mais de um gênero) e pessoas transgênero (pessoas que não se identificam com o gênero que lhes foram assinalados ao nascer, podendo ter uma identidade binária ou não binária) (LGBT) apresentam altos índices de problemáticas como depressão e suicídio, abuso de substâncias e problemas interpessoais (Birkett, Espelage, & Koenig, 2009). O estigma associado às minorias sexuais e de gênero é tido como gerador de estressores específicos para esses grupos, o que impacta seus padrões cognitivos, emocionais e comportamentais e nos desfechos de saúde mental (Pachankis, Hatzenbuehler, Rendina, Safren, & Parsons, 2015).

O estresse se caracteriza por reação psicológica e física derivada de uma quebra de homeostase. Nneste sentido, o estresse é uma tentativa de adaptação do indivíduo a um evento desestabilizador (Lipp & Malagris, 2011). Os eventos desestabilizadores são chamados estressores, e podem ter cunho social (Stuber, Meyer, & Link, 2008). O estresse relacionado à homofobia e à transfobia parece ser a fonte das maiores dificuldades em indivíduos LGBT (Pachankis & Safren, 2019). Neste sentido, o modelo do estresse de minorias (EM) sugere que a população LGBT possui estressores específicos, adicionais aos estressores independentes de orientação sexual e de identidade de gênero (Meyer, 2003; Austin & Craig, 2019).

O objetivo do presente estudo é abordar como a Terapia Cognitivo-Comportamental (TCC) pode contribuir para a melhoria da qualidade de vida da população LGBT, ao oferecer um tratamento que possibilite ao cliente o desenvolvimento de estratégias de *coping*, que funcionem como mediadoras ao estresse decorrente dos processos de estigmatização e discriminação sofridos. Ademais, pretende-se expor alguns pormenores éticos pertinentes ao acompanhamento terapêutico de indivíduos LGBT para aprimorar a relação terapêutica e encorajar o engajamento do cliente ao tratamento.

Estresse de Minorias

Conforme já ressaltado, o estresse pode ser definido como uma reação física e psicológica de adaptação do organismo causada por alterações na homeostase (Lipp & Malagris, 2011). A quebra de homeostase pode se dar a partir de estímulos externos e internos chamados estressores: situações promovedoras de desequilíbrio e reações emocionais fortes sejam positivas ou negativas (Lipp & Malagris, 2011). Estressores externos são acontecimentos ou condições do meio que afetam o equilíbrio, enquanto estressores internos estão relacionados ao indivíduo em estresse (crenças e a falta de assertividade e personalidade são alguns exemplos) (Lipp & Malagris, 2011).

O estresse específico de minorias sexuais e de gênero tem cunho social e pode ser proveniente de processos de estigmatização e discriminação (Stuber, Meyer, & Link, 2008). Estigmatização é o termo usado para designar ideias prontas e enraizadas a respeito de algo, enquanto discriminação é uma ação ofensiva e/ou violenta com base no estigma (Stuber, Meyer, & Link, 2008). Portanto, não somente o indivíduo LGBT poderia estar exposto cotidianamente a situações de discriminação e violência, como também a estigmatização poderia ajudar a desenvolver crenças negativas a respeito de sua orientação sexual ou identidade de gênero, o que poderia também levar a antecipações sobre reações preconceituosas provenientes de seus pares. O estresse gerado por se manter em estado de alerta também é um fator diferencial para a vulnerabilidade da pessoa LGBT (Stuber, Meyer, & Link, 2008).

A teoria do estresse de minorias (EM) inicialmente sistematiza as condições internas e externas vividas por minorias sexuais, ou seja, pessoas não heterossexuais (p. ex., atos de discriminação, homofobia internalizada, construção de identidade sexual, ocultação e/ou revelação da identidade sexual), além disso, articula essas condições a desfechos de saúde mental dessa população (Meyer, 2003).

Neste sentido, o modelo do EM pressupõe que fazer parte de um grupo minoritário significa vivenciar certas experiências estressoras que podem impactar a saúde mental (Pachankis & Safren, 2019). Como já relatado, estressores acarretam mudanças e a necessidade por adaptação, e eles podem ter origem no âmbito social. Portanto, não somente eventos pessoais são fontes de estresse, como condições sociais (p. ex., baixo apoio social, atos de preconceito, violência sofrida, etc.) também podem levar a efeitos negativos na saúde física e mental (Meyer, 2003). O EM é adicional ao estresse com que todos têm contato no cotidiano. Pessoas estigmatizadas precisam se adaptar a situações que não acontecem com os não estigmatizados, pois lidam com estressores específicos somados aos estressores comuns.

O modelo do EM admite quatro tipos de estressores para pessoas lésbicas, *gays* e bissexuais (LGB): experiências de vitimização (preconceito, rejeição, violência e agressão em relação à orientação sexual de uma pessoa); homonegatividade internalizada (crenças negativas disfuncionais a respeito da própria orientação sexual); expectativas de rejeição; e ocultação da identidade sexual (esconder de si e/ou de outras pessoas sua orientação sexual) (Meyer, 2003). Características individuais e do meio são tidas como moderadoras de desfechos de saúde mental positivos ou negativos (p. ex., características da identidade sexual, conectividade comunitária, estratégias de *coping* e apoio social) (Lobato et al., 2015; Meyer, 2003).

No que diz respeito à adaptação da teoria do EM para a população transgênero, é necessário compreender o contexto no qual essas pessoas estão inseridas. Ao considerar o papel do estresse da minoria de gênero na conceitualização de caso do indivíduo, deve-se observar o papel da identidade de gênero na construção do *self*, e no impacto da disforia de gênero quando se vive sob uma identidade de gênero imposta e assinalada por outros, que difere da identidade de gênero própria (Austin & Craig, 2019). Violência verbal e física, abuso sexual e discriminação relacionada a pessoas trans desde a infância são comumente reportados por essa população (James et al., 2016).

Contribuições da Terapia Cognitivo-Comportamental

A TCC tem diversas contribuições no que concerne ao tratamento de diversos quadros clínicos gerados pelo estresse de minoria cronificado (Balsam,

Martell, Jones, & Safren, 2019). Isto se deve à TCC basear-se no pressuposto de que são as interpretações de uma pessoa sobre os fatos, mais do que os fatos em si, que a fazem sentir ou se comportar de determinada forma (Pereira & Rangé, 2011). Extrai-se sentido do ambiente a partir das interações do indivíduo com o mundo; as experiências são organizadas de forma que permita um modo de funcionamento adaptativo (Beck, 1997; Wright, Basco, & Thase, 2008).

As interpretações são chamadas de cognições e podem se apresentar em três níveis: pensamentos automáticos (interpretações imediatas e superficiais a respeito das situações), crenças intermediárias (regras e suposições), e crenças centrais (entendimentos profundos e enraizados elaborados pelas pessoas ao longo da vida, sobre elas mesmas, sobre os outros ou sobre o mundo) (Wright, Basco, & Thase, 2008). As crenças centrais são globais, rígidas e supergeneralizadas; são filtros interpretativos, e podem ser funcionais ou disfuncionais (Wenzel, 2018). Portanto, é possível que o sofrimento psíquico esteja relacionado a crenças centrais disfuncionais desenvolvidas pela pessoa ao longo da vida. O modelo cognitivo supõe que a modificação das cognições levaria à modificação de emoções e comportamentos, devido à interligação destes fatores (Beck, 1997; Pereira & Rangé, 2011). A identificação e a modificação destas crenças significa possibilitar também a modificação de suas consequências comportamentais e emocionais (Pereira & Rangé, 2011).

Sabe-se que, na TCC, a história de vida do cliente é um fator-chave para entender a formação e a manutenção de crenças centrais (Beck, 1997). Interpretações podem se acumular e funcionar como filtros que determinam a forma como as pessoas veem o mundo e a si mesmas (Wright, Basco, & Thase, 2008). Fatores socioambientais são decisivos no desenvolvimento de crenças centrais disfuncionais (ou seja, filtros desadaptativos por meio dos quais as pessoas interpretam o mundo) (Beck, 1997). Neste sentido, práticas baseadas em evidência adaptadas às necessidades de minorias sexuais e de gênero devem focar na compreensão de como o contexto que envolve ser parte de uma minoria explica os comportamentos, as cognições e possíveis sintomas apresentados pelo cliente (White Hughto, Reisner, & Pachankis, *no prelo*).

Por serem alvos de estigmatização e experiências de preconceito, muitas vezes, clientes LGBT desenvolvem ou fortalecem crenças negativas disfuncionais a respeito de si mesmos, tanto em relação à sua sexualidade ou à identidade de gênero, quanto de forma geral (Martell, Safren, & Prince, 2004). Às crenças negativas disfuncionais em relação à sexualidade dá-se o nome de homofobia internalizada (Pachankis et al., 2015). Transfobia internalizada é o termo utilizado para designar as crenças negativas disfuncionais relacionadas à identidade trans de uma pessoa transgênero (Austin & Craig, 2019).

Assim, no que concerne a intervenções cognitivo-comportamentais para o manejo do estresse de minorias sexuais e de gênero, a TCC apresenta contribuições estratégicas (Pachankis et al., 2015; Austin & Craig, 2019). A Psicoeducação também é parte integrante da TCC e tem por objetivo ensinar ao cliente a utilizar os métodos e as estratégias cognitivo-comportamentais, como a reestruturação cognitiva e o modelo cognitivo de cada transtorno ou problemática, além de ilustrar seu modo de funcionamento (Carvalho, Malagris, & Rangé, 2019). A partir do entendimento do modelo cognitivo e do EM, é possível que a compreensão das experiências de minoria sexual seja facilitada, o que pode possibilitar uma mudança de atitude mais imediata (Kuehlwein, 1998).

O uso de questionamento socrático e o preenchimento de registros de pensamento são estratégias tradicionais que ajudam a mapear e reconhecer as ligações entre a possível homofobia internalizada e as crenças centrais disfuncionais de cada cliente. Um cliente *gay* com alto estresse de minorias pode ter desenvolvido, ao longo de sua vida, a crença de que é defeituoso ou de que sempre será rejeitado, por exemplo. Neste caso, caberia o uso de registros de pensamento disfuncional para monitoramento de distorções cognitivas e a reestruturação das cognições. Além disso, pode-se fazer uso de estratégias da Terapia Cognitiva Processual (Oliveira, 2015) para a reestruturação das crenças centrais vigentes e para a elaboração de novas crenças. Estabelece-se que o cliente é o réu de um processo, em que a acusação é sua crença central (Neste exemplo: "Eu sou defeituoso, Sempre serei rejeitado") a ser reformulada. Assim, o cliente toma o papel de promotoria e defesa em um processo para saber se ele deve ser absolvido ou não. A promotoria expõe as razões pelas quais o cliente deve ser tido como culpado, enquanto a defesa busca evidências contra as acusações da promotoria. Segue um exemplo abreviado de como o diálogo poderia se dar nesta abordagem:

Psicoterapeuta: Você, como promotoria, poderia indicar algumas acusações ao réu, baseando-nos na acusação de inadequação/defeito?

Cliente: Sim. Bom, o réu é feminino, e não tem voz nem corte de cabelo típico de uma pessoa heterossexual. Homens heterossexuais não têm a voz fina e nem usam o cabelo penteado para o lado, e nem é tão grande quanto o que o réu usa.

Psicoterapeuta: Certo. A defesa tem direito de reposta. Você poderia trocar de assento para deixarmos a situação mais lúdica?

Cliente: Sim.

Psicoterapeuta: Quais são os seus argumentos, advogado de defesa?

Cliente: Muitos homens *gays* são femininos. Aliás, toda a separação de masculino e feminino é muito rígida. Os papéis de gênero são uma construção social.

Psicoterapeuta: E o que mais?

Cliente: Não é um problema ter uma característica que revele a homossexualidade. A homofobia é que está errada.

Outro passo é tentar identificar distorções cognitivas no discurso de cada um de forma imparcial, e depois, como num júri, tentar identificar qual das partes apresentou argumentos mais sólidos.

Psicoterapeuta: Muito bem. Vamos agora checar as distorções da promotoria?

Cliente: Sim. Encontramos rotulação, pensamento dicotômico, hipergeneralização e a tirania dos "deveria".

Psicoterapeuta: Certo. E que distorções a defesa apresentou?

Cliente: Acho que nenhuma.

Psicoterapeuta: Então, como júri, qual das duas escolhemos? O réu foi culpado ou absolvido?

Cliente: A defesa foi mais sólida nos argumentos. A promotoria estava cheia de distorções e erros... O réu está absolvido. Não é inadequado.

Outras estratégias padrão de TCC também podem ser utilizadas visando mudança. No exemplo de uma cliente que tem a crença central "não devo ser feliz por ser bissexual", esta pode se sentir culpada ao experienciar momentos felizes, forçando-se em seguida a ficar triste e a sentir culpa por se divertir, evitando novas experiências, assim, retraindo-se. Isto poderia acarretar uma dificuldade de expressar sua sexualidade livremente e uma postura passiva frente a seus pares. Caberia lançar mão de treinamentos de estratégias de *coping* a fim de aumentar a resiliência e a autoeficácia da cliente, a fim de que ela possa desenvolver modos de aprimorar sua capacidade de expor suas necessidades e vivenciá-las.

Para tanto, é possível propor treinos de assertividade e de controle de raiva e estresse, além de lançar mão de *roleplay* e treino de habilidades sociais (Pachankis et al., 2015). O seguinte *roleplay*, em que a cliente treina assertividade ao "sair do armário", pode servir de exemplo de uma possível prática:

Cliente: "Mãe, preciso te contar uma coisa. Eu sou bissexual e estou em um relacionamento com outra garota. Eu me sinto ofendida quando você afirma que pessoas LGBT são depravadas ou aberrações. Isso me deixa triste, me machuca. Eu entendo que você tenha sua opinião, mas também preciso de espaço para ser quem eu sou, e não posso mais colocar a felicidade de nenhuma outra pessoa à frente da minha. Assim, eu proponho que estabeleçamos um acordo em conjunto, de modo que uma respeite a posição da outra".

A partir disto, o psicoterapeuta poderia seguir o diálogo representando a mãe da cliente, enquanto a mesma treina para responder de forma assertiva às suas colocações.

Também é possível fazer uso de exposições para algumas necessidades específicas. Por exemplo: ao compreender o processo de transição pelo qual pessoas transgênero passam como algo que vai além da realização e dos procedimentos hormonais e/ou cirúrgicos, entende-se que algumas etapas podem ser mais ansiogênicas do que outras. Um homem trans (assinalado mulher ao nascer, identifica-se com o gênero masculino) que buscasse psicoterapia para manejar os sintomas de ansiedade provenientes da transição poderia, com o auxílio do psicoterapeuta, construir uma hierarquia de exposições graduais e sistemáticas para buscar uma vida mais autêntica (Pachankis et al., 2015), como observado no exemplo a seguir.

Hierarquia de Transição

1. Entrar na seção masculina de lojas de departamento (20%).
2. Experimentar roupas da seção masculina (25%).
3. Comprar roupas com as quais me sinta mais confortável (30%).
4. Usar roupas com as quais me sinta mais confortável na faculdade (35%).
5. Usar roupas com as quais me sinta mais confortável em eventos sociais (40%).
6. Usar roupas com as quais me sinta mais confortável em casa (45%).
7. Cortar o cabelo (50%).
8. Contar para a minha melhor amiga que sou trans (55%).
9. Contar para o meu irmão que sou trans (60%).
10. Contar para os meus outros amigos que sou trans (65%).
11. Contar para a minha namorada que sou trans (70%).
12. Contar para a minha mãe que sou trans (75%).
13. Contar para o meu pai que sou trans (80%).

Pode ser fundamental estimular os clientes a desenvolver uma rede de apoio social na comunidade LGBT para que eles tenham alternativas de apoio caso haja rejeição familiar em decorrência da homofobia e/ou da transfobia. Também é importante questionar a possível rigidez do pensamento que impeça experiências de interação social (Ex: "serei rejeitado, pois todas as pessoas são transfóbicas") e treinar habilidades de enfrentamento de episódios de homofobia e transfobia que possam acontecer (Pachankis et al., 2015).

Neste sentido, o encorajamento da inserção do cliente na convivência com outras pessoas LGBT pode ser fundamental, pois a interação com pessoas com características similares às suas poderá promover a sensação de pertencimento e diminuir a impressão que alguns clientes podem ter de que são diferentes, únicos ou isolados (Garcia et al., 2019). Isso pode ser particularmente útil no tratamento afirmativo de clientes transgêneros, uma vez que informações a respeito de procedimentos, como tratamento hormonal e cirurgias, são raramente difundidas. O cliente que precisar destas informações poderá buscar na própria comunidade, já que diários de transição (ou seja, registros das etapas do processo de busca de uma vida mais autêntica) são muito realizados dentro da comunidade trans.

Ademais, pode ser essencial estar em contato com outros indivíduos que dividam experiências similares durante o período de transição, e o senso de pertencimento pode auxiliar o paciente a questionar possíveis cognições associadas à transfobia internalizada (Austin & Craig, 2019). Neste contexto, estudos com Psicoterapia de grupo começam a ser conduzidos.

Pachankis et al. (2015) elaboraram um protocolo de TCC baseado nas estratégias do Protocolo Unificado para Tratamento Transdiagnóstico de Transtornos Emocionais de Ellard, Fairholme, Boisseau, Farchione, e Barlow (2010), com foco em clientes homens, *gays* e bissexuais com estresse de minorias. O protocolo, chamado *Effective Skills to Empower Effective Men* (ESTEEM ou "ESTIMA" (Estratégias Efetivas para Empoderar Homens Efetivos)), possui dez sessões, contando com psicoeducação a respeito do modelo cognitivo, da TCC e de suas implicações no EM, além de propor hierarquias de exposição contra a evitação emocional e comportamental (Pachankis et al., 2015).

Considerações Éticas

Alguns cuidados devem ser tomados no que diz respeito ao vínculo terapêutico quando se objetiva uma prática afirmativa e inclusiva da TCC no tratamento de clientes LGBT. Discurso e postura heteronormativas podem ser impeditores do estreitamento da relação no que se refere a clientes LGB (Torres, 2019). Por heteronormativa se compreende qualquer ação ou comportamento que pressuponha a heterossexualidade de outrem (Herek, 1995). Demonstrar surpresa quando o cliente revela que não é heterossexual ou supor que uma pessoa só possa manter um relacionamento com alguém do gênero oposto, sem considerar outras possibilidades durante a entrevista inicial ou ao longo do tratamento, podem trazer danos à relação terapêutica (Torres, 2019).

Destaca-se também a importância do uso de linguagem LGB-inclusiva e não heteronormativa nos instrumentos utilizados. Em relação a questionários de ansiedade social, por exemplo, que contenham itens similares a "sinto desconforto ao redor de pessoas do gênero oposto", cabe destacar a importância de usar frases como "sinto desconforto ao redor de pessoas por quem eu sinta atração" (Paveltchuk & Carvalho, 2019). Ainda no contexto da linguagem utilizada, é recomendável que o psicoterapeuta esteja de antemão familiarizado com a cultura LGBT e os termos mais apropriados no que diz respeito a essa população.

No que concerne ao tratamento para minorias sexuais, expressões como "opção sexual" e "homossexualismo" são consideradas inadequadas pela Associação Americana de Psicologia (APA), e recomenda-se que sejam evitadas no consultório. Desde 1991, a APA recomenda o uso dos termos "*gay*", "lésbica" ou "bissexual", além de termos que o próprio cliente traga, como "demissexual" ou "panssexual" (APA, 1991; Martell, Safren, & Prince, 2004; Balsam, Martell, Jones, & Safren, 2019; Levounis, Drescher, & Barber, 2014).

Devido às identidades LGB serem autoatributivas, também é importante questionar a respeito de comportamentos e afetos dos clientes sem rotulá-los como pessoas lésbicas, *gays* ou bissexuais. Um exemplo disso são homens que se consideram heterossexuais, mas mantêm relacionamentos casuais com outros homens. Por não se sentirem contemplados pela identidade *gay*, mas apresentarem comportamentos sexuais com pessoas do mesmo gênero, eles se identificam como "homens que fazem sexo com outros homens" (Budenz et al., 2019).

Quanto a pessoas transgênero, o ideal é que o psicoterapeuta não assuma o gênero do cliente de antemão (Austin & Craig, 2019). Deve-se sempre perguntar a identidade de gênero e os pronomes utilizados pela pessoa e utilizá-los. Não respeitar o modo como o cliente trans prefere ser tratado gera empecilhos à relação terapêutica, uma vez que esse comportamento funciona como mais uma forma de desvalidação, reforçando a ideia de que a identidade de gênero do cliente é inadequada.

Não há tratamento apropriado se o psicoterapeuta não respeita aquele que busca terapia: prejuízos podem ser provenientes deste tipo de má prática profissional.

Um dos preceitos éticos de profissionais que lidam com a saúde mental é agir de forma racional e consciente, de modo a evitar prejudicar os clientes (Pachankis & Safren, 2019). A TCC tem como pressuposto básico a aceitação incondicional e a empatia para com o cliente, ou seja, o psicoterapeuta deve acolher o cliente em sua totalidade, sendo esta postura fundamental no caminho da mudança de padrões disfuncionais, os quais podem ter grande influência no desenvolvimento de psicopatologias (Beck, 1997).

Neste contexto, é recomendável que o psicoterapeuta avalie suas próprias crenças a respeito de minorias sexuais e de gênero a fim de observar de que modo sua conduta pode ser influenciada por tais cognições: assim, uma conduta não afirmativa é evitada (Lelutiu-Weinberger & Pachankis, 2017).

Cabe ainda destacar que o Conselho Federal de Psicologia, a partir das resoluções 001/99 e 001/2018, determina que os psicólogos não colaborarão com serviços que proponham tratamento e cura tanto das homossexualidades quanto de identidades trans (CFP, 1999; CFP, 2018). Deste modo, estão descartadas práticas terapêuticas que visem mudança comportamental e conversão de um indivíduo LGB à heterossexualidade, ou de uma pessoa trans a um gênero com o qual ela mesma não se identifica.

Considerações finais

O impacto de experiências de homofobia e transfobia no desenvolvimento de crenças centrais ao longo da vida do indivíduo LGBT pode ser considerável. As crenças centrais são os principais filtros pelos quais as pessoas interpretam o mundo e podem impactar diretamente na saúde mental. Considerando os altos índices de transtornos de humor e de ansiedade e as grandes taxas de suicídio na população LGBT, compreende-se a importância do trabalho clínico adequado em TCC com esta população. Ressalta-se a relevância do assunto para uma prática terapêutica efetiva que possa auxiliar indivíduos LGBT a encontrar maneiras de questionar e reestruturar crenças disfuncionais, apesar do estresse específico a que estão expostos, o que é fundamental para a promoção de saúde e para a qualidade de vida neste grupo minoritário.

Faz-se necessário um maior investimento em pesquisas neste campo, de modo que a prática terapêutica baseada em evidências da TCC possa oferecer um tratamento mais especializado e preparar mais profundamente os profissionais, tendo em vista que a formação profissional de qualidade pode também ajudar na consolidação de relações terapêuticas de aceitação, normalização e segurança, que possibilitem o engajamento do cliente e a promoção de mudanças.

Referências

Associação Americana de Psicologia (APA). (1991). Avoiding Heterosexual Bias in Language. *American Psychologist, 46*, 973-974.

Austin, A., & Craig, S. L. (2019). Transgender Affirmative Cognitive-Behavioral Therapy. In J.E. Pachankis, & S.A. Safren (Eds.). *Handbook of Evidence-Based Mental Health Practice with Sexual and Gender Minorities(74-96)*. New York: Oxford Press.

Balsam, K. F., Martell, C. R., Jones, & Safren, S. A. (2019). Affirmative cognitive behavior therapy with sexual and gender minority people. In G. Y. Iwamasa, & P. A. Hays (Eds.). *Culturally responsive cognitive behavior therapy: Practice and supervision*. Washington DC: American Psychological Association Press, 287-314.

Beck, J. (1997). *Terapia Cognitiva: teoria e prática*. Porto Alegre: Artmed.

Budenz, A., Klassen, A., Leader, A., Fisher, K., Yom-Tov, E., & Massey, P. (2019). HPV vaccine, Twitter, and gay, bisexual and other men who have sex with men. *Health promotion international, 35*(2):290-300. doi: 10.1093/heapro/daz030

De Carvalho, M. R., Malagris, L. E. N., & Rangé, B. P. (2019). Introdução: a psicoeducação na terapia cognitivo-comportamental. In M. R. Carvalho, L. E. N. Malagris, & B. P. Rangé (Orgs.). *Psicoeducação em terapia cognitivo-comportamental*. Novo Hamburgo: Sinopsys, 15-30.

Conselho Federal de Psicologia. (1999). Resolução 01/99. Recuperado de https://site.cfp.org.br/wp-content/uploads/1999/03/resolucao1999_1.pdf

Conselho Federal de Psicologia. (2018). Resolução 01/2018. Recuperado de https://site.cfp.org.br/wp-content/uploads/2018/01/Resolu%C3%A7%C3%A3o--CFP-01-2018.pdf

Ellard, K. K., Fairholme, C. P., Boisseau, C. L., Farchione, T. J., & Barlow, D. H. (2010). Unified protocol for the transdiagnostic treatment of emotional disorders: Protocol development and initial outcome data. *Cognitive and Behavioral Practice, 17*(1), 88-101. doi: 10.1016/j.cbpra.2009.06.002

Garcia, J., Vargas, N., Clark, J. L., Magaña Álvarez, M., Nelons, D. A., & Parker, R. G. (2019). Social isolation and connectedness as determinants of well-being: Global evidence mapping focused on LGBTQ youth. *Global public health, 15*(4):497-519. doi: 10.1080/17441692.2019.1682028

James, S. E., Herman, J. L., Rankin, S., Keisling, M., Mottet, L., & Anafi, M. (2016). *The report of the 2015 U.S. Transgender Survey.* Washington, DC: National Center for Transgender Equality.

Lelutiu-Weinberger, C., & Pachankis, J. E. (2017). Acceptability and preliminary efficacy of a lesbian, gay, bisexual, and transgender-affirmative mental health practice training in a highly stigmatizing national context. *LGBT health, 4*(5), 360-370. doi: 10.1089/lgbt.2016.0194

Lipp, M. E. N., & Malagris, L. E. N. (2011). Estresse: Aspectos históricos, teóricos e clínicos. In Rangé, B. *Psicoterapias cognitivo-comportamentais: Um diálogo com a psiquiatria* (pp. 617-632). Porto Alegre: Artmed.

Lobato, M. I. R., Costa, A. B., Fontanari, A. M. V., Soll, B. M. B., Mueller, A., Rosa Filho, H. T., ... Silva, D.C. (2015). Saúde mental e população de lésbicas, *gays*, bissexuais e pessoas trans. In A.E. Nardi, A.G. Silva, J.L. Quevedo (Orgs). *Associação Brasileira de Psiquiatria. PROPSIQ Programa de atualização em Psiquiatria*: Ciclo 4. Porto Alegre: Artmed, 49-82.

Martell, C. R., Safren, S. A., & Prince, S. E. (2004). *Cognitive-behavioral therapies with lesbian, gay, and bisexual clients.* New York: The Guilford Press.

Meyer, I. H. (2003). Prejudice, Social Stress, and Mental Health in Lesbian, Gay, and Bisexual Populations: Conceptual Issues and Research Evidence. *Psychological Bulletin, 129*, 674-697. doi: 10.1037/0033-2909.129.5.674

Pachankis, J. E., Hatzenbuehler, M. L., Rendina, H. J., Safren, S. A., & Parsons, J. T. (2015). LGB-affirmative cognitive-behavioral therapy for young adult gay and bisexual men: A randomized controlled trial of a transdiagnostic minority stress approach. *Journal of Consulting and Clinical Psychology, 83*, 875-889. doi: 10.1037/ccp0000037

Pachankis, J. E., & Safren, S. A. (2019). Adapting Evidence-Based Practice for Sexual and Gender Minorities: The Current State and Future Promise of Scientific and Affirmative Treatment Approaches. In J.E. Pachankis, & S.A. Safren (Eds.). *Handbook of Evidence-Based Mental Health Practice with Sexual and Gender Minorities*, 3-24. New York: Oxford University Press.

Paveltchuk, F. O., & Carvalho, M. R. (2019). Avaliação psicológica de estresse de minorias em pessoas lésbicas, *gays* e bissexuais. In J. C. Borsa (Ed.). *Avaliação Psicológica Aplicada a Contextos de Vulnerabilidade Psicossocial* (pp. 381-400). Campinas: Vetor Editora.

Pereira, M., & Rangé, B. (2011). Terapia cognitiva. In B.P. Rangé (Org.). *Psicoterapias cognitivo-comportamentais: um diálogo com a psiquiatria* (20-32). Porto Alegre: Artmed.

Stuber, J., Meyer, I., & Link, B. (2008). Stigma, prejudice, discrimination and health. *Socialscience & medicine*, *67*(3), 351–357.doi:10.1016/j.socscimed.2008.03.023

Torres, J. G. (2019). A Biopsychosocial Perspective on Bisexuality: A Review for Marriage and Family Therapists. *Journal of Bisexuality, 19*, 51-66. doi: 10.1080/15299716.2019.1596863

Wenzel, A. (2018). *Inovações em Terapia Cognitivo-Comportamental: Intervenções Estratégicas para uma Prática Criativa.* Artmed Editora.

White Hughto, J. M., Pachankis, J. E., & Reisner, S. L. (no prelo). Healthcare mistreatment and avoidance in trans masculine adults: The mediating role of rejection sensitivity. *Psychology of Sexual Orientation and Gender Diversity.*

Wright, J. H., Basco, M. R., & Thase, M. E. (2008). *Aprendendo a terapia cognitivo-comportamental.* Artmed Editora.

Capítulo 15

INTERVENÇÕES EM TCC COM UNIVERSITÁRIOS

XVI Mostra de TCC, 2018

Trabalho apresentado na modalidade Conferência

Ilana Andretta

Luciane Leila Linden Gottschalk

Roberto Chiodelli

Luana Thereza Nesi de Mello

Síntese

A entrada na universidade caracteriza uma etapa importante do ciclo vital e é marcada por diversas tarefas evolutivas. Caso não se dê de forma adaptativa, consequências negativas podem aparecer. Alguns programas de intervenção vêm se mostrando promissores neste contexto como o *Mindfulness* e o *Coaching* Cognitivo-Comportamental. Este capítulo tratará de descrever dois programas de intervenções, bem como seus resultados, trazendo possibilidade de replicação em outros contextos.

Introdução

A vida universitária caracteriza-se por um período longo marcado pelo início da vida adulta. Trata-se de uma fase caracterizada por desafios, mudanças e dificuldades a serem superadas, decisões, escolhas, vivências individuais e coletivas, que exige habilidades talvez não utilizadas anteriormente (Assis, 2010).

Os universitários, devido às inúmeras demandas e decisões atreladas a esta fase, são suscetíveis a sintomas de estresse, ansiedade e depressão, os quais podem estar vinculados a preocupações com os estudos, dificuldades de relacionamentos e tem, muitas vezes, como consequência o uso de drogas (Assis, 2010; Cerchiari, 2004). Possivelmente, os déficits no repertório de manejo de estressores associados às demandas nesse novo contexto contribuem para a emergência de padrões menos adaptativos (Oliveira & Padovani, 2014).

Estima-se que 30% a 50% dos universitários preencham critérios para, pelo menos, um tipo de transtorno mental durante sua experiência acadêmica (Auerbach et al., 2016). Os transtornos mentais têm maior incidência antes dos 24 anos de idade e são considerados como grande parte das doenças que acometem jovens adultos no mundo (Uwatoko et al., 2018).

Sabe-se que os transtornos mentais, quando não tratados, podem causar prejuízos na vida dos indivíduos e estes poderão ser potencializados durante a formação universitária. Dessa forma, a expectativa criada mediante as novas experiências, as oportunidades, os desafios, os estágios e os empregos durante a universidade pode desenvolver um nível intenso de estresse nesses indivíduos (Uwatoko et al., 2018). Além disso, a redução no desempenho acadêmico, o aumento da evasão universitária antes da finalização do curso e o prejuízo nas relações sociais são exemplos da repercussão que os transtornos mentais podem ocasionar nos indivíduos durante esse período. Esses fatores também podem estar relacionados a outras comorbidades, como o uso de substâncias e o risco de suicídio (Bruffaerts et al., 2018). No entanto, mesmo havendo necessidade e relevância, a minoria dos universitários busca atendimento psicológico. As razões atribuídas para tal dizem respeito à falta de tempo, a dinheiro e ao estigma relacionado à saúde mental (Uwatoko et al., 2018).

A existência de programas de apoio psicológico aos estudantes pode minimizar dificuldades psicossociais, situações de sofrimento e auxiliar no manejo de transtornos mentais. Pode promover a saúde no contexto universitário por meio da qualidade de vida e do desenvolvimento das potencialidades (Assis, 2010; Cerchiari, 2004; Oliveira & Padovani, 2014). A literatura acerca do tema sugere projetos de integração a calouros para que os serviços da universidade sejam conhecidos e acessados ao longo da formação, porém também cabe ao aluno buscar a informação quando necessitar (Assis, 2010).

O número de Instituições de Ensino Superior (IES) preocupadas com a questão da saúde mental do estudante universitário tem crescido e vários programas de intervenção psicológica têm sido implantados nas IES brasileiras (Cerchiari, 2004). A fim de proporcionar visibilidade e credibilidade a estes programas, são necessárias pesquisas e intervenções para as diferentes demandas dos universitários (Oliveira & Padovani, 2014).

Os universitários merecem uma atenção especial, independentemente do seu estágio no curso, por estarem vulneráveis a questões do seu próprio desenvolvimento, pela exploração de novos papéis sociais, pelo estabelecimento de relações interpessoais, pelo contexto acadêmico, pelas escolhas e exigências (Silva, 2011). Entretanto, a etapa final dos cursos de graduação chama a atenção em função de uma estatística: o Brasil tem oito milhões de universitários e pouco mais de um milhão de universitários são concluintes (INEP, 2019). É na etapa final deste período que a maioria dos jovens vivencia um momento de dúvidas e ansiedades sobre o futuro (Oliveira & Padovani, 2014). Uma elevada porcentagem dos universitários concluintes precisa trabalhar, além de exercer o estágio obrigatório e ter a incumbência de realizar e apresentar o trabalho de conclusão de curso (Silva & Teixeira, 2013). Essa demanda de compromissos exige que eles busquem um equilíbrio no que tange à sua gestão do tempo, compelindo-os a atuar propriamente como um malabarista de seus horários e compromissos (Oliveira, Carlotto, Teixeira, & Dias, 2016). Somam-se tais responsabilidades ao fato de se depararem com a conclusão da experiência universitária e aos desafios vindouros relacionados à sua inserção no mercado de trabalho (Gottschalk, Monteiro, & Andretta, 2019).

Deste modo, a Teoria Cognitivo-Comportamental (TCC) tem se apresentado como uma base teórica pertinente no âmbito acadêmico, visto que propõe reestruturação cognitiva e aquisição de comportamentos funcionais (Oliveira, Dias, & Piccoloto, 2013). Programas baseados em intervenções que visam diminuir dificuldades e aumentar potencialidades específicas a esse contexto e a essa fase são indicados. A literatura também sugere programas em formato grupal por apresentarem diversas vantagens, principalmente no que diz respeito a custo e à identificação com pessoas que passam pelas mesmas dificuldades (Oliveira, Wagner, Argimon, & Andretta, 2011). O objetivo deste capítulo é descrever dois programas desenvolvidos na Universidade do Vale do Rio dos Sinos (UNISINOS) aplicados em universitários em fase final de graduação, bem como os resultados obtidos.

Programas de Intervenção

Programa Breve de *Mindfulness*

O estudo de Chiodelli, Mello, Jesus e Andretta (2018) avaliou os efeitos de um Programa Breve de *Mindfulness* em relação à regulação emocional, à depressão, à ansiedade, ao estresse e a níveis de *mindfulness* em universitários concluintes. Tal programa foi adaptado do livro "Atenção Plena: como encontrar a paz em um mundo frenético", de Williams e Penman (2015), o qual se fundamenta na Terapia Cognitiva baseada em *Mindfulness* (MBCT).

Mindfulness tornou-se predominante nas terapias comportamentais contextualistas e se estabeleceu como uma característica central destas (Hayes & Feldman, 2004). Jon Kabat-Zinn (2003) define *mindfulness* como o estado de alerta que emerge por meio da atenção intencional no momento presente e no desenrolar da experiência momento a momento. Além da ênfase em exercícios atencionais ao momento presente, as práticas focadas em *mindfulness* propõem uma maneira de se relacionar com nossos pensamentos e com nossas emoções, buscando que o indivíduo compreenda a experiência com aceitação e compaixão ao invés da evitação, do controle ou da supressão dos mesmos (Hayes & Feldman, 2004).

A intervenção foi inserida em um curso já oferecido pela Universidade, denominado "TCCendo sem estresse", o qual tinha como objetivo propiciar aos alunos dos semestres finais da graduação um espaço de acolhimento e encaminhamento de suas dificuldades acadêmicas relacionadas ao trabalho de conclusão de curso. O "TCCendo sem estresse" abordava questões técnicas sobre como se realizar um trabalho de conclusão de curso, como aulas sobre pesquisas em bases científicas e a formatação de trabalho acadêmico. Por sua vez, o programa breve de *mindfulness* efetuou o papel de psicoeducação socioemocional ao orientar os participantes em relação à sua saúde mental.

Participaram deste estudo 34 estudantes universitários regularmente matriculados em diferentes cursos de graduação. Sintomas de ansiedade, depressão e estresse foram avaliados por meio do DASS-21; a regulação emocional foi avaliada pela DERS-36; e níveis de *mindfulness*, pela Philadelphia *Mindfulness Scale*. Ao final do programa, foram analisados os resultados de 30 alunos por meio de um estudo de abordagem quantitativa com delineamento pré-experimental, com medidas pré e pós-teste, comparativo e correlacional (Creswell, 2007).

O programa breve de *mindfulness* (ver **Tabela 1**) foi realizado em seis encontros (um por semana), tendo o primeiro e o último duração de 1h15min, e os demais, duração de 35 minutos. Durante o período de intervenção, além das práticas psicoeducativas e das dinâmicas realizadas presencialmente, os participantes receberam acompanhamento por meio de um grupo de *e-mails*. Estes *e-mails* tiveram como finalidade engajar o aluno nas tarefas diárias propostas; fornecer o áudio das meditações guiadas; contextualizar o que foi trabalhado (principalmente para quem, porventura, não tenha comparecido a um encontro); e oferecer qualquer tipo de suporte necessário.

Tabela 1 – Programa breve de *Mindfulness* – *"TCCendo sem estresse"*

Descrição	**Atividades**
Semana 1 Introdução	Apresentação; Termo de Consentimento Livre e Esclarecido (TCLE); O que é *Mindfulness* (Mfs); Ativação Corporal + Escaneamento Corporal (15 min); Testes e questionário sociodemográfico; Tarefa: 10 min. Diários de meditação guiada*.
Semana 2 O corpo e a Atenção Plena	Compartilhamento; Desmistificando a meditação; Corpo x Mfs; Atividade: Movimentos e Mfs; Atividade de comer com atenção plena; Tarefa: realizar diariamente a meditação guiada + prática de atividade rotineira.
Semana 3 *Mindfulness* e as Emoções	Compartilhamento; Espaço de respiração de três minutos; Princípio da Aceitação; Emoções x Pensamentos; Vídeo: observar reação do corpo; Tarefa: realizar diariamente a meditação guiada + prática rotineira.

Descrição	**Atividades**
Semana 4 Atenção Plena no dia a dia	Compartilhamento; Mfs e atividades cotidianas; Intervenção: Caminhar em estado de Mfs; Autocompaixão (vídeo 50/50); "Não esforço"; Discussão, Tarefa: realizar diariamente a meditação guiada + prática rotineira.
Semana 5 *Mindfulness* e o Trabalho de Conclusão de Curso	Compartilhamento; Procrastinação e Mfs; Desidentificando-se com pensamentos/emoções; "Deixar ir"; Exercício de Mfs e efeitos das palavras nas sensações corporais; Tarefa: prática diária da meditação guiada + prática rotineira.
Semana 6 "A semana 6 é o resto das suas vidas"	Compartilhamento da semana e do programa como um todo; "Gratidão"; Ativação Corporal + Escaneamento Corporal; Material sobre como seguir com práticas de Mfs; Reteste dos instrumentos fornecidos no começo do projeto.

Nota. Adaptado de Williams e Penman (2015).

* As meditações guiadas pertencem ao CD do mesmo livro.

Os resultados obtidos revelaram que os alunos apresentaram uma diminuição significativa nos sintomas de depressão com um tamanho de efeito forte (p = .0001; r = .60) e uma diminuição significativa da ansiedade (p = .024; r = .38) e estresse (p = .0001; d = .67) com tamanhos de efeito moderado. Cabe mencionar que, relativamente aos pontos de corte da Escala de Depressão, Ansiedade e Estresse (DASS-21), a porcentagem de alunos com níveis acima do normal de depressão, ansiedade e estresse no pré-teste foram, respectivamente, 41,17%, 55,88% e 73,52%. Tais dados enfatizam como aqueles estudantes necessitavam de um suporte naquele momento. Após o programa, estes percentuais diminuíram consideravelmente (8,82% para depressão, 32,35% para ansiedade e 38,24% para estresse).

Os resultados também apresentaram uma redução significativa na dificuldade de regulação emocional total (p = .0001; r = -.55) com tamanho de efeito forte. Isso significa que os estudantes apresentaram um aumento da regulação emocional, a qual, de acordo com o instrumento utilizado (DERS-36), é definida não só como a modulação da excitação emocional, mas também como a consciência, a compreensão e aceitação das emoções, assim como a capacidade de agir da maneira desejada, independentemente do estado emocional (Gratz & Romer, 2004).

Houve um aumento em ambas as dimensões de *mindfulness* avaliadas: "*Awareness*" (p = .0001; d = .77) com tamanho de efeito moderado; e "Aceitação" (p = .048; d = .37) com tamanho de efeito fraco. A elevação de *"Awareness"* significa um maior monitoramento contínuo da totalidade da experiência presente, tanto interna quanto externamente. A capacidade de reconhecer o que se está sentindo ou pensando possibilita que o aluno tenha mais autonomia ao decidir sobre suas ações. Por sua vez, o aumento da dimensão "Aceitação" significa o desenvolvimento da consciência do momento presente de uma maneira não julgadora, compassiva e de abertura em relação à experiência.

Tal estudo faz parte da dissertação de Roberto Chiodelli sob a orientação da Prof.ª Dr.ª Ilana Andretta, intitulada "Efeitos de um Programa Breve de *Mindfulness* em Universitários Concluintes", resultando na publicação de dois artigos em revistas internacionais (Chiodelli et al., 2018, 2020). A pesquisa possui como principais limitações metodológicas a falta de grupo, controle e a não aplicação de teste *follow-up*. Atualmente, um estudo com a mesma intervenção, grupo-controle e *follow-up* têm sido realizado na Universidade do Algarve, Portugal.

A partir dos resultados benéficos e significativos encontrados, conclui-se que esse programa breve de *mindfulness*, além de promissor, é capaz de promover saúde mental em universitários concluintes. Esse estudo também demonstra a necessidade de as instituições de ensino concentrarem-se não apenas na educação formal, mas também em oferecer ferramentas para prevenir distúrbios e promover o desenvolvimento pessoal e o bem-estar dos alunos. Estudos que avaliam o impacto de intervenções em saúde mental são de alta relevância, pois corroboram para a mudança de perspectiva, muitas vezes estigmatizada, sobre o tema nos mais variados contextos sociais.

Programa Breve de *Coaching* Cognitivo-Comportamental (CCC)

O estudo de Gottschalk et al. (2019) avaliou os efeitos de um programa de CCC para planejamento de carreira de universitários na transição universidade-trabalho, sob as dimensões do desenvolvimento de carreira: decisão de carreira, exploração de carreira, *locus* de controle profissional, autoeficácia profissional e identidade de carreira, e também sobre as dimensões de depressão, ansiedade e estresse.

Tal programa foi adaptado a partir do "*Coach Yourself*", de Grant e Grenee (2004). O modelo de CCC vem sendo aplicado internacionalmente, apoiado por pesquisas empíricas baseadas em evidências, sustentando seu uso no contexto pessoal e do trabalho (Dias & Fortes, 2015; Sardinha, 2012). Entre os seus efeitos está a colaboração para a mudança de pensamentos disfuncionais, a resolução de problemas, o estabelecimento de metas e o desenvolvimento de um plano de ação (Hultgren, Palmer, & O'Riordan, 2013). Além do aumento da motivação, do desempenho e do bem-estar (Torbrand & Ellam-Dyson, 2015) e da diminuição do estresse e da procrastinação (Hultgren et al., 2013; Torbrand & Ellam-Dyson, 2015).

Participaram 61 universitários concluintes da UNISINOS, com idades entre 21 e 63 anos, em sua maioria mulheres (77%) e solteiros (67%). A maioria dos participantes estava trabalhando (79%) e não estava realizando tratamento psicológico/psiquiátrico (61%) no momento da coleta de dados. Os cursos mais prevalentes foram Arquitetura e Urbanismo (47,5%), Psicologia (27,9%)

e Administração de Empresas (24,6%). A maioria dos participantes (88,5%) compareceu a, pelo menos, 80% dos encontros. O estudo teve abordagem quantitativa com delineamento pré-experimental, com medidas pré e pós-teste, comparativo e correlacional (Creswell, 2007).

O programa breve de CCC (ver **Tabela 2**) foi aplicado em seis sessões, com duração de duas horas. As primeiras cinco foram espaçadas semanalmente. Já, entre a quinta e a sexta sessão, houve um período de dois meses de intervalo, caracterizando-se como encontro de *follow-up*.

Tabela 2 – Programa breve de *Coaching* Cognitivo-Comportamental para planejamento de carreira

Descrição	**Atividades**
Semana 1 Conhecendo o programa e definindo objetivos	Apresentação; Termo de Consentimento Livre e Esclarecido (TCLE); Depoimento em vídeo e contrato comportamental em CCC; T1 – Testes e questionário sociodemográfico. Tarefa entre sessões: Carta para o futuro.
Semana 2 Autoconhecimento e consciência dos padrões autolimitantes	Verificação do estado afetivo; Negociação da agenda; Revisão do exercício entre sessões; Abordagem dos itens da agenda: Lista de erros cognitivos e antídotos, Modelo ABCDEF, mapeando recursos, necessidades e valores, pesquisa das oportunidades. Tarefa entre sessões: necessidades e valores e pesquisa das oportunidades, desenvolvida pelas pesquisadoras.
Semana 3 Exploração de carreira e plano de ação	Verificação do estado afetivo; Negociação da agenda; Revisão do exercício entre sessões; Abordagem dos itens da agenda: Efeitos positivos e negativos, metodologia SMART e plano de ação. Tarefa entre sessões: concluir plano de ação.
Semana 4 Procrastinação e mercado de trabalho	Verificação do estado afetivo; Negociação da agenda; Revisão do exercício entre sessões; Abordagem dos itens da agenda: Modelo FACES, superação de padrões de procrastinação e dicas para elaboração de currículo. Tarefa entre sessões: realização do currículo e demais ações já estabelecidas.
Semana 5 Construindo um plano com foco na solução	Verificação do estado afetivo; Negociação da agenda; Revisão do exercício entre sessões; Abordagem dos itens da agenda: Rota de ação, técnica de visualização e meu contrato para mudança, aplicação do pós-teste T2.
Semana 13 Verificação dos resultados alcançados	*Follow-up*; Síntese do material e leitura da carta para o futuro; Replicação dos Testes utilizados para acompanhamento dos resultados T3.

Nota. Adaptado do Programa *Coach Yourself*, de Grant e Greene (2004).

Os resultados obtidos foram significativos e revelaram uma ampliação significativa em todas as dimensões do desenvolvimento de carreira: decisão de carreira (p = <.001; d = 1.57) e identidade de carreira (p = .024; d = 1.40), correspondendo a um efeito forte.

A variável decisão de carreira se refere à clareza e à certeza de que o indivíduo tem dos seus objetivos e planos profissionais. Já a identidade de carreira refere-se aos sentimentos de identificação com a profissão e a vontade de exercê-la. Ambas ampliaram significativamente em nível acentuado após a intervenção.

A exploração de carreira (p = <.001; d = .75) caracterizou-se por um efeito moderado, referindo-se à busca de informações sobre si, suas próprias habilidades, possibilidades profissionais, informações de mercado e estabelecimento de objetivos, facilitando uma aproximação com a realidade e consequente avaliação desses aspectos para uma tomada de decisão de carreira mais consciente. A autoeficácia profissional (p = <.001; d = .36) e o *locus* de controle profissional (p = .002; d = .31) corresponderam a um efeito fraco. A autoeficácia profissional é a crença do indivíduo em sua capacidade para desempenhar com sucesso as atividades relativas à profissão. O *locus* de controle profissional é a crença do indivíduo de que a realização dos seus objetivos profissionais depende principalmente do seu esforço pessoal e pode predizer bons resultados no ingresso ao mercado de trabalho.

Na comparação entre os tempos de T2 e T3, quando foi avaliada a estabilidade e a manutenção do efeito da intervenção, verificou-se que não houve diferenças significativas nas médias das dimensões de desenvolvimento de carreira: *locus* de controle profissional, decisão, exploração e identidade de carreira, demonstrando que os efeitos da intervenção permaneceram nesta amostra mesmo após dois meses de concluída. A única dimensão que apresentou diferença significativa entre os dois tempos foi a autoeficácia profissional, a qual teve um aumento significativo (p = .028; d = .31) mesmo no período em que já havia sido encerrada a intervenção. Isto significa que, surpreendentemente, mesmo depois de encerrada a intervenção, os participantes ampliaram significativamente as suas crenças sobre as suas capacidades de desempenharem a atividade profissional na qual estavam se formando, por meio dos recursos aprendidos durante a intervenção.

A média da depressão reduziu (p = .040; d = .55) significativamente do T1 para o T2 e se manteve em T3, sendo considerada "normal" por não ter ultrapassado a média de quatro pontos. Assim, a intervenção teve efeito sobre a depressão, reduzindo este escore significativamente, com magnitude de efeito moderada. Já as médias de ansiedade e estresse não tiveram diferenças significativas nem do T1 para T2, nem de T2 para T3. A ansiedade teve classificação "normal" por ter média na faixa de três pontos. O estresse teve média entre sete e oito, variando entre classificação normal e suave.

Os resultados demonstraram efeito positivo do programa de intervenção de carreira com CCC sobre a maioria das variáveis investigadas, com efeitos mantidos em T3. Assim, este programa breve de CCC colaborou para o desenvolvimento/adaptabilidade de carreira dos universitários concluintes, mostrando-se como uma alternativa, dentre outras, para o momento de transição universidade-trabalho.

Considerando os resultados obtidos, sugerem-se novos estudos que repliquem a metodologia deste estudo, para que sejam verificados os efeitos a médio e em longo prazo da intervenção.

Considerações finais

Os índices de transtornos mentais em universitários vêm aumentando e os prejuízos associados aos mesmos são descritos pela literatura e impactam de forma significativa na sociedade. Profissionais da área clínica vêm desenvolvendo modelos efetivos de intervenções na busca de aperfeiçoamento desses programas, levando em consideração as idiossincrasias deste contexto.

Este capítulo procurou descrever dois modelos de intervenções que tiveram resultados positivos com a população de universitários, ambas realizadas de forma breve e em formato grupal. A intervenção de *Mindfulness* apresentou diminuição na dificuldade de regulação emocional, aumentou os níveis de *Mindfulness* e diminuiu sintomas de depressão, ansiedade e estresse. A intervenção de *Coaching Cognitivo-Comportamental* resultou em aumento nos níveis de desenvolvimento e identidade de carreira, autoeficácia e *locus* de controle. Além disso, houve redução nos níveis de depressão nesta população.

Com isso, espera-se a réplica destes mesmos programas em outros contextos para a identificação de limitações e a busca por aperfeiçoamento dos mesmos, a fim de que seja possível atender cada vez mais esta população específica.

Referências

Assis, A. D. (2010). Vida universitária e saúde mental: Atendimento às demandas de saúde e saúde mental de estudantes de uma universidade brasileira. *Cadernos Brasileiros de Saúde Mental, 2*(4-5), 159-177. Recuperado de https://periodicos.ufsc.br/index.php/cbsm/article/view/68464

Auerbach, R. P., Alonso, J., Axinn, W. G., Cuijpers, P., Ebert, D. D., Green, J. G., ... Bruffaerts, R. (2016). Mental disorders among college students in the World Health Organization World Mental Health Surveys. *Psychological Medicine, 46*(1), 2955-2970. Retrieved from http://doi.org/10.1017/S0033291716001665

Bruffaerts, R., Mortie, P., Kiekens, G., Randy Auerbach, R., Cuijpers, P., Demyttenaere, K., ... Kessler, R. (2018). Mental health problems in college freshmen:

Prevalence and academic functioning. *Journal of Affective Disorders, 225*(1), 97-103. Retrieved from http://doi.org/10.1016/j.jad.2017.07.044

Cerchiari, E. A. N. (2004). *Saúde mental e qualidade de vida em estudantes universitários* (Tese de Doutorado). Campinas, Universidade Estadual de Campinas. Recuperado de http://repositorio.unicamp.br/bitstream/REPOSIP/313371/1/Cerchiari_EdneiaAlbinoNunes_D.pdf

Chiodelli, R., Mello, L. T. N., Jesus, S. N., & Andretta, I. (no prelo). Effects of a Brief Mindfulness based Intervention on Depression, Anxiety and Stress in Senior Students. *Temas Em Psicologia.*

Creswell, J. W. (2007). *Projeto de pesquisa: métodos qualitativo, quantitativo e misto.* Porto Alegre: Artmed.

Dias, G. P., & Fortes, C. P. D. D. (2015). *Coaching Cognitivo-Comportamental: desenvolvimento humano com base em evidências e foco em solução.* Rio de Janeiro: Editora Cognitiva.

Gottschalk, L. L. L., Monteiro, J. K., & Andretta, I. (2019). Cognitive-Behavioral Coaching: Report of a brief career intervention in university-work transition. *Psicologia Em Estudo, 24*(e39798), 1-10. Retrieved from https://doi.org/10.1590/1807-0329e39798

Grant, A., & Greene, J. (2004). *It's your life. What are you going to do with?* London: Momentum.

Gratz, K. L., & Roemer, L. (2004). Multidimensional Assessment of Emotion Regulation and Dysregulation: Development, Factor Structure, and Initial Validation of the Difficulties in Emotion Regulation Scale. *Journal of Psychopathology and Behavioral Assessment, 26*(1), 41-54. Retrieved from http://doi.org/10.1023/B:JOBA.0000007455.08539.94

Hayes, A. M., & Feldman, G. (2004). Clarifying the Construct of Mindfulness in the Context of Emotion Regulation and the Process of Change in Therapy. *Clinical Psychology: Science and Practice, 11*(3), 255-262. Retrieved from http://doi.org/10.1093/clipsy/bph080

Hultgren, U., Palmer, S., O'Riordan, S. (2013). Can cognitive behavioural team coaching increase well-being? *The Coaching Psychologist, 9*(2), 100-110. Retrieved from https://www.researchgate.net/publication/311717476_Can_cognitive_behavioural_team_coaching_increase_well-being

Instituto Nacional de Estudos e Pesquisas Educacionais Anísio Teixeira [INEP]. (2019). *Censo da Educação Superior 2017: resumo técnico.* Brasília: INEP.

Kabat-Zinn, J. (2003). Mindfulness-based stress reduction (MBSR). *Constructivism in the Human Sciences, 8*(2), 73-107. Retrieved from https://psycnet.apa.org/record/2004-19791-008

Oliveira, C. T., Carlotto, R. C., Teixeira, M. A. P., & Dias, A. C. G. (2016). Oficinas de Gestão do Tempo com Estudantes Universitários. *Psicologia: Ciência e Profissão, 36*(1), 224-233. Recuperado de https://doi.org/10.1590/1982-3703001482014

Oliveira, C. T., Dias, A. C. G., & Piccoloto, N. M. (2013). Contribuições da terapia cognitivo-comportamental para as dificuldades de adaptação acadêmica. *Revista Brasileira de Terapias Cognitivas*, 9(1), 10-18. Recuperado de https://doi.org/10.5935/1808-5687.20130003

Oliveira, M. S., Wagner, M. F., Argimon, I. L., & Andretta, I. (2011). Terapia Cognitivo-Comportamental em grupos. In I. Andretta, & M. S. Oliveira, M. (Orgs.). *Manual Prático de Terapia Cognitivo-Comportamental* (pp. 439-454). São Paulo: Casa do Psicólogo.

Oliveira, N. R. C., & Padovani, R. C. (2014). Saúde do estudante universitário: uma questão para reflexão. *Ciência & Saúde Coletiva, 19*(3), 995-996. Recuperado de http://dx.doi.org/10.1590/1413-81232014193.11042012

Sardinha, A. (2012). Entrevista com Dr. Stephen Palmer: o desenvolvimento do coaching cognitivo comportamental. *Revista Brasileira de Terapias Cognitivas, 8*(2), 126-130. Recuperado de http://dx.doi.org/10.5935/1808-5687.20120018

Silva, C. S. C., & Teixeira, M. A. P. (2013). Experiências de Estágio: Contribuições para a Transição Universidade-Trabalho. *Paidéia, 23*(54), 103-112. Recuperado de http://dx.doi.org/10.1590/1982-43272354201312

Torbrand, P., & Ellam-Dyson, V. (2015). The experience of cognitive behavioural group coaching with college students: An IPA study exploring its effectiveness. *International Coaching Psychology Review, 10*(1), 76-93. Retrieved from https://psycnet.apa.org/record/2015-20485-006

Uwatoko, T., Luo, Y., Sakata, M., Kobayashi, D., Sakagami, Y., Takemoto, K., ... Furukawa, T. (2018). Healthy Campus Trial: A multiphase optimization strategy (MOST) fully factorial trial to optimize the smartphone cognitive behavioral therapy (CBT) app for mental health promotion among university students: Study protocol for a randomized controlled trial. *Trials, 19*(4), 353. Retrieved from http://doi.org/10.1186/s13063-018-2719-z

Williams, M., & Penman, D. (2015). *Atenção Plena: como encontrar a paz em um mundo frenético.* Rio de Janeiro: Sextante.

Capítulo 16

INTERVENÇÕES PARA A PROMOÇÃO DO PERDÃO INTERPESSOAL: OS PRINCIPAIS MODELOS

X Mostra de TCC, 2012
Trabalho apresentado na modalidade Comunicação Oral

Vanessa Dordron de Pinho
Eliane Mary de Oliveira Falcone

Síntese

Este capítulo abordará o tema do perdão interpessoal no âmbito da Psicologia Clínica. Incialmente, o conceito será apresentado. Em seguida, o texto tratará dos benefícios associados à ocorrência do perdão. Por fim, serão abordados os modelos de terapias do perdão, bem como as intervenções que os psicólogos clínicos podem usar na prática para auxiliar seus clientes a superarem a mágoa interpessoal e alcançarem o perdão.

Introdução

Por todo o século XX, a Psicologia dedicou-se, principalmente, ao estudo dos comportamentos e estados mentais patológicos. Com o advento da Psicologia Positiva, na virada do século XX para o século XXI (Seligman & Csikszentmihalyi, 2000), ocorreu uma mudança de paradigma no campo *psi*, que passou a interessar-se cada vez mais pelo estudo das qualidades humanas positivas. O perdão interpessoal, tema deste trabalho, insere-se nesse novo paradigma, pois diz respeito às forças e às virtudes que também são características dos seres humanos.

As mágoas, os rancores, os desejos de vingança, os ressentimentos, dentre outras experiências afetivas que resultam de injúrias interpessoais, trazem muito sofrimento àqueles que se percebem como vítimas de ofensas. A promoção do perdão é uma alternativa para lidar com esses eventos interpessoais danosos e pode favorecer a vida com mais saúde, bem-estar e plenitude. Considerando os benefícios associados à experiência do perdão e os prejuízos da mágoa interpessoal, justifica-se que sejam desenvolvidas intervenções terapêuticas que fomentem o perdão.

Este capítulo tem o objetivo de apresentar programas de intervenção para a promoção do perdão, bem como de sintetizar intervenções que os terapeutas cognitivo-comportamentais possam vir a utilizar em sua prática clínica quando os pacientes trouxerem queixas relacionadas ao manejo da mágoa e/ou desejo de experienciar o perdão em relação a outrem.

O perdão interpessoal é uma experiência psicossocial. Muitos autores concordam se tratar de uma mudança positiva nas respostas afetivas, cognitivas, comportamentais e/ou motivacionais, a qual acontece na parte ofendida em relação à parte ofensora, após a ocorrência de uma transgressão interpessoal específica (Enright & Rique, 2007; McCullough et al., 1998; Worthington, Sharp, Lerner, & Sharp, 2006). Também é comum o entendimento de que a mudança afetiva é a dimensão mais difícil e mais importante de ser alcançada no processo de perdoar.

Um estudo recente proveu o primeiro suporte empírico de que o perdão emocional tem efeitos mais positivos que a mudança em outras dimensões do perdão. Lichtenfeld, Buechnere Maier e Fernández-Capo (2015) investigaram as diferenças entre o perdão decisional (decisão cognitiva de perdoar e intenção comportamental de mudar a resposta ao ofensor) e o perdão emocional (substituição de emoções negativas de não perdão por emoções positivas orientadas ao outro) sobre processos cognitivos envolvidos no mecanismo de perdoar. Uma tarefa de memória foi realizada para avaliar o desempenho de mulheres germânicas em três condições experimentais: perdão emocional, perdão decisional e não perdão.

Os autores encontraram evidência de que o perdão decisional difere substancialmente do perdão emocional, sendo que este último leva a maiores esquecimentos de traços relevantes da ofensa. Ainda, o não perdão produz efeitos similares ao perdão decisional (Lichtenfeld et al., 2015). Assim, compreende-se que a mudança emocional é um aspecto essencial na definição do perdão.

Outro aspecto importante na conceituação do construto é que este fenômeno não se reduz à superação de emoções negativas. Perdoar envolve, necessariamente, a emergência de afetos mais positivos em relação ao ofensor. Esforços têm sido feitos por muitos autores para diferenciar "perdão" de ausência de "não perdão".

O "não perdão" pode ser compreendido como a combinação de um grupo de sentimentos negativos em relação ao agressor (Greenberg, Warwar, & Malcolm, 2010). Uma pesquisa realizada pelos autores mostrou que todos os participantes que indicaram ter perdoado o agressor também indicaram ter abandonado as emoções aflitivas. Em contraste, alguns indivíduos que indicaram que abandonaram as emoções aflitivas relataram não ter perdoado o agressor. O estudo sugere que abandonar emoções não resolvidas persistentes, como a mágoa, pode ser um passo necessário na solução de feridas interpessoais passadas, mas não é suficiente e nem equivalente ao perdão. Assim, o perdão não pode ser inferido somente pela ausência da mágoa e de outras emoções negativas.

É importante ressaltar que o perdão não é a única estratégia que existe para lidar com a dor do não perdão. É compreensível que muitas pessoas não escolham o perdão como meio de superar adversidades interpessoais. Alguns indivíduos podem se sentir melhor, por exemplo, ao procurarem a justiça ou ao serem recompensados de alguma forma pelo ofensor. Porém, o que se deseja enfatizar é que existem muitos caminhos para as pessoas se recuperarem de ofensas e um deles é o perdão, e este envolve superar respostas negativas e alcançar respostas positivas em direção ao ofensor (Worthington et al., 2006).

Considerando as discussões de que o perdão é uma experiência multidimensional e abarca a promoção de respostas mais positivas em relação ao ofensor, cabe indicar a definição adotada neste trabalho. Assim como proposto por Pinho (2016), entende-se que o perdão interpessoal se caracteriza pela mudança nas emoções, nas cognições e nos comportamentos da pessoa ofendida em relação a um transgressor específico, sendo que o indivíduo vivencia um processo no qual as respostas passam de uma polaridade negativa para outra positiva.

Essa visão sobre o construto é abrangente e considera o seu domínio interpessoal. O perdão não é visto como autocentrado, mas tendo uma natureza altruísta. As mudanças cognitiva, afetiva e comportamental positivas em direção ao outro sugerem que o fenômeno pode ser visto como uma virtude, uma força pessoal, conforme enfatizado pelo enfoque da Psicologia Positiva.

Assim, o perdão é concebido como algo que é bom não apenas para o indivíduo, mas também para as relações. Embora as pessoas possam superar mágoas interpessoais por outros meios (como a própria vingança e a restituição) e resolverem o problema para si, isso não seria perdão. O perdão vai além, tem uma natureza altruísta virtuosa (Pinho, 2016).

Benefícios Associados ao Perdão Interpessoal

O estudo do perdão tem sido foco de interesse de muitos profissionais da saúde desde que ficaram bem estabelecidos os efeitos positivos da superação da mágoa para a saúde daquele que perdoa. O perdão já foi associado ao melhor funcionamento do sistema imunológico, à melhor pressão sanguínea, a menos queixas somáticas e à melhor qualidade do sono. Por outro lado, o não perdão já foi associado a muitas condições crônicas de saúde, conforme revisão realizada por Pinho e Falcone (2015).

As pesquisas também evidenciam a associação do perdão a índices de saúde mental. Quintana-Orts e Rey (2018), por exemplo, identificaram o efeito protetivo do perdão sobre a saúde mental de vítimas de *bullying* e *cyberbullying*. Cerci e Colucci (2018) identificaram uma correlação significativa entre altos níveis de perdão e escores mais baixos em sintomas de estresse pós-traumático. Powel, Banks e Mattis (2017) encontraram evidências de que o perdão tem efeito protetor contra a depressão entre homens afro-americanos vítimas de microagressões raciais. Akhtar, Dolan e Barlow (2017) identificaram associação entre o não perdão a lesões interpessoais cotidianas e o aumento do afeto negativo, a redução de habilidades cognitivas e barreiras ao crescimento psicológico e social. Webb, Hirsch e Toussaint (2015) chamaram a atenção dos clínicos para a associação entre o não perdão, o uso abusivo de drogas e o suicídio.

Além da saúde física e psicológica, a literatura aponta que o perdão é importante para a continuidade e qualidade das relações sociais. E mais, o perdão possui função evolutiva, associada à manutenção da coesão grupal e à cessação de retaliações contínuas que poderiam colocar em risco a perpetuação da espécie (Pinho, 2016).

Contudo, apesar de benéfico, perdoar não constitui tarefa fácil. Muitos fatores influenciam a sua ocorrência. Pinho e Falcone (2018) estudaram variáveis que afetam esse processo. As autoras identificaram que existem variáveis da ofensa, da relação, do ofensor e da vítima que podem facilitar ou dificultar o perdão interpessoal. A passagem do tempo desde que a injúria ocorreu e a sua frequência são aspectos da ofensa que parecem afetar o perdão. A importância do vínculo interpessoal é um fator do relacionamento que favorece o perdão. A falta de arrependimento do ofensor é um exemplo de variável do ofensor que torna o perdão mais difícil.

Com relação à vítima, Pinho e Falcone (2018) verificaram que a experiência da empatia é uma variável de suma importância para a ocorrência do perdão. A compreensão de que os seres humanos são imperfeitos, o esforço para entender o comportamento ofensivo a partir da perspectiva do ofensor, a compaixão pelo outro e a capacidade de autorreflexão e de ressignificação da ofensa são fatores relativos à parte ofendida que favorecem a promoção do perdão interpessoal.

Akhtar et al. (2017) também identificaram variáveis associadas ao perdão. Os autores indicaram, em uma pesquisa, que o senso de conexão com os outros, o foco nas qualidades positivas, a aceitação da responsabilidade, as crenças sobre ser de benefício ao outro, a auto-observação, o esforço persistente do ofensor de reparar a situação, bem como conversar e ter o apoio de amigos foram temas-chave que ajudaram o perdão. Características da cultura e crenças religiosas são outras variáveis que influenciam o processo de perdoar (Powel et al., 2017).

Tendo em vista a diversidade de fatores que afetam o perdão, acredita-se que alcançá-lo espontaneamente pode ser uma tarefa extremamente difícil, especialmente nos casos em que muitos dificultadores de sua ocorrência estiverem presentes. Desse modo, muitos pesquisadores clínicos (como Harris et al., 2006; Worthington et al., 2010) têm desenvolvido pesquisas-intervenção com o intuito de validar empiricamente programas que sejam efetivos em ajudar as pessoas a perdoarem. Também nos casos em que o perdão é promovido a partir de estratégias sistematizadas para esse propósito, os benefícios de perdoar se fazem presentes.

Em uma revisão dos programas de promoção do perdão interpessoal, Pinho e Falcone (2015) observaram que todos os tratamentos propostos se mostraram efetivos na facilitação do perdão e tiveram diversos benefícios biopsicossociais. Ganhos foram observados, por exemplo, em autoestima, esperança, autoperdão, bem-estar existencial, autoimagem, maestria para a tomada de decisões cotidianas e no encontro de significado para o sofrimento. O perdão, ainda, teve como acompanhamento reduções em estresse, em raiva, em sintomas depressivos e ansiosos, em sintomas físicos, em vulnerabilidade ao uso de drogas, e em endosso à agressividade e à hostilidade.

Programas de Intervenção para a Promoção do Perdão Interpessoal

Pinho e Falcone (2015) fizeram uma revisão sistemática da literatura para conhecer modelos de intervenção para a promoção do perdão interpessoal. A pesquisa bibliográfica foi feita nas bases de dados *Pepsic, Lilacs, PubMed* e *PsycInfo*, a partir das palavras-chave "perdão e intervenção" e "perdão e terapia", sem delimitação do período de publicação.

Dentre os resultados, 80% dos 20 artigos revisados foram posteriores ao ano 2000, o que sugere o aumento do interesse pelo tema após o advento da Psicologia Positiva. Com relação aos participantes das pesquisas, a maioria foi realizada com adultos (85%). Foi mais frequente não haver delimitação do tipo de ofensa e do agente ofensor (50%). As pesquisas ocorreram tanto no formato grupal (65%), quanto no formato individual (35%). No geral, as intervenções duraram algumas semanas e foram compostas por sessões de 60 a 90 minutos (Pinho & Falcone, 2015).

Em 95% dos estudos, o perdão foi avaliado via instrumentos de autorrelato. Em todos os trabalhos analisados houve comparação estatística entre o grupo experimental e o grupo-controle. Em 50% das publicações, a intervenção experimental foi baseada no Modelo do Processo do Perdão e 35% se basearam no Modelo REACH. Uma intervenção utilizou a Terapia Focada na Emoção, outra usou a Terapia Cognitivo-Comportamental (TCC), mas sem um nome específico para o programa, e ainda, uma publicação contou com o Treino da Motivação Social (Pinho & Falcone, 2015).

O Modelo do Processo do Perdão foi desenvolvido por Enright (p. ex. Osterndorf, Enright, Holter, & Klatt, 2011), programa composto de 20 unidades distribuídas em quatro fases, conforme a revisão feita por Pinho e Falcone (2015). A primeira é nomeada fase de descoberta. Nesta fase, a pessoa entra em contato com a dor e explora a injustiça que experienciou, reconhecendo suas subsequentes emoções. Sentir a dor da injúria motiva as pessoas a verem a necessidade de mudança e a observar se as formas anteriores de enfrentamento foram ou não eficazes. Cria-se a possibilidade de a vítima elaborar suas emoções e ter sua dor compreendida e validada pelo terapeuta.

A segunda etapa nomeia-se fase de decisão. Nesta fase, a pessoa explora o conceito de perdão e, então, se compromete conscientemente a perdoar o ofensor. Essa é uma decisão cognitiva; não há o sentimento de ter perdoado ainda, o que é conhecido na literatura como perdão decisional.

A terceira fase é a de trabalho, momento em que se procura desenvolver a empatia da vítima pelo ofensor. Esta etapa envolve reenquadrar quem o ofensor é. A pessoa se esforça para entender a perspectiva do malfeitor e o reenquadramento frequentemente leva a sentimentos de compaixão.

Por fim, a quarta fase é de aprofundamento, em que aquele que perdoa reconhece a vulnerabilidade humana ao refletir sobre suas próprias ofensas passadas. Torna-se possível encontrar um novo significado ao que aconteceu. Pode-se entender que esta etapa visa à promoção da empatia para com a humanidade de um modo geral.

Conforme a revisão de Pinho e Falcone (2015), o Método REACH, utilizado por Worthington et al. (2010), por exemplo, emprega cinco passos para alcançar o perdão. REACH é um acrônimo em que cada passo é norteado por uma das cinco letras: R = *Recall the hurt*; E = *Empathize with the transgressor*; A = *Altruistic gift of forgiveness*; C = *Commit publicly to the forgiveness experienced*; H = *Hold on to forgiveness when you doubt*.

No primeiro passo (R), os participantes recordam a mágoa ou a ofensa em um ambiente apoiador. O próximo passo (E) incentiva os participantes a construírem empatia pelo ofensor. Os participantes são auxiliados a ver os fatores situacionais que levaram à ofensa e a tentar imaginar os pensamentos e sentimentos do agressor antes, durante e após o período do evento prejudicial. O terceiro passo (A) é o da dádiva altruísta do perdão oferecido ao infrator, com base na gratidão por ter recebido o perdão de outros no passado. O passo C envolve um comprometimento público para perdoar o agressor, e a etapa final (H) refere-se a assegurar o perdão e a manter os ganhos obtidos. Deste modo, pensar nos benefícios do perdão e nos prejuízos do não perdão funciona como motivador para a manutenção do perdão alcançado.

A Terapia Focada na Emoção, de Greenberg (2008), conforme Pinho e Falcone (2015), possui um protocolo do tratamento resumido em quatro fases. A primeira fase envolve criar aliança terapêutica com o cliente, respondendo empaticamente e validando a sua dor e a experiência emocional de injúria interpessoal. Este estágio visa ajudar os clientes a identificarem o impacto da injúria e articular e clarificar os aspectos mais problemáticos. A segunda fase busca o reconhecimento, a experiência e a expressão da raiva, tristeza, dor e de outros sentimentos aflitivos associados com a injúria emocional. A terceira fase abarca intervenções facilitadas pelo terapeuta que buscam tornar o processo automático passivo de interrupção de emoções em ativo, para que emoções interrompidas sejam acessadas e processadas. Por fim, na última fase, o terapeuta promove uma mudança na maneira como o cliente vê o agressor e o ajuda a chorar e abandonar necessidades não atendidas. Elaborar a visão de mundo do outro ajuda no desenvolvimento da empatia em relação ao agressor.

O trabalho baseado na TCC, desenvolvido por Haris et al. (2006), combina técnicas de reestruturação cognitiva, de visualizações positivas e negativas e de meditação focada no coração para reduzir pensamentos, emoções e estados fisiológicos negativos associados com a ofensa presente para substituí-los por outros neutros ou positivos. Também são discutidos os malefícios do rancor para a saúde. Ao contrário das intervenções anteriores, falar sobre a transgressão não é exigido ou encorajado, embora alguns participantes compartilhem suas queixas. Segundo os autores, a história inalterada da queixa é vista como algo que mantém o problema, em vez de aliviá-lo.

O Treino da Motivação Social envolve um conjunto de procedimentos designados para reestruturar as explicações mal-adaptativas dos eventos. Está enraizado em teorias sociocognitivas, as quais abordam a atribuição de causalidade, a prática metacognitiva de pensar sobre como a pessoa pensa e a prática do indivíduo de simular causas alternativas e resultados para os eventos. A parte ofendida realiza o trabalho de gerar causas alternativas para o comportamento do agressor e usa a imaginação para prever os efeitos de cada alternativa sobre pensamentos, emoções e possíveis comportamentos. A lógica subjacente é de que as atribuições influenciam os julgamentos de responsabilidade e afeto e, portanto, reestruturar as atribuições de alguém resultaria em uma mudança na motivação e no comportamento (Struthers, Dupuis, & Eaton, 2005).

A revisão dos modelos apresentados demonstra a relevância da experiência da empatia pelo ofensor quando se almeja perdoá-lo. Observou-se que a empatia esteve presente em praticamente todas as intervenções (90%). Além disso, o acolhimento empático oferecido pelo terapeuta ao cliente é de suma importância para o manejo da mágoa interpessoal.

Pinho e Falcone (2015) concluem que, no trabalho psicoterapêutico, quando se deseja auxiliar os clientes a manejarem a mágoa e alcançarem o perdão, algumas intervenções devem ser consideradas, como: enfatizar os benefícios do perdão e os malefícios do não perdão, acolher empaticamente a dor do paciente, e promover a tomada de perspectiva do ofensor.

Intervenções Clínicas para o Perdão na TCC

A partir da integração entre os modelos revisados por Pinho e Falcone (2015) e as ferramentas que vêm sendo utilizadas na prática clínica pelas autoras, serão apresentadas estratégias cognitivo-comportamentais que podem ser empregadas para o manejo da mágoa e para a promoção do perdão: psicoeducação, análise dos custos x benefícios, reestruturação cognitiva, autorrevelação e intervenções experienciais.

Ressalta-se que, como "pano de fundo" do processo terapêutico, é essencial que o terapeuta ofereça acolhimento empático ao cliente, a fim de legitimar suas emoções e aliviar a dor emocional associada ao dano interpessoal sofrido. A empatia do terapeuta pelo paciente é um fator comum às psicoterapias associado à melhora clínica (Isolan, Souza, & Cordioli, 2019).

A psicoeducação consiste em conversar sobre o conceito de perdão e abordar pesquisas sobre o tema para que o paciente saiba que este é estudado pela ciência e que existem intervenções validadas para a sua promoção. O terapeuta também pode fazer uma psicoeducação socioemocional com o cliente, a fim de que ele entenda o que são emoções básicas, quais são suas funções e como a mágoa, a tristeza, a raiva, a vergonha, dentre outras reações são esperadas após as ofensas, normalizando e humanizando suas experiências (Pinho & Falcone, no prelo).

A análise dos benefícios e prejuízos é uma estratégia motivacional, empregada no Modelo do Processo do Perdão, o qual auxilia na tomada de decisão de perdoar como um caminho para lidar com a mágoa. Ela também é empregada pelo Método REACH para motivar a manutenção do perdão já alcançado. O terapeuta e o cliente avaliam os prejuízos que o não perdão tem trazido e os benefícios que o cliente pode obter ao perdoar. Evidências de pesquisas sobre os efeitos do perdão também podem ser apresentadas pelo terapeuta.

A reestruturação cognitiva é o objetivo central da TCC, e assim também é na terapia do perdão. É necessário que a parte ofendida reestruture cognitivamente a ofensa e quem é o ofensor para que consiga perdoá-lo.

De acordo com Silva (2005), a reavaliação cognitiva constitui uma estratégia de regulação emocional bastante eficaz, em contraste à supressão emocional, que provoca maior excitação autonômica. Assim, diversas técnicas da TCC podem ser empregadas, visando o reenquadramento da ofensa e do ofensor. Os questionamentos socráticos, por exemplo, podem ser formulados para estimular a reavaliação do cliente sobre as causas da ofensa e sobre quem é o ofensor. Pinho (2014) sugere perguntas como: "*Por que você acha que ele agiu assim?*", "*Você acha que ele pode estar passando por um momento difícil na vida?*" (...), "*Você já agiu assim também em alguns momentos?*", "*O que estava passando com você (...)?*" (p. 135). Com isso, o indivíduo pode buscar explicações alternativas para o evento ofensivo, considerando fatores atenuantes, e o perdão pode ser promovido via empatia.

A empatia da parte ofendida em relação à parte ofensora é um recurso de suma importância para o alcance do perdão, pois contribui com a mudança de cognições e emoções em relação ao transgressor; por isso deve ser facilitada. Com o objetivo de promover a empatia pelo outro, deve-se considerar os aspectos internos do ofensor que subjazem os comportamentos observáveis. A tomada de perspectiva do ofensor pode ser facilitada quando solicita-se que o cliente pense sobre as razões, as emoções e os pensamentos do ofensor, antes, durante e após a ofensa, como propõe o modelo REACH.

A autorrevelação é outra ferramenta da TCC que pode ser usada, visando à reestruturação cognitiva. Ela consiste em o terapeuta revelar aspectos pessoais seus que contribuam para que o cliente passe a olhar os eventos por outro ângulo. O profissional, por exemplo, pode mencionar uma experiência pessoal de perdão que auxilie o paciente a dar um novo significado à ofensa e ao seu ofensor.

Por fim, intervenções experienciais podem ser úteis para a promoção do perdão, especialmente ao nível emocional, consolidando o trabalho de reestruturação cognitiva. Um recurso é a escrita de cartas (Pinho, 2014). Nestas, o cliente pode expressar suas emoções ao ofensor, mostrar-lhe como o seu comportamento lhe causou danos, como gostaria que estes fossem reparados, etc. Visando à empatia, outra carta pode ser escrita pelo cliente, porém, agora, respondendo à primeira carta, como se fosse o ofensor.

O mesmo trabalho experiencial pode ser realizado com o uso da técnica da cadeira vazia. Nesta técnica, o cliente é guiado a imaginar que o ofensor está sentado em uma cadeira à sua frente e a conversar com ele, expressando suas emoções acerca da ofensa. Enquanto isso, ele pode ir imaginando as reações verbais e não verbais do outro (Pinho & Falcone, no prelo). Ambas as intervenções experienciais devem ser usadas após o trabalho cognitivo, quando a pessoa já consegue ter uma nova visão acerca da ofensa e do ofensor, para que a compaixão pelo outro possa emergir.

Considerações finais

Conflitos interpessoais são inerentes às relações humanas. A raiva é uma emoção básica esperada diante de injustiças, pois mobiliza o indivíduo para erradicá-las. Embora a raiva seja uma emoção funcional quando direcionada para a resolução de problemas nas relações interpessoais, passa a ser disfuncional quando o indivíduo engaja-se pura e simplesmente em uma atividade ruminativa sobre a ofensa sofrida no passado.

Conforme discute Luskin (2007), quando mantida além do tempo necessário para a resolução da injustiça, a raiva torna-se mágoa, não impele para a ação e permanece improdutiva. A mágoa é tóxica para o organismo, pois mantém altos níveis de cortisol no sangue e o sistema nervoso em estado de alerta, como se o indivíduo estivesse hipervigilante diante do perigo iminente.

A experiência duradoura da mágoa interpessoal é um problema de saúde. O perdão interpessoal está associado à saúde física e mental daquele que perdoa. O psicólogo clínico deve estar habilitado a auxiliar os clientes que sofrem emocionalmente em decorrência de injúrias interpessoais.

Este capítulo apresentou intervenções clínicas úteis aos terapeutas cognitivo-comportamentais que visam auxiliar seus clientes no manejo da mágoa e/ou do perdão. Enfatizou-se o papel fundamental da promoção da empatia como meio de favorecer a reestruturação cognitiva sobre a ofensa e o ofensor.

Referências

Akhtar, S., Dolan, A., & Barlow, J. (2017). Understanding the Relationship Between State Forgiveness and Psychological Wellbeing: A Qualitative Study. *Journal of Religion & Health, 56*, 450-463. doi: 10.1007/s10943-016-0188-9

Cerci, D., & Colucci, E. (2018). Forgiveness in PTSD After Man-Made Traumatic Events: A Systematic Review. *Traumatology, 24* (1), 47-54. doi: 10.1037/trm0000130

Enright, R. D., & Rique, J. (2007). *The Enright Forgiveness Inventory (EFI). User's manual.* Madison: Mind Garden.

Greenberg, L., Warwar, S., & Malcolm, W. (2008). Differential Effects of Emotion-Focused Therapy and Psychoeducation in Facilitating Forgiveness and Letting Go of Emotional Injuries. *Journal of Counseling Psychology, 55* (2), 185-196. doi: 10.1037/0022-0167.55.2.185

Greenberg, L., Warwar, S., & Malcolm, W. (2010). Emotion-focused couples therapy and the facilitation of forgiveness. *Journal of Marital and Family Therapy, 36* (1), 28-42. doi: 10.1111/j.1752-0606.2009.00185.x

Harris, A. H. S., Luskin, F., Norman, S. B., Standard, S., Bruning, J., Evans, S., & Thoresen, C. E. (2006). Effects of a Group Forgiveness Intervention on Forgiveness, Perceived Stress, and Trait-Anger. *Journal of Clinical Psychology, 62*(6), 715-733. doi: 10.1002/jclp.20264

Isolan, L., Souza, L. H., & Cordioli, A. V. (2019). Fatores comuns e específicos das psicoterapias. In A. V. Cordioli, & E. H. Grevet (Orgs). *Psicoterapias: abordagens atuais* (pp.64-77). Porto Alegre: Artmed.

Lichtenfeld, S., Buechner, V. L., Maier, M. A., & Fernández-Capo, M. (2015). Forgive and forget: differences between decisional and emotional forgiveness [Versão eletrônica]. *PLoS ONE, 10* (5): e0125561.

Luskin, F. (2007). *O Poder do Perdão* (7a ed.). São Paulo: Francis.

McCullough, M. E., Rachal, K. C., Sandage, S. J., Worthington, E. L., Jr., Brown, S. W., & Hight, T. L. (1998). Interpersonal forgiving in close relationships: II. theoretical elaboration and measurement. *Journal of Personality and Social Psychology, 75* (6), 1586-1603. doi: 10.1037//0022-3514.75.6.1586

Osterndorf, C. L., Enright, R. D., Holter, A. C., & Klatt, J. S. (2011). Treating Adult Children of Alcoholics Through Forgiveness Therapy. *Alcoholism Treatment Quarterly, 29* (3), 274-292. doi: 10.1080/07347324.2011.586285

Pinho, V. D. (2014). Perdão interpessoal baseado na empatia e a terapia cognitivo-comportamental. In C. B. Neufeuld, B. Rangé, & E. Falcone (Orgs.). *PROCOGNITIVA Programa de Atualização em Terapia Cognitiva-Comportamental: Ciclo 1* (pp. 103-148). Porto Alegre: Artmed Panamericana. (Sistema de Educação Continuada à Distância, v. 1).

Pinho, V. D. (2016). *Experiências de perdão interpessoal e fatores facilitadores de sua ocorrência* (Tese de Doutorado). Rio de Janeiro: Universidade do Estado do Rio de Janeiro.

Pinho, V. D., & Falcone, E. M. O. (2015). Intervenciones para la promoción del perdón y la inserción de la empatía: revisión de la literatura. *Revista Argentina de Clínica Psicológica, 24,* 111-120. doi: id=281946783003

Pinho, V. D., & Falcone, E. M. O. (2018). Estudo qualitativo sobre fatores facilitadores e dificultadores do perdão interpessoal. *Estudos e Pesquisas em Psicologia, 18* (1), 189-208. doi: 10.12957/epp.2018.38116

Pinho, V. D., & Falcone, E. M. O. (no prelo). Perdão interpessoal: contribuições para a psicologia clínica e da saúde. *PROPSICO Programa de Atualização em Psicologia Clínica e da Saúde.* Porto Alegre: Artmed.

Powel, W., Banks, K. H., & Mattis, J. S. (2017). Buried Hatchets, Marked Locations: Forgiveness, Everyday Racial Discrimination, and African American Men's Depressive Symptomatology. *American Journal of Orthopsychiatry, 87* (6), 646-662. doi: 10.1037/ort0000210

Quintana-Orts, C., & Rey, L. (2018). Traditional Bullying, Cyberbullying and Mental Health in Early Adolescents: Forgiveness as a Protective Factor of Peer Victimisation. *International Journal of Environmental Research and Public Health, 15* (11), 2389. doi: 10.3390/ijerph15112389

Seligman, M. E. P., & Csikszentmihalyi, M. (2000). Positive psychology: an introduction. *Journal of the American Psychological Association, 55* (1), 5-14. doi: 10.1037/0003-066X.55.1.5

Silva, J. (2005). Regulación emocional y psicopatología: el modelo de vulnerabilidad/resiliencia. *Revista Chilena de Neuro-Psiquiatría, 43* (3), 201-209. doi: 10.4067/S0717-92272005000300004

Struthers, C. W., Dupuis, R., & Eaton, J. (2005). Promoting Forgiveness Among Co-Workers Following a Workplace Transgression: The Effects of Social Motivation Training. *Canadian Journal of Behavioural Science, 37* (4), 299-308. doi: 10.1037/h0087264

Webb, J. R., Hirsch, J. K., & Toussaint, L. (2015). Forgiveness as a Positive Psychotherapy for Addiction and Suicide: Theory, Research, and Practice. *Spirituality in Clinical Practice, 2* (1), 48-60. doi: 10.1037/scp0000054

Worthington, E. L., Jr., Hunter, J. L., Sharp, C. B., Hook, J. N., Van Tongeren, D. R., Davis, D. E., ... Monforte-Milton, M. (2010). A Psychoeducacional Intervention to Promote Forgiveness in Christians in the Philippines. *Journal of Mental Health Counseling, 32* (1), 75-93. doi: 10.17744/mehc.32.1.t3677072811lj864

Worthington, E. L., Jr., Sharp, C., Lerner, A., & Sharp, J. (2006). Interpersonal Forgiveness as an Example of Loving One's Enemies. *Journal of Psychology and Theology, 34* (1), 32-42. doi: 10.1177/009164710603400104

Capítulo 17

DÉFICITS DE EMPATIA EM INDIVÍDUOS COM TRANSTORNO DE PERSONALIDADE

X Mostra de TCC, 2012

Trabalho apresentado na modalidade Comunicação Oral

Evlyn Rodrigues Oliveira
Stèphanie Krieger
Monique Plácido Viegas
Juliana Furtado D'Augustin
Eliane Mary de Oliveira Falcone

Síntese

Este capítulo apresenta uma revisão da literatura acerca das deficiências em empatia nos indivíduos com transtorno de personalidade, bem como dificuldades específicas relacionadas a cada um deles. Também são apontadas sugestões terapêuticas de prevenção e intervenção para esse grupo clínico caracterizado por resistências a mudanças, padrões interpessoais disfuncionais, dificuldades para a manutenção de vínculos saudáveis, tendo em vista o grande desafio que representam para a prática clínica.

Introdução

A empatia é caracterizada pela compreensão acurada dos pensamentos e sentimentos de outras pessoas, acompanhada por uma sensibilidade emocional e por comportamentos que permitem que o alvo da empatia se sinta validado (Falcone et al., 2008). Para que haja a configuração da experiência empática, é necessária a presença de três componentes: cognitivo, afetivo e comportamental.

O primeiro, denominado tomada de perspectiva, reflete o entendimento dos pensamentos, as necessidades e os estados emocionais de outra pessoa (Davis, 1983), enquanto o segundo engloba sentimentos oriundos do interesse genuíno pelo bem-estar do outro. Por último, o componente comportamental é a expressão verbal e não verbal que possibilita a percepção de compreensão (Falcone et al., 2008).

Diante do cenário atual de demandas avolumadas, competições acirradas e dificuldades vivenciadas, sentir-se compreendido é como um presente escasso. Perceber a sua existência na mente do outro, mesmo que por alguns instantes, propicia ganhos que contribuem para o alívio de dores emocionais (Fredrickson & Siegel, 2017). Logo, a empatia genuína torna-se um desafio constante e fundamental para terapeutas em seus atendimentos clínicos e para todos em suas relações interpessoais diárias.

A ativação da empatia é explicada por Falcone (2012) por meio do modelo de duas vias, sendo uma automática e outra do esforço cognitivo. A ativação automática envolve, primeiramente, um compartilhamento emocional e, posteriormente, uma tomada da perspectiva da outra pessoa, como ao observar uma pessoa com forte dor. Em contraste, na ativação da empatia desencadeada pelo esforço cognitivo, a tomada de perspectiva precede o compartilhamento emocional. Buscar entender o que leva uma pessoa a ter opiniões divergentes em determinada situação de conflito pode permitir, por conseguinte, a experiência da compaixão por aquele que antes despertava emoções desagradáveis.

Indubitavelmente, a tomada de perspectiva possui um lugar de destaque na experiência empática, uma vez que apresenta um papel regulador de emoções e comportamentos (Falcone, 2012). Em situações de conflitos de interesses, ela enseja uma ampliação cognitiva de outros pontos envolvidos que, se negligenciados, poderiam levar a embates e rompimentos, ao passo que o esforço por entender outras perspectivas favorece a resolução de conflitos (Epstein & Schlesinger, 2004) e perdão diante de ofensas e prejuízos (Pinho & Falcone, 2015).

O desenvolvimento da empatia abrange elementos inatos e adquiridos. Os seres humanos são dotados biologicamente de condições que favorecem a empatia, sendo os neurônios-espelho os representantes de maior notoriedade. Tais neurônios viabilizam o entendimento de ações e emoções de outras pessoas, sem que haja uma mediação cognitiva de ordem superior (Oliva, 2012), e fazem parte de um circuito neurobiológico complexo, o qual inclui representações neurais compartilhadas, autoconsciência e uma notável atuação do córtex pré-frontal como regulador (Decety & Lamm, 2009; Falcone, 2012; Preston & de Waal, 2002).

A predisposição biológica para a empatia é como um solo fértil para as experiências interpessoais ao longo da vida que favorecerão ou prejudicarão o seu desenvolvimento. Os cuidadores, direta ou indiretamente, são importantes agentes para que a criança aprimore a sua capacidade empática ou encontre dificuldades nesse percurso. Nesse sentido, em uma revisão da literatura desenvolvida por Falcone, Oliveira, Krieger, Viegas e Oliva (2018) foram apresentados marcos do desenvolvimento da empatia durante a infância, impacto de condutas parentais e dicas práticas para uma educação emocional positiva nessa temática. Pais que estimulam os seus filhos a se colocarem no lugar das outras pessoas incentivam valores que contribuem para o bem-estar social; esforçam-se para reduzir comportamentos interpessoais disfuncionais e modelam comportamentos pró-sociais; viabilizam que o solo fértil, composto pelos elementos neurobiológicos receba as sementes para que os filhos produzam frutos da empatia ao longo da vida. Por outro lado, cuidadores que estimulam a competição a todo custo, que invalidam os sentimentos de seus filhos, que não estabelecem limites interpessoais necessários e são modelos de comportamentos agressivos contribuem para deficiências empáticas e prejuízos oriundos.

A empatia está associada à redução de conflitos (Davis, 1983), à satisfação conjugal (Fonseca & Carvalho, 2016), à resiliência (Cecconello & Koller, 2000), às emoções positivas (Morelli, Ong, Makati, Jacksond, & Zakic, 2017; Oliveira, 2018), ao perdão interpessoal (Pinho & Falcone, 2015) e ao manejo da raiva (Falcone, Bussab, & Ferreira, 2009). Pessoas com níveis mais elevados em empatia possuem maior número de amizades íntimas (Kardos, Leidner, Pléh, Soltész, & Unoka, 2017), são procuradas em contextos que demandam confiança e envolvem emoções negativas (Morelli et al., 2017), contribuem para a redução de problemas emocionais em pessoas próximas (Burleson, 1985) e tendem a realizar comportamentos pró-sociais (Oliveira, 2018).

Se, por um lado, níveis elevados de empatia estão associados ao bem-estar pessoal e social, deficiências em empatia se relacionam a sofrimento, prejuízos e psicopatologias. Dentre as patologias mentais que incluem dificuldades para se colocar no lugar do outro destacam-se a esquizofrenia (Luz & Bussab, 2009), os transtornos alimentares (D'Augustin, Pinho, & Falcone, 2017), a alexitimia (Aaron, Benson, & Park, 2015), o transtorno do espectro autista (Baron-Cohen, 2011) e os transtornos de personalidade (Beck, Davis, & Freeman, 2017).

O presente capítulo tem por objetivo apresentar uma revisão da literatura sobre os *déficits* de empatia em indivíduos com transtornos de personalidade. Ademais, são discutidas sugestões terapêuticas que visam auxiliar o desenvolvimento dessa habilidade fundamental para a construção e manutenção de relacionamentos saudáveis. Uma vez que esse grupo clínico é caracterizado por padrões interpessoais disfuncionais, desenvolver a empatia desses pacientes representa ao mesmo tempo um desafio e uma necessidade.

Transtornos de Personalidade

O conceito de personalidade faz referência a padrões emocionais, cognitivos e comportamentais que são relativamente estáveis e ativados em diferentes contextos ao longo do tempo (Pervin & John, 2004). Considera-se que os padrões persistentes de experiências internas e comportamentos do indivíduo constituem um transtorno de personalidade quando: 1) Desviam-se marcantemente das expectativas da cultura na qual está inserido; 2) São extremamente rígidos, inflexíveis, iniciando-se na adolescência ou na vida adulta; 3) Têm estabilidade por meio do tempo; e 4) Provocam dificuldades na interação social (APA, 2013).

Muitos autores reconhecem que os transtornos de personalidade (TPs) são difíceis de serem tratados (Beck et al., 2017). De modo geral, estão associados com: 1) Presença de múltiplos problemas pessoais; 2) Repertório reduzido de respostas comportamentais, denotando comportamentos inflexíveis; 3) Frequentes reações disfuncionais, ou seja, o indivíduo reage às situações de modo a sofrer consequências negativas, mesmo as reconhecendo; e 4) Tendência a ter prejuízos funcionais significativos e sofrimento subjetivo decorrente das reações desadaptativas (APA, 2013).

Indicadores de TPs podem ser observados diretamente por meio do relato do paciente ou de outros ao seu redor. Quando indagados sobre a origem e sobre as situações associadas aos padrões disfuncionais costumam responder "sempre fui assim", "sempre ajo dessa forma", "não consigo ser diferente", enquanto pessoas próximas sinalizam "é desse jeito há muito tempo". Outro aspecto fundamental para sua identificação baseia-se na avaliação do processo terapêutico, como a resistência à mudança, efeitos negativos na relação terapêutica, dificuldades na adesão ao tratamento e dificuldades para progressos terapêuticos.

Muitos pacientes com TPs, embora demonstrem interesse ou necessidade em mudar, não realizam o plano de ação terapêutico combinado e têm a concepção dos seus problemas como parte do *self*, acreditando serem inevitavelmente assim, não considerando a possibilidade de mudança. Há também outras características marcantes, como a incompreensão das consequências dos próprios comportamentos para os outros, chegando, muitas vezes, a atribuir aos outros total responsabilidade por suas ações, adotando a filosofia: "as pessoas são culpadas pelos meus problemas" e "o inferno são os outros" (Pretzer & Beck, 2004).

Diante da sintomatologia apresentada por tais pacientes, fica evidente que estes constituem um desafio clínico. Segundo o DSM-5, os TPs podem ser agrupados e classificados de acordo com suas características principais, formando três grupos que englobam, no total, dez tipos.

O Grupo A reúne os TPs que têm por características principais a estranheza e a excentricidade: Paranoide, Esquizoide e Esquizotípico. Esses indivíduos demonstram-se distantes, pouco espontâneos e fechados, não revelando abertamente suas emoções (APA, 2013). Na relação terapêutica, o terapeuta tem a percepção de não conseguir um contato real com o paciente, não estabelecendo um bom vínculo (Pretzer & Beck, 2004).

Já o Grupo B, inclui o Antissocial, *Borderline*, Histriônico e Narcisista, conhecidos como teatrais e volúveis. Marcados por uma emocionalidade exagerada, drama excessivo, fala fluente e vaga, e frequentes contradições (APA, 2013). No tratamento, é difícil perceber e entrar em contato com os reais sentimentos do paciente, ocasionando dificuldades em experienciar empatia, o que compromete a formação de um bom vínculo. Além disso, não é raro que estes sujeitos flertem, façam ameaças, reclamem ou provoquem o terapeuta, despertando nele emoções desagradáveis, que se não forem bem manejadas podem afetar a eficácia do tratamento (Pretzer & Beck, 2004).

Ansiedade e medo essencialmente descrevem o Grupo C. Nele estão contidos os TPs Evitativo, Dependente e Obsessivo-Compulsivo. São sujeitos muito agradáveis, que tendem a se preocupar excessivamente com a aceitação do terapeuta e, muitas vezes, apresentam um padrão de submissão para agradá-lo. São conscientes das próprias dificuldades e extremamente cautelosos (APA, 2013; Pretzer & Beck, 2004). A **Tabela 1** apresenta a classificação dos TPs e o padrão global observado de cada um.

Tabela 1 – Classificação e padrão global dos TPs

	TPs	**Padrão global apresentado**
Grupo A "Estranhos e Excêntricos"		
	Paranoide	Desconfiança e suspeita.
	Esquizoide	Distanciamento das relações sociais e uma faixa restrita de expressão emocional.
	Esquizotípico	Desconforto agudo nas relações íntimas, distorções cognitivas ou perceptivas e excentricidades do comportamento.
Grupo B "Teatrais e Volúveis"	Antissocial	Desrespeito e violação dos direitos dos outros.
	Borderline	Instabilidade nas relações interpessoais, na autoimagem e nos afetos, com impulsividade acentuada.
	Histriônico	Emocionalidade e busca de atenção em excesso.
	Narcisista	Grandiosidade, necessidade de admiração e falta de empatia.

	TPs	Padrão global apresentado
Grupo C "Ansiosos e Temerosos"	Evitativo	Inibição social, sentimentos de inadequação e hipersensibilidade a avaliação negativa.
	Dependente	Comportamento submisso e apegado, relacionado a uma necessidade excessiva de ser cuidado.
	Obsessivo--compulsivo	Preocupação com ordem, perfeccionismo e controle.

Nota. Fonte: APA (2013).

Deficiências Empáticas nos Diferentes Transtornos de Personalidade

O funcionamento interpessoal prejudicado é uma característica central dos transtornos de personalidade e vários estudos apontam para deficiências em empatia nesses indivíduos (Baron-Cohen, 2011; Hengartner et al., 2014; Lishner, Hong, Jiang, Vitacco, & Neumann, 2015). As dificuldades em perceber e interpretar sinais sociais e emocionais nos outros, bem como as dificuldades na regulação das próprias emoções são fatores que podem interferir nesse funcionamento (Williams & Simms, 2016).

O Grupo A engloba os indivíduos que costumam ser vistos como isolados, frios, solitários e esquisitos. Por serem vistos como estranhos, apresentam dificuldades em se relacionar (Beck et al, 2017). No TP Paranoide, o indivíduo apresenta uma desconfiança extrema em relação aos outros. Em função dessa preocupação, muitas vezes age de forma hostil, prejudicando seus relacionamentos. Segundo Hengartner et al. (2014), esses indivíduos possuem deficiências no componente afetivo da empatia, apresentando baixos níveis de preocupação empática e altos níveis de angústia pessoal, além de apresentarem indícios de uma tomada de perspectiva prejudicada.

Já o TP Esquizoide é caracterizado por uma indiferença às relações interpessoais. São pessoas bastante solitárias e chamam a atenção pela frieza emocional. Isso pode estar relacionado a uma baixa propensão a sentir compaixão e preocupação com os outros, características relacionadas a déficits no componente afetivo da empatia (Hengartner et al., 2014).

O TP Esquizotípico é marcado principalmente pelos déficits sociais e interpessoais (Beck et al., 2017). Não existem muitos estudos avaliando as relações entre esse TP e a empatia. Aaron et al. (2015) investigaram a relação entre empatia, alexitimia e traços esquizotípicos, sugerindo que a capacidade prejudicada de experienciar as emoções, assim como a dificuldade de identificá-las e nomeá-las (alexitimia) estariam correlacionadas a deficiências na empatia.

A literatura mostra que os TPs *Borderline*, Antissocial e Narcisista, todos no Grupo B, também estão associados a uma capacidade prejudicada de experienciar a empatia (Baron-Cohen, 2011; Hengatner et al., 2014; Lishner et al., 2015). Em uma revisão de estudos, Lishner et al. (2015) apontam para a relação de um ou mais traços de personalidade desse grupo A: a) Baixa reatividade fisiológica em resposta à observação de sofrimento do outro; b) Dificuldades para identificar emoções em expressões faciais; e c) Baixa atividade neural em regiões do cérebro envolvidas na experiência da dor. Todos esses fatores em conjunto são importantes para a experiência da empatia.

No TP Narcisista, a capacidade de reconhecimento e identificação com os sentimentos e as necessidades dos outros é prejudicada. Segundo Baskin-Sommers, Krusemark e Ronningstan (2014), existem prejuízos significativos no componente emocional da empatia, mas não no componente cognitivo. Isso pode ser explicado pelo fato de que esses sujeitos, quando necessário e interessante, podem sim prestar atenção às necessidades do outro. Assim, narcisistas apresentam pouca motivação para se colocar no lugar do outro, mas não apresentam prejuízos na tomada de perspectiva.

O TP *Borderline* tem como características principais a instabilidade emocional, a impulsividade e a raiva. De maneira geral, esses indivíduos apresentam dificuldades em ler as intenções e expressões faciais de forma acurada (Hengatner et al., 2014; Lishner et al., 2015). Além disso, costumam reagir aos outros de forma emocionalmente intensa e inapropriada. A literatura sugere que as experiências de abuso e negligência, geralmente sofridas na infância, são importantes para o entendimento das deficiências de empatia nesses indivíduos, visto que aprenderam a ser mais autocentrados (Baron-Cohen, 2011).

No TP Antissocial há um desprezo pelas obrigações sociais e uma falta de empatia pelos outros. O desprezo pelos sentimentos alheios pode ser explicado pela atividade autonômica reduzida ao observar o sofrimento de outras pessoas. Tal dificuldade impede a experiência de sentimentos de compaixão, componente emocional da empatia (Baron-Cohen, 2011; Hengatner et al., 2014; Lishner et al., 2015). No entanto, a tomada de perspectiva não está prejudicada nesses indivíduos, de modo que eles conseguem identificar, de forma acurada, as necessidades dos outros e usam tais informações para manipular as pessoas, causando prejuízos aos demais e benefícios para si (Baron-Cohen, 2011).

Não existem muitos estudos relacionando o TP Histriônica e Empatia. Alguns autores sugerem que esses indivíduos podem expressar empatia ou afeição, mas o real nível de conexão emocional é raso. Por conta da necessidade de ser o centro das atenções, podem imitar, ou até mesmo exagerar, uma resposta emocional apropriada, mas sua natureza egocêntrica e manipuladora muitas vezes impede uma verdadeira ligação com os outros (Sungur & Gündüz, 2017).

Por fim, o Grupo C, que contempla os TPs Dependente, Evitativo e Obsessivo-compulsivo, possui como características centrais o medo e a ansiedade.

Sobre esses, são escassos os estudos que os relacionam à empatia. Hengartner et al. (2014) encontraram evidências de que o componente afetivo da empatia se mostra prejudicado nesses TPs. Segundo os autores, houve uma correlação forte entre os sintomas desses transtornos e a baixa preocupação empática.

No estudo de Falcone et al. (2015), os níveis de empatia foram comparados em três grupos: indivíduos sem TP, indivíduos com TP do Grupo B e indivíduos com TP do Grupo C. Os indivíduos dos Grupos B e C apresentaram níveis inferiores de tomada de perspectiva aos do grupo não clínico, o que condiz com o fato das distorções cognitivas serem frequentes em indivíduos com TP. Já os indivíduos do Grupo C apresentaram níveis mais elevados de flexibilidade interpessoal do que os do agrupamento B, além de mostrarem-se mais altruístas do que os do grupo controle. Os transtornos do Grupo C tendem a ser mais focados em agradar os outros, propiciando maior flexibilidade interpessoal e altruísmo.

Sugestões Terapêuticas Cognitivo-Comportamentais

Conforme exposto, os prejuízos experimentados por indivíduos com TPs se relacionam aos componentes cognitivo e afetivo da empatia, seja pela dificuldade em criar conexões emocionais, pouca motivação ou pela dificuldade em ler apropriadamente as pistas emocionais expressas pelas outras pessoas e manejar as próprias emoções. Isto é, o autofoco prejudica a sua experiência emocional e dificulta a tomada de perspectiva, levando a relações interpessoais com baixa qualidade. Nesse sentido, suas interpretações sobre as intenções dos outros também podem ser distorcidas por conta de seus esquemas e crenças, que interferem em sua preocupação empática (Baskin-Sommers et al., 2014; Dittrich, Bermpohl, Kluczniok, & Boedeker, 2019; Falcone et al., 2015; Hengartner et al., 2014). Portanto, TPs estão relacionados a diferentes déficits em empatia que afetam sua ativação nas duas vias, automática ou por meio do esforço cognitivo (Falcone, 2012).

Promover intervenções que auxiliem pessoas com TPs a experimentar empatia em seus relacionamentos é relevante para a melhora do quadro e para a qualidade de suas relações interpessoais (Del Prette, Falcone, & Murta, 2013). Contudo, dadas as diferenças apresentadas por esses indivíduos, é necessário considerar estratégias psicoterapêuticas que, de fato, sejam eficazes para suas dificuldades específicas (Baskin-Sommers et al., 2014).

Alguns fatores associados ao tratamento dos TPs dizem respeito aos próprios processos da psicoterapia, como o estímulo à colaboração do paciente, a validação de suas experiências e a empatia do terapeuta. Experimentar uma relação empática no tratamento e colaborar com ele diminui a resistência e auxilia que, na confrontação e clarificação, seja explorada a habilidade de tomar a perspectiva de outra pessoa. Portanto, nesses casos, a própria relação terapêutica tem valor de intervenção (Baskin-Sommers et al., 2014; Beck et al., 2017; Del Prette et al., 2013; Rocha, Oliveira, & Kappler, 2017).

Além disso, a psicoeducação e programas de desenvolvimento da empatia são importantes. Estas intervenções auxiliam o entendimento de suas dificuldades e o treinamento de comportamentos socialmente competentes, além de prover modelação e ensaios comportamentais que instrumentalizam o paciente para responder às situações sociais de forma mais funcional. Também se fazem relevantes técnicas cognitivas que visem à avaliação de explicações possíveis para o comportamento das pessoas, levando o paciente a pensar em alternativas que não pensaria automaticamente e podem ir a sentidos diferentes de suas crenças e esquemas, fazendo-o questionar os mesmos (Baskin-Sommers et al., 2014; Del Prette et al., 2013; Beck et al., 2017). Sendo assim, é necessário desenvolver maneiras alternativas de avaliar e responder a situações sociais, preferencialmente, procurando entender pontos de vista diferentes.

Uma vez que existem déficits relacionados ao componente emocional da empatia, uma regulação emocional eficaz pode trazer benefícios ao tratamento. Técnicas que têm esse objetivo são importantes para reconhecer e processar emoções, identificar crenças relacionadas à emoção e desenvolver estratégias de regulação mais adequadas (Leahy, 2019). Rüfenacht et al. (2019) ressaltam a utilização de estratégias desadaptativas por pacientes com TP *Borderline*, como a supressão de pensamentos e ruminação. Planejar intervenções que busquem regular emoções de forma adaptativa pode facilitar a habilidade empática, haja vista que essa depende das habilidades de regulação emocional, principalmente dependendo de sua via de ativação (Falcone, 2012).

Do mesmo modo, a prática de *mindfulness* pode favorecer a habilidade de mentalização, fundamental para a empatia. Velotti, Garofalo, Dimaggio e Fonagy (2018) observaram que presidiários com uma mentalização pobre tinham mais traços antissociais. Visando essa capacidade, as intervenções para a diminuição desses traços e da agressividade podem ser efetivas. Os autores consideraram três facetas da mentalização: *mindfulness*, alexitimia e empatia, indicando que estariam relacionadas e influenciariam essa habilidade. Beck et al. (2017) também destacam o uso de técnicas de meditação *mindfulness* que podem ter efeito na diminuição do autofoco, podendo favorecer a empatia.

Por fim, ressalta-se a importância de programas com caráter preventivo. Como destacado, em alguns TPs, os déficits em empatia podem ter suas origens em vivências infantis. Além disso, a empatia parental é um importante fator no desenvolvimento da habilidade empática (Falcone et al., 2018). Em seu estudo, Dittrich et al. (2019) encontraram efeitos do TP *Borderline* materno na psicopatologia dos filhos, por meio da angústia pessoal materna. Dessa forma, essas mães tenderiam a focar na diminuição do próprio sofrimento diante da necessidade dos filhos. Logo, desenvolver empatia em mães com TPs pode ser um fator de proteção para seus filhos. Del Prette et al. (2013) também ressaltam os benefícios da prevenção, principalmente com pais, visando ao desenvolvimento de habilidades sociais destes para melhorias no desenvolvimento infantil.

Considerações finais

Tendo em vista o que foi apresentado ao longo do capítulo, há uma escassez de estudos que abordam as especificidades das deficiências empáticas em determinados TPs, principalmente nos indivíduos do Grupo C.

Apesar das lacunas existentes, dados de avaliação explorados ensejam sugestões terapêuticas para intervenções com esse grupo clínico. Destaca-se a relevância de estratégias cognitivo-comportamentais para o desenvolvimento da empatia em indivíduos com TPs, tanto para melhoria de suas relações interpessoais, quanto para a diminuição dos sintomas psicopatológicos e a prevenção de psicopatologias em crianças. Essas estratégias vão desde a postura do terapeuta durante a psicoterapia até o treinamento de habilidades, visando auxiliar a esses indivíduos em seu funcionamento interpessoal.

Em suma, essas intervenções requerem atenção e cuidado por parte do terapeuta, utilizando-se de uma conceituação cognitiva eficaz para a escolha de intervenções relevantes para cada paciente, dada a diversidade dos indivíduos e os diferentes déficits em empatia encontrados nessa população.

Referências

Aaron, R. V., Benson, T., & Park, S. (2015). Investigate de role of alexithymia on the empathic deficits found in schizotypy and autism spectrum trait. *Personality and individual differences*, 77, 215-220. doi: 10.1016/j.paid.2014.12.032

American Psychiatric Association. (2013). *Diagnostic and Statistical Manual of Mental Disorder* (5th ed.). Washington, DC: Author.

Baron-Cohen, S. (2011). *The science of evil: On empathy and the origins of cruelty.* New York: Basic Books.

Baskin-Sommers, A., Krusemark, E., & Ronningstam, E. (2014). Empathy in narcissistic personality disorder: From clinical and empirical perspectives. *Personality Disorders: Theory, Research, and Treatment*, *5*(3), 323-333. doi: 10.1037/per0000061

Beck, A. T., Davis, D. D., & Freeman, A. (2017). *Terapia cognitiva dos transtornos da personalidade* (3a ed.). Porto Alegre: Artmed.

Burleson, B. R. (1985). The production of comforting messages: social cognitive foundations. *Journal of Language and Social Psychology, 4*, 253-273. doi: 10.1177/0261927X8543006

Cecconello, A. M., & Koller, S. H. (2000). Competência social e empatia: Um estudo sobre resiliência com crianças em situação de pobreza. *Estudos de Psicologia (Natal), 5*(1), 71-93. doi: 10.1590/ S1413-294X2000000100005

D'Augustin, J. F., Pinho, V. D. D., & Falcone, E. M. D. O. (2017). Avaliação da raiva e das habilidades sociais nos transtornos alimentares. *Revista Brasileira de Terapias Cognitivas, 13*(2), 113-121. doi: 10.5935/1808-5687.20170016

Davis, M. H. (1983). Measuring individual differences in empathy: Evidence for a multidimensional approach. *Journal of Personality and Social Psychology, 44*(1), 113-126. doi:10.1037/0022-3514.44.1.113

Decety, J., & Lamm, C. (2009). Empathy versus personal distress: recent evidence from social neuroscience. In J. Decety, & W. Ickes (Eds.). *The social neuroscience of empathy* (pp. 199-213). Massachusetts: A Bradford Book.

Del Prette, Z. A. P., Falcone, E. M. O., & Murta, S. G. (2013). Contribuições do campo das habilidades sociais para a compreensão, prevenção e tratamento dos transtornos de personalidade. In L. F. Carvalho, & R. Primi (Eds.). *Perspectivas em psicologia dos transtornos de personalidade: Implicações teóricas e práticas* (pp. 326-358). São Paulo, SP: Casa do Psicólogo.

Dittrich, K., Bermpohl, F., Kluczniok, D., Attar, C. H., Jaite, C., Fuchs, A., ... Boedeker, K. (2020). Alterations of empathy in mothers with a history of early life maltreatment, depression, and borderline personality disorder and their effects on child psychopathology. *Psychological Medicine*, 1-9. doi: 10.1017/ S0033291719001107

Epstein, N. B., & Schlesinger, S. E. (2004). Casais em crise. In F. M. Dattilio, & A. Freeman (Eds.). *Estratégias cognitivo-comportamentais de intervenção em situações de crise* (2a ed., pp. 243-263). Porto Alegre: Artmed.

Falcone, E. M. O. (2012). O papel da tomada de perspectiva na experiência da empatia. In E. M. O. Falcone, A. D. Oliva, & C. Figueiredo (Eds.). *Produções em terapia cognitivo-comportamental* (pp. 61-69). São Paulo: Casa do Psicólogo.

Falcone, E. M. O., Ferreira, M. C., Luz, R. C. M., Fernandes, C. S., D'Augustin, J. F., Sardinha, A., & Pinho, V. D. (2008). Inventário de Empatia (IE): desenvolvimento e validação de uma medida brasileira. *Avaliação Psicológica,* 7(3), 321-334.

Falcone, E. M. O., Bussab, V. S. R., & Ferreira, M. C. (2009). A evolução e as relações entre os estilos de vinculação, a empatia e a raiva. Resumo. *Anais do II Seminário Internacional de Habilidades Sociais* (p. 96).

Falcone, E. M. O., Oliveira, E. R., Krieger, S., Placido, M. G., Electo, L. C. T., Pinho, V. D., ... Ferreira, M. C. (2015). *Avaliação da empatia em indivíduos com transtorno de personalidade.* In X Congresso Brasileiro de Terapias Cognitivas. Porto de Galinhas, PE.

Falcone, E. M. O., Oliveira, E. R., Krieger, S., Viegas, M. P., & Oliva. A. D. (2018). Empatia, compaixão e moralidade em crianças. In D. C. Fava, M. Rosa, & A. D. Oliva (Eds.). *Orientação para pais: o que é preciso saber para cuidar dos filhos* (pp. 131-149). Belo Horizonte: Artesã Editora.

Fonseca, R. C. T., & Carvalho, A. L. N. (2016). O papel da empatia e da comunicação assertiva na satisfação conjugal em casamentos de longa duração. *Polêm!-ca, 16*(2), 40-58. doi: 10.12957/polemica.2016.22901

Fredrickson, B. L., & Siegel, D. J. (2017). Broaden-and-build theory meets interpersonal neurobiology as a lens on compassion and positivity resonance. In P. Gilbert (Ed.). *Compassion: Concepts, Research and Applications* (pp. 203-217). London: Routledge.

Hengartner, M. P., Ajdacic-Gross, V., Rodgers, S., Müller, M., Haker, H., & Rössler, W. (2014). Fluid intelligence and empathy in association with personality disorder trait-scores: exploring the link. *European Archives of Psychiatry and clinical Neuroscience, 264* (5), 441-448. doi: 10.1007/s00406-013-0441-0

Kardos, P., Leidner, B., Pléh, C., Soltész, P., & Unoka, Z. (2017). Empathic people have more friends: Empathic abilities predict social network size and position in social network predicts empathic efforts. *Social Networks, 50,* 1-5. doi: 10.1016/j.socnet.2017.01.004

Leahy, R. L. (2019). *Técnicas de terapia cognitiva: manual do terapeuta* (2a ed.). Porto Alegre: Artmed.

Lishner, D. A., Hong, P. Y., Jiang, L., Vitacco, M. J., & Neumann, C. S. (2015). Psychopathy, narcissism, and borderline personality: a critical test of the affective empathy-impairment hypothesis. *Personality and individual differences, 86,* 257-265. doi: 10.1016/j.paid.2015.05.036

Luz, F., & Bussab, V. S. R. (2009). Psicopatologia evolucionista. In M. E. Yamamoto, & E. Otta (Eds.). *Psicologia evolucionista* (pp. 163-175). Rio de Janeiro: Guanabara-Koogan.

Morelli, S. A., Ong, D. C., Makati, R., Jackson, M. O., & Zaki, J. (2017). Empathy and well-being correlate with centrality in different social networks. *Proceedings of the National Academy of Sciences, 114*(37), 9843-9847. doi: 10.1073/pnas.1702155114

Oliva A. D. (2012). A mente sob uma ótica evolucionista: Bases do comportamento pró-social. In E. M. O. Falcone, A. D. Oliva, & C. Figueiredo (Eds.). *Produções em terapia cognitivo-comportamental* (pp. 51-59). São Paulo: Casa do Psicólogo.

Oliveira, E. R. (2018). *Impacto do trabalho voluntário nos níveis de empatia, autoestima e bem-estar subjetivo* (Dissertação de Mestrado). Universidade do Estado do Rio de Janeiro, Brasil.

Pervin, L. A., & John, O. P. (2004). *Personalidade: Teoria e pesquisa.* Porto Alegre: Artmed.

Pinho, V. D., & Falcone, E. M. O. (2015). Intervenciones para la promoción del perdón y la inserción de la empatía: revisión de la literatura. *Revista Argentina de Clínica Psicológica, 24*(2), 111-120.

Preston, S. D., & de Waal, F. B. M. (2002). Empathy: its ultimate and proximate bases. *Behavioral and Brain Sciences, 25*, 1-72. doi: 10.1017/S0140525X02000018

Pretzer, J., & Beck, J. S. (2004). Cognitive therapy of personality disorders: Twenty years of progress. *Contemporary cognitive therapy: Theory, research and practice*, 299-318.

Rocha, L. F. D., Oliveira, E. R., & Kappler, S. R. (2017). A contratransferência na Terapia Cognitivo-Comportamental: uma revisão da literatura brasileira. *Revista Brasileira de Terapias Cognitivas, 13*(2), 104-112. doi: 10.5935/1808-5687.20170015

Rüfenacht, E., Euler, S., Prada, P., Nicastro, R., Dieben, K., Hasler, R., ... Weibel, S. (2019). Emotion dysregulation in adults suffering from attention déficit hyperactivity disorder (ADHD), a comparison with borderline personality disorder (BPD). *Borderline Disorder and Emotion Dysregulation, 6*(11). doi: 10.1186/s40479-019-0108-1

Sungur, M. Z., & Gündüz, A. (2017). Transtorno da personalidade histriônica. In A. T. Beck, D. Davis, & A. Freeman. *Terapia cognitiva dos transtornos da personalidade.* (3a ed., pp. 269-287). Porto Alegre: Artmed.

Velotti, P., Garofalo, C., Dimaggio, G., & Fonagy, P. (2018). Mindfulness, alexithymia, and empathy moderate relations between trait aggression and antisocial personality disorder traits. *Mindfulness, 10*(6), 1082-1090. doi: 10.1007/s12671-018-1048-3

Williams, T., & Simms, L. (2016). Personality disorder models and their coverage of interpersonal problems. *Personality disorders*, 7(1), 15-27. doi: 10.1037/per0000140

Capítulo 18

POSSÍVEIS EFEITOS NEGATIVOS EM PSICOTERAPIA

XVI Mostra de TCC, 2018

Trabalho apresentado na modalidade Mesa Redonda

Marcele Regine de Carvalho

Síntese

Efeitos negativos (EN) podem ser definidos como as mudanças que o cliente experiencia como negativas e atribui à Psicoterapia, as quais podem ocorrer durante ou após a mesma. Estudá-los é importante para a identificação de clientes em risco, para o desenvolvimento de estratégias de manejo e o desenvolvimento de psicoterapias mais seguras. Sendo assim, o treinamento do psicoterapeuta em solicitar o relato, reconhecer, classificar, prevenir e manejar EN é fundamental. Porém, nesta temática, a investigação apresenta importantes limitações na atualidade no que se refere à definição, classificação e avaliação dos possíveis efeitos adversos da Psicoterapia, assim como da questão ética que envolve a replicação dos achados.

Introdução

A Psicologia, entendida como uma disciplina científica, caracteriza-se pelo uso de métodos sistemáticos com o objetivo de gerar conhecimento empiricamente testado (Bunge, 2007). A prática da Psicologia baseada em evidências (PPBE) visa considerar, além das características e preferências dos clientes e da *expertise* clínica do psicólogo, as melhores conclusões científicas disponíveis, de forma a embasar a prática profissional em um determinado momento (Melnik, Souza, & de Carvalho, 2014). No entanto, menos ênfase tem sido dada à verificação de possíveis intervenções que possam ser prejudiciais, o que traz riscos voltados ao atendimento psicoterapêutico de qualidade e ao cumprimento dos padrões de ética profissional (Lee & Hunsley, 2015). Além disso, manter a aplicação de tratamentos que possam culminar em desfechos adversos pode prejudicar a confiabilidade e a respeitabilidade da Psicologia (Lilienfeld, Ritschel, Lynn, Cautin, & Latzman, 2013). A Terapia Cognitivo-Comportamental (TCC) adere à prática baseada em evidências, portanto o estudo de EN deve estar dentro do seu escopo.

A taxa estimada de efeitos indesejados em Psicoterapia varia entre 3 e 15% (Linden, 2013). Em uma pesquisa *on-line*, 13% de 1504 participantes reportaram ônus relacionados à Psicoterapia (Leitner et al., 2013). Uma revisão verificou que apenas um quinto de uma amostra de ensaios clínicos randomizados reportou a ocorrência de prejuízos no tratamento (Jonsson, Alaie, Parling, & Arnberg, 2014).

O presente capítulo visa apresentar o panorama atual do estudo de efeitos negativos (EN) em Psicoterapia, apresentando as tendências e os desafios relacionados à sua definição, à avaliação e aos direcionamentos de pesquisa.

Efeitos Negativos: Definições e Avaliação

A literatura disponível cita como EN diferentes eventos indesejados relacionados ao tratamento, tais como: surgimento de novos sintomas, declínio em uma ou mais áreas de funcionamento, deterioração da sintomatologia, falta de resposta, abandono do tratamento, dependência do psicoterapeuta, tensões nos relacionamentos pessoais ou mudanças nas relações sociais, medo de estigmatização, comprometimento da autoeficácia, problemas ocupacionais, erros terapêuticos, comportamento terapêutico antiético (Hoffmann, Rudolf, & Strauß, 2008; Ladwig, Rief, & Nestoriuc, 2014; Linden, 2013; Moritz et al., 2015; Rozental et al., 2016; Rheker, Beisel, Kräling, & Rief, 2017).

Sendo assim, os EN podem ser globais (afetando diversas áreas de funcionamento) ou específicos, podendo ocorrer na relação terapêutica, na vida pessoal, na vida ocupacional e/ou na saúde física do cliente. Eles podem também acontecer devido a mudanças nos sistemas familiares decorrentes do processo terapêutico, ou advir de características ou atitudes do psicoterapeuta (Mohr, 1995).

Ainda não há consenso na definição ou na metodologia de avaliação de EN em Psicoterapia. Sendo assim, inicialmente serão expostos os diversos fatores que contribuem para este cenário, de forma a apresentar considerações teóricas e metodológicas que possam contribuir para a reflexão a respeito das diversas possibilidades de definição e avaliação de EN. Posteriormente serão apresentadas definições sobre EN.

Alguns importantes fatores precisam ser considerados para se pensar em uma definição de EN. A diferenciação entre efeitos colaterais ou adversos e as consequências de comportamentos inapropriados ou antiéticos do terapeuta nem sempre é simples, e a literatura ainda não é definitiva sobre considerar ou não má conduta como um EN. Em Psicoterapia, previsões sobre o curso, falha e deterioração do tratamento nem sempre estão disponíveis (Levenson et al., 2010). Também se supõe que exista uma tendência a reprimir o reconhecimento de efeitos adversos ou atribuí-los ao comportamento do cliente (Eaton, Abeles, & Gutfreund, 1993).

Outros fatores, como a influência de estressores em efeitos indesejados e o curso flutuante de transtornos psiquiátricos ou o prejuízo inevitável decorrente do desenvolvimento dos mesmos, podem também tornar complexa a identificação de EN (Rozental et al., 2016). Também não existe consenso se prejuízos temporários devem ser considerados eventos indesejados ou se constituem apenas um elemento que possa fazer parte do processo de Psicoterapia (Schneibel et al., 2017). Além disso, alguns tratamentos podem melhorar certos sintomas, mas também tornar outros piores. Quando um tratamento está associado à melhora em alguns domínios dos sintomas e piora em outros, deve-se considerar a relação custo-benefício dessa intervenção e discutir os riscos potenciais de deterioração com os clientes (Lilienfeld, 2007). Alguns tratamentos podem também acarretar piora em curto prazo e se tornar eficazes em longo prazo. Uma minoria de clientes, por exemplo, com transtorno de estresse pós-traumático (TEPT) demonstra exacerbação transitória dos sintomas após a introdução do tratamento de exposição em TCC. No entanto, posteriormente eles melhoram na mesma proporção que os clientes que não apresentam exacerbação dos sintomas (Foa, Zoellner, Feeny, Hembree, & Alvarez-Conrad, 2002; Tarrier et al., 1999). Há também a possibilidade de casos em que a remissão espontânea de sintomas pode acontecer como curso natural do problema e o tratamento vir a ser uma variável de interferência, chegando até mesmo a mascarar os EN (Dimidjian & Hollon, 2010). Há também, por exemplo, confundidores que podem acarretar uma identificação inadequada de EN quando o cliente não tem uma postura defensiva no tratamento, a qual o estimula a reportar mais livremente dificuldades e emoções, ou quando relata prejuízos na tentativa de se manter em terapia (Mohr, 1995).

Outra questão importante é levantada por Strupp e Hadley (1977), os quais sugerem que a avaliação de efeitos positivos ou negativos do tratamento depende da perspectiva de quem os vê, tais como o cliente, o psicoterapeuta e a sociedade. O aumento da ansiedade, por exemplo, em um exercício de exposição pode ser percebido como negativo pelo cliente, mas pode ser esperado e considerado benéfico pelo psicoterapeuta. Muitas vezes, a própria diferenciação entre efeito positivo e negativo é considerada difícil, como é o caso de um divórcio.

Nota-se que determinar EN requer considerações teóricas e metodológicas de base segura (Rozental et al., 2016). Há diferentes propostas de definição de EN na literatura, o que dificulta o monitoramento e o reporte dos mesmos em ensaios clínicos (Linden & Schermuly-Haupt, 2014). EN da Psicoterapia podem ser definidos, de forma geral, como todas as mudanças que ocorrem durante ou após a Psicoterapia, experienciadas como negativas pelo cliente e consideradas por ele como associadas ao tratamento (Rheker et al., 2017).

Schneibel et al. (2017) diferenciam os tipos de prejuízos que podem ocorrer no tratamento, considerando algumas dimensões, como: (1) Causalidade (EN devem ser consequências da intervenção terapêutica, e não simplesmente os eventos indesejados que coincidem temporalmente com o tratamento); (2) Adesão (EN que emergem em algumas situações nas quais houve adesão do cliente ao tratamento conduzido corretamente pelo terapeuta, e não como decorrência de uma má prática); e (3) Consequências em longo prazo (eventos adversos que atenuam o resultado do tratamento devem ser diferenciados de eventos adversos transitórios, os quais não levam a consequências no resultado do tratamento).

Linden (2013) sugere uma definição mais estruturada para efeitos indesejados em Psicoterapia que causam prejuízos (**Figura 1**). O autor define inicialmente "Eventos Indesejados" (EI) como todos aqueles eventos que ocorrem paralelamente ao tratamento em relação ao cliente, os quais não são benéficos e nem intencionados.

De acordo com Linden (2013), os EIs devem ser todos coletados (mesmo que seja improvável que possa estar relacionado ao tratamento) em um nível descritivo (sem explicações teóricas precoces), sem suposições etiológicas ou interpretações, as quais poderiam enviesar a observação. Todo evento que não seja positivo em si deve ser coletado como EI, sendo relacionado ao tratamento até que se encontrem provas convincentes do contrário. Na verificação de causalidade, deve-se buscar em que contexto o EI emergiu e como se desenvolveu. Para isso, é preciso estar guiado pela observação de procedimentos de diagnóstico, pela orientação teórica da Psicoterapia, pelo foco de tratamento, pelos procedimentos de tratamento, pelos processos de sensibilização, pelos processos de desinibição, pelos efeitos diretos do tratamento ou pelo relacionamento terapêutico com o cliente. É importante destacar que alguns efeitos do tratamento são ambíguos: podem ser terapêuticos e negativos ao mesmo tempo, porém também devem ser reconhecidos como EI (Linden, 2013).

Quando os EIs estão relacionados ao tratamento são chamados de "Reaçõcs Advcrsas (RA) ou Reações Inerentes ao Tratamento (RIT)" e podem ser desdobramentos de um tratamento incorreto, sendo considerados como "Má prática (MP)", ou desdobramentos de um tratamento adequado, sendo chamados de "Efeitos Colaterais (EC)". Nesta classificação, estes devem ser diferenciados de não resposta ao tratamento, deterioração decorrente do transtorno mental e de MP. As RIT podem ser inevitáveis ou até necessárias (por exemplo: emoções intensas), apesar de sua qualidade negativa. Reconhecer este tipo de RIT pode ser importante para guiar o aperfeiçoamento do tratamento, de forma a prevenir tais efeitos. É importante ressaltar que a recomendação é de que se houver outra abordagem terapêutica que não culmina em tais efeitos e pode ser mais bem tolerada, ela é preferencial, e o outro tratamento pode se tornar obsoleto e até ser considerado antiético.

Quando uma RIT pode ser esperada de alguma forma, é dever do psicoterapeuta informar o cliente sobre os possíveis riscos terapêuticos e receber o consentimento do mesmo para prosseguir com o procedimento. Estas RIT são denominadas "Riscos Terapêuticos (RT)". Quando condições de um caso individual demonstram alta probabilidade de RIT severas, o tratamento deve ser considerado "contraindicado". Prosseguir com o tratamento, apesar de contraindicações, é uma forma de MP (Linden, 2013).

Figura 1 – Classificação de Eventos Indesejados

Adaptado de Schermuly-Haupt, Linden, & Rush (2018).

Como visto, é importante que pesquisas futuras possam desenvolver mais claramente a diferença ente EI e EC para alcançar consenso sobre a definição de EN e investir em formas estruturadas de avaliação. Para isso, os EN devem ser mais estudados e reportados. A necessidade de uma melhor notificação de prejuízos em ensaios clínicos é enfatizada no *Consolidated Standards of Reporting Trials* (CONSORT), um *checklist* que traz recomendações para reportar ensaios clínicos visando melhorar a qualidade destes.

No item sobre conteúdos que devem ser reportados na seção de resultados, há uma orientação dizendo que se forneçam informações sobre prejuízos ou efeitos inesperados (Jonsson et al., 2014). Cuijpers, Reijnders, Karyotaki, de Wit e Ebert (2018) citam uma razão pela qual os EN podem não ser relatados nos ensaios clínicos: os resultados acerca dos mesmos não diferem significativamente entre os grupos de tratamento e controle (Cuijpers et al., 2018). Geralmente, apenas um pequeno número de clientes deteriora, então não há poder estatístico para a identificação de diferenças significativas entre os grupos de tratamento e controle. Porém, mesmo que os resultados não sejam significativos, eles devem ser relatados, visto que, posteriormente, poderão ser agrupados em meta-análises, fornecendo novas informações (Linden, 2013; Cuijpers et al., 2018).

Desafios e Direcionamentos no Estudo de Efeitos Negativos

Embora haja evidências preliminares de que certas psicoterapias produzem EN, estes achados devem ser interpretados com cautela, já que os resultados até então obtidos não contam com replicação por equipes de investigação independentes. No entanto, este é um ponto importante de reflexão na pesquisa de EN em Psicoterapia. Por questões éticas existe a relutância em realizar estudos adicionais sobre psicoterapias que foram consideradas potencialmente iatrogênicas nos estudos iniciais, de forma a evitar que outros participantes venham a experienciar possíveis EN.

Por outro lado, também há a discussão de que se não houver replicação dos estudos permanecerá a incerteza sobre como interpretar evidências iniciais de EN. Como não há solução para estas questões, a orientação é incentivar os pesquisadores a medir e relatar completamente EN em seus ensaios clínicos (Lilienfeld, 2007). Porém, quando EN são identificados nos estudos, restam questões sobre em quanto tempo se deve interromper o tratamento em curso no qual o cliente está, demonstrando ter prejuízos, e qual tomada de decisão em relação a este manejo (Mohr, 1995). No entanto, não existem regras sobre como planejar estudos científicos, mensurar e monitorar os EN em ensaios clínicos controlados e randomizados (Jonsson et al., 2014).

Além disso, Lilienfeld (2007) chama atenção de que as porcentagens de EN encontradas nos estudos podem estar superestimadas por incluir participantes, cuja deterioração não estava relacionada à Psicoterapia, ou seja, eles poderiam ter piorado mesmo sem tratamento. Em outro aspecto podem estar subestimados, pois há a possibilidade de não contar com participantes que melhoraram após a Psicoterapia, mas que teriam evoluído ainda mais se não tivessem recebido tratamento, ou seja, o dano causado pelo tratamento seria diminuir o ritmo da melhora que ocorreria naturalmente.

Segundo Henry, Strupp, Butler, Schacht e Binder (1993), deve-se considerar que diferentes tratamentos, diferentes tipos de clientes, diferentes díades psicoterapeuta-cliente e o próprio treinamento recebido pelo psicoterapeuta pode ter EN específicos, e esses dados serão importantes para guiar a prática clínica (Henry et al., 1993). Também é de importância identificar as variáveis do psicoterapeuta que podem predispor a EN (Wampold, 2001). Existem dados que demonstram que estas podem ser responsáveis por mais variação na deterioração induzida pelo tratamento do que a própria modalidade terapêutica (Lilienfeld, 2007). A falta de empatia do psicoterapeuta, por exemplo, já foi apontada em alguns estudos como fator relacionado à piora ou à falta de resposta ao tratamento (Mohr, 1995). Também é possível que as características individuais dos clientes, como traços de transtorno de personalidade *borderline* (Mohr, 1995), possam contribuir para a deterioração. No entanto, os estudos que apontam para tal possibilidade são questionáveis, pois a piora observada em clientes com essas características poderia ter ocorrido também sem tratamento.

Outro ponto de pesquisa que se destaca é examinar as variáveis do cliente como possíveis moderadores do resultado de psicoterapias potencialmente nocivas, já que estas podem ser prejudiciais para alguns clientes, mas não para outros (Lilienfeld, 2007). Ademais, será necessário descobrir mediadores de efeitos nocivos na Psicoterapia, de forma a compreender os mecanismos subjacentes à deterioração induzida pelo tratamento. Muitos desses mediadores podem operar em psicoterapias geralmente eficazes. O reconhecimento destes mediadores pode ajudar a identificar procedimentos de tratamento prejudiciais, o que pode proporcionar que novos tratamentos sejam elaborados ou que os tratamentos existentes sejam modificados para minimizar o risco de danos aos clientes (Lilienfeld, 2007).

É necessário tornar mais robusto o conhecimento sobre os processos que culminam em EC, sobre o julgamento da adequação do tratamento, da gravidade e das consequências dos EC. Deve-se, por sua vez, elaborar diretrizes para o treinamento de psicoterapeutas no reconhecimento, na avaliação e na prevenção de EC (Linden, 2013; Linden & Schermuly-Haupt, 2014; Cuijpers et al., 2018). Na supervisão e no treinamento em relação aos EI deve-se reforçar a noção de que encontrar EC não é sinônimo de ser um mau psicoterapeuta (Linden, 2013).

Schermuly-Haupt et al. (2018) verificaram em um estudo que, a partir da solicitação de um relato espontâneo, 74% dos 100 psicoterapeutas não reconheceram nenhum EI ou EC no tratamento de seus clientes. Já, ao responderem a uma entrevista estruturada que sistematizava EI, os psicoterapeutas relataram um total de 372 EI em 98 clientes e EC em 43 clientes. Dimidjian e Hollon (2010) sugerem que métodos qualitativos e quantitativos devem ser usados na avaliação de EC. Segundo os autores, perguntas abertas e autorrelatos poderiam fornecer informações importantes. Rief et al. (2009) afirmam haver evidências de que avaliações por meio de listas de sintomas resultam em mais relatos de EC do que perguntas abertas.

Há alguns instrumentos para a avaliação de EN em Psicoterapia, mas no momento ainda não há tradução ou validação na língua portuguesa e são: *Vanderbilt Negative Indicators Scale* (VNIS) (Suh, Strupp, & O'Malley, 1986); *Inventory for the Assessment of Negative Effects of Psychotherapy* (INEP) (Ladwig et al., 2014); *Unwanted Events and Adverse Treatment Reactions Checklist for Psychotherapy* (UE-ATR)

(Linden, 2013); *Experiences of Therapy Questionnaire* (ETQ) (Parker, Fletcher, Berk, & Paterson, 2013); *Negative Effects Questionnaire* (NEQ) (Rozental et al., 2019).

Verifica-se que o curso do tratamento psicológico deve ser monitorado de forma sistemática, já que os EC diminuem significativamente ao longo do tratamento quando os clientes são diretamente consultados a respeito de possíveis EC (Schneibel et al., 2017). O estudo de Lambert et al. (2003) verificou que rastrear respostas dos clientes, por meio de questionários padronizados administrados a cada sessão, e estimular o cliente a fornecer *feedback* imediato aos psicoterapeutas sobre o fracasso em atingir os ganhos terapêuticos esperados melhorou a eficácia terapêutica em relação a uma condição controle sem *feedback*, provavelmente por ter permitindo aos psicoterapeutas fazerem correções no curso do tratamento. Este *feedback* reduziu a taxa de deterioração dos sintomas em 4 a 8%. Talvez este seja um caminho inicial para se pensar a prevenção e minimização de EN em Psicoterapia.

Ainda também não há consenso sobre quem deveria reportar EC durante o tratamento: clientes, psicoterapeutas ou outros profissionais. O cliente pode identificar sentimentos e desfechos negativos, mas não possui conhecimento profissional para identificar com precisão EC. Já o psicoterapeuta tem esse conhecimento, mas pode falhar no reconhecimento ou ao fazer um julgamento enviesado (Schermuly-Haupt et al., 2018).

Em relação aos efeitos protetores, estudos também são necessários, mas já foi verificado que aqueles clientes que têm mais esperança de melhora em relação ao tratamento apresentam menos EN (Rheker et al., 2017). Nessa temática, outras questões importantes são a necessidade do desenvolvimento de estratégias para lidar com EC, da identificação de clientes em risco e do desenvolvimento de psicoterapias com o mínimo de EC (Creed, Wolk, Feinberg, Evans, & Beck, 2016). O reconhecimento de EI nas psicoterapias e o aprofundamento do conhecimento a seu respeito podem beneficiar os clientes por meio do aperfeiçoamento da Psicoterapia (Castonguay, Boswell, Constantino, Goldfried, & Hill, 2010). Dada a responsabilidade ética primordial do psicólogo de não causar danos, a identificação de EN e psicoterapias potencialmente nocivas deve receber prioridade.

Abordagens em Psicoterapia e EN

Qualquer abordagem que produza mudança em Psicoterapia tem a possibilidade de desencadear efeitos positivos e negativos. Além disso, assim como as psicoterapias são eficazes de forma diferenciada, é possível que o mesmo aconteça em relação a efeitos indesejados. Dessa forma, diferentes psicoterapias podem produzir diferentes formas de prejuízo. Atualmente, ainda não é possível apresentar dados precisos em relação à taxa e ao tipo de EN específicos para as diferentes modalidades de Psicoterapia.

Numa pesquisa de autorrelato, Crawford et al. (2016) encontraram 4% de EN reportados por clientes submetidos à TCC. Hollon e Emerson (1985) já afirmaram que há pouca evidência de que a Terapia Cognitiva poderia induzir EN, mas existem estudos que os reportam (Mohr, 1995).

Considerações finais

O conhecimento sobre EN em Psicoterapia pode ajudar psicoterapeutas a evitar danos aos seus clientes por meio de intervenções administradas de forma bem-intencionada, mas que podem ser deletérias em seu desfecho. É necessário, então, o investimento na investigação sobre os possíveis efeitos nocivos de tratamento, o que pode auxiliar no conhecimento acerca dos mediadores subjacentes aos prejuízos para o cliente, visando à sua prevenção.

Porém, cabe ressaltar que essa investigação apresenta importantes limitações na atualidade, tais como definir, classificar, avaliar e relatar os EN da Psicoterapia, além da questão ética que envolve a replicação dos achados. Além disso, é preciso examinar se os instrumentos para mensurar os EN da Psicoterapia são sensíveis na detecção de diferenças em relação a possíveis confundidores. Cabe também examinar os EN da Psicoterapia em diferentes contextos e amostras, para avaliar o custo-benefício dos tratamentos para diferentes grupos de clientes (Rheker et al., 2017). As investigações devem também se dedicar a encontrar preditores de EN, gatilhos e processos relacionados a eles (Cuijpers et al., 2018), além de formas de prevenção e manejo.

Até mesmo os tratamentos comprovadamente eficazes/efetivos podem apresentar RIT. Diante disso, os psicoterapeutas devem ter em mente que estudos indicam que há uma tendência a não identificarem EIs ou a interpretá-los como resultado do comportamento do cliente (Eaton, Abeles, & Gutfreund, 1993; Schermuly-Haupt et al., 2018). Sendo assim, a identificação de EI deve fazer parte da supervisão e da prática clínica. Para isso, é fundamental que o treinamento do psicoterapeuta envolva o ensino de como solicitar ao cliente o relato de EI, caso os perceba, a reconhecer a presença de possível EI, a descrevê-lo e a classificá-lo, assim como preveni-lo e manejá-lo (Castonguay et al., 2010).

Referências

Bunge, M. (2007). Blushing and the philosophy of mind. *Journal of Physiology, Paris, 101*(4-6), 247-256. Retrieved from https://doi.org/10.1016/j.jphysparis.2007.11.008

Castonguay, L. G., Boswell, J. F., Constantino, M. J., Goldfried, M. R., & Hill, C. E. (2010). Training Implications of Harmful Effects of Psychological

Treatments. *American Psychologist, 65*(1), 34-49. Retrieved from https://doi.org/10.1037/a0017330

Crawford, M. J., Thana, L., Farquharson, L., Palmer, L., Hancock, E., Bassett, P., … Parry, G. D. (2016). Patient experience of negative effects of psychological treatment: Results of a national survey. *British Journal of Psychiatry, 208*(3), 260-265. Retrieved from https://doi.org/10.1192/bjp.bp.114.162628

Creed, T. A., Wolk, C. B., Feinberg, B., Evans, A. C., & Beck, A. T. (2016). Beyond the Label: Relationship Between Community Therapists' Self-Report of a Cognitive Behavioral Therapy Orientation and Observed Skills. *Administration and Policy in Mental Health and Mental Health Services Research, 43*(1), 36-43. Retrieved from https://doi.org/10.1007/s10488-014-0618-5

Cuijpers, P., Reijnders, M., Karyotaki, E., de Wit, L., & Ebert, D. D. (2018). Negative effects of psychotherapies for adult depression: A meta-analysis of deterioration rates. *Journal of Affective Disorders, 239*, 138-145. Retrieved from https://doi.org/10.1016/j.jad.2018.05.050

Dimidjian, S., & Hollon, S. D. (2010). How Would We Know If Psychotherapy Were Harmful? *American Psychologist, 65* (1), 21-33. Retrieved from https://doi.org/10.1037/a0017299

Eaton, T. T., Abeles, N., & Gutfreund, M. J. (1993). Negative indicators, therapeutic alliance, and therapy outcome. *Psychotherapy Research., 3*(2), 115–123. Retrieved from https://doi.org/10.1080/10503309312331333719

Foa, E. B., Zoellner, L. A., Feeny, N. C., Hembree, E. A., & Alvarez-Conrad, J. (2002). Does imaginal exposure exacerbate PTSD symptoms? *Journal of Consulting and Clinical Psychology, 70*(4), 1022-1028. Retrieved from https://doi.org/10.1037/0022-006X.70.4.1022

Henry, W. P., Strupp, H. H., Butler, S. F., Schacht, T. E., & Binder, J. L. (1993). Effects of Training in Time-Limited Dynamic Psychotherapy: Changes in Therapist Behavior. *Journal of Consulting and Clinical Psychology, 61*(3), 434-440. Retrieved from https://doi.org/10.1037/0022-006X.61.3.434

Hoffmann, S. O., Rudolf, G., & Strauß, B. (2008). Unerwünschte und Schädliche Wirkungen von Psychotherapie : Eine Übersichtmit dem Entwurf Eines Eigenen Modells. *Psychotherapeut, 53*(1), 4-16. Genommen von https://doi.org/10.1007/s00278-007-0578-2

Hollon, S. D., & Emerson, M. G. (1985). Negative outcome: Treatment of depressive disorders. In D. T. Mays, & C. M. Franks (Eds). *Negative outcome in psychotherapy and what to do about it* (pp. 201-228). New York: Springer.

Jonsson, U., Alaie, I., Parling, T., & Arnberg, F. K. (2014). Reporting of harms in randomized controlled trials of psychological interventions for mental and behavioral disorders: A review of current practice. *Contemporary Clinical Trials, 38*(1), 1-8. Retrieved from https://doi.org/10.1016/j.cct.2014.02.005

Ladwig, I., Rief, W., & Nestoriuc, Y. (2014). What are the risks and side effects of psychotherapy? – Development of an inventory for the assessment of negative effects of psychotherapy (INEP). *Verhaltenstherapie, 24*(4), 252-264. Retrieved from https://doi.org/10.1159/000367928

Lambert, M. J., Whipple, J. L., Hawkins, E. J., Vermeersch, D. A., Nielsen, S. L., & Smart, D. W. (2003). Is it time for clinicians to routinely track patient outcome? A meta-analysis. *Clinical Psychology: Science and Practice, 10*(3), 288-301. Retrieved from https://doi.org/10.1093/clipsy/bpg025

Lee, C. M., & Hunsley, J. (2015). Evidence-based practice: Separating science from pseudoscience. *Canadian Journal of Psychiatry, 60*(12), 534-540. Retrieved from https://doi.org/26720821

Leitner, A., Märtens, M., Koschier, A., Gerlich, K., Liegl, G., Hinterwallner, H., & Schnyder, U. (2013). Patients' perceptions of risky developments during psychotherapy. *Journal of Contemporary Psychotherapy, 43*(2), 95-105. Retrieved from https://doi.org/10.1007/s10879-012-9215-7

Levenson, J. C., Frank, E., Cheng, Y., Rucci, P., Janney, C. A., Houck, P., … Fagiolini, A. (2010). Comparative outcomes among the problem areas of interpersonal psychotherapy for depression. *Depression and Anxiety, 27*(5), 434-440. Retrieved from https://doi.org/10.1002/da.20661

Lilienfeld, S. O. (2007). Psychological Treatments That Cause Harm. *Perspectives on Psychological Science, 2*(1), 53-70. Retrieved from https://doi.org/10.1111/j.1745-6916.2007.00029.x

Lilienfeld, S. O., Ritschel, L. A., Lynn, S. J., Cautin, R. L., & Latzman, R. D. (2013). Why many clinical psychologists are resistant to evidence-based practice: Root causes and constructive remedies. *Clinical Psychology Review, 33*, 883-900. Retrieved from https://doi.org/10.1016/j.cpr.2012.09.008

Linden, M. (2013). How to define, find and classify side effects in psychotherapy: From unwanted events to adverse treatment reactions. *Clinical Psychology and Psychotherapy, 20*(4), 286-296. Retrieved from https://doi.org/10.1002/cpp.1765

Linden, M., & Schermuly-Haupt, M. L. (2014). Definition, assessment and rate of psychotherapy side effects. *World Psychiatry, 13*(3), 306-309. Retrieved from https://doi.org/10.1002/wps.20153

Melnik, T., Souza, W. F., & de Carvalho, M. R. (2014). A importância da prática da psicologia baseada em evidências: aspectos conceituais, níveis de evidência, mitos e resistências. *Revista Costarricense de Psicología, 33*(2), 79-92. Recuperado de https://dialnet.unirioja.es/servlet/articulo?codigo=5278236&orden=0&info=link%5Cnhttps://dialnet.unirioja.es/servlet/extart?codigo=5278236

Mohr, D. C. (1995). Negative Outcome in Psychotherapy: A Critical Review. *Clinical Psychology: Science and Practice, 2*(1), 1-27. Retrieved from https://doi.org/10.1111/j.1468-2850.1995.tb00022.x

Moritz, S., Fieker, M., Hottenrott, B., Seeralan, T., Cludius, B., Kolbeck, K., … Nestoriuc, Y. (2015). No pain, no gain? Adverse effects of psychotherapy in obsessive-compulsive disorder and its relationship to treatment gains. *Journal of Obsessive-Compulsive and Related Disorders, 5*, 61-66. Retrieved from https://doi.org/10.1016/j.jocrd.2015.02.002

Parker, G., Fletcher, K., Berk, M., & Paterson, A. (2013). Development of a measure quantifying adverse psychotherapeutic ingredients: The experiences of therapy questionnaire (ETQ). *Psychiatry Research, 206*(2-3), 293-301. Retrieved from https://doi.org/10.1016/j.psychres.2012.11.026

Rheker, J., Beisel, S., Kräling, S., & Rief, W. (2017). Rate and predictors of negative effects of psychotherapy in psychiatric and psychosomatic inpatients. *Psychiatry Research, 254*, 143-150. Retrieved from https://doi.org/10.1016/j.psychres.2017.04.042

Rief, W., Nestoriuc, Y., Von Lilienfeld-Toal, A., Dogan, I., Schreiber, F., Hofmann, S. G., … Avorn, J. (2009). Differences in adverse effect reporting in placebo groups in SSRI and tricyclic antidepressant trials: A systematic review and meta-analysis. *Drug Safety, 32*(11), 1041-1056. Retrieved from https://doi.org/10.2165/11316580-000000000-00000

Rozental, A., Kottorp, A., Boettcher, J., Andersson, G., Carlbring, P., & Scott, J. (2016). The science and practice of psychotherapy: the critical need for quality assurance and vigilance to monitor the ratio of benefits to risks of therapies. *PLoS ONE, 11*(3), 233-235. Retrieved from https://doi.org/10.1371/journal.pone.0157503

Rozental, A., Kottorp, A., Forsström, D., Månsson, K., Boettcher, J., Andersson, G., … Carlbring, P. (2019). The Negative Effects Questionnaire: Psychometric properties of an instrument for assessing negative effects in psychological treatments. *Behavioural and Cognitive Psychotherapy, 47*(5), 559-572. Retrieved from https://doi.org/10.1017/S1352465819000018

Schermuly-Haupt, M. L., Linden, M., & Rush, A. J. (2018). Unwanted Events and Side Effects in Cognitive Behavior Therapy. *Cognitive Therapy and Research, 42*(3), 219-229. Retrieved from https://doi.org/10.1007/s10608-018-9904-y

Schneibel, R., Wilbertz, G., Scholz, C., Becker, M., Brakemeier, E. L., Bschor, T., … Schmoll, D. (2017). Adverse events of group psychotherapy in the in-patient setting – results of a naturalistic trial. *Acta Psychiatrica Scandinavica, 136*(3), 247-258. Retrieved from https://doi.org/10.1111/acps.12747

Strupp, H. H., & Hadley, S. W. (1977). A tripartite model of mental health and therapeutic outcomes. With special reference to negative effects in psychotherapy. *The American Psychologist, 32*(3), 187-196. Retrieved from https://doi.org/10.1037/0003-066X.32.3.187

Suh, C. S., Strupp, H. H., & O'Malley, S. S. (1986). The Vanderbilt Process Measures: The Psychotherapy Process Scale (VPPS) and the Negative Indicators Scale (VNIS). In L. S. Greenberg, & W. M. Pinsof (Eds.). Guilford clinical psychology and psychotherapy series. The psychotherapeutic process: A research handbook (pp. 285-323). New York, NY: Guilford Press.

Tarrier, N., Pilgrim, H., Sommerfield, C., Faragher, B., Reynolds, M., Graham, E., & Barrowclough, C. (1999). A randomized trial of cognitive therapy and imaginal exposure in the treatment of chronic posttraumatic stress disorder. *Journal of Consulting and Clinical Psychology, 67*(1), 13-18. Retrieved from https://doi.org/10.1037/0022-006X.67.1.13

Wampold, B. E. (2001). The great psychotherapy debate: Models, methods, and findings. Hillsdale, NJ: Erlbaum.

Capítulo 19

RELIGIOSIDADE E ESPIRITUALIDADE NA PRÁTICA CLÍNICA EM TERAPIA COGNITIVO-COMPORTAMENTAL

XVII Mostra de TCC, 2019
Trabalho apresentado na modalidade Conferência

Lucia Emmanoel Novaes Malagris
Diana Soledade do Lago Camera

Síntese

A Religiosidade e a espiritualidade têm sido foco de atenção de pesquisadores, inclusive no campo da Psicoterapia. Para uma prática clínica eficaz, é importante que o psicólogo saiba quais cuidados deve ter, precisa entender os conceitos envolvidos, conhecer diretrizes básicas para a prática e desenvolver habilidades para a intervenção. Dessa forma, os psicólogos podem atender tais demandas de forma eficaz, mantendo uma postura ética, respeitando a diversidade, as crenças e práticas religiosas ou espirituais dos pacientes.

Introdução

Religiosidade e espiritualidade são fenômenos vivenciados pela maior parte da população mundial. Estima-se que no ano de 2020, mais de 84% de todo o mundo revelará ter algum tipo de crença e exercer alguma prática religiosa (CPR, 2016a).

No contexto brasileiro, também é possível observar que a maioria (92%) das pessoas vivencia crenças e/ou práticas religiosas (Agência IBGE, 2013). Mesmo no grupo chamado "sem afiliação religiosa" (cerca de 15% da população mundial e 8% dos brasileiros), é possível que alguns indivíduos enunciem acreditar em Deus e/ou recorrer a algum tipo de crença ou prática associada a uma ou algumas religiões (Agência IBGE, 2013; CPR, 2016b).

Frente a esses dados, acredita-se que a temática frequentemente surja no contexto da Psicoterapia. Sabe-se que a religiosidade e a espiritualidade podem ser aspectos importantes da vida de uma pessoa, podendo ser tanto fator de proteção, quanto fator de risco para a saúde mental e para o bem-estar (Couto & Morgado, 2017; Villani, Sorgente, Iannello, & Antonietti, 2019). O tema pode suscitar dúvidas e inseguranças para psicólogos (considerando terapeutas cognitivo-comportamentais, os quais se pautam em uma abordagem baseada em evidências científicas) e dificuldades sobre como contemplar, ou não, o assunto quando apresentado em sua prática profissional. Isso porque, com frequência, religiosidade e espiritualidade são vistas como incompatíveis com a ciência (Henning-Geronasso & Moré, 2015; Simpson & Rios, 2019).

Ainda parece haver pouca capacitação para abordar o tema adequadamente no contexto psicoterápico. Ao não tratar do assunto na Psicoterapia, os psicólogos podem deixar de considerar informações relevantes para o tratamento. Sendo assim, neste capítulo pretende-se definir religião, religiosidade e espiritualidade, citar as principais diretrizes sobre o tema, além de abordar questões relativas à prática e aos desafios que um terapeuta cognitivo-comportamental pode encontrar.

Definições: Religião, Religiosidade e Espiritualidade

Religiosidade e espiritualidade, frequentemente, são termos usados como sinônimos (Freitas, 2017; Dankulincova Veselska et al., 2018) e, segundo Paloutzian (2017), definir religiosidade e espiritualidade parece ser uma tarefa inesgotável.

De maneira geral, os termos, religião, religiosidade e espiritualidade se referem à experiência de relação com o que se considera deus, divino e/ou sobrenatural, envolvendo crenças e práticas dos indivíduos que as seguem (Paloutzian, 2017). Quanto às diferenças entre os termos, ressalta-se que religião se refere a um sistema organizado de crenças e práticas que estabelece símbolos utilizados como uma forma de aproximação com a espiritualidade, com o sagrado ou transcendente (Catré, Ferreira, Pessoa, Catré, & Catré, 2016; Paloutzian, 2017).

Religiosidade parece estar mais vinculada à relação com uma ou algumas entidades sobrenaturais específicas, incluindo crenças e práticas mais bem definidas em que seus adeptos comumente se organizam em grupos e instituições (Paloutzian, 2017; Freitas, 2017). Já a espiritualidade pode incluir uma variedade de crenças e práticas que não necessariamente incluem um deus ou divindade (Dalgalarrondo, 2008).

Para facilitar a leitura deste capítulo, será usada a sigla R/E para se referir à religião, religiosidade e/ou espiritualidade, sendo utilizados os termos por extenso somente quando for abordado algum aspecto específico.

Diretrizes para o Exercício da Psicologia frente à R/E

As atuais versões da Classificação Internacional de Doenças e Problemas Relacionados à Saúde (CID-11) (WHO, 2019) e do Manual de Diagnóstico e

Estatístico de Transtornos Mentais (DSM) (APA, 2013) recomendam que os fatores culturais e religiosos sejam considerados quando o profissional avaliar se a experiência religiosa faz parte de um funcionamento desadaptativo ou saudável.

A Associação de Psiquiatria Americana disponibilizou dois materiais de muita relevância para o tema. O primeiro é o *Resource Document on Religious/Spiritual Commitments and Psychiatric Practice*, o qual indica que psicólogos e psiquiatras devem, de maneira adequada, abordar e levar em consideração a R/E dos pacientes no contexto de avaliação e tratamento (APA, 2006). Um ano depois, o conselho de representantes da Associação de Psicologia Americana publicou o segundo material intitulado *Resolution on Religious, Religion-Based and or Religion-Derived Prejudice*, a qual defende o respeito às convicções religiosas ou não religiosas dos pacientes e a importância que a R/E pode ter em outros aspectos da vida (APA, 2008).

A Organização Mundial de Saúde (OMS) também desenvolveu o *World Health Organization Quality of Life Instrument* (WHOQOL) para avaliar e comparar a qualidade de vida em diversos países (WHOQOL Group, 1994). Em 1998, foi disponibilizado o *World Health Organization Quality of Life instrument 100* (WHOQOL-100), que conta com uma dimensão sobre R/E e crenças pessoais, baseada na WHOQOL-SRPB (DMH, 1998; Fleck, 2000). Em 2014, no cenário brasileiro, o Conselho Regional de Psicologia de São Paulo emitiu uma nota técnica que reúne uma série de orientações para a prática do psicólogo frente à R/E. Nesse material, é enfatizado que a profissão se apoia no "Código de Ética da Psicologia, em Resoluções, Notas Técnicas e Moções, entre outros documentos elaborados e divulgados pelo Sistema Conselhos de Psicologia" (CRP-SP, 2014, p. 9), e estes são construídos sobre a laicidade do Estado. Assim, a atuação e a regulamentação da Psicologia não deve se pautar em convicções religiosas. A laicidade da Psicologia brasileira garante seu rigor técnico e científico e assegura a liberdade religiosa, seja a partir do não vínculo religioso ou do respeito à pluralidade de religiões.

O Código de Ética Profissional do Psicólogo, especificamente, pode ser entendido como o principal guia da profissão em nível nacional. Nesse documento, verifica-se que está vedado aos psicólogos induzir posicionamento religioso, ter postura que saia do escopo das atividades permitidas à sua função, ter posturas discriminatórias, negligentes e/ou opressoras (CFP, 2005).

Práticas Clínicas, R/E e Possíveis Desafios

Segundo Fontes (2017), o comportamento religioso deve ser investigado pelo psicólogo, assim como os demais comportamentos, de modo que a experiência transcendente seja valorizada. Cabe ao profissional identificar se é adequado ou não a inclusão do assunto em determinado caso, o momento certo e a forma de abordá-lo.

No entanto, tem sido orientado que o tema já seja incluído no processo de Psicoterapia desde a avaliação inicial (APA, 2006), sendo aconselhável a investigação do modo como a R/E pode estar presente no contexto social, familiar e profissional do indivíduo. Como afirmam Nantes e Grubtis (2019), o estudo sobre R/E e a relação com a saúde tem crescido muito e tem se concluído pela importante implicação da R/E na prevenção às doenças, no modo de o indivíduo lidar com o diagnóstico, com o tratamento e na reabilitação.

Utsch e Eckhard (2015) acentuam que é importante verificar se a R/E, de fato, faz parte do problema ou da solução da queixa apresentada pelo paciente. Barnett e Johnson (2011) enfatizam alguns passos necessários para a tomada de decisão do psicoterapeuta para incluir a R/E no tratamento, que podem ser vistos na **Tabela 1** a seguir.

Tabela 1 – Passos necessários para inclusão da R/E no processo psicoterapêutico

Exame respeitoso das crenças e preferências religiosas do paciente
Esclarecimento da possível conexão entre o problema atual e as convicções e obrigações religiosas.
Considerar o interesse ou a vontade do cliente de abordar questões religiosas ou espirituais em psicoterapia; considerar cuidadosamente o nível de percepção do cliente em relação à conexão religião-angústia.
Considerar honestamente como suas próprias reações à apresentação religiosa ou espiritual do cliente podem impedir ou facilitar a Psicoterapia; avaliar honestamente sua competência para o caso.
Consultar especialistas em religião ou em Psicologia e religião; elaborar o plano de tratamento; realizar uma avaliação.

Nota. Fonte: Barnett e Johnson (2011, pp. 159-161).

Conforme recomendam Murakami e Campos (2012), para que o psicólogo integre as dimensões religiosas e espirituais na Psicoterapia, é fundamental ter profissionalismo ético, alta qualidade de conhecimento e habilidades para conectar adequadamente as informações obtidas com o paciente sobre suas crenças e valores a bom resultado terapêutico.

Considerando a importante influência da R/E em diversos aspectos da vida do indivíduo, tais como o suporte social, o *coping*, a adesão ao tratamento e a comportamentos de risco ou de proteção (Badanta-Romero, Diego-Cordero, & Rivilla-García, 2018; Burlacu et al., 2019; Sansone & Wiederman, 2015; Sohail et al., 2019), alguns cuidados devem ser tomados para que o tema seja abordado adequadamente e com ética profissional. Um dos equívocos que o psicólogo pode acabar cometendo é o proselitismo, ou seja, induzir suas próprias convicções religiosas/espirituais, utilizando suas crenças e práticas, em vez de seu conhecimento técnico, como norte das intervenções psicológicas.

Outra possível abordagem inapropriada é quando o profissional desvaloriza e/ou entende questões da R/E que são adaptativas para determinado indivíduo, como prejudiciais, ou oriundas de alguma psicopatologia. Nesse caso, poderia ocorrer iatrogenia e posturas discriminatórias frente à R/E dos pacientes (Lukoff, Lu, & Turner, 1992).

Distinguir expressões saudáveis da R/E de psicopatologias ou transtornos psicológicos pode ser muito desafiador para psicólogos. Isso ocorre porque muitas experiências religiosas/espirituais, tais como se conectar com divindades, possessão, transe, "estados de santo", sensação de sair do corpo, consciência cósmica, visões, experiência de renascimento, estados semelhantes a sonho etc., assemelham-se a sintomas de psicopatologias (Vasconcelos & Lima, 2015; Cordovil, 2016; Campos, 2016).

O DSM incluiu em sua quarta edição (APA, 1994, 2013), e manteve na atual, uma categoria intitulada "Problemas religiosos ou espirituais", a qual contempla queixas relacionadas à R/E do paciente, as quais podem não estar associadas a transtornos mentais ou a psicopatologias.

Para evitar que as questões pessoais e o possível despreparo técnico dos psicólogos sejam uma barreira para o tratamento adequado do paciente, recomenda-se que estes façam uma auto-observação e autocrítica de seu trabalho, preferencialmente junto com supervisões clínicas. Indica-se buscar conhecimento técnico sobre o assunto e sobre influências culturais que podem ser relevantes ao avaliar as queixas e as demandas dos pacientes (Bartoli, 2007).

Terapia Cognitivo-Comportamental no Contexto da R/E

Um ponto muito importante na prática clínica da Terapia Cognitivo-Comportamental (TCC) é a avaliação psicológica inicial, momento em que o clínico colhe a história de vida do paciente e os aspectos específicos da queixa atual (Wenzel, 2018). Como recomendado nas diretrizes referentes à R/E, na avaliação inicial é indicado que o terapeuta investigue, junto a outros aspectos, aqueles relacionados às crenças e às práticas religiosas. O terapeuta "não pode simplesmente fechar os olhos para as intrincadas relações entre os dois universos, o psíquico e o religioso ou espiritual", conforme defende Freitas (2017, p. 4).

A atuação do terapeuta cognitivo-comportamental deve considerar não somente influências positivas da R/E na vida do paciente, mas também possíveis influências negativas. A identificação de possíveis prejuízos relacionados à R/E pode favorecer o tratamento por meio da busca de uma adaptação construtiva do modo de lidar com as crenças e as práticas religiosas. Isso não significa questionar crenças ou criticar práticas, mas sim buscar, junto ao paciente, formas adaptativas de lidar com elas.

Após a avaliação do paciente, o clínico deverá elaborar a conceitualização de caso (Wenzel, 2018), incluindo aspectos relacionados à R/E, se estes revelarem-se importantes na avaliação. O plano de tratamento deve ser elaborado e pautado na conceitualização do caso e nos objetivos terapêuticos listados pelo paciente com a ajuda do terapeuta. Um plano de tratamento de qualidade favorece o desenvolvimento de uma boa relação terapêutica e o sucesso da Psicoterapia. Segundo Alves (2017), o estabelecimento de uma boa relação terapêutica é um dos desafios para psicoterapeutas, assim como também é motivar para a mudança, reduzir os níveis de resistência e controlar a sua própria ansiedade. No contexto da R/E, o acolhimento às crenças e às práticas religiosas do paciente é um elemento fundamental para a qualidade da relação.

O fato de considerar as questões relacionadas à R/E do paciente não significa que a TCC terá um percurso diferente das diretrizes básicas da abordagem. O que é peculiar é o fato de que tais questões são integradas no contexto terapêutico de modo que o indivíduo se sinta acolhido e respeitado em suas crenças e tradições religiosas. O plano de tratamento deve incluir estratégias cognitivo-comportamentais comumente usadas em diversos casos, no entanto, considerando pacientes que expressem a importância da R/E em suas vidas, tais estratégias devem ser ajustadas para a forma como o indivíduo dá sentido à vida, entendendo e respeitando comportamentos e crenças específicos de determinada prática religiosa.

O terapeuta cognitivo-comportamental precisará lidar com alguns conceitos que são comuns, tanto na TCC como em algumas religiões, procurando com habilidade ajustar a técnica e seus fundamentos teóricos com a forma como o paciente compreende tais conceitos. Dentre os conceitos comuns para a TCC e para a R/E, pode-se citar: crenças, sentido de vida, *coping*, resiliência e apoio social.

Convém acrescentar que, como apresentado por Martins, Curcio e Moreira-Almeida (2016), a denominada Terapia Cognitivo-Comportamental Adaptada para Espiritualidade (TCCAE) tem sido foco de estudos científicos. Esta abordagem segue os princípios básicos da TCC, visando mudanças cognitivas e comportamentais, no entanto inclui preceitos e práticas de R/E relacionadas especificamente à forma como o paciente lida com tal questão. A TCCAE envolve a possibilidade da participação, como convidado, de um membro da comunidade religiosa do paciente; da psicoeducação sobre efeitos positivos da R/E; uso de metáforas bíblicas (se condizentes com a R/E do paciente); automonitoramento quanto à utilização de estratégias de *coping* relacionadas à R/E; encorajamento para práticas religiosas coletivas; treino de assertividades estimuladas por passagens religiosas; meditação ou oração contemplativa, dentre outras. Algumas pesquisas que investigam a eficácia da TCCAE em comparação com a TCC tradicional têm revelado não haver diferença entre elas quanto ao sucesso terapêutico, a não ser para indivíduos mais religiosos (Koenig et al., 2015; Koenig, Pearce, Nelson, & Daher, 2015; Ramos & Erkanli, 2018). Além disso, como afirma Rosmarin (2018), embora tenha havido importante desenvolvimento e interesse de terapeutas a respeito da inclusão da R/E na TCC para pacientes religiosos, existe um consenso de que ainda há a necessidade de mais pesquisas na área.

Considerações finais

A R/E está presente na vida da maior parte dos indivíduos o que, consequentemente, não pode ser ignorada por parte do psicólogo de qualquer abordagem teórico/prática. Caso esse aspecto não seja considerado e valorizado, há a possibilidade de ocorrer fracasso terapêutico, além do surgimento de sentimento de frustração e insatisfação no paciente e no terapeuta.

Para que o tema seja adequadamente abordado no processo terapêutico é fundamental que o profissional ofereça acolhimento quando questões relacionadas à R/E são reveladas pelo paciente. Além disso, é importante que o profissional tenha conhecimento sobre conceitos da R/E, esteja atualizado quanto às diretrizes de entidades nacionais e internacionais e que desenvolva habilidade técnica para lidar com a questão. Também se mostra fundamental que o terapeuta cognitivo-comportamental inclua a investigação de crenças e práticas religiosas na avaliação, assim como é necessário incluí-las na conceitualização e no plano de tratamento, ao se tratar de um aspecto importante na vida do paciente.

A sensibilidade do profissional, a ética, o autoconhecimento quanto às suas próprias crenças, o domínio técnico, a flexibilidade e o respeito às crenças dos pacientes serão fatores básicos e facilitadores para o sucesso terapêutico. Da mesma forma, quando o paciente não apresenta R/E, o mesmo respeito e habilidade de acolhimento serão requeridos do terapeuta. Observa-se ainda uma carência de discussão da temática durante a formação do profissional de saúde, no entanto, estudos científicos e práticas clínicas divulgadas por meio da literatura têm contribuído para o desenvolvimento da área. Desse modo, será possível contar com profissionais que, no contexto psicoterapêutico, compreendam o indivíduo sob uma visão sistêmica na qual diversas facetas da sua vida sejam consideradas, valorizadas e respeitadas.

Referências

Agência IBGE. (2012). *Censo 2010: número de católicos cai e aumenta o de evangélicos, espíritas e sem religião*. Recuperado de https://agenciadenoticias.ibge.gov.br/agencia-

-sala-de-imprensa/2013-agencia-de-noticias/releases/ 14244-asi-censo-2010-numero-de-catolicos-cai-e-aumenta-o-de-evangelicos-espiritas-e-sem-religiao

Alves, D. L. (2017). O vínculo terapêutico nas terapias cognitivas. *Revista Brasileira de Psicoterapia, 19*(1), 55-71.

American Psychiatric Association. (1994). *Diagnostic and Statistical Manual of Mental Disorders* (4th ed.). Washington, DC: Author.

American Psychiatric Association. (2006). *Resource Document on Religious/Spiritual Commitments and Psychiatric Practice.*

American Psychiatric Association. (2013). *Diagnostic and Statistical Manual of Mental Disorder* (5th ed.). Washington, DC: Author.

American Psychological Association. (2008). Resolution on religious, religion--based and/or religion-derived prejudice. *American Psychologist, 63*(1950), 431-434. Retrieved from http://search.ebscohost.com/login.aspx? direct=true&AuthType=athens,ip,cookie,url,uid&db=psyhref&AN= AP.FC.DCA.AMERICAN.RRRARP&site=ehost-live%5Cnhttp://www.apa.org/about/governance/council/policy/religious-iscrimination.pdf

Barnett, J. E., & Johnson, W. B. (2011). Integrative spirituality and religion into psychotherapy: persistente dilemas, ethical issues, and a proposed decision-making processo. *Ethics & Behavior, 21*, 147-164.

Bartoli, E. (2007). Religious and spiritual issues in psychotherapy practice: Training the trainer. *Psychotherapy: Theory, Research, Practice, Training, 44*(1), 54-65. Retrieved from https://doi.org/10.1037/0033-3204.44.1.54

Badanta-Romero, B., de Diego-Cordero, R., & Rivilla-García, E. (2018). Influence of Religious and Spiritual Elements on Adherence to Pharmacological Treatment. *Journal of Religion and Health, 57*(5), 1905-1917. Retrieved from https://doi.org/10.1007/s10943-018-0606-2

Burlacu, A., Artene, B., Nistor, I., Buju, S., Jugrin, D., Mavrichi, I., & Covic, A. (2019). Religiosity, spirituality and quality of life of dialysis patients: a systematic review. *International Urology and Nephrology, 51*(5), 839-850. Retrieved from https://doi.org/10.1007/s11255-019-02129-x

Campos, B. M. (2016). Caminhos e Direções do Puritanismo e Conservadorismo Protestantes: O Fundamentalismo Avant la Lettre e a sua Presença no Brasil. *Estudos de Religião, 30*(2), 143-170. Recuperado de https://doi.org/10.15603/2176-1078/er.v30n2p143-170

Conselho Federal de Psicologia. (2005). *Código de Ética do Profissional Psicólogo.* Recuperado de https://site.cfp.org.br/wp-content/uploads/2012/07/codigo-de--etica-psicologia.pdf

Conselho Regional de Psicologia de São Paulo. (2014). *Psicologia, Laicidade, Espiritualidade, Religião e os Saberes Tradicionais: Referências Básicas para Atuação Profissional.* Recuperado de http://www.crpsp.org.br/portal/comunicacao/livro-diverpsi/DiverpsiLivroConteudo.pdf

Cordovil, D. (2016). Espiritualidades feministas: Relações de gênero e padrões de família entre adeptos da wicca e do candomblé no Brasil. *Revista Crítica de Ciências Sociais*, (110), 117-140. Recuperado de https://doi.org/10.4000/rccs.6410

Couto, M. B., & Morgado, P. (2017). Perturbação Obsessivo-Compulsiva e Religião: Uma Revisão Sistemática. *Portuguese Journal of Public Health, 35*(2), 77-83. Recuperado de https://doi.org/10.1159/000479754

Dalgalarrondo, P. (2008). *Religião, psicopatologia e saúde mental.* Porto Alegre: Artmed.

Department of Mental Health. (1998). *WHOQOL and Spirituality, Religiousness and Personal Beliefs (SRPB).* 1-162.

Freitas, M. H. (2017). Psicologia religiosa: psicologia da religião/espiritualidade, ou psicologia e religião/espiritualidade? *Revista Pistis Praxis, 9*(1), 89. Recuperado de https://doi.org/10.7213/2175-1838.09.001.DS04

Fleck, M. P. A. (2000). O instrumento de avaliação de qualidade de vida da Organização Mundial da Saúde (WHOQOL-100): características e perspectivas. *Ciência & Saúde Coletiva, 5*(1), 33-38. Recuperado de https://doi.org/10.1590/S1413-81232000000100004

Fontes, F. (2017). Religiosidade e prática psicoterapêutica clínica: contribuições à Psicologia da Religião. *REVER – Revista de Estudos da Religião, 17*(2), 37. Recuperado de https://doi.org/10.23925/1677-1222.2017vol17i2a3

Gomes, N. S., Farina, M., & Forno, C. D. (2014). Espiritualidade, Religiosidade e Religião: Reflexão de Conceitos em Artigos Psicológicos. *Revista de Psicologia da IMED, 6*(2), 107-112. Recuperado de https://doi.org/10.18256/2175-5027/psico-imed.v6n2p107-112

Henning-Geronasso, M. C., & Moré, C. L. O. O. (2015). Influência da Religiosidade/Espiritualidade no Contexto Psicoterapêutico. *Psicologia: Ciência e Profissão, 35*(3), 711-725. Recuperado de https://doi.org/10.1590/1982-3703000942014

Koenig, H. G., Pearce, M. J., Nelson, B., & Daher, N. (2015). Effects of Religious versus Standard Cognitive-Behavioral Therapy on Optismo in Persons with Major Depression and Chronic Medical Illness. *Depresion and Anxiety, 32*, 835-842. Retrieved from https://doi.org/10.1002/da.22398

Koenig, G. H., Pearce, M. J., Nelson, F. B, Shaw, J. S., Robins, S. C., Daher, N. J., ... King, B. M. (2015). Religious vs. Conventional Cognitive-Behavioral Therapy for Major Depression in Persons with Chronic Medical Illness: a pilot randomized trial. *The Journal of Nervous and Mental Disease, 203*(4), 243-251. Retrieved from https://doi.org/10.1097/NMD.0000000000000273

Lukoff, D., Lu, F., & Turner, R. (1992). Toward a More Culturally Sensitive DSM-IV. *The Journal of Nervous and Mental Disease, 180*(11), 673-682. Retrieved from https://doi.org/10.1097/00005053-199211000-00001

Martins, J. S. R., Curcio, C. S. S., & Moreira-Almeida, A. (2016). Terapia Cognitivo-Comportamental e Espiritualidade. In C. B. Neufeld, E. M. O. Falcone, & B. Rangé (Eds.). *PROcognitiva: programa de atualização em terapia cognitivo-comportamental* (pp. 123-148). Porto Alegre: Artmed.

Murakami, R., & Campos, C. J. G. (2012). Religião e saúde mental: desafio de integrar a religiosidade ao cuidado com o paciente. *Revista Brasileira de Enfermagem, 65*(2), 361-367. Recuperado de https://doi.org/10.1590/s0034-71672012000200024

Nantes, A. C., & Grubtis, S. (2019). Religiosidade/Espiritualidade, psicologia e saúde: um breve aceno sobre a temática. *Revista Contemplação, 18*, 134-145. Recuperado de http://www.fajopa.com/contemplacao/index.php/contemplacao/article/view/189/208

Paloutzian, R. F. (2017). Psicologia da religião na perspectiva global: Lógica, abordagem e conceitos. In M. R. G. Esperandio, & M. H. de Freitas (Eds.). *Psicologia da Religião no Brasil – História, Pesquisa e Ensino* (pp. 25-46). Curitiba: Juruá Editora.

Peres, J. F. P., Simão, M. J. P., & Nasello, A. G. (2007). Espiritualidade, religiosidade e psicoterapia. *Archives of Clinical Psychiatry (São Paulo), 34*, 136-145. Recuperado de https://doi.org/10.1590/S0101-60832007000700017

Pew Research Center (CPR). (2016a). *Global Religious Futures*. Retrieved from http://www.globalreligiousfutures.org/explorer#/ ?subtopic=15&chartType=bar&year=2050&data_type=percentage&religious_ affiliation=all&destination=to&countries=Worldwide&age_ group=all&pdfMode=false&gender=all

Pew Research Center (CPR). (2016b). *Unaffiliated*. Retrieved from http://www.globalreligiousfutures.org/religions/unaffiliated

Ramos, K., & Erkanli, A. (2018). Effects of Religious Versus Conventional Cognitive-Behavioral Therapy (CBT) on Suicidal Thoughts in Major Depression and Chronic Medical Illness. *Psychology of Religion and Spirituality, 10*(1), 79-87. Retrieved from http://dx.doi.org/10.1037/rel0000113

Rosmarin, D. H. (2018). *Spirituality, religion, and cognitive-behavioral therapy: a guide for clinicians*. New York: The Guilford Press.

Sansone, R. A., & Wiederman, M. W. (2015). Religiosity/spirituality: Relationships with non-suicidal self-harm behaviors and attempted suicide. *Inter-*

national Journal of Social Psychiatry, 61(8), 762-767. Retrieved from https://doi.org/10.1177/0020764015579738

Simpson, A., & Rios, K. (2019). Is science for atheists? Perceived threat to religious cultural authority explains U.S. Christians' distrust in secularized science. *Public Understanding of Science, 28*(7), 740-758. Retrieved from https://doi.org/10.1177/0963662519871881

Sohail, M. M., Mahmood, Q. K., Sher, F., Saud, M., Mas'udah, S., & Ida, R. (2019). Coping Through Religiosity, Spirituality and Social Support Among Muslim Chronic Hepatitis Patients. *Journal of Religion and Health.* Retrieved from https://doi.org/10.1007/s10943-019-00909-4

Utsch, M., & Frick, E. (2015). Religiosität und Spiritualität in der Psychotherapie. *Psychotherapeut, 60*(5), 451-466. Retrieved from https://doi.org/10.1007/s00278-015-0052-5

Vasconcelos, S. D., & Lima, C. R. (2015). A cultura Iorubá e a sua influência na construção das religiões de matriz africana no Brasil. *Estudos de Religião, 29*(2), 179-193. Recuperado from https://www.metodista.br/revistas/revistas-ims/index.php/ER/article/view/6100/5084

Villani, D., Sorgente, A., Iannello, P., & Antonietti, A. (2019). The Role of Spirituality and Religiosity in Subjective Well-Being of Individuals With Different Religious Status. *Frontiers in Psychology, 10.* Retrieved from https://doi.org/10.3389/fpsyg.2019.01525

Wenzel, A. (2018). *Inovações em terapia cognitivo-comportamental: intervenções estratégicas para uma prática criativa.* Porto Alegre: Artmed.

World Health Organization (WHO). (1995). *WHOOQOL* – Division of Mental Health. WHOQOL-100 For Field Trials. MNH/PSF/95.1. D. *Rev.1.* (February), 23. Retrieved from https://www.who.int/mental_health/who_qol_field_trial_1995.pdf

World Health Organization (WHO). (2019). *ICD-11 for Mortality and Morbidity Statistics* (No. 11). Retrieved from https://icd.who.int/browse11/l-m/en

III. COMPETÊNCIAS TÉCNICAS E INTERPESSOAIS DO TERAPEUTA

Capítulo 20

A ARTE DE SER UM BOM TERAPEUTA COGNITIVO-COMPORTAMENTAL

XVI Mostra de TCC, 2018
Trabalho apresentado na modalidade Conferência

Marilda Novaes Lipp

Síntese

Para ser um bom terapeuta, é necessário que o profissional saiba exatamente a abrangência e os limites da sua possível atuação. O presente capítulo remete inicialmente a uma reflexão sobre o que, na visão atual, *é* Psicoterapia, e quais os objetivos da Terapia Cognitivo-Comportamental. Adicionalmente, visa discutir a combinação necessária da arte e da ciência para atuar como um bom terapeuta, especificando os atributos mandatórios para tal e as condições que interferem no bom desempenho do Terapeuta Cognitivo-Comportamental.

Introdução

Os sonhos e as esperanças de um terapeuta iniciante nem sempre envolvem uma análise objetiva do que de fato será seu dia a dia e qual realmente será sua função no exercício da Psicoterapia. Deseja-se sempre ser um excelente profissional, mas surge a importante questão sobre o que de fato é ser um bom terapeuta.

Subjacente a essa questão deve-se considerar também o que é necessário para se tornar o profissional ideal e o que leva alguém a desejar atingir esse patamar de competência. Richardson, Sheeane e Bambling (2013) alertaram para a necessidade dos terapeutas analisarem cuidadosamente as demandas da carreira antes de iniciarem o exercício da profissão, porém poucas pesquisas existem sobre o tema.

Um dos trabalhos pioneiros sobre pesquisa na área da Psicoterapia é o de Hans Eysenck, psicólogo alemão, sediado na Inglaterra, considerado um dos mais citados do século XX. Eysenck (1952) avaliou 19 estudos, envolvendo mais de 7000 casos sobre a eficácia da Psicoterapia, tanto psicanalítica como de outras abordagens. A conclusão, muito controvertida e rebatida à época, foi a de que a Psicoterapia, em geral, não facilitava a recuperação de pacientes neuróticos se comparados com os que não recebiam qualquer tipo de Psicoterapia. Essa conclusão foi questionada por muitos outros pesquisadores, mas teve uma importância imensa porque despertou a compreensão da necessidade de mais pesquisas na área da Psicoterapia. A partir de então, diversos trabalhos, sendo literalmente milhares de outros trabalhos, têm sido publicados mostrando a eficácia da Psicoterapia no tratamento de transtornos mentais e problemas do viver (Roth, & Fonagy, 2005; Richardson et al., 2013_).

Isso se aplica principalmente aos resultados observados em pesquisas em que é utilizada a Terapia Cognitivo-Comportamental (TCC) (Hofmann, Asnaani, Vonk, Sawyer, & Fang, 2012). Recentemente, David, Cristea e Hofmann (2018) apontaram que a TCC é a terapia de escolha no momento porque: (1) É a mais pesquisada de todas as terapias; (2) Nenhuma outra modalidade de Psicoterapia foi identificada como sistematicamente superior à TCC; (3) Quando em uma pesquisa aparecem diferenças sistemáticas entre as abordagens, a TCC é melhor avaliada.

Interessante é considerar que muitos terapeutas nunca se preocuparam em refletir sobre a essência do trabalho que praticam. Para ter um bom desempenho nesta área de atuação, é necessário analisar vários aspectos fundamentais, começando sobre o que é Psicoterapia e, no caso, a que ocorre dentro dos conceitos cognitivo-comportamentais.

Psicoterapia: Abrangência, Eficácia e Limites

Muitas têm sido as definições do que é Psicoterapia, com base em debates ocorridos em fóruns realizados com colegas professores que atuam como supervisores em vários cursos de Psicologia, sugiro que as definições de psicoterapia sejam agrupadas em quatro grandes classes, como mostra a **Tabela 1**.

Tabela 1 – Classificação das definições do que é Psicoterapia

1. "Um tratamento". Nesta visão, o profissional é influenciado por motivos comumente representados nas profissões médicas – associados ao poder da "cura".
2. Definição que apela para o seu paralelo com as atividades religiosas.

3. Focaliza um processo "corretivo" ou "reformulador".
4. É retratada como uma forma de educação, focando-se extensivamente nas metáforas da aprendizagem, orientação e aconselhamento.

No que se refere à Terapia Cognitivo-Comportamental, ela se enquadra dentro da quarta classificação, pois se refere a intervenções que se baseiam no princípio de que os transtornos e as disfunções mentais são desencadeadas e/ou mantidas pelas cognições disfuncionais do ser humano, como proposto por Ellis (1962, 2001) e Beck (1970). O modelo da TCC postula que estratégias terapêuticas que combinem uma variedade de técnicas cognitivas, comportamentais e emocionais têm o poder de mudar essas cognições disfuncionais e resultam em mudanças emocionais e comportamentos mal adaptativos (Hofmann & Smits, 2008).

A Psicoterapia de qualidade deve ser baseada em evidência, deve respeitar a dignidade do paciente com a manutenção de sigilo, ser aberta para reformulações baseadas em novas informações trazidas, envolve *feedback*, encoraja independência e competência. Além disso, deve visar o preenchimento das metas estabelecidas em colaboração entre o paciente e o terapeuta, de modo a motivar o paciente a se envolver ativamente no processo, dando apoio e incentivo para a aquisição de novos modos de pensar, sentir e agir do mesmo.

Resultado da Psicoterapia

Conforme apontado por Lambert (1983, 1989), Wampold (2007) e Richardson et al. (2013), o resultado da Psicoterapia depende de muitos fatores, dentre eles os mencionados na **Tabela 2**. Verifica-se que muitas são as variáveis que contribuem para o sucesso do processo terapêutico, que vão desde o conhecimento acadêmico do terapeuta até a rede de apoio da pessoa que está sendo tratada.

Tabela 2 – Variáveis que afetam o resultado da Psicoterapia

Nível de conhecimento do terapeuta.
Características pessoais do terapeuta.
Características pessoais do cliente.
Interação entre ambos.
Rede de apoio presente

A TCC e Seus Objetivos

A TCC visa ajudar o paciente a superar suas dificuldades, reduzindo sintomas, melhorando o funcionamento na vida e promovendo a prevenção de recaída. Objetiva identificar padrões de pensamentos que levam à desregulação emocional e a comportamentos mal adaptativos, de modo a reestruturá-los e obter uma melhora em várias áreas de atuação, seja ela emocional, mental, ocupacional, física e relacional. A TCC visa promover a saúde mental, não como um fim, mas sim como uma ferramenta útil e necessária para que a pessoa possa usufruir da plenitude de sua existência.

Relação Terapêutica

As várias abordagens divergem na ênfase colocada na relação terapêutica. De acordo com Rogers (1980), a relação terapêutica produz o processo terapêutico e não o contrário. Os terapeutas cognitivos são confluentes no sentido de que uma boa relação entre paciente e terapeuta, ou seja, uma relação na qual a confiança prevaleça e o paciente se sinta seguro para expressar suas ideias, é importante para o sucesso da terapia (Arnow et al., 2013; Falcone, 2004; Machado & Vandenberghe, 2019; Renner et al., 2012).

Beck (1970), Freeman e Datillio (1998) e Abreu (2005) apontam que não é suficiente saber aplicar técnicas de forma adequada. Pacientes que no início da terapia avaliam de forma positiva seus terapeutas são os que atingem seus objetivos mais efetivamente.

É importante enfatizar que desenvolver um bom vínculo não significa ser "um amigo". Terapia não é amizade. O terapeuta pode ser amigável, porém se a relação mudar para amizade, então não é mais terapia. A relação precisa ser mantida em nível profissional para que bons resultados possam ser obtidos.

O Papel do Terapeuta

Cook, Biyanova, Elhai, e Schnurr (2010) questionaram "o que terapeutas de fato fazem na sua prática?" A compreensão da dinâmica do processo terapêutico muitas vezes foge de medidas objetivas e métricas porque possui certas peculiaridades específicas. De acordo com Cook et al. (2010), para se trabalhar como um terapeuta cognitivo-comportamental, há de se ter em mente as características e peculiaridades da Psicoterapia de modo a sempre se manter dentro dos preceitos daquilo que a profissão estabelece, como determinado pelo Código de Ética do Psicólogo. Alguns dos aspectos diferenciais da Psicoterapia podem ser vistos na **Tabela 3**

Tabela 3 – Peculiaridades da Psicoterapia no Geral

*Demanda um tipo de conversa específica entre terapeuta e paciente. É uma relação Assimétrica.
Não tem efeitos tangíveis imediatos, como consertar um osso quebrado ou parar um sangramento, por isto exige modos sutis de avaliação de resultados.
A multiplicidade de modelos terapêuticos oferecidos exige do terapeuta grande cuidado nas escolhas terapêuticas.
O sucesso da terapia depende muito da pessoa do terapeuta. Não é como um fármaco cuja ação não depende de quem receita.
A intimidade que se estabelece necessita ser sempre unilateral, em que o paciente se revela completamente, mas o terapeuta mantém seus problemas e dificuldades fora do âmbito da relação profissional.

O Papel do Terapeuta da TCC

A TCC é uma abordagem dinâmica, ativa que requer a participação tanto do terapeuta como do paciente. O terapeuta cognitivo-comportamental é ativo e utiliza um método direto, focado na resolução de problemas. Seu objetivo é levar o paciente a participar da busca de resolução das várias dificuldades que o levaram a procurar por terapia.

Para tanto, o terapeuta atua reestruturando pensamentos e crenças irracionais, regulando emoções e mudando comportamentos mal adaptativos. Para tal, ele utiliza uma gama grande de técnicas como registro de pensamentos, treino de assertividade, experimentos comportamentais, exposição, prevenção de recaída e tarefa de casa, entre muitas outras. A função do terapeuta inclui ser capaz de compreender as queixas do paciente e formular o caso clínico com metas a serem preenchidas de acordo com a colaboração do paciente.

A figura do terapeuta da TCC é uma das variáveis mais importantes porque o terapeuta da TCC:

- Interpreta.
- Interage.
- Sugere e educa.
- Estabelece metas.
- Tem papel ativo.

Interessante é considerar que ao mesmo tempo em que o terapeuta objetiva a melhora dos pacientes, ele também se beneficia do processo, uma vez que o modo de viver do psicoterapeuta ganha profundidade à medida que reflete o envolvimento experiencial com as lutas, com a dinâmica emocional e com as angústias de seus pacientes. Não há dúvida quanto a que a interação terapêutica leva ao desenvolvimento pessoal de ambos (Richardson et al., 2013).

Assim, é relevante lembrar a citação de Mahoney (1998) de que há tanto responsabilidades quanto privilégios envolvidos na prática da Psicoterapia. Deve-se considerar o desafiador privilégio da ajuda que envolve grandes responsabilidades, mas também proporciona muitas experiências recompensadoras. A maior gratificação não é a remuneração ou o *status*, mas sim, a sensação de ajudar as pessoas a mudar, de desenvolver uma compreensão mais profunda acerca da natureza humana e de experienciar intimidade e envolvimento neste processo.

Considerando a importância da pessoa do terapeuta no sucesso do processo terapêutico, há de enfatizar o quanto a saúde física e mental do psicólogo pode interferir no processo. Assim, todo psicoterapeuta deve refletir sobre:

- As múltiplas razões da escolha de ser psicoterapeuta.
- Os privilégios e o enriquecimento emocional da prática clínica.
- Os riscos e as responsabilidades em ser um psicólogo clínico.
- O *stress* do terapeuta e a necessidade de se cuidar.

As Múltiplas Razões da Escolha de ser Psicoterapeuta e os Privilégios e Enriquecimento Emocional da Prática Clínica

Entender o porquê da escolha de ser um psicoterapeuta cognitivo-comportamental é de grande importância, pois estabelece a motivação intrínseca do profissional. Entender suas próprias razões traz tranquilidade em momentos de angústia como quando um paciente interrompe a terapia prematuramente, quando o procedimento não parece estar indo bem, quando há *feedback* negativo por parte da pessoa em atendimento ou quando em certos períodos a procura pelos serviços diminui.

Dale (1997) conduziu um levantamento dos fatores motivacionais para a escolha de ser um psicoterapeuta e elaborou uma lista que inclui razões consideradas nobres/adequadas/ sadias e algumas consideradas negativas. Como pode ser visto na **Tabela 4**, para a escolha da carreira, essas razões variam desde questões econômicas a humanitárias.

Tabela 4 – Motivação para a Prática Clínica

1. Reparação (Ex. *não ter conseguido ajudar alguém querido).**
2. Culpa (Ex. ser normal e ter um irmão doente).

3. Deslocamento (localizar no outro a própria patologia).
4. Controle onipotente (ter poder sobre o outro).
5. Sadismo (fazer o outro sofrer, o que está atormentando o próprio terapeuta).
6. Cura vicariante (curar a parte doente de si mesmo por meio da cura que produz no outro).
7. Curiosidade intelectual (pesquisa e investigação).*
8. Amor à verdade e busca de um sentido (compreensão do enigma da vida, busca de causas e soluções).*
9. Interesse genuíno pelo próximo.*
10. Compaixão pelo sofrimento alheio e vontade de crescer no contato com o outro.*

Nota. *Razões apontadas por Dale como apropriadas.

Os motivos pela escolha profissional revelam desde desejos pelo poder e intimidade até a autorrealização, autocompreensão pessoal e o desejo de ajudar. De fato, o crescimento emocional e a satisfação pessoal são benefícios frequentemente relatados da prática psicoterápica.

Os Riscos em Ser um Psicólogo Clínico

Como em toda profissão ligada à saúde, existem riscos e responsabilidades envolvidos na prática clínica, independentemente da abordagem na qual se escolha trabalhar. Um dos riscos, em especial para os psicólogos iniciantes, é levar as angústias de seus clientes para a cama à noite, afligindo-se com elas em seus sonhos. Em alguns casos, estas permanecem como um tema ruminando no fundo de suas mentes.

De um modo geral, quem opta por ser um psicoterapeuta já possui como característica pessoal a tendência a ter um alto nível de empatia. Embora a empatia seja absolutamente necessária para o sucesso da terapia, é importante também que o terapeuta consiga separar aquilo que é do paciente do que é seu. Ele precisa estar engajado com o paciente e ao mesmo tempo distante. Prática nessa área garante algum distanciamento emocional e leva a uma intervenção mais objetiva.

Outros riscos podem incluir: *stress* ocupacional, oriundo do contato com o sofrimento do outro; depressão, advinda do atendimento de muitos pacientes depressivos; e agravamento de problemas pessoais preexistentes que tenham algo em comum com os problemas trazidos pelo cliente. No caso específico do terapeuta cognitivo-comportamental, há ainda o risco do *stress* advindo da dificuldade para lidar com a relutância de alguns pacientes frente à realização das tarefas de casa que foram designadas. Outra possível fonte de *stress* do terapeuta cognitivo-comportamental se constitui no desânimo que pode ocorrer frente ao desafio de proceder à reestruturação cognitiva de crenças irracionais com pacientes muito inteligentes, com grande poder de convencimento, que mantêm argumentação intensa e constante.

O *Stress* do Terapeuta e a Necessidade de se Cuidar

A tendência natural do ser humano é se afastar de problemas e dos desafios que gerem *stress*, porém o psicoterapeuta, devido à própria natureza do seu trabalho, necessita lidar com os problemas daqueles que procuram sua ajuda, não podendo ignorar a tensão por eles gerada.

São múltiplas as fontes de *stress* que podem ocorrer na prática clínica, como as especificadas a seguir.

Estressores Ligados ao Trabalho do Psicólogo

- Carga excessiva de trabalho.
- Proporção excessiva de clientes difíceis.
- Pressões de tempo, políticas organizacionais.
- Conflitos profissionais.
- Inexistência de rede de apoio para o paciente ou para o psicólogo.
- Excesso de trabalho burocrático.
- Divergência entre os valores do paciente e do terapeuta.
- Incertezas econômicas e inatividade.

Questões Pessoais

- Ausência de terapia pessoal.
- Exaustão física.
- Esgotamento emocional.
- Responsabilidade pelo bem-estar dos clientes.
- Baixa autoestima.
- Preocupação com outras atividades nos horários dos atendimentos.
- Levar trabalho para casa.
- Dificuldades nos relacionamentos.

- Certas características da personalidade do psicólogo e patologias ou focos de dificuldades não resolvidas.
- Dúvidas acerca da eficácia da terapia.
- Dificuldade em autocontrole emocional.
- Perda inevitável de clientes e eventos de vida.
- Falta de treinamento adequado para o caso.

Questões Referentes aos Clientes

- O nível da patologia do paciente.
- Suicídios ou tentativas de suicídios.
- Comportamento agressivo ou hostil.
- Ansiedade intensa.
- Término prematuro.
- Depressão e desespero.
- Atitudes impulsivas.
- Intensa dependência.

Esses estressores podem ocorrer em qualquer tipo de Psicoterapia, mas o terapeuta cognitivo-comportamental possui algumas fontes de *stress* típicas, como pode ser visto na **Tabela 5**.

Tabela 5 – Estressores ocupacionais típicos da TCC

* Demonstrar as falhas em lógica e reestruturar o pensamento *é* necessário.
* Também é necessário ajudar o paciente a encontrar, por si mesmo, os modos de contestar os próprios pensamentos geradores de *stress* e depressão em seu repertório.
Ênfase no aqui-e-agora.
Sessões estruturadas e contínuas.
Foco na mudança por meio do desenvolvimento de habilidades (solução de problemas, habilidades sociais).
Papel ativo por parte do terapeuta e do paciente.
Definição de metas.
A não adesão às tarefas de autoajuda.
Diferença marcante entre valores do terapeuta e do paciente.

Em todas as áreas da saúde, o prestador de serviço necessita ter tranquilidade, agir de modo harmonioso e ser continente das angústias dos pacientes. Para que isso ocorra no transcorrer da Psicoterapia, é importante que o *stress* esteja sob controle, pois do mesmo modo como o *stress* materno parece ser contagioso para os filhos (Lipp, 2012), também o *stress* do terapeuta pode se refletir na pessoa que está sendo tratada. Assim sendo, torna-se necessário tomar algumas medidas preventivas que assegurem o bem-estar do prestador de serviços da saúde.

A seguir são especificadas algumas alternativas relatadas por terapeutas experientes, independentemente da abordagem utilizada, como eficazes para o manejo do *stress* ocupacional do psicoterapeuta.

Como o Terapeuta pode se Proteger?

- Conhecendo o que é *stress*.
- Reconhecendo seus limites.
- Identificando os sintomas de *stress* ou disfunções emocionais em si mesmo.
- Identificando as fontes do seu *stress* (externas e internas).
- Cuidando de si mesmo: alimentação, exercício físico, lazer, relacionamentos.
- Fazendo uma terapia didática.
- Utilizando técnicas de relaxamento.
- Ficando atento às suas interpretações disfuncionais e vulnerabilidades ao *stress* excessivo.
- Avaliando suas reais possibilidades de atendimento.
- Sendo ético e respeitando o Código de Ética do Psicólogo.
- Não marcando sessões demais no dia.
- Mantendo interação com colegas e a supervisão colaborativa com seus pares.
- Respeitando o sigilo.
- Diversificando suas atividades: combinando o atendimento clínico com a supervisão, o ensino, a pesquisa e a produção escrita.

Além das medidas preventivas mencionadas, sugere-se também algumas mais diretas que têm auxiliado muitos terapeutas a terem um dia mais harmonioso. Essas medidas podem ser classificadas dentro do que se conhece como "autocuidado ativo" (Barnett, 2019).

Autocuidado Ativo

Prestar atenção às próprias necessidades físicas, emocionais, intelectuais, espirituais e recreativas.

Praticar exercícios para a redução do *stress* nos intervalos entre as sessões, como alongar a musculatura, respirar fundo, tirar férias mentais (isto é, contemplar a natureza, cerrar os olhos e visualizar uma paisagem bem tranquila).

Fazer meditação ou relaxamento no período de transição de atividades profissionais para ambiente familiar/pessoal.

Além de atividades recreativas e terapia pessoal, é importante manter a intimidade com os outros, alimentar a vivência de momentos de felicidade e alegria, não se esquecendo de cuidar das próprias necessidades emocionais.

Por meio dos anos, vários autores como David, Cristea e Hofmann (2018), Firestone (2019), Hofmann, Asnaani, Vonk, Sawyer e Fang (2012) e Richardson, Sheean e Bambling (2013), dentre outros, têm tentado identificar os pré-requisitos necessários para uma atuação ideal na área da Psicoterapia. Existe uma confluência no que se refere a algumas variáveis como discutido a seguir.

Requisitos Mínimos para Ser um Bom Terapeuta TCC

O bom terapeuta...

1. Mantém-se sempre atualizado na teoria e na prática, participando de congressos, lendo, especializando-se e fazendo uso de supervisão, quando necessário.
2. Lembra-se de que terapia de qualidade não é amizade, sendo preciso haver limites claros.
3. Encoraja independência e competência, levando o paciente a trabalhar no processo terapêutico, não trabalhando sozinho.
4. Tem fluência verbal, conseguindo se comunicar com clareza.
5. Desenvolve a habilidade de ouvir sem julgar, dando apoio sem assumir a vida do outro.
6. Mostra as possíveis soluções, mas não soluciona os problemas, deixando que o paciente escolha seu caminho.
7. Está aberto pra ouvir críticas quanto à terapia.
8. O bom terapeuta deve guardar segredo.
9. Sabe manter registro dos casos, administrar a clínica e as finanças da clínica.
10. Tem paciência para ouvir e entender o paciente antes de formular o caso clínico e tem flexibilidade para mudar as metas terapêuticas, à medida que novas evidências são apresentadas.
11. Tem habilidade analítica, boa memória e bom poder de observação.
12. Tem empatia e compaixão, mas não se mescla com os problemas que lhe são apresentados.

13. Mantém-se atualizado quanto à cultura da sociedade e a de seu paciente, sem julgar, mas sem necessariamente aderir à cultura dele.
14. Está permanentemente engajado num projeto de desenvolvimento pessoal.

Considerações finais

Com base na experiência clínica de mais de 30 anos, tanto no Brasil como nos Estados Unidos, tenho percebido que ser um bom terapeuta é de fato uma arte, pois não depende somente do conhecimento científico do profissional. Este conhecimento é o pano de fundo necessário, pois sem uma visão profunda e clara do ser humano, sem a habilidade de conceitualizar um caso dentro de princípios e teorias já estabelecidas, nada pode ocorrer que se considere uma verdadeira Psicoterapia. Porém, o psicoterapeuta precisa ter outras ferramentas para atuar de modo mais próximo do ideal possível. Ele necessita ter habilidade de empatia, ser ético e entender que a relação terapêutica é assimétrica, e ter como foco sempre o bem-estar do paciente. Ele tem empatia, mas não se mescla com o sofrimento do paciente. Ele precisa, também, estar em condições de saúde física e mental que garantam uma atuação livre de vieses pessoais. Saber controlar os desafios de sua vida pessoal, o *stress* ocupacional e pessoal e buscar obter para si próprio o mesmo nível de qualidade de vida e bem-estar que procura para seus pacientes é uma condição fundamental para que se consiga ter a arte de ser um bom terapeuta, independentemente da abordagem na qual se preste serviços.

Referências

Abreu, C. N. (2005). *Teoria do Apego: Fundamentos, Pesquisas e Implicações Clínicas.* São Paulo: Casa do Psicólogo.

Arnow, B. A, Steidtmann, D., Blasey, C, Manber, R., Constantino, M. J., Klein, D.N. &, Kocsis, J. H. (2013). The relationship between the therapeutic alliance and treatment outcome in two distinct psychotherapies for chronic depression. *Journal of Consulting and Clinical Psychology, 81*, 627-638. Retrieved from https://doi.apa.org/getdoi.cfm?doi=10.1037/a0031530

Barnett, J. E. (2019). Psychological Wellness and Self-Care as an Ethical Care as an Ethical Imperative Imperative. Retrieved from https://www.apa.org/careers/early-career/psychological-wellness.pdf

Beck, A. (1970). Cognitive Therapy: Nature and Relation to Behavior Therapy. *Behavior Therapy, 1*, 184-200. Retrieved from https://doi.org/10.1016/S0005-7894(70)80030-2

Cook, J. M., Biyanova, T., Elhai, J., & Schnurr, P. P. (2010). Brief Report: What Do Psychotherapists Really Do in Practice? An Internet Study of over 2000 Practitioners. *Psychotherapy, Theory, Research, Practice, Training, 47*, 260-267. Retrieved from https://doi.apa.org/getdoi.cfm?doi=10.1037/a0019788

Dale, F. (1997). Stress and the personality of the psychotherapist. In Ved P. Varma (Ed.). *Stress in Psychotherapists* (pp. 11-23). London: Routledge.

David, D, Cristea, I, & Hofmann, S. G. (2018). Why Cognitive Behavioral Therapy Is the Current Gold Standard of Psychotherapy. *Frontiers in Psychiatry, 9*.4. doi: 10.3389/fpsyt.2018.00004

Ellis, A. (1962). *Reason and Emotion in Psychotherapy*. NY: Lyle Stuart. Retrieved from https://doi.org/10.1192/bjp.165.1.131

Ellis, A. (2001). *Overcoming Destructive Beliefs, Feelings, and Behaviors: New Directions for Rational Emotive Behavior Therapy*. Prometheus Books.

Eysenck, H. J. (1952). The effects of psychotherapy: an evaluation. *Journal of Consulting Psychology, 16*(5), 319-324. Retrieved from doi.org/10.1037/h0063633

Falcone, E. (2004). A relação terapêutica. In Knapp, P. (Ed.). *Terapia cognitivo-comportamental na pratica psiquiátrica*. Porto Alegre: Art Med.

Firestone, R. (2019). *Qualities of an Ideal Therapist*. Recuperado de https://www.psychalive.org/qualities-of-an-ideal-therapist

Hofmann, S. G., Asnaani, A. , Vonk, I. J., Sawyer, A. T., & Fang, F. (2012). The Efficacy of Cognitive Behavioral Therapy: A Review of Meta-analyses. *Cognitive Therapy Research. 36*(5): 427-440. doi: 10.1007/s10608-012-9476-1

Hofmann, S. G., & Smits, J. A. J. (2008). Cognitive-behavioral therapy for adult anxiety disorders: a meta-analysis of randomized placebo-controlled trials. *The Journal of clinical psychiatry, 69* (4), 621-632.

Lambert, M. J. (1983). Introduction to assessment of psychotherapy outcome: Historical perspective and current issues. In M. J. Lambert, E. R. Christensen, & S. S. DeJulio (Eds.). *The assessment of psychotherapy outcome* (pp. 3-32). New York: Wiley.

Lambert, M. (1989). Outcome in Psychotherapy: The Past and Important Advances. *Psychotherapy, 50* (1), 42-51. doi: 10.1037/a0030682

Lipp, M. E. N. (2012). *Crianças estressadas*. Campinas: Papirus. Recuperado de https://doi.org/10.26673/rtes.v13.n1.jan-jun2017.8.10218

Machado, A. A. C., & Vandenberghe, L. (2019). *Relação terapêutica na terapia cognitivo-comportamental: Desafios e possibilidades com uma paciente borderline*. CETCC. Recuperado de https://www.cetcc.com.br/artigos/relacao-terapeutica-na-terapia-cognitivo-comportamental-desafios-e-possibilidade-com-uma-paciente-borderline/

Mahoney, M. (1998). A pessoa e a experiência do psicoterapeuta. In M. Mahoney (Ed.). *Processos Humanos de mudança: as bases científicas da psicoterapia* (pp. 318-343). Porto Alegre: Artmed.

Renner, F., Jarrett, R. B., Vittengl, J. R., Barrett, M. S., Clark, L. A., & Thase, M. E. (2012). Interpersonal problems as predictors of therapeutic alliance and symptom improvement in cognitive therapy for depression. *Journal of Affective Disorders, 138*, 458-467. doi: 10.1016/j.jad.2011.12.044

Richardson, J., Sheean, L., & Bambling, M. (2013). Becoming a Psychotherapist or Counsellor: A Survey of Psychotherapy and Counselling Trainers. *Psychotherapy in Australia*, 16, 70-80.

Rogers, C. (1980). *A Way of Being.* Boston: Houghton Mifflin.

Roth, R., & Fonagy, P. (2005). What Works for Whom. A critical review of psychotherapy research. NY: Guilford Press. Retrieved from https://doi.org/10.1192/bjp.187.5.491

Wampold, B. E. (2007). Psychotherapy: The humanistic (and effective) treatment. *American Psychologist*, *62*, 857 873. doi: 10.1037/0003- 066X.62.8.857

Capítulo 21

DESAFIOS NO ATENDIMENTO A PESSOAS COM TRANSTORNO POR USO DE SUBSTÂNCIAS A PARTIR DA TCC

XV Mostra de TCC, 2017

Trabalho apresentado na modalidade Conferência

Ana Carolina Robbe Mathias

Síntese

Neste capítulo são apresentados os principais desafios encontrados pelo psicoterapeuta no trabalho com pessoas com Transtorno por Uso de Substâncias. A falta de motivação e a possibilidade de recaídas são comumente retratadas por psicólogos como dificuldade de manejo nesta clínica; por isso são trazidas formas de condução para lidar com esta problemática. Outras dificuldades serão discutidas, tais como lidar com a descoberta de que o cliente está mentindo e a falta de adesão comumente presente em pacientes com essa problemática.

Introdução

O consumo de substâncias existe desde que temos relatos da nossa história. No Brasil e no mundo, vemos este consumo aumentar cada vez mais e, consequentemente, o número de pessoas com problemas relacionados a este uso e a procura por tratamento especializado (Bastos & Bertoni, 2014). O uso de qualquer substância por si só não configura um quadro problemático. O consumo de substâncias começa a se tornar problema quando a pessoa começa a sentir que não tem controle sobre ele; usa mais do que tinha planejado e por mais tempo do que pretendido; demora muito para se recuperar dos efeitos das substâncias; tenta diminuir o consumo ou mesmo parar e não consegue; tem prejuízos pessoais, sociais e laborais por conta do uso; e se coloca e outras pessoas em risco em função do uso.

Conforme os problemas vão se tornando mais graves, é possível notar a presença de tolerância, aumento da quantidade de consumo para adquirir o efeito desejado e abstinência, um conjunto de sinais que a pessoa apresenta quando não pode usar aquela substância ou logo após um consumo intenso (American Psychiatric Association, 2013). Atender pessoas que apresentam problemas com o consumo de álcool e drogas envolve alguns desafios bem particulares para que o cliente alcance a mudança e manutenção do comportamento (Carroll & Kiluk, 2017).

Neste capítulo, serão abordados os desafios que mais aparecem na prática clínica e as formas de lidar com eles, como a falta de motivação para diminuir ou interromper o uso da substância, a possibilidade de uma recaída, as mentiras contadas pelos clientes, a não adesão ao tratamento e a dificuldade em saber quando a internação em clínicas especializadas se torna uma possibilidade.

Quando os Clientes Não estão Motivados

A falta de motivação dos clientes é um desafio para o psicólogo clínico em diversas temáticas de atendimento. Buscar uma psicoterapia não define que a pessoa esteja motivada. Prochaska e DiClemente (1982) desenvolveram os estágios motivacionais, explicando a prontidão para mudança. Esses estágios – que buscam o entendimento do processo de motivação – vão desde a pessoa não estar motivada até ela já estar em manutenção deste novo comportamento, ou seja, desde ela não considerar a mudança até a mudança já estar estabelecida (Prochaska & DiClemente, 1982).

O processo de mudança se inicia pelo estágio da pré-contemplação, no qual o indivíduo não considera a mudança de comportamento, seja por não perceber a necessidade de mudar ou por se sentir incapaz para isso. Quando surge a possibilidade de mudança, passa-se para o estágio de contemplação, também chamado de estádio da dúvida, em que a ambivalência, a sensação de querer e de não querer ao mesmo tempo está em seu auge.

No momento em que a pessoa decide mudar, ela entra no estágio de preparação para a ação, começando a se organizar para a mudança. A mudança efetiva acontece no estágio de ação e, quando esta já está estabelecida, chega-se em manutenção. Estes estágios são representados no formato de uma espiral incluindo um lapso/recaída no processo que, caso ocorra, permite que a pessoa gire na espiral e seja colocada no processo de novo.

O modelo transteórico de mudança (DiClemente, 2018; Oliveira, Boff, Cazassa, & DiClemente, 2017) propõe, além dos estágios de mudança, processos a serem trabalhados em cada estágio de mudança para que o psicoterapeuta maneje com o cliente, a fim de que este consiga passar de um estágio para outro e alcance a manutenção. São 10 processos separados em processos cognitivos experienciais, que envolvem pensamentos, sentimentos, e em processos comportamentais, que envolvem mais ações e comportamento de comprometimento em mudar.

A ampliação da consciência, o alívio emocional, a autorrealização, a reavaliação circundante e a deliberação social são os processos cognitivos experienciais. Já os processos comportamentais incluem a generalização ou controle de estímulo, o condicionamento ou o contracondicionamento, o gerenciamento de reforço, a autodeliberação e as relações de ajuda. De forma geral, nos estágios de pré-contemplação e contemplação são usados os processos cognitivos experienciais e, nos estágios de preparação para ação, ação e manutenção, são usados os processos comportamentais.

A entrevista motivacional (EM) também é uma abordagem desenhada para lidar com a motivação (Miller & Rollnick, 2013). Seus criadores propõem um estilo de conversa colaborativo que visa à motivação para mudança de comportamento explorando a ambivalência (Miller & Rollnick, 2013).

O espírito da EM envolve quatro aspectos: parceria, aceitação, compaixão e evocação. Desta forma, o psicoterapeuta trabalha conjuntamente com o cliente, sendo o próprio cliente o guia de seu tratamento e o responsável por comportamentos e metas. Cabe ao psicoterapeuta aceitar genuinamente o cliente, respeitando seus valores, suas crenças e suas atitudes. A compaixão foi incluída nesse processo ao psicoterapeuta, pois envolve simpatia, sentir e agir junto, colocando as necessidades do outro em primeiro plano. Por fim, a EM só acontecerá se o cliente souber das suas necessidades e do que ele precisa. O papel do psicoterapeuta não é apontar problemas dos clientes e traçar formas de resolvê-los, e sim, evocar dele, sendo apenas o condutor para que a própria pessoa encontre suas questões e respostas (Figlie, 2014; Miller & Rollnick, 2013).

Como ferramentas, a EM utiliza perguntas abertas, afirmações e escutas reflexivas. As perguntas abertas são perguntas que levam a pessoa a elaborar um pouco mais a resposta, a não acabar respondendo com poucas palavras. São perguntas como: "De que forma o álcool está presente na sua vida?" ou "O que estava acontecendo?" As afirmações são o reforço positivo, momento no qual o psicoterapeuta enfatiza aspectos positivos no discurso do cliente, muitas vezes pontos que o próprio cliente não valoriza. Um bom exemplo é valorizar os primeiros dias de mudança de comportamento, pois, geralmente, os clientes tendem a desvalorizar essas primeiras conquistas dizendo que não são nada perto do que vem pela frente. É muito importante reforçar estas conquistas iniciais até para que o cliente siga em direção à sua meta. A escuta reflexiva é um processo direto, horizontal e objetivo, consistindo no psicoterapeuta devolver ao cliente fragmentos do discurso dele. Para que o processo ocorra, é muito importante que esta devolutiva não seja uma pergunta, e sim uma frase com exato conteúdo que o cliente relatou. A escuta reflexiva pode ser exatamente a frase que o cliente falou ou com pequenas modificações, mantendo o conteúdo expresso. No entanto, o psicoterapeuta deve estar atento, pois a reflexão não é uma interpretação nem uma geração de hipótese. Como tática de condução da abordagem, é sugerido que se façam duas afirmações ou respostas reflexivas para cada pergunta aberta (Figlie, 2014; Miller & Rollnick, 2013).

O estágio de pré-contemplação é um grande desafio na prática clínica. Os pré-contempladores podem ser agressivos, dissimulados ou completamente sem energia. Estes clientes provocam sentimentos de raiva, desânimo e incompetência no psicoterapeuta. Quando o cliente está pré-contemplador, é importante que ele tenha domínio do que realmente está acontecendo com ele, entendendo como o comportamento o está prejudicando, assim como suas consequências. Neste momento, deve-se ampliar a consciência do comportamento, ou seja, levar informações úteis e adequadas sobre o comportamento indesejável. É importante que tanto o psicoterapeuta diga verbalmente os efeitos do comportamento problemático, como use livros e textos, e instigue que o cliente vá à procura das informações. DiClemente (2018) faz uma reflexão sobre o estágio de pré-contemplação, definindo alguns papéis típicos de pessoas que estão neste estágio, chamando de os 5R: o revelador, o relutante, o rebelde, o resignado e o racional.

Os Reveladores

Os reveladores veem apenas o lado bom do uso, não chegando a questionar algum aspecto ruim. Para eles, as consequências ruins não os atingiram ainda ou são pequenas perto do prazer relacionado às drogas. Tentar mostrar para estes clientes que o uso de drogas não é tão prazeroso assim fará com que eles ridicularizem e desvalorizem a conversa.

Nestes casos, é mais interessante fornecer *feedbacks* mais concretos sobre seus comportamentos e resultados de exames, por exemplo, proporcionando ampliação da consciência e autoreavaliação. O mais importante serão as estratégias que conectem seus problemas físicos, emocionais e sociais ao comportamento adictivo.

Os Relutantes

Os relutantes são hesitantes em mudar o comportamento. Eles conseguem perceber algumas consequências ruins de seu comportamento, mas não as consideram tão ruins assim, e sim apenas um mau hábito. Eles têm a inércia como ponto forte e questionam, por exemplo, se todos os nossos comportamentos não trazem consequências ruins também, e beber e usar drogas seria apenas mais um comportamento normal. Nestes casos, o papel do psicoterapeuta é usar a ampliação da consciência e a autoreavaliação para quebrar a inércia e desenvolver com o cliente tanto os aspectos negativos do comportamento como os benefícios da mudança.

Os Rebeldes

Os rebeldes são enérgicos e acreditam saber tudo sobre eles mesmos e o que deve ser feito. Geralmente, eles são hostis e se irritam quando outros dizem o que deve ser feito. Consideram que seu comportamento adictivo está ligado à liberdade, e pensar em perder isso é perturbador. Neste caso, é interessante o psicoterapeuta lançar estratégias de autodeliberação, isto é, qualquer ideia ou comportamento em direção à mudança deve vir do próprio cliente.

Os Resignadores

Os resignadores são clientes que aparecem sem esperança e desencorajados para tomar qualquer atitude. É comum já terem tentado mudar de comportamento diversas vezes e acabaram desenvolvendo uma crença de que eles têm problemas, mas não há nada a fazer, são resignados quanto a isso. Estes clientes têm muita tentação para o uso de substâncias e baixa autoeficácia. Nestes casos, é importante que o psicoterapeuta use estratégias que aumentem a esperança de que é possível mudar. Reavaliação ambiental e ajuda de pessoas próximas podem ser bastante eficazes. Para isso, pode ser interessante que os clientes tenham acesso a histórias de sucesso similares as dele, e que elas venham de pessoas próximas, grupos de mútua ajuda, livros ou filmes.

Os Racionais

Os racionais são clientes que aparecem já sabendo de muitas informações ou concordando com tudo o que o psicoterapeuta aponta sobre os comportamentos adictivos. No entanto, estas informações não são para eles. Eles usam exemplos concretos, porém distorcidos, de como o comportamento adictivo não é ruim para eles.

É muito importante engajar estes clientes ao tratamento, adotando um estilo de conversa motivador, de não julgamento, usando das escutas reflexivas, apontando para eles onde o comportamento deles está os prejudicando (entrevista motivacional). Se por um lado, usar a razão com estes clientes pode ser uma forma de conscientizá-los, por outro lado, o uso de alívio emocional pode ser interessante como forma de conscientizar o cliente por outra via.

Quando o Cliente Recai

A Prevenção de Recaída (PR) se baseia na ideia de que é possível prever e prevenir uma recaída (Marlatt & Donovan, 2009). A partir da identificação de situações de risco, é possível que o cliente encontre estratégias para o manejo de sentimentos e comportamentos e, consequentemente, evite que uma recaída aconteça. Esta abordagem propõe a diferenciação de duas formas de consumo: lapso e recaída.

Lapso seria um uso inicial e a Recaída, a continuação do uso, retornando ao comportamento anterior. Para uma pessoa que parou de beber, por exemplo, um lapso seria beber um dia e logo em seguida a pessoa não beber mais, e recaída seria ela continuar bebendo nos dias seguintes, retomando o padrão de comportamento de beber diariamente (Marlatt & Gordon, 1993).

Falar sobre o lapso/recaída e avaliar pensamentos, a vontade de usar e a fissura ajudam a pessoa a evitar o comportamento de uso muito mais do que a favorecê-lo. É importante que o cliente identifique com clareza suas situações de riscos, pensamentos e crenças associados ao comportamento de usar. As situações de risco podem estar associadas tanto às situações físicas (bares ou festas) quanto aos estados emocionais (tristeza ou raiva) e às relações interpessoais (brigas ou relações difíceis no trabalho). Existem também algumas crenças relacionadas ao comportamento de uso de substâncias: as crenças permissivas e as antecipatórias. As crenças permissivas são aquelas que permitem que a pessoas iniciem o uso. Elas podem aparecer como: "Eu mereço!", "Só uma bebida me faz tirar essa tensão", "A cocaína me faz suportar as coisas".

As crenças antecipatórias refletem a percepção que o sujeito tem sobre o efeito da droga e, consequentemente, o que ele sentirá usando. Elas aparecem assim: "A cocaína me dá ânimo para a noite" ou "A maconha me faz dormir melhor". A identificação e o manejo destas crenças são importantes tanto para evitar que um lapso/recaída aconteça quanto para que o sujeito consiga fazer o manejo correto depois que o lapso acontece (Donovan & Marlatt, 2010; Marlatt & Donovan, 2009).

Diante disso, o que fazer quando um lapso ou uma recaída acontece? Primeiramente, é importante fazer uma combinação com o paciente de ele sempre retornar à Psicoterapia de qualquer forma. É sempre frustrante e preocupante para o psicoterapeuta quando um paciente tem um lapso ou uma recaída, mas por outro lado existem ferramentas para trabalhar com ele, a fim de transformar este momento em aprendizagem e autoconhecimento.

A primeira estratégia a ser feita é pedir que o paciente descreva o episódio. É importante que ele remonte a cena com o máximo de detalhes que conseguir e defina o momento em que teve vontade e que decidiu usar. Em muitos casos, a vontade e a decisão de usar a substância surge dias ou semanas antes do uso propriamente dito. Assim, o psicoterapeuta, junto com o cliente, pode identificar as situações de risco, os pensamentos, as crenças, os comportamento e os sentimentos. Após este momento, o psicoterapeuta consegue avaliar com o seu cliente quando começou a vontade de usar e o que poderia ter sido feito de forma diferente.

Existe outro conceito interessante para trabalhar com os clientes neste momento chamado de Decisões Aparentemente Irrelevantes. Muitas vezes, ao relatar um episódio de lapso, observa-se que o cliente parece já ter pensado no uso dias antes dele acontecer. Ao pedir que ele relate um episódio de lapso, é interessante que o cliente descreva em detalhes os momentos anteriores (horas, ou mesmo dias) do início do uso, assim, é possível analisar como diversos momentos e decisões tomadas pelo cliente poderiam ser diferentes e consequentemente mudariam o final, no caso não ocorreria o lapso (Marlatt & Gordon, 1993). Fazer com que o cliente tome consciência destas decisões pode ser bem interessante para que ele consiga ligar um sinal amarelo e observar de forma mais clara seus pensamentos e sentimentos, evitando assim um futuro lapso.

Quando o Paciente Mente

Muitas vezes, os clientes que abusam de substâncias não falam apenas a verdade. Eles escondem para os outros e para eles mesmos a dimensão do problema, principalmente no início do tratamento. Com o tempo, os clientes vão tomando consciência da dimensão do problema e as mentiras vão parando de acontecer. Com o avançar do tratamento, é comum surgirem pensamentos automáticos como "No fundo eu achava que eu tinha controle.", "Eu achava que eu conseguiria sozinho." ou ainda "Eu não queria sofrer."

É importante que essas "mentiras" não sejam interpretadas como ataques pessoais ou incapacidade do psicoterapeuta. Na verdade, pode-se identificar essa reação como uma dificuldade do cliente em entrar em contato com o problema. Deve-se lembrar que pessoas que abusam de substâncias usam a droga como forma de fugir de problemas, de não ter contato com emoções. Será mais rico para o psicoterapeuta identificar estes casos como pré-contempladores, principalmente os racionais, os rebeldes e os relutantes.

Quando os Pacientes não dão Continuidade ao Tratamento

A falta de adesão ao tratamento para pessoas com transtorno por uso de substância sempre foi algo preocupante, existindo grande esforço de pesquisadores de todo o mundo para entender este fenômeno (Bachiller et al., 2015; Fernandes, Marcos, Kaszubowski, & Goulart, 2017; Fleury et al., 2016).

Um estudo brasileiro apontou uma taxa de abandono de tratamento de 82% em um ambulatório para tratamento de transtornos relacionados ao uso de drogas, sendo que 28,1% dos pacientes não retornaram para um segundo atendimento (abandono imediato) e 55,8% não completaram um mês de tratamento (Fernandes et al., 2017)existem diretrizes para o seu tratamento, mas ainda ocorre um alto índice de evasão. O estudo teve como objetivo identificar a prevalência e fatores associados à evasão do tratamento. Métodos Estudo transversal, com análise de 593 prontuários e de 30 entrevistas aplicadas em pacientes que não tiveram aderência em um ambulatório de dependência química em um município do sul do Rio Grande do Sul. Resultados O índice de abandono foi de 82%. O tempo de tratamento (Coef = –0,14; EP = 0,08; OR = 0,9. A EM propõe que o início de qualquer tratamento deve ser a partir do engajamento, considerado o primeiro degrau desta abordagem. O objetivo deste degrau é formar uma forte e segura aliança terapêutica, fazendo com que o cliente se engaje em seu tratamento, fortalecendo assim a adesão a ele (Figlie, 2014)quando foi lançada, vem sofrendo modificações, a fim de tentar se adaptar à complexidade que pauta a relação profissional-cliente. A partir desta perspectiva, este artigo é desenvolvido com o objetivo de apresentar a proposta da Entrevista Motivacional, bem como suas transformações e modificações mais recentes, discorrendo sobre os princípios, estratégias e armadilhas, com destaque a ideia do \" espírito da Entrevista Motivacional, alicerçado a partir de quatro elementos, sendo eles a parceria, a aceitação, a evocação, a compaixão e atuação profissional com equilíbrio e equanimidade. Apresenta os quatro processos fundamentais para a realização da Entrevista Motivacional que são desenvolvidos por meio do engajamento, do foco, da evocação e do planejamento, permeados pela aplicação da metodologia PARR (Perguntas abertas – afirmação-reforço positivo e reflexões em uma relação de duas estratégias para cada uma pergunta, de preferencia aberta. Existem cinco fatores que podem ser explorados logo nas primeiras consultas para facilitar o engajamento do cliente (Miller & Rollnick, 2013). E são eles:

1. Desejos e objetivos: o que o cliente busca com o tratamento e para sua vida.
2. Importância: qual a importância do objetivo dele, o quanto isso é prioridade.
3. Positividade: como a pessoa se sente em relação ao tratamento, se está se sentindo valorizado, respeitado e ouvido.
4. Expectativas: o que o cliente espera que aconteça.
5. Esperança: o quanto que ele acredita que encontrará o que ele busca.

Para aumentar a adesão, os contatos entre as consultas são muito importantes. É valioso também assegurar que o local do tratamento e os horários das consultas estejam confortáveis para o cliente.

Internar ou Não e Quando

A internação em clínicas especializadas em transtornos por abuso de substâncias pode ser uma estratégia bem interessante, mas apenas em algumas situações se torna bem indicada. A decisão sobre internar um cliente deve estar baseada nos riscos que estão envolvidos com o consumo de substâncias. Isso envolve a pessoa colocar a própria vida em risco, que pode ser por meio de pensamentos suicidas ou por overdose, ou a de outros em risco, ao colocar relacionamentos e trabalho em perigo. Outro fato a ser considerado é que, para algumas pessoas, só quando ficam distante das substâncias, é que conseguem perceber como o comportamento de uso está sendo prejudicial (Balbinot et al., 2016).

A internação não é indicada apenas para que a pessoa não tenha contato com as drogas, nem para que a família fique sem uma preocupação, muito menos como um castigo. Além disso, ela só será eficaz se acompanhada de um projeto psicoterapêutico adequado para o momento do cliente.

A decisão de internar ou não um cliente pode ser muito clara, mas, em muitas situações, ela se torna uma grande dúvida para a equipe que acompanha o tratamento, principalmente quando o paciente não percebe a necessidade de internação. É sempre importante que a equipe se baseie nos riscos que o cliente está passando, assim como nos objetivos da internação e nas expectativas de ganho que essa decisão trará ao cliente.

Considerações finais

Atender pessoas que têm problemas com uso de álcool e drogas não é uma tarefa fácil. É um trabalho desafiador, árduo, que exige muito empenho, paciência, disponibilidade e dedicação por parte do psicoterapeuta.

É muito importante que o psicoterapeuta tenha um autocuidado envolvendo supervisão, tempo de estudo, cuidado com a sua saúde mental e momentos de lazer. Além disso, é importante o psicólogo contar com uma rede de apoio na condução dos casos.

É extremamente necessário que a equipe condutora do caso esteja com um discurso alinhado. Esta equipe pode ter profissionais de diversas formações, como psiquiatras, enfermeiros, psicólogos de família e médicos de outras especialidades. O contato próximo com estes profissionais faz com que o tratamento se torne mais eficiente, assim como uma fonte de apoio para o psicoterapeuta, principalmente nas fases mais difíceis do tratamento.

Apesar do desgaste envolvido no atendimento destas pessoas, também é possível acompanhar o desenvolvimento de uma nova vida sem o consumo de substâncias. É comum estas pessoas, a partir da mudança do comportamento indesejável, conduzirem uma carreira de sucesso e recuperarem ou construírem novos laços e uma nova família. Esse é um aspecto muito gratificante e que não é necessariamente comum de se observar no tratamento de pessoas com outros transtornos mentais.

Referências

American Psychiatric Association. (2013). *Diagnostic and Statistical Manual of Mental Disorder* (5th ed.). Washington, DC: Author.

Bachiller, D., Grau-López, L., Barral, C., Daigre, C., Alberich, C., Rodríguez--Cintas, L., ... Roncero, C. (2015). Motivational interviewing group at inpatient detoxification, its influence in maintaining abstinence and treatment retention after discharge. *Adicciones, 27*(2), 109-118. Retrieved from http://www.ncbi.nlm.nih.gov/pubmed/26132300

Balbinot, A. D., Horta, R. L., da Costa, J. S. D., Araújo, R. B., Poletto, S., & Teixeira, M. B. (2016). Hospitalization due to drug use did not change after a decade of the Psychiatric Reform. *Revista de Saude Publica, 50,* 26. Retrieved from https://doi.org/10.1590/S1518-8787.2016050006085

Bastos, F., & Bertoni, N. (2014). *Pesquisa Nacional sobre o uso de crack: quem são os usuários de crack e/ou similares do Brasil? Quantos são nas capitais brasileiras?* Fundação Oswaldo Cruz – Instituto de Comunicação e Informação Científica e Tecnológica em Saúde (ICICT) (Ed.). Recuperado de https://doi.org/362298

Carroll, K. M., & Kiluk, B. D. (2017). Cognitive behavioral interventions for alcohol and drug use disorders: Through the stage model and back again. *Psychology of Addictive Behaviors, 31*(8), 847-861. Retrieved from https://doi.org/10.1037/adb0000311

DiClemente, C. C. (2018). *Addiction and change: How Addictions Developed and Addicted People Recover* (2nd ed.). Retrieved from https://doi.org/2017045254

Donovan, D. M., & Marlatt, A. G. (2010). *Avaliação dos comportamentos dependentes.* Recuperado de https://doi.org/9788572418010

Fernandes, S. S., Marcos, C. B., Kaszubowski, E., & Goulart, L. S. (2017). Evasão do tratamento da dependência de drogas: prevalência e fatores associados identificados a partir de um trabalho de Busca Ativa. *Cadernos Saúde Coletiva, 25*(2), 131-137. Recuperado de https://doi.org/10.1590/1414-462x201700020268

Figlie, N. B. (2014). A Entrevista Motivacional: conversas sobre mudança. *Boletim Academia Paulista de Psicologia, 34*(87), 472-489.

Fleury, M.-J., Djouini, A., Huỳnh, C., Tremblay, J., Ferland, F., Ménard, J.-M., & Belleville, G. (2016). Remission from substance use disorders: A systematic review and meta-analysis. *Drug and Alcohol Dependence, 168*, 293-306. Retrieved from https://doi.org/10.1016/j.drugalcdep.2016.08.625

Marlatt, A. G., & Donovan, D. (2009). *Prevenção de Recaída: estratégias de manutenção no tratamento de comportamentos aditivos*. Recuperado de https://doi.org/6168908

Marlatt, G. A., & Gordon. (1993). *Prevenção de Recaída: estratégias e manutenção no tratamento de comportamentos adictivos*. Porto Alegre: Artmed.

Miller, W. R., & Rollnick, S. (2013). *Motivational Interviewing: Helping People Change* (3nd ed.). Retrieved from https://doi.org/2012024802

Oliveira, M. da S., Boff, R. de M., Cazassa, M. J., & DiClemente, C. C. (Orgs.) (2017). *Por que é tão difícil mudar? Contribuições do Modelo Transteórico de Mudança do Comportamento na Prática Clínica e na Promoção de Saúde.* Novo Hamburgo: Sinopsys.

Prochaska, J. O., & DiClemente, C. C. (1982). Transtheorical therapy: Toward a more integrative model of change. *Psycotherapy: Theory, Research and Practice, V*(20), 161 173.

Capítulo 22

COMO FALAR DE SEXO NO CONSULTÓRIO

XV Mostra de TCC, 2017

Trabalho apresentado na modalidade Conferência

Aline Sardinha

Marseylle Assis Brasil

Diana Soledade do Lago Camera

Síntese

Embora a sexualidade seja um assunto importante e presente no cotidiano da maioria das pessoas, o tema permanece invisibilizado no contexto psicoterapêutico. Observa-se que isso decorre principalmente de lacunas da formação em Psicologia e por um contexto social que dificulta o acesso a informações de qualidade sobre educação sexual. Para atender tais demandas, os psicoterapeutas precisam não só buscar capacitação, mas também desconstruir suas próprias crenças disfuncionais a respeito da sexualidade.

Introdução

O resultado de cada processo de Psicoterapia é único, na medida em que ocorre no vínculo estabelecido entre o psicólogo e o cliente e está, necessariamente, balizado pelas escolhas e vieses que cada um traz para esse encontro. O que é considerado pelo terapeuta quando uma pessoa se senta à sua frente? Qual foco é eleito pela dupla terapêutica? De acordo com um ditado popular, "todo mundo tem problemas sexuais". É sabido até pelo senso comum que a sexualidade é um assunto de suma importância na experiência humana. Como pode, portanto, que na maioria dos processos psicoterápicos, a sexualidade não seja abordada? É importante que todo psicólogo, mesmo que não seja especialista, possua um entendimento básico sobre como abordar queixas sexuais, como deixar o paciente confortável e planejar uma intervenção ou um encaminhamento para um especialista.

Esta, contudo, não parece ser a realidade do nosso país. No Brasil, há poucos profissionais especialistas no assunto, o que pode fazer com que os pacientes sofram durante anos sem uma escuta adequada e sem ter oportunidade de tratar suas dificuldades sexuais (Sardinha, 2020). Diante disso, é possível que muitos psicólogos não tenham as habilidades clínicas necessárias, nem se sintam confortáveis, ao lidar com a sexualidade dos pacientes. Tal dificuldade seria compreensível diante da escassez de treinamento sobre o tema na formação em Psicologia (Sardinha, 2018a). Nesse sentido, o objetivo deste capítulo é chamar a atenção do leitor para a importância do desenvolvimento de um olhar mais aprofundado sobre as queixas sexuais, assim como apresentar ferramentas sobre o assunto, as quais possam auxiliar sua abordagem no contexto psicoterapêutico.

Níveis de Intervenção no Manejo da Queixa Sexual

Em primeiro lugar, é importante saber que se pode abordar a sexualidade com diferentes níveis de profundidade, a depender da queixa e das habilidades do profissional. Uma proposta de intervenção escalonada, já bastante consolidada na área da sexualidade, é o modelo PILSET (Annon, 1976), cujo nome se refere a um acrônimo que lembra os quatro níveis de atuação possíveis no manejo da queixa sexual: permissão, informação limitada, sugestão específica e tratamento. Esse modelo possibilita uma atuação mais flexível e que pode ser utilizada por diversos profissionais da área da saúde, de acordo com as suas possibilidades.

P (Permissão): o profissional abre espaço para discutir os temas relacionados à sexualidade, gerando um espaço de escuta e acolhimento, validando e normalizando a experiência da queixa sexual.

IL (Informação Limitada): levantamento e compartilhamento de informações adequadas sobre sexualidade, com foco em educação sexual, assim chamado por se restringir à queixa apresentada pelo paciente.

SE (Sugestão Específica): uma abordagem de solução de problemas a partir da queixa do paciente, visando pensar em alternativas comportamentais para favorecer o ajustamento, a função e a satisfação sexual da pessoa. Este passo requer conhecimentos mais específicos sobre a sexualidade por parte do profissional, de modo a evitar intervenções inadequadas e possivelmente iatrogênicas, baseadas no senso comum ou na própria experiência pessoal do profissional. As sugestões precisam ser baseadas em evidências e em uma boa avaliação da queixa sexual.

T (Tratamento): intervenção completa para a compreensão e para o tratamento da queixa sexual, que envolve habilidades e treinamento terapêutico específico para tratar as disfunções sexuais.

Em função do baixo nível de educação sexual da população de forma geral, e do desconforto e da escassez de espaços adequados para a discussão de assuntos da sexualidade, muitas vezes, a intervenção nos dois primeiros níveis já produz resultados interessantes. Assim, neste modelo é possível que o terapeuta, com pouco treinamento na área de sexualidade, possa concentrar sua atuação no assunto aos níveis de permissão e informação limitada. Na medida em que o profissional for adquirindo mais conhecimentos e experiência no manejo da queixa sexual, sugestões específicas podem ser ensaiadas, a depender do sucesso dos passos anteriores.

Em casos mais complexos e pouco respondentes às intervenções anteriores, é possível pensar em encaminhar o paciente a um profissional habilitado para tratar as disfunções sexuais. A terapia cognitiva sexual é um exemplo de terapia voltada especificamente para o tratamento das queixas e disfunções sexuais (Sardinha, 2018c). Dessa forma, a ideia é desmistificar a crença de que sexualidade é um assunto que só pode ser trabalhado pelos especialistas da área, deixando muitas queixas sexuais de menor gravidade negligenciadas no espaço da Psicoterapia (Sardinha, 2017a).

A Terapia Cognitiva Sexual

A terapia cognitiva sexual é uma abordagem que reúne as principais teorias e técnicas já validadas das terapias cognitivas, comportamentais e contextuais, traçando um paralelo do que já é conhecido e comprovadamente eficaz com as mais recentes evidências da literatura no campo da sexualidade (Sardinha & Carvalho, 2016b). A proposta da terapia cognitiva sexual é exatamente a de levar para a prática clínica todo o entendimento do funcionamento sexual, de como os processos cognitivos e emocionais influenciam a experiência sexual e como esses processos podem tornar as pessoas mais vulneráveis a desenvolver disfunções. Para isso, utiliza-se como base toda a *expertise* existente dentro das teorias cognitivas, comportamentais e contextuais.

A terapia cognitiva sexual guarda algumas diferenças importantes da terapia sexual que se praticava até então (Sardinha & Carvalho, 2016a). No início do século XX, várias pesquisas começaram a ser feitas, desvendando como o comportamento sexual acontecia, o que seria o funcionamento sexual normal ou disfuncional, adequado ou inadequado. A partir disso, formou-se a ideia de função e disfunção.

A terapia sexual, muito de base comportamental, trouxe como ideia central que a ansiedade seria o principal elemento das disfunções sexuais. Se houvesse a dessensibilização da ansiedade e do desconforto em relação ao sexo, o indivíduo conseguiria se sentir cada vez melhor na situação sexual. Isso é verdade em parte, mas não é toda a história. Há várias pesquisas recentes, do final do século XX, início do XXI, que mostram que outros processos cognitivos, afetivos e emocionais precisam ser trabalhados para que se possa efetivamente melhorar as queixas sexuais de forma geral (Brotto, Atallah, Johnson-Agbakwu, Rosenbaum, Abdo, Byers, Graham, Nobre, & Wylie, 2016; Lotti & Maggi, 2018; Wolpe, Zomkowski, Silva, Queiroz, & Sperandio, 2017). Sendo assim, a dessensibilização funciona bem para algumas disfunções, mas não para outros casos.

Com a terapia cognitiva sexual, o foco do tratamento muda e passa a ser sobre os processos cognitivos e emocionais e não mais apenas sobre os elementos comportamentais e sensoriais. Estratégias de reestruturação de pensamento e de regulação da emoção passam a ser empregadas na Psicoterapia. Nesse cenário, a mudança do comportamento acontecerá por uma nova relação que o indivíduo estabelecerá com o sexo, com o processamento emocional naquele momento e com o próprio ato sexual.

A terapia cognitiva sexual preconiza que crenças sexuais distorcidas podem ser formadas ao longo do desenvolvimento da sexualidade, acarretando atitudes inadequadas sobre o sexo. Essas crenças influenciarão diretamente a maneira que o indivíduo se sente na relação sexual, na interação com o outro e como ele decide se comportar em relação ao sexo e em relação à sexualidade em geral. As crenças sexuais distorcidas vão moldar o repertório de comportamentos sexuais e o quanto serão inflexíveis e desadaptativos. Sendo assim, se faz necessário atuar não apenas na dessensibilização da ansiedade, como vinha sendo feito, mas também na flexibilização da forma como o indivíduo vê a sua sexualidade, a sexualidade do parceiro, e como o sexo deve ser feito de forma geral (Sardinha, 2017b).

A ideia é que, ao longo da terapia cognitiva sexual, os pacientes tomem consciência dos padrões comportamentais que acompanham tais crenças e possam repensá-las e ressignificá-las. Além disso, espera-se que eles possam aprender a manejar a emoção desagradável no momento da relação sexual a fim de minimizar seu impacto. Assim, aos poucos, os indivíduos poderão conseguir ter uma vida sexual mais satisfatória, mais saudável, com mais prazer e menos disfunção (Sardinha, 2018c).

Como Acolher as Questões da Sexualidade em Psicoterapia?

De que forma os psicólogos aprendem, ao longo do desenvolvimento pessoal, a falar e a pensar a sexualidade? Que crenças, valores e padrões o terapeuta construiu sobre sexualidade para si, no seu contexto social, cultural, familiar e religioso? Quais as oportunidades de capacitação técnica que os psicoterapeutas, em sua maioria, têm para abordar esse tema?

Está assim desenhado o que se vê atualmente na prática: profissionais sem formação específica, contando apenas com as próprias crenças e valores pessoais para tentar dar conta das demandas sexuais que aparecem na clínica. Um dos poucos consensos em Psicologia é que as questões pessoais do terapeuta não devem pautar a atuação profissional. Qual é, portanto, a solução encontrada pela maioria? Se o paciente não traz, o terapeuta não pergunta. Muitas vezes, mesmo no atendimento ao casal.

Quando o paciente traz um problema sexual, é importante mapear as questões subjetivas, intrapsíquicas, de relacionamento com a parceria e ainda as reações fisiológicas associadas. Não se pode perder de vista que todas as queixas em Psicoterapia se constroem inseridas em um contexto sociocultural, político, econômico, religioso etc. (American Psychological Association [APA], 2017). A queixa sexual é apenas o topo da pirâmide, em cuja base residem crenças, valores, atitudes, questões morais, familiares, religiosas, experiências sexuais anteriores e todo o entendimento que o indivíduo construiu sobre sexualidade ao longo do seu desenvolvimento (Sardinha, 2018c).

Além disso, uma anamnese adequada da queixa sexual precisa partir dos seguintes dados (American Psychiatric Association [APA], 2013):

- **Cronologia de aquisição**: identificar se a queixa é primária ou secundária.
  a. Primária: queixa que esteve presente na vida do indivíduo desde sempre.
  b. Secundária: quando a queixa é adquirida, ou seja, passou a acontecer a partir de um determinado momento ou evento. Neste caso, é importante compreender o contexto que desencadeou o problema.
- **Circunstâncias em que a queixa ocorre**: verificar em quais contextos a queixa aparece, para compreender se é situacional ou generalizada.
  a. Situacional: aparece em situações específicas ou com parceiros específicos.
  b. Generalizada: aparece em todos os contextos e com todos os parceiros.
- **Etiologia**: existem fatores orgânicos, por exemplo, que podem estar influenciando a queixa? Um dos fatores orgânicos constantemente negligenciado é o uso de medicamentos, especialmente anticoncepcionais hormonais e psicofármacos. Geralmente, as queixas são multifatoriais. Do ponto de vista clínico, considerando que o funcionamento sexual envolve tanto a fisiologia quanto a atribuição de significado, o comportamento e a vivência emocional, o mais importante é entender como esses fatores interagem.

- **Grau de sofrimento**: entender o impacto da dificuldade sexual na vida do indivíduo e no relacionamento com a parceria.
- **Parceria**: avaliar aspectos do relacionamento que podem estar influenciando a sexualidade. Nesse aspecto, é importante investigar dois pontos principais:
  a. Relacionamento: dificuldades relacionais, se os parceiros estão felizes ou não na relação de uma forma geral, e como isso impacta no jogo sexual deles, assim como, de que maneira a queixa sexual impacta no vínculo da parceria.
  b. Estimulação adequada: como o repertório sexual deles se adequa às necessidades e preferências sexuais de um e de outro. Esse aspecto tem recebido grande destaque na literatura, dado que muitas queixas sexuais são consequências de estimulação sexual inadequada, ineficiente ou insuficiente e não de uma disfunção sexual real (APA, 2013).

Também é necessário identificar quais estratégias o paciente e/ou a parceria desenvolveu para lidar com a queixa e que acomodações foram feitas em função do aparecimento do problema. Tais padrões comportamentais de acomodação podem funcionar como fatores de manutenção do problema. Não se pode deixar de investigar, também, as situações de sucesso sexual, o que, ao longo da vivência sexual, foi prazeroso, para que possa trazer esses elementos como potencial de desenvolvimento para aquela pessoa (Sardinha, 2018c).

Como visto, frequentemente não será suficiente ouvir de forma superficial sobre o problema e sobre as situações em que ocorre. É preciso que o terapeuta possa ter acesso a alguns detalhes sobre as situações, os pensamentos, as emoções, as ativações fisiológicas e os comportamentos sexuais.

Como na nossa sociedade as vivências sexuais são consideradas aspectos íntimos que não devem ser compartilhados, é comum que a avaliação das queixas sexuais cause um pouco de constrangimento tanto para o terapeuta inexperiente, quanto para o cliente. O diálogo sobre as vivências sexuais de pessoas e casais em terapia não se constrói de forma rápida, mas a partir do vínculo terapêutico seguro e acolhedor (Sardinha, 2018b).

É importante ainda ressaltar que melhorar a satisfação e a função sexual não significa funcionar sexualmente de uma maneira universal entendida como "normal" (Pascoal, Narciso, & Pereira, 2014). Essa crença está, inclusive, na base da maior parte das queixas sexuais atendidas. Por isso, é necessário ter sensibilidade para elaborar um bom plano de tratamento personalizado, de acordo com as necessidades e o sistema de valores daquela pessoa especificamente.

Então, a partir de uma queixa sexual apresentada pelo paciente, é necessário indagá-lo: *"Qual o seu objetivo?"*, *"O que exatamente lhe incomoda sobre o que você está me trazendo?"*, *"Por que você está buscando tratamento para essa queixa?"*. Todas essas intervenções podem ser construídas, considerando o escalonamento apresentado anteriormente.

É necessário também entender como e o que aquela pessoa aprendeu ao longo da vida sobre sexo para que sejam feitos ajustes. Uma vez que o indivíduo traz ao consultório uma queixa sexual, pode-se inferir que o que ele aprendeu sobre como fazer sexo nunca funcionou tão bem, ou pelo menos passou a não funcionar tão bem a partir de um determinado momento. Nesse contexto, é importante investigar (Sardinha, 2017b):

- Crenças que o paciente construiu a partir das suas vivências.
- Possibilidade da expressão da sexualidade ao longo da vida, bem como na parceria atual.
- Experiências de sucesso e não sucesso e os significados atribuídos a elas. Mais importante do que o fato em si, são as lições aprendidas sobre o fato, e como essas crenças foram moldando o entendimento sobre sexo e como moldam ainda hoje o comportamento sexual do paciente.
- Crenças sobre sexualidade e amor de uma forma geral, e como os relacionamentos se dão.

Crenças disfuncionais sobre sexo são o principal fator de vulnerabilidade e manutenção das dificuldades sexuais (Nobre & Pinto-Gouveia, 2006). Muitas vezes, tais crenças são transmitidas socialmente, e por meio da família, nos contextos de desenvolvimento (Sardinha, 2017b). Isso quer dizer que, muito provavelmente, os próprios terapeutas, uma vez que também estão inseridos nessa cultura, compartilham do sistema de crenças sexuais inadequadas das pessoas que atendem. Exatamente por isso, eles estão frequentemente inaptos não só para a demanda clínica em sexualidade, como para as possibilidades de solução (Sardinha, 2018a).

Para agravar este cenário, crenças sobre o que é a sexualidade normal, sobre papéis de gênero, entre outras, costumam se construir enquanto ideias arraigadas – rígidas e atreladas a altas valências emocionais. Por isso, pode ser muito difícil para alguns terapeutas abordarem o assunto (Sardinha, 2018b).

A terapia cognitiva sexual propõe métodos didáticos que auxiliam mesmo o terapeuta inexperiente e/ou pouco capacitado. Desse modo, os terapeutas podem adquirir recursos para avaliar e conceitualizar queixas sexuais, podendo nortear suas intervenções de acolhimento e de psicoeducação sexual. Entre tais recursos, é possível destacar as propostas de conceitualização cognitiva sexual em três níveis – pensamentos automáticos, crenças intermediárias e crenças centrais –, os quais englobam: formulários de avaliação da queixa (direcionando quais informações são relevantes na anamnese); os formulários de registro de pensamento nas diferentes situações; o ciclo da falha sexual para conceitualização transversal da queixa sexual; e a conceitualização cognitiva sexual, para conceitualização longitudinal do problema (De Carvalho & Sardinha, 2018).

Para orientar sobre a forma adequada de perguntar sobre a sexualidade e propor intervenções psicoeducativas e de reestruturação cognitiva para adolescentes, adultos e casais, Sardinha (2017) desenvolveu uma ferramenta lúdica: o Baralho da Sexualidade.

O Baralho da Sexualidade foi elaborado para atender de forma flexível as demandas dos profissionais de saúde no manejo da sexualidade, podendo ser aplicado em diferentes *settings* e configurações. É um instrumento composto por um *kit* de três baralhos que se divide em:

- **Desvendando a sexualidade:** permite ao terapeuta abordar em sua entrevista todos os pontos necessários para uma conceitualização de caso adequada no modelo da terapia cognitiva sexual.
- **Conversando sobre sexo:** cartas que podem ser utilizadas para facilitar a abordagem de temas sexuais no consultório.
- **Mitos sexuais:** pode ser utilizado na psicoeducação das crenças distorcidas sobre sexualidade, as quais se encontram na base das disfunções e dificuldades sexuais.

O terapeuta cognitivo-comportamental sabe que as crenças dos pacientes vão sendo inferidas a partir da escuta e das técnicas de descoberta guiada, seta descendente, entre outras (Wright, Basco, & Thase, 2008). O Baralho da Sexualidade funciona como um "puxa conversa", um início para abordar a questão bem diretamente, caso o terapeuta não se sinta confortável em perguntar de outra forma, ou até mesmo para ajudá-lo a não deixar de contemplar perguntas importantes a serem feitas. As cartas do baralho também podem ajudar a desvendar paradigmas e crenças morais, religiosas e familiares, que podem formar padrões de alta valência afetiva.

As crenças construídas a partir dessas experiências, que têm um grande valor emocional e normalmente se encontram na base das disfunções sexuais, geralmente são questões difíceis de serem abordadas (Sardinha, Lopes, & Brasil, 2019). Os baralhos ajudam a fazer as perguntas de uma maneira mais adequada considerando os pressupostos da terapia cognitivo-comportamental (TCC). A partir disso, o terapeuta pode utilizar as ferramentas de intervenção das TCCs já conhecidas ou mesmo da terapia cognitiva sexual.

Considerações finais

Falar sobre sexo no consultório não é tarefa exclusiva do terapeuta sexual. Nem é preciso ter formação avançada em terapia sexual para perguntar sobre esse aspecto da vida dos pacientes. Muitas pessoas têm problemas sexuais e abordar esses temas em Psicoterapia é apenas parte do trabalho clínico.

Nesse sentido, este capítulo buscou evidenciar como sugestão simples para os clínicos em TCC do Brasil que estudem sobre sexualidade. Desse modo, terão conhecimento suficiente para se sentirem confortáveis ao abordar o assunto, sem que se pautem somente em suas próprias crenças e experiências. Espera-se que, assim, os psicoterapeutas serão capazes de conceitualizar, minimamente, a queixa para ajudar o cliente a decidir os próximos passos do tratamento.

Quando um psicoterapeuta generalista pergunta sobre a sexualidade de seu paciente, muito provavelmente ouvirá sobre dificuldades de relacionamento, dúvidas em relação a sexo, vontade de que algumas das suas vivências sexuais sejam diferentes. Mesmo o paciente que não tem, por exemplo, uma disfunção sexual diagnosticável pode, ainda assim, ter queixas, dúvidas e questões sexuais que o psicólogo pode conseguir ajudar a resolver ou esclarecer, sem que seja necessário o encaminhamento para um especialista.

No presente capítulo, buscou-se apresentar algumas ferramentas disponíveis hoje para melhorar a escuta que se faz dos pacientes, de modo que se sintam mais confortáveis ao falar das queixas sexuais. Além disso, o terapeuta precisa se instrumentalizar e estar consciente de suas próprias crenças e tabus para que ele mesmo se sinta confortável e esteja seguro para abordar o assunto e fazer uma intervenção baseada em evidências.

Finalmente, apesar de este capítulo ter como foco a clínica da Psicoterapia, a presente discussão se estende a todos os contextos que o psicólogo se insere como em escolas, hospitais, empresas, entre outros, permitindo ter um olhar diferenciado sobre as questões concernentes à sexualidade das pessoas em todas as suas possibilidades de atuação.

Referências

Annon, J. S. (1976). The PLISSIT Model: A Proposed Conceptual Scheme for the Behavioral Treatment of Sexual Problems. *Journal of Sex Education and Therapy, 2*, 1-15.

American Psychiatric Association. (2013). *Diagnostic and Statistical Manual of Mental Disorder* (5th ed.). Washington, DC: Author.

American Psychological Association. (2017). *Multicultural Guidelines: An Ecological Approach to Context, Identity, and Intersectionality, 2017.* Retrieved from https://www.apa.org/about/policy/multicultural-guidelines

Association, A. P. (2013). *Diagnostic and Statistical Manual of Mental Disorder* (5th ed.). Washington, DC: Author.

Brotto, L., Atallah, S., Johnson-Agbakwu, C., Rosenbaum, T., Abdo, C., Byers, E. S., ... Wylie, K. (2016). Psychological and Interpersonal Dimensions of Sexual Function and Dysfunction. *The Journal of Sexual Medicine, 13*(4), 538-571. Retrieved from https://doi.org/10.1016/j.jsxm.2016.01.019

De Carvalho, M. R., & Sardinha, A. (2018). Bases de evidências para conceitualização cognitiva e a prática em TCC. In C. B. Neufeld, E. M. D. O. Falcone, & B. P. Rangé (Eds.). *Procognitiva: Programa de atualização em Terapia Cognitivo-Comportamental.* Porto Alegre: Artmed Panamericana.

Lotti, F., & Maggi, M. (2018). Sexual dysfunction and male infertility. *Nature Reviews Urology*, 15(5), 287-307. Retrieved from https://doi.org/10.1038/nrurol.2018.20

Nobre, P. J., & Pinto-Gouveia, J. (2006). Dysfunctional sexual beliefs as vulnerability factors to sexual dysfunction. *Journal of Sex Research, 43*(1), 68-75. Retrieved from https://doi.org/10.1080/00224490609552300

Pascoal, P. M., Narciso, I. D. S. B., & Pereira, N. M. (2014). What is sexual satisfaction? Thematic analysis of lay people's definitions. *Journal of Sex Research, 51*(1), 22-30. Retrieved from https://doi.org/10.1080/00224499.2013.815149

Psychological Association, A. (2017). *Multicultural Guidelines: An Ecological Approach to Context, Identity, and Intersectionality*, 2017. Retrieved from https://www.apa.org/about/policy/multicultural-guidelines

Sardinha, A. (2017a). *Baralho da sexualidade: conversando sobre sexo com adolescentes e adultos.* Novo Hamburgo: Sinopsys.

Sardinha, A. (2017b). Terapia Cognitiva Sexual: o papel dos processos cognitivos na abordagem à queixa sexual. *Propsico: Programa de Atualização em Psicologia Clínica e Da Saúde: Ciclo 1*, 127-159. Porto Alegre: Artmed Panamericana.

Sardinha, A. (2018a). *Como abordar a queixa sexual: um guia para psicólogos, educadores e profissionais de saúde* (*E-book*). Rio de Janeiro. Recuperado de https://go.hotmart.com/X7697587Y.

Sardinha, A. (2018b). *Curso de Formação* Online *em Terapia Cognitiva Sexual.* Rio de Janeiro: Hotmart. Recuperado de https://alinesardinha.kpages.online/cursotcs

Sardinha, A. (2018c). *Terapia Cognitiva Sexual: Teoria e Prática* (*E-book*). Rio de Janeiro: Recuperado de https://go.hotmart.com/X7697587Y.

Sardinha, A., & Carvalho, A. C. (2016a). Terapia Cognitiva Sexual: integrando os paradigmas cognitivista, comportamental e contextual no tratamento das disfunções sexuais. In O. M. Rodrigues (Ed.). *Práticas das Psicologias Comportamentais no Brasil* (p. 178). São Paulo: Instituto Paulista de Sexualidade. Recuperado de https://www.amazon.com/Praticas-Psicologias-Comportamentais-Brasil-Portuguese/dp/153350069X

Sardinha, A., & Carvalho, A. C. (2016b). Terapia Cognitiva Sexual. In F. B. de T. Cognitivas, C. B. Neufeld, E. M. D. O. Falcone, & B. P. Rangé (Eds.). *Procognitiva: Programa de Atualização em Terapias Cognitivo-Comportamentais: Ciclo 3* (Vol. 2, pp. 9-39). Porto Alegre: Artmed Panamericana.

Sardinha, A., Lopes, K., & Brasil, M. A. (2019). Terapia Cognitiva Sexual. In W. V. de Melo (Ed.). *Prática das intervenções psicoterápicas* (pp. 573-608). Santa Maria: Synopsis.

Sardinha, A. (2020). *Mapa da Terapia Cognitiva Sexual.* Recuperado de http://www.alinesardinha.com/terapias_sexual.asp

Wolpe, R. E., Zomkowski, K., Silva, F. P., Queiroz, A. P. A., & Sperandio, F. F. (2017). Prevalence of female sexual dysfunction in Brazil: A systematic review. *European Journal of Obstetrics & Gynecology and Reproductive Biology, 211*, 26-32. Retrieved from https://doi.org/10.1016/j.ejogrb.2017.01.018

Wright, J. H., Basco, M. R., & Thase, M. E. (2008). *Aprendendo a Terapia Cognitivo-Comportamental.* Porto Alegre: Artmed.

Capítulo 23

O ADULTO SAUDÁVEL DO TERAPEUTA: CONTRIBUIÇÕES DO MODELO DE AUTOPRÁTICA E AUTORREFLEXÃO EM TERAPIA DO ESQUEMA

XVI Mostra de TCC, 2018
Trabalho apresentado na modalidade Mesa Redonda

Cristiane de Figueiredo Vasconcellos Rodrigues

Síntese

A Terapia do Esquema é uma abordagem complexa e focada na relação terapêutica, a qual busca auxiliar pessoas com dificuldades psicológicas crônicas a encontrarem formas adaptativas de satisfazer suas necessidades emocionais básicas. Para isso, o terapeuta do esquema precisa ser verdadeiramente empático e estar genuinamente disponível para oferecer uma experiência emocional significativa no processo terapêutico. Esse capítulo aborda formas de prática pessoal e estratégias de autocuidado que promovam o modo Adulto Saudável dos terapeutas do esquema.

Introdução

A Terapia do Esquema (TE) é uma abordagem psicoterapêutica derivada das terapias cognitivo-comportamentais integradas a conceitos oriundos dos modelos que enfatizam a mudança emocional, as técnicas vivenciais e a relação terapêutica. Sua matriz teórica propõe uma ênfase na influência que esquemas iniciais desadaptativos exercem na percepção dos eventos, assim como nas expectativas sobre as relações interpessoais. O modelo contemporâneo da TE contempla, além do trabalho com os esquemas disfuncionais, os modos como o cliente lida com as situações que ativam tais esquemas em busca de identificar e atender às necessidades emocionais básicas de modo saudável pelo adulto (van Vreeswijk, Broersen, & Nadort, 2012).

Com esse objetivo, a relação terapêutica tem um papel central para o resultado da terapia, uma vez que ela será o ambiente de novas experiências relacionais do cliente e onde deverão ser experimentadas formas competentes de satisfazer as necessidades de conexão, aceitação, autonomia, espontaneidade e limites realistas. O terapeuta do esquema deve ser capaz de atender temporariamente às necessidades do cliente e estar consciente de que, em alguns momentos, o comportamento do cliente poderá ativar esquemas disfuncionais no próprio terapeuta como, por exemplo, padrões inflexíveis, autossacrifício e fracasso (Young, Klosko, & Weishaar, 2008).

Na tentativa de regular os sentimentos que possam surgir de uma ativação esquemática inesperada, mesmo o terapeuta mais experiente poderá reagir de modo automático e se engajar em estratégias de enfrentamento desadaptativas em relação ao cliente. Suas atitudes podem refletir a presença de modos como o capitulador complacente – quando a pessoa se rende ao esquema como se ele fosse verdadeiro –, por exemplo: "Sou um fracasso mesmo, não consigo ajudar esse paciente." – ou o protetor desligado, em que o terapeuta se sentiria distraído ou desatento do contato com o cliente para não sentir o desconforto proveniente do esquema desadaptativo, ou ainda, o modo dos pais críticos-demandantes internalizados, caracterizado por uma atitude de alta exigência e perfeccionismo do terapeuta em relação a si próprio e ao cliente.

Nessas situações, é desejável que o terapeuta seja capaz de tomar consciência da própria ativação esquemática e agir a partir de seu modo adulto saudável para responder adequadamente ao comportamento do cliente (Farrell & Shaw, 2018; Jacob, 2012).

Com o objetivo de melhor capacitar os profissionais para lidarem adequadamente com as questões práticas que surgem no processo terapêutico, incluindo os desafios na relação terapeuta-cliente, foi desenvolvida por James Bennett-Levy uma proposta de prática pessoal baseada na terapia cognitivo-comportamental denominada programa de autoprática e autorreflexão, ou no original em inglês, *self-practice/self-reflection program* (SP/SR) (Bennett-Levy, Lee, Travers, Pohlman, & Hamernik, 2003).

Estudos sobre essa metodologia de capacitação psicoterapêutica mostram que ela tem sido considerada uma forma importante e significativa de desenvolvimento profissional e pessoal, inclusive em outros modelos teóricos como a terapia do esquema e a terapia focada na compaixão (Bennett-Levy, 2019). Outro aspecto particular desse tipo de proposta é que ela contribui tanto para o terapeuta iniciante, o qual se beneficia do conhecimento da técnica na própria experiência, quanto para o terapeuta experiente que, ao passar pelos módulos do programa, pode ter novos *insights* e novos ângulos de visão sobre o processo terapêutico.

A proposta dessa revisão é apresentar ao leitor as contribuições que esse modelo oferece tanto para a formação de terapeutas mais competentes, seguros e empáticos quanto como uma estratégia de autocuidado e prevenção de sobrecarga emocional para o profissional.

Quais as Qualidades Necessárias a um Terapeuta do Esquema?

Um terapeuta do esquema normalmente trabalha sob intensa demanda emocional, seja pelas características típicas dos clientes que buscam o tratamento, seja pelas habilidades exigidas do terapeuta, como alta capacidade empática e de manejo do sofrimento humano, somadas à pesada carga de conhecimento teórico e técnico envolvido nesse tipo de psicoterapia. Além disso, o terapeuta precisa ser suficientemente saudável emocionalmente de modo a estar atento e a manejar seus próprios esquemas iniciais desadaptativos e modos esquemáticos (Jacob, 2012; Perris, Fretwell, & Shaw, 2012).

De acordo com Young et al. (2008), um bom terapeuta do esquema age de modo mais pessoal e transparente, expressando emoções que possam ter um efeito positivo sobre o cliente, enquanto busca agir com objetividade e compaixão pela pessoa do cliente e pelas condições de vida que o levaram a sofrer. De tal modo, ele precisa apresentar as seguintes características:

- Ser capaz de oferecer suficiente reparentalização limitada e de avaliar o momento de fazê-lo.
- Ser flexível para ajustar seu estilo às necessidades singulares de cada paciente.
- Ser capaz de, pelo menos em parte, atender às necessidades emocionais básicas do paciente, dentro dos limites da aliança terapêutica.
- Ser capaz de corrigir e confrontar o paciente de maneira empática.
- Ser capaz de reagir adequadamente quando o paciente demonstrar comportamentos de hipercompensação durante a sessão.
- Lidar com a expressão de emoções intensas, tanto positivas quanto negativas, do paciente.
- Ter expectativas realistas tanto sobre si mesmo quanto sobre o paciente.
- Estar satisfeito consigo e com sua vida.
- Ser capaz de colocar limites tanto para o seu próprio comportamento quanto para o do paciente.
- Manejar crises que ocorram na relação terapêutica de uma forma adequada.
- Saber quando manter uma distância apropriada e quando se aproximar.

Para desenvolver essas competências, é essencial que o terapeuta busque, além da formação teórica adequada, fazer supervisão tanto com terapeutas mais experientes quanto com colegas ou pares em grupos de estudo (Nadort, Genderen,

& Behary, 2012). E, apesar de não ser um requisito obrigatório para a formação, a terapia pessoal em TE pode ser recomendada com a finalidade de auxiliar o terapeuta a se familiarizar com suas necessidades emocionais básicas e com os modos de atendimento das mesmas, bem como estar alerta a interações entre os esquemas do próprio terapeuta e os do cliente (Jacob, 2012).

Durante a fase de avaliação do paciente, o terapeuta deve observar quais esquemas e estilos de enfrentamento pessoais podem ser ativados e como deve lidar com essas situações para agir em prol do paciente, sem ser descuidado ou agir de modo disfuncional em relação às próprias necessidades. Esse tipo de postura de autocuidado é essencial para que o terapeuta se mantenha apto e saudável tanto em termos pessoais quanto profissionais (Farrell & Shaw, 2018; Jacob, 2012).

Segundo Jacob (2012), algumas dificuldades típicas enfrentadas pelos terapeutas do esquema iniciantes e que ativam modos esquemáticos disfuncionais podem ser resumidas a seguir:

- Expectativas irrealistas: o grau de mudança que o terapeuta espera que o cliente consiga realizar não corresponde aos recursos reais do cliente. No entanto, o terapeuta se sente responsável por alcançar esses altos padrões de desempenho.
- Envolvimento excessivo: relacionado às elevadas expectativas, o terapeuta pode se envolver excessivamente e sentir uma grande pressão e responsabilidade pelo progresso do cliente. O terapeuta pode tornar-se mais ativo na terapia que o próprio cliente.
- Experiência de fracasso: se o cliente não se sai tão bem quanto o desejado, sentimentos de insegurança e fracasso podem surgir no terapeuta, ativando o seu modo Criança Vulnerável. Nesse modo, podem surgir sentimentos de esgotamento, desamparo, privação e culpa.
- Dificuldades para confrontar o cliente: muitos terapeutas sentem dificuldades para confrontar os estilos de interação disfuncionais dos clientes, especialmente para interromper padrões persistentes e que interferem na terapia como queixar-se ininterruptamente, evitar a tomada de decisões, evadir-se de assuntos emocionalmente complexos e entrar em embates narcisistas na terapia. Nesses casos, o cliente segue em seu modo disfuncional ativado e o terapeuta não consegue interrompê-lo ou confrontá-lo, agindo muitas vezes no modo Protetor Desligado/Evitativo.

De acordo com experiências em supervisão e terapia de terapeutas, alguns padrões biográficos puderam ser identificados, especialmente relacionados à existência de uma figura parental emocionalmente demandante que fazia a criança (do terapeuta) se sentir responsável pelo bem-estar do adulto (Jacob, 2012). Alguns exemplos podem ser descritos como: a) Uma figura parental, normalmente a mãe, que vivia deprimida ou sofria de alguma forma, e o terapeuta enquanto criança se sentia responsável pelo genitor; b) A figura parental servia como um modelo de subjugação e autossacrifício ou atuava nos modos Capitulador Complacente ou Pais Internalizados Hiperdemandantes; ou ainda c) Um membro da família, normalmente a mãe, tinha que cuidar devotamente de pessoas em dificuldades, como de um irmão com alguma doença crônica ou deficiência. Nesse caso, o terapeuta enquanto criança compreendia que era necessário priorizar o cuidado das necessidades alheias em relação a atender as próprias necessidades.

É importante ressaltar que algum nível de autossacrifício e de vontade de cuidar de outras pessoas são provavelmente características necessárias e desejáveis para se tornar um bom terapeuta do esquema. Essas características devem ser consideradas problemáticas quando o terapeuta se sente sobrecarregado ou quando elas impedem que o terapeuta aja de modo eficaz, por exemplo, quando é necessário colocar limites claros e realistas a um comportamento disfuncional do cliente. Alguns dos modos que podem sobressair indicando o risco de *burnout* do profissional seriam o Protetor Desligado, quando o terapeuta se sente cansado ou com sono, irritado, com vontade de encerrar a sessão, e o Capitulador Complacente, em que o terapeuta se engaja excessivamente com os clientes em atendimento, tomando demasiada responsabilidade para si.

O conhecimento conceitual sobre esses processos relativos à relação terapêutica na TE costuma não ser suficiente para capacitar efetivamente o terapeuta em termos procedurais. Como um bom motorista, saber sobre os mecanismos do carro e sobre as leis de transito é essencial, porém não suficiente para que dirija com perícia e segurança. Para que isso ocorra, é necessário que se coloque na posição do motorista e pratique regularmente aqueles procedimentos até efetivamente ganhar habilidades suficientes. Com o intuito de favorecer esse conhecimento nos psicoterapeutas em formação são indicados exercícios de prática pessoal, além da supervisão. A vivência prática dos conceitos e das estratégias em si próprias favorece o *insight* e o desenvolvimento do terapeuta tanto em termos profissionais quanto pessoais. Nesse sentido, foram desenvolvidos programas de prática pessoal e autorreflexão que vem sendo testados e confirmados como uma estratégia bem-sucedida de formação e de desenvolvimento pessoal de psicoterapeutas (Bennett-Levy, 2019; Farrell & Shaw, 2018).

O modelo de Autoprática e Autorreflexão como Estratégia de Formação e Autocuidado

Dentre as variáveis que exercem influência sobre os resultados da Psicoterapia, já é reconhecida a relevância do estilo pessoal do terapeuta, independente do modelo teórico adotado. Em outras palavras, as qualidades pessoais e habilidades interpessoais do terapeuta são fatores determinantes dos efeitos terapêuticos no cliente, especialmente naqueles com questões mais complexas ou de personalidade (Bennett-Levy, 2019). Tais características podem ser desenvolvidas e refinadas por meio de práticas pessoais que auxiliem o terapeuta a reconhecer seus padrões de ativação emocional e a se engajar em formas saudáveis de se autorregular, além de aprofundar seu conhecimento conceitual e as habilidades técnicas.

Segundo Bennett-Levy e Finlay-Jones (2018), as práticas pessoais podem ser definidas como intervenções e técnicas psicológicas formais com as quais os terapeutas se engajam a partir da própria vivência experiencial durante um tempo determinado – semanas, meses ou anos –, individualmente ou em grupo, associado a uma prática reflexiva sobre seu desenvolvimento pessoal e profissional. Algumas das práticas mais conhecidas com essa finalidade são a psicoterapia pessoal, os programas de meditação, especialmente os baseados em *mindfulness*, compaixão e bondade-amorosa, os quais ensinam exercícios que enfatizam a atenção focada na respiração e no corpo para a redução de estresse e ao fortalecimento de padrões de pensamentos de aceitação e compaixão pelo sofrimento percebido em si mesmo e em outras pessoas, desejando sua redução, e ainda, os programas de autoprática e autorreflexão, formatados como exercícios de aplicação das técnicas terapêuticas que podem ser utilizados individualmente, em pares, pequenos grupos ou ainda como parte de cursos de formação de terapeutas, como proposto pela *International Society of Schema Therapy* para a certificação em terapia do esquema (Farrell & Shaw, 2018).

Em linhas gerais, cada encontro ou aula do programa é estruturada em três etapas ou momentos (Bennett-Levy, 2019):

1. Escolha da situação-problema a ser trabalhada, com foco no aspecto pessoal ou profissional do terapeuta e de complexidade leve a moderada.
2. Autoprática: implementação da técnica terapêutica escolhida.
3. Autorreflexão: análise/reflexão escrita sobre a experiência vivida tanto em termos pessoais, quanto profissionais, e para o entendimento do conceito teórico.

A reflexão ocorre a partir de algumas perguntas preestabelecidas que organizam o processo de compreensão da experiência e promovem uma comunicação entre os lados pessoal e profissional do terapeuta, fazendo uma ponte reflexiva entre esses dois lados. Inicialmente, elas podem ser focadas na experiência pessoal: "Como foi a experiência de notar seus pensamentos/sentimentos ou de praticar esse exercício?", "Como essa experiência atual se relaciona com as anteriores já vividas?", e, em seguida, derivar para a relação (ou a ponte) com o lado profissional: "Quais são as implicações dessa experiência para o seu trabalho com os seus clientes? E para o entendimento da teoria?" (Bennett-Levy, 2019).

No caso da terapia do esquema, o programa completo de autoprática e autorreflexão segue o caminho da própria terapia com os clientes, sendo sua estrutura composta de 20 módulos divididos em partes coerentes com as fases da terapia (Farrell & Shaw, 2018):

1. Conexão e plano de segurança.
2. Avaliação e conceitualização.
3. Trabalho com os modos esquemáticos: conscientização, manejo e trabalho experiencial.
4. Autonomia e fortalecimento do modo Adulto Saudável e da Criança Feliz.

O foco do programa é enfatizar a quebra dos padrões disfuncionais cognitivos, afetivos e comportamentais, os quais mantêm as dificuldades ou o sofrimento psicológico, permitindo que o terapeuta experimente, em primeira mão, os desafios de mudar enfrentados por seus clientes no processo terapêutico. Assim, além de desenvolverem maior empatia pelo cliente, eles podem melhorar suas habilidades de manejo das técnicas utilizadas na TE e, em especial, construir uma compreensão aprofundada do modelo teórico de "dentro para fora", integrando por meio da autorreflexão, dos aspectos pessoais e profissionais.

Esse tipo de prática atende ainda a uma necessidade pouco explorada na literatura, porém de reconhecida relevância para o sucesso da terapia: a saúde e o equilíbrio emocional do terapeuta. Em um trabalho que regularmente exige do profissional a capacidade de se dispor de modo adulto, saudável, a realizar a reparentalização limitada, genuína e profunda de seus clientes, cujas necessidades emocionais básicas não foram atendidas, não é difícil imaginar o quanto as condições emocionais do próprio terapeuta podem ficar abaladas.

Como acontece de um bom pai ou de uma boa mãe não estarem sempre disponíveis emocionalmente, assim também ocorre com bons terapeutas. Preocupações, cansaço, sobrecarga de trabalho, doenças pessoais ou na família, divórcio ou luto são algumas das situações que podem estar presentes em determinados momentos no universo psicológico do terapeuta e que tendem a passar despercebidos e desassistidos, interferindo no seu bem-estar e na sua qualidade de vida. Por meio do programa de autoprática e autorreflexão, o terapeuta pode aprender a utilizar os recursos do modelo terapêutico para o seu cuidado pessoal, aumentando a resiliência psicológica e prevenindo o *burnout* (Haarhoff, 2006).

Dez esquemas principais são explorados nos módulos do programa: abandono, privação emocional, defectividade/vergonha, isolamento social, autossacrifício, busca de reconhecimento, inibição emocional, padrões inflexíveis, fracasso e arrogo/merecimento. Para cada um deles, procura-se identificar qual a necessidade não atendida, o ambiente infantil, a expressão na criança e no adulto. O esquema de padrões inflexíveis, por exemplo, desenvolve-se a partir da necessidade não atendida de padrões realistas de desempenho, tipicamente presente em ambientes demandantes, perfeccionistas e com aversão ao erro. Na criança, a expressão se daria a partir da elevada cobrança de desempenho, das ações para evitar a crítica e da pouca expressão de prazer, e, no adulto, por meio do autocriticismo, do perfeccionismo, das regras rígidas e dos relacionamentos prejudicados.

Em outras palavras, os esquemas trabalhados com os terapeutas envolvem os seguintes temas: a expectativa de que pessoas significativas serão imprevisíveis ou poderão abandoná-lo (Abandono) ou não serão capazes de atender apropriadamente as suas necessidades emocionais de empatia, acolhimento e proteção (Privação Emocional). Sentir-se inerentemente falho ou sem valor, como se fosse uma fraude prestes a ser revelada (Defectividade/Vergonha), ou ainda, como se não pertencesse legitimamente a nenhum grupo social (Isolamento Social) também são relevantes.

A busca deliberada por atender sem restrições às necessidades dos outros, considerando-os mais carentes ou necessitados que o próprio terapeuta (Autossacrifício), enquanto alimenta a expectativa de que será reconhecido, estimado e valorizado socialmente em detrimento dos próprios desejos ou de sua autenticidade (Busca de Reconhecimento) somam-se à contenção emocional e a espontaneidade (Inibição Emocional), à busca de resultados sempre melhores de desempenho e performance (Padrões Inflexíveis) para lidar com o medo de não ser tão competente quanto seu grupo profissional (Fracasso).

Finalmente, é necessário incluir os sentimentos de superioridade que podem ser ativados a partir da possibilidade de tratar de pessoas em sofrimento, sentindo-se, portanto, privilegiado, superior ou imune aos problemas emocionais com os quais lida (Arrogo/Merecimento) (Arntz & Jacob, 2013).

Os modos de esquemas correspondem às reações cognitivas, emocionais, comportamentais e neurobiológicas que ocorrem quando um ou mais esquemas disfuncionais se tornam ativos (Young et al., 2008). Normalmente, os modos refletem maneiras de reclamar uma necessidade não atendida ou de evitar a carga emocional proveniente de tal ativação esquemática. Os modos podem ser categorizados em quatro grupos: modos inatos da criança, modos críticos disfuncionais (ou pais críticos internalizados), modos de enfrentamento desadaptativos e modos saudáveis (Farrell & Shaw, 2018).

O objetivo do programa de autoprática e autorreflexão em TE é desenvolver e fortalecer o modo Adulto Saudável do terapeuta de modo que ele possa manter uma vida plena de significado. Em outras palavras, isso inclui sentir-se satisfeito com a carreira e com o desenvolvimento profissional, ser capaz de cumprir obrigações e compromissos, manter relacionamentos satisfatórios, inclusive sexuais, ter *hobbies*, lazer e alegria na vida.

Para conseguir atingir esse equilíbrio dinâmico, o modo Adulto Saudável deve ser capaz de cuidar da Criança Vulnerável quando este modo surgir, estar consciente da ativação de modos desadaptativos de enfrentamento e substituí-los por modos saudáveis, modificar os comportamentos típicos dos modos Criança Zangada e Criança Impulsiva/Indisciplinada, reduzir o poder de controle dos modos críticos disfuncionais e, finalmente, liberar o modo Criança Feliz (Farrell & Shaw, 2018).

Estratégias de Fortalecimento do Modo Adulto Saudável do Terapeuta

Alguns exercícios são indicados com a finalidade de promover as habilidades do modo Adulto Saudável do terapeuta. Perris et al. (2012) sugerem alguns exemplos como o do "Capitão do Navio", em que o terapeuta é orientado a se imaginar como um capitão em algumas situações junto com sua tripulação, buscando identificar e atender as necessidades próprias e as do grupo. Entre elas estão estabelecer conexão e vínculo seguro, ter expectativas realistas sobre sua função como capitão, ter senso de direção e habilidades de navegação apropriadas para o percurso, ter a mente atenta e organizada para lidar com as condições climáticas e de navegação, respeitando as necessidades e os limites seguros para outros navegantes. Essa prática é realizada por meio de imagens mentais e perguntas que direcionam a reflexão.

Em outro exemplo de trabalho de autoprática e autorreflexão, o papel do terapeuta é exercido pelo modelo de "Bom pai/boa mãe" do modo adulto saudável do participante. Assim, diante da ativação de determinados esquemas e modos, o terapeuta busca se comportar como um bom pai ou uma boa mãe de si mesmo, sendo gentil, amoroso, compassivo e paciente em relação aos problemas que o afligem, e assertivo e objetivo em relação às mudanças que são necessárias fazer.

Diante da ativação de um modo como o da criança indisciplinada, por exemplo, a mensagem do bom pai/boa mãe seria estabelecer limites de forma gentil e ao mesmo tempo firme, promovendo direcionamento, e ensinando formas saudáveis de reconhecer e atender à necessidade subjacente. Já diante da ativação de um modo crítico-demandante internalizado, a ação do bom pai seria desafiar a mensagem crítica, enfatizar o que seriam padrões e expectativas razoáveis, além de conectar-se com a necessidade da Criança Vulnerável, buscando dar suporte (Farrell & Shaw, 2018).

As experiências e os exercícios práticos com as técnicas escolhidas são seguidos por questões autorreflexivas sobre como o terapeuta se sentiu, o que pensou, quais sensações físicas percebeu ao passar pelo exercício: Algum esquema ou modo foi ativado? Aprendeu alguma coisa como pessoa ou como terapeuta realizando tal atividade? O que foi útil e o que não foi? Quais as implicações da sua experiência para compreender a experiência do cliente? Como pretende utilizar essa nova compreensão em suas próximas consultas e atendimentos? Como sua experiência afeta o seu entendimento sobre a TE?

Em resumo, seguem algumas sugestões de como os terapeutas do esquema podem nutrir suas necessidades emocionais básicas (Farrell & Shaw, 2018; Perris et al., 2012).

- Conexão: nutrir relacionamentos íntimos com a família, parceiro amoroso e amigos; ventilar emoções e compartilhar ideias em ambientes seguros; manter um diálogo interno compassivo e gentil com sua Criança Vulnerável.
- Autonomia: ter atitudes diárias que reflitam seus principais valores; procurar manter-se consciente e fazer escolhas que fomentem uma individualidade criativa e independente da profissão, como *hobbies*.
- Competência: participar de reuniões, cursos e congressos que considere inspiradores do desenvolvimento profissional; escolher um supervisor que o acompanhe e oriente; aprofundar seu conhecimento em uma área de preferência e validar aquilo que já sabe, apresentando trabalhos em congressos ou aulas.
- Limites saudáveis: buscar ser organizado em sua vida pessoal e profissional; estabelecer objetivos e lista de metas; estar consciente quando ocorrer a ativação do modo Criança Impulsiva/Indisciplinada e manejá-lo adequadamente.
- Espontaneidade e alegria: reservar tempo para brincar com amigos, filhos/crianças e animais de estimação; comprometer-se com atividades de lazer e relaxamento; convidar amigos para um programa divertido em casa ou fora de casa; investir deliberadamente em tempo de entretenimento de qualidade.

Considerações finais

Estudos sobre o bem-estar dos terapeutas mostram que o trabalho intensivo com pessoas sofrendo com problemas de saúde mental podem trazer efeitos bastante deletérios para a saúde do terapeuta. Sintomas típicos de estresse profissional podem incluir exaustão física e emocional, mau humor e desconexão em relação aos clientes. Esquemas de privação emocional, fracasso e padrões inflexíveis são tipicamente ativados nessas situações e as habilidades de autocuidado são especialmente necessárias nessas ocasiões.

Infelizmente, não existem muitas orientações formais sobre como os terapeutas devem procurar agir para manejar o estresse decorrente de tais ativações e atender às suas necessidades emocionais de forma saudável. A maioria dos psicoterapeutas decide o que melhor lhes atende em termos de cuidados pessoais, como aproximar-se de grupos de colegas de profissão, por meio de supervisão ou de trabalho em equipe. No entanto, para o psicólogo clínico em geral, a maior parte do trabalho em Psicoterapia é bastante individual e solitário, deixando o profissional mais vulnerável ao estresse emocional.

Estratégias de autocuidado em terapia do esquema envolvem a tomada de consciência sobre as necessidades que precisam ser atendidas e os modos saudáveis de buscar essa satisfação, especialmente por meio de conexão e vínculos afetivos que resultem em nutrição emocional, relaxamento e alegria. O programa de autoprática e autorreflexão propõe uma série de exercícios e experimentos capazes de promover tanto o entendimento das necessidades emocionais básicas, esquemas iniciais desadaptativos e modos esquemáticos da pessoa do terapeuta quanto favorecer a ativação de seu modo adulto saudável. Assim, a prática pessoal pode contribuir igualmente para uma maior qualificação profissional e um melhor desenvolvimento pessoal do terapeuta, promovendo sua qualidade de vida, de saúde e equilíbrio emocional.

Referências

Arntz, A., & Jacob, G. (2013). *Schema therapy in practice: an introductory guide to the schema mode approach.* Chichester, UK: John Wiley & Sons, Ltd.

Bennett-Levy, J. (2019). Why therapists should walk the talk: the theoretical and empirical case for personal practice in therapy training and professional development. *Journal of Behavior Therapy and Experimental Psychiatry, 62*, 133-145. Retrieved from https://doi.org/10.1016/j.jbtep.2018.08.004

Bennett-Levy, J., & Finlay-Jones, A. (2018). The role of personal practice in therapist skill development: a model to guide therapists, educators, supervisors and researchers. *Cognitive Behavior Therapy, 47*, 185-205. Retrieved from https://doi.org/10.1080/16506073.2018. 1434678.

Bennett-Levy, J., Lee, N., Travers, K., Pohlman, S., & Hamernik, E. (2003). Cognitive therapy from the inside out: Enhancing therapists skills through practising what we preach. *Behavioural and Cognitive Psychotherapy, 31*, 145-163. Retrieved from https://doi.org/10. 1017/S1352465803002029.

Farrell, J. M., & Shaw, I. A. (2018). *Experiencing schema therapy from the inside out: a self-practice/self-reflection workbook for therapists.* New York: The Guilford Press.

Haarhoff, B. A. (2006). The importance of identifying and understanding therapist schema in cognitive therapy training and supervision. *New Zealand Journal of Psychology, 35*, 126-131.

Jacob, G. (2012). The schema mode model in personal therapy. In M. van Vreeswijk, J. Broersen, & M. Nadort. *The Wiley-Blackwell Handbook of Schema Therapy: Theory, Research, and Practice* (pp. 463-471). Chichester, UK: John Wiley & Sons, Ltd.

Nadort, M., Genderen, v., & Behary, W. (2012). Training and supervision in Schema Therapy. In M. van Vreeswijk, Broersen, & M. Nadort, *The Wiley-Blackwell Handbook of Schema Therapy: Theory, Research and Practice* (pp. 453-461). Chichester, UK: John Wiley & Sons, Ltd.

Perris, P., Fretwell, H., & Shaw, I. (2012). Therapist self-care in the context of limited reparenting. In M. van Vreeswijk, J. Broersen, & M. Nadort. *The Wiley--Blackwell Handbook of Schema Therapy: Theory, Research, and Practice* (pp. 473-491). Chichester, UK: John Wiley & Sons, Ltd.

van Vreeswijk, M., Broersen, J., & Nadort, M. (2012). *The Wiley-Blackwell Handbook of Schema Therapy: Theory, Research, and Practice.* Chichester, UK.: John Wiley & Sons, Ltd.

Young, J. E., Klosko, J. S., & Weishaar, M. E. (2008). *Terapia do Esquema: Guia de técnicas cognitivo-comportamentais inovadoras.* Porto Alegre: Artmed.

Capítulo 24

"COM QUEM VOCÊ PENSA QUE ESTÁ FALANDO?" OS DESAFIOS NO TRATAMENTO DE INDIVÍDUOS NARCISISTAS E SUAS IMPLICAÇÕES PARA A RELAÇÃO TERAPÊUTICA

XIV Mostra de TCC, 2016
Trabalho apresentado na modalidade Conferência

Eliane Mary de Oliveira Falcone
Evlyn Rodrigues Oliveira

Síntese

Neste capítulo serão discutidos os estilos interacionais disfuncionais de indivíduos com transtorno narcisista, caracterizados principalmente por um padrão de grandiosidade e de arrogo, como uma forma compensatória de regular as emoções decorrentes de suas vulnerabilidades. Por meio da integração dos modelos cognitivos e de esquemas, será apresentada uma conceitualização do transtorno, além de alternativas úteis de intervenção, por meio da relação terapêutica.

Introdução

A autoconfiança elevada e a vaidade pessoal são consideradas normais na população, sendo adquiridas ao longo da vida, a partir de experiências acumuladas de sucesso na carreira e nas relações sociais. Caballo, Bautista e López-Gollonet (2008) apontam algumas características que definem o estilo subclínico narcisista, dentre as quais se incluem: 1) Visão positiva elevada da própria capacidade; 2) Expectativa de ser bem tratado pelos demais; 3) Assertividade e talento para negociar e apresentar uma imagem positiva; 4) Capacidade para tirar proveito pessoal dos pontos fortes de pessoas próximas; 5) Competição e expectativas de estar no topo; 6) Capacidade para dissimular as emoções negativas decorrentes de uma crítica com habilidade e elegância; 7) Egoísmo e baixos níveis de empatia.

No entanto, quando em sua forma exagerada, o estilo narcisista é reconhecido como Transtorno da Personalidade Narcisista (TPN), o qual é caracterizado por um senso exagerado da própria importância, levando a expectativas irrealistas de privilégios pessoais, além de atitudes arrogantes, competitivas, de desconforto quando não admirado, exploração das outras pessoas, além de sentimentos frequentes de inveja e ausência de empatia (APA, 2013). Tais reações representam estratégias compensatórias para lidar com um padrão elevado de vulnerabilidade, caracterizado por sentimentos de desamparo, inadequação, vergonha, sofrimento e ansiedade frente a ameaças ao *self* (Tanzilli, Colli, Muzi, & Lingiardi, 2015).

A desregulação da autoestima parece ser o componente central em indivíduos narcisistas. Se não forem superiores aos outros, estarão confirmando suas crenças de serem inferiores, imperfeitos e indignos de amor. A busca compulsiva de apreciação é representada por competição excessiva, negligência em apreciar os outros, ações exigentes e presunçosas, dentre outras, que levam a disfunções centrais comuns no funcionamento interpessoal (Behary & Davis, 2017; Tanzilli et al., 2015).

Este capítulo tem como objetivo fornecer uma revisão sobre o modelo cognitivo e de esquemas do TPN e suas implicações para a relação terapêutica, após uma breve descrição de estudos sobre o transtorno. Também serão discutidas as reações contratransferenciais do terapeuta e seu impacto no tratamento. Finalmente, sugestões sobre como lidar com pacientes narcisistas, no contexto da relação terapêutica, serão apresentadas.

As Duas Faces do TPN, Prevalência e Resistência em Terapia

Kaufman, Weiss, Miller e Campbell (2018) apresentam a grandiosidade e a vulnerabilidade como duas dimensões do TPN. A grandiosidade narcisista está relacionada a traços tais como exibicionismo, falta de modéstia, dominância interpessoal, autoabsorção, insensibilidade, manipulação e necessidade de ser aclamado. Além disso, a grandiosidade está ligada aos transtornos externalizantes (agressão verbal e física proativas, motivação para a dominância e para comportamentos histriônicos). Já a vulnerabilidade narcisista está associada à angústia, à ansiedade, às emoções negativas, ao retraimento, à hipersensibilidade, à crítica, bem como sentimentos de inferioridade compatíveis com egocentrismo, merecimento e abordagem desconfiada nas relações interpessoais. A vulnerabilidade relaciona-se aos transtornos internalizantes (ansiedade, depressão, paranoia, esquizotipia, desconfiança, hostilidade, baixa autoestima, sensibilidade à crítica e à rejeição, neuroticismo e transtorno da personalidade *borderline*) (Kaufman et al., 2018).

A prevalência do TPN em amostras comunitárias é de 0 a 6,2% (Behary & Davis, 2017). Entretanto, estudos confirmam que a sua prevalência está aumentando, especialmente nas culturas ocidentais, onde há maior ênfase no hedonismo de curto prazo, individualismo, competitividade e sucesso (Barlow & Durand, 2017). Outro fator refere-se ao uso inadequado da internet como estratégia na busca de imagem positiva e de reconhecimento (Penido & Teles, 2019) que pode alimentar um padrão de grandiosidade como estratégia para esconder a vulnerabilidade. O TPN é geralmente comórbido, com abuso de substâncias, transtorno de humor – em especial a hipomania ou distimia –, anorexia nervosa, tendência ao suicídio, além de outros transtornos da personalidade, especialmente o antissocial, o *borderline*, o histriônico e o paranoide (Behary & Davis, 2017; Tanzilli, Muzi, Ronningstam, & Lindiardi, 2017).

Os padrões disfuncionais de interação dos indivíduos narcisistas com os outros são recriados na relação com os seus terapeutas, os quais costumam experimentar fortes sentimentos negativos (Behary & Davis, 2017; Tanzilli et al., 2015). Além de interagir de forma disfuncional com os seus terapeutas, pacientes narcisistas são difíceis de engajar na terapia, o que é identificado pelos estudos que apontam altos níveis de desistência, independentemente das abordagens de tratamento (Ronningstam, 2017; Tanzilli et al., 2017). Neste sentido, identificar os padrões de vulnerabilidade e de grandiosidade no tratamento de indivíduos com TPN, bem como suas origens, torna-se essencial para o processo terapêutico e para o engajamento do paciente na terapia.

Os Modelos Cognitivos e de Esquemas do Transtorno Narcisista

De acordo com o modelo cognitivo, as crenças supercompensatórias (externalizantes) dos indivíduos com TPN referem-se a um senso de superioridade: "Sou uma pessoa rara"; "Sou superior aos outros". No entanto, as crenças disfuncionais centrais (internalizantes) incluem: "Sou inferior e insignificante"; "Sou defeituoso"; "Sou fraco"; "Sou indigno de amor e sozinho" (Beck, Freeman, & Davis, 2017; Behary & Davis, 2017). Uma vez que as crenças centrais internalizantes geram extremo sofrimento, estas incluem suposições condicionais, as quais são apresentadas na **Tabela 1**.

Tabela 1 – Suposições condicionais e regras identificadas em indivíduos com TPN

Superioridade	"Eu preciso ter sucesso para provar a minha superioridade." (Influência na comunidade; nível econômico; atratividade física; ter o melhor carro; morar no melhor bairro, etc.)
Comparações com os outros	"Poucas pessoas merecem meu tempo. O restante me aborrece." Gasto de elevada energia mental comparando-se aos outros para julgar (confirmar) o próprio valor. (Amizades e relacionamentos podem estremecer se outras pessoas possuem interesses legítimos e concorrentes.)

Poder e merecimento	"Pessoas superiores sabem o que é certo, mesmo não sendo especialistas no tema em questão."; "Se eu for suficientemente poderoso, serei totalmente confiante e livre de dúvidas." (A perda de poder pode provocar hostilidade, resistência e depressão.)
Preservação da imagem	"Se eu não causar admiração e boa impressão, não terei valor."; "A imagem é tudo. É a armadura do valor pessoal." (A admiração dos outros é uma forma de manter uma imagem positiva; ser admirado é uma forma importante de ser aceito.)
Contribuições meritórias	"Eles precisam de mim. Eu estou prestando um favor a eles." (A visão de si mesmo como um mentor permite usar os outros sem achar que está causando danos.)
Metacognição do afeto	"Se eu quiser algo, é extremamente importante que o consiga."; "Eu deveria me sentir feliz e confortável o tempo todo."; "Se eu não estiver feliz, ninguém mais pode estar feliz."; "Eu preciso me sentir especial para ser feliz." (Visão da tristeza, da culpa ou da incerteza como fraquezas pessoais que ameaçam a imagem positiva; baixa tolerância à frustração e expectativas de permanecer em estado regular de reforço positivo.)

Nota. Fonte: Beck et al., 2017.

As estratégias compensatórias de regulação emocional especificadas a seguir (**Tabela 2**) são decorrentes das suposições condicionais, como um recurso disfuncional de enfrentamento para enfraquecer as crenças internalizantes e fortalecer as crenças compensatórias externalizantes (Beck et al., 2017; Behary & Davis, 2017).

Tabela 2 – Estratégias compensatórias em indivíduos com TPN

De autorreforço	Busca de *feedback* lisonjeiro. Comportamento arrogante ou condescendente em relação a subordinados.
De autoexpansão	Acúmulo de medidas de *status*, perfeição e poder. Busca de realizações ou reconhecimento. Envolvimento em negócios arriscados, com grandes quantias de dinheiro, esportes radicais, múltiplas cirurgias plásticas, viagens pelo mundo, etc. (estilo de vida diferenciado).
De autoproteção (afastar ameaças à autoestima)	Reações defensivas frente a críticas (por ex., *feedback* não lisonjeiro, discordâncias, críticas, etc.) manifestadas na forma de arrogo ou tentando desqualificar os outros. A ausência de bajulação já pode ser entendida como ofensa. Em níveis extremos: ações destrutivas ou violentas (mais raro).

Outras estratégias compensatórias	Comportamento distante, arrogante, desdenhoso, presunçoso e vaidoso. Tendência a dominar as conversações. Impaciência e agressividade. Demonstrações de indiferença frente aos direitos dos demais. Ar de superioridade (expressão facial e corporal arrogante). Tratamento dos outros como objetos, por meio de exploração. Criação de regras e normas, as quais não são cumpridas. Mentiras e devaneios para manter as próprias ilusões. Mostram-se simpáticos quando querem usar os outros. Comportamento social inicial cativante. Persistentes naquilo que interessa. Acusa os outros de egoísmos, enganações ou inveja. Culpar os outros pelas próprias frustrações.

Nota. Fonte: Beck et al., 2017; Behary & Davis, 2017; Caballo et al., 2008; Howard, 2019; Leunissen, Sedikides, & Wildschut, 2017; Roberts, Woodman, & Sedikides, 2018.

As crenças centrais internalizantes dos pacientes narcisistas são subjacentes a uma rede de esquemas iniciais desadaptativos (Young, Klosko, & Weishaar, 2008). Tais esquemas incluem: Privação Emocional (expectativas de não ter amor, atenção e compreensão por parte dos outros) e Defectividade (ser indigno, defeituoso e vergonhoso), os quais ativam sentimentos de impotência, solidão, ansiedade e frustração (Behary & Davis, 2017). Já as crenças centrais externalizantes incluem os esquemas supercompensatórios de Arrogo (padrão mimado e exigente), Busca de aprovação/admiração (agir para causar boa impressão), Autocontrole insuficiente (indisciplina; padrão hedonista) e Padrões inflexíveis (padrões irrealisticamente elevados de desempenho) (Behary & Davis, 2017; Young et al., 2008). Assim, crenças tais como: *"Sou uma pessoa rara e especial."*, *"Sou diferente e superior aos outros."* e *"Os outros precisam saber como sou especial para que eu possa inspirá-los."* são subjacentes a esses esquemas supercompensatórios, os quais se tornaram hiperdesenvolvidos na construção do *self* e do mundo (Behary & Davis, 2017).

Os modos de esquemas são compreendidos como formas de reagir à ativação dos esquemas. Representam estados automáticos de ser, que visam proteger o indivíduo de reações emocionais ativadas pelos esquemas (Behary & Davis, 2017; Young et al., 2008; Young & Klosko, 2019). Os modos de esquemas presentes em indivíduos com TPN incluem os modos da criança solitária, o autoengrandecedor e o autoconfortador desligado (Young et al., 2008), os quais são apresentados na **Tabela 3**.

Tabela 3 – Modos de esquemas e seu funcionamento

Criança solitária	Autoengrandecedor	Autoconfortador desligado
Sente-se como criança solitária somente valorizada se engrandece seus pais. Sentimento de vazio e solidão, ou torna-se o centro das atenções, ou não é nada. Estar na média significa ser ignorado e isso é inaceitável. Assim ficará só. Para evitar entrar neste modo e ao sentimento de vulnerabilidade subjacente, tenta voltar para o modo autoengrandecedor ou autoconfortador desligado.	Hipercompensação para os esquemas de privação emocional e defectividade: comportamento de arrogo, competitividade e grandiosidade, em busca de *status*. Este é o modo automático padrão, especialmente quando perto das pessoas. Neste modo, os estilos de enfrentamento incluem: agressividade e hostilidade; dominação e assertividade excessivas; busca de reconhecimento e *status*; manipulação e exploração.	Ativado quando está só, para evitar os sentimentos de vazio, tédio e depressão (criança solitária). Envolvimento em uma série de atividades para se estimular (forma aditiva e compulsiva): trabalhar, jogar, praticar esportes perigosos, fazer sexo compulsivamente, compulsão alimentar, assistir TV, devanear, etc. Todas essas formas afastam a atenção do sofrimento dos esquemas de privação emocional e defectividade, ou seja, afasta a criança solitária.

Nota. Fonte: Behary & Davis, 2017; Young et al., 2008

O desenvolvimento de um padrão de personalidade narcisista surge a partir de um temperamento sensível e tímido ou impulsivo e agressivo, combinado com experiências infantis caracterizadas por solidão e isolamento (a criança se percebe diferente, especial, inadequada ou com vergonha); limites insuficientes (ausência de orientação ou disciplina); aprovação/amor condicional e crítica exagerada (elogio/afeto pelo desempenho e não pelo que a criança é); rejeição e exclusão social (crianças isoladas do grupo por serem pródigas, possuírem deficiências, etc.) (Falcone & Macedo, 2012; Young et al., 2008). Em vez de aprender a lidar com sentimentos normais ocasionais de inferioridade, vulnerabilidade, incerteza, etc., a criança encara essas experiências como ameaças a serem derrotadas.

Os pais de indivíduos com TPN tendem a gratificar as próprias necessidades por meio dos filhos. Eles se preocupam com a aparência social, focando o orgulho acima de tudo. Esses pais demandam de suas crianças a atenção aos seus próprios desejos e necessidades, reforçando a negação da vulnerabilidade, a qual é encarada como "fraqueza" emocional. Manter as aparências está acima das necessidades pessoais. A capacidade de regular as emoções pela tolerância a afeto negativo, compaixão e respeito pelos direitos dos outros se torna prejudicada (Behary & Davis, 2017; Young et al., 2008).

Os Padrões dos Pacientes Narcisistas na Relação Terapêutica e a Contratransferência

Os indivíduos com TPN são considerados como dos mais difíceis de tratar, constituindo um desafio para os clínicos em conseguir estabelecer uma boa aliança terapêutica (Ronningstam, 2017; Tanzilli et al., 2015; Tanzilli et al., 2017). Estudos revelam que pacientes narcisistas tendem a eliciar mais raiva e irritação e menos amabilidade, empatia e acolhimento em seus clínicos (Tanzilli et al., 2017). Uma das razões que pode explicar as dificuldades que os terapeutas enfrentam ao lidar com pacientes narcisistas é que eles tendem a manifestar o seu estilo compensatório (externalizante), enquanto os seus padrões de vulnerabilidade se tornam inacessíveis (Beck et al., 2005).

Desse modo, o discurso do cliente nas sessões terapêuticas gira em torno de contar vantagens, relatar conquistas, demonstrar poder, domínio da sessão, frieza, críticas ao trabalho do terapeuta, cobranças sobre os efeitos da terapia, etc., sendo essas estratégias utilizadas para esconder aspectos de vulnerabilidade, como vergonha, solidão, rejeição, etc. Esses pacientes costumam ser descritos como "falando na terapia" em vez de "falando com o terapeuta", (Tanzilli et al., 2015) provocando nos clínicos irritação, confusão, tédio ou retraimento (Behary & Davis, 2017; Young et al., 2008).

Quando questionados sobre sua história, pensamentos e sentimentos, indivíduos com TPN não conseguem falar com precisão sobre temas mais profundos da infância, especialmente aqueles mais sofridos. Além disso, eles tendem a resistir aos exercícios de imagem que envolvam sentimentos dolorosos (exceto raiva) e evitam entrar em contato com a própria vulnerabilidade (modo da criança solitária). Pacientes com melhor prognóstico são mais disponíveis para reconhecer a própria vulnerabilidade, sentimentos de solidão e vergonha, sendo também menos resistentes às imagens mentais (Young et al., 2008). A **Tabela 4** apresenta os comportamentos típicos dos pacientes narcisistas na terapia.

Tabela 4 – Comportamentos típicos dos indivíduos com TPN na terapia

Cancelam sessões na última hora ou chegam atrasados (esperando ter uma sessão inteira).
Não cumprem os combinados terapêuticos.
Fazem perguntas sobre as credenciais do terapeuta.
Mencionam realizações ou talentos para impressionar.
Esperam que o terapeuta retorne as ligações imediatamente.
Reclamam das condições do consultório.
Fazem pedidos frequentes de horários não razoáveis.
Veem o terapeuta como alguém perfeito (apenas para desvalorizá-lo depois).
Interrompem a fala ou deixam de escutar o terapeuta.
Corrigem o terapeuta sobre questões menores.
Recusam-se a respeitar os limites estabelecidos pelo terapeuta.

Nota. Fonte: Beck et al., 2005; Behary & Davis, 2017; Falcone & Macedo, 2012.

As emoções e os esquemas do terapeuta que costumam ser ativados pelos padrões interacionais dos pacientes narcisistas incluem: sentir-se incompreendido (privação emocional); antipático, sem valor, inadequado, rejeitado (defectividade); atacado ou manipulado (desconfiança/abuso); derrotado, incompetente (fracasso); ressentidos ou culpados (subjugação ou autossacrifício); e frustrado por não tentar o suficiente (padrões inflexíveis) (Young et al., 2008).

Em dois estudos que avaliaram as reações dos terapeutas frente às ações de seus pacientes narcisistas (Tanzilli et al., 2015; Tanzilli et al., 2017) foram identificados três padrões contratransferenciais: desengajamento, ser criticado/maltratado e confusão. O desengajamento foi identificado por sentimentos de tédio, frustração, distração (tendência do terapeuta a divagar pela dificuldade em prestar atenção ou de travar um diálogo terapêutico), evitação e desejos de terminar a sessão. Ao se retrair, o terapeuta reduz a sua habilidade para observar, reconhecer e explorar o que está acontecendo na sessão. Tal reação pode ser também uma forma defensiva do terapeuta para não reconhecer a raiva, agressão e hostilidade dirigida ao paciente. Ser criticado/maltratado implica em se sentir desvalorizado, não apreciado, desaprovado e desprezado, o que ativa as reações de raiva e de ressentimento.

Finalmente, sentimentos confusos frente ao paciente, aliados à alta taxa de abandono da terapia e de outras dificuldades identificadas, impactam negativamente na construção de uma boa aliança (Tanzilli et al., 2015). Em síntese, as reações contratransferenciais aos pacientes narcisistas costumam ser intensas, frustrantes e difíceis de manejar, o que pode contribuir para o prejuízo na aliança terapêutica. Para ilustrar como os padrões de grandiosidade e de arrogo de indivíduos com TPN se manifestam, brevemente serão descritos alguns comportamentos de Roberto, que procurou terapia com diagnóstico de depressão maior.

Já nos primeiros contatos com a terapeuta, seu discurso era caracterizado por um padrão de grandiosidade, do tipo: *"Tenho uma capacidade impressionante, mas nunca dei valor às minhas conquistas, que são fantásticas e impossíveis de serem numeradas."*; *"A distimia (referindo-se ao seu problema) é chamada de melancolia e a melancolia está associada à genialidade."*; *"Com quatro anos eu já sabia ler, escrever, tocar violão, ler cifras..."*; *"Aos seis anos eu já mantinha relações sexuais com meninas de dezesseis anos."* (Falcone & Macedo, 2012, pp. 643-644). Roberto desqualificava a terapeuta com afirmações do tipo: *"Você não tem vivência. Escolheu uma linha teórica pragmática."*; *"Espero contribuir para a sua formação, porque um paciente pode ser ótimo, ajudando o estagiário a crescer, mas também pode desestruturar o terapeuta, você sabe, né?"*; *"Parabéns (em tom irônico), você está aprendendo, não me sugestionou, como sempre faz."* (Falcone & Macedo, 2012, p. 644).

O modo autoengrandecedor de Roberto na interação com sua terapeuta revelava os seus esquemas de arrogo e de busca de aprovação/reconhecimento, como estratégia para esconder as próprias dificuldades, responsáveis por sua depressão e insatisfação com a vida. Falar sobre isso ativaria as suas crenças centrais internalizantes e seus esquemas de defectividade e de privação emocional. Assim, sempre que a terapeuta buscava investigar as experiências de Roberto, bem como os pensamentos e os sentimentos ligados à sua depressão, ela ouvia verbalizações hostis e desqualificadoras sobre sua capacidade. O padrão grandioso e arrogante de Roberto durante as sessões provocava sentimentos negativos na terapeuta, tais como raiva, tristeza, ansiedade e preocupação, além de impotência e insegurança quanto à própria capacidade de seguir com o tratamento (Falcone & Macedo, 2012), confirmando os padrões contratransferenciais identificados por Behary (2011), Tanzilli et al. (2015) e Tanzilli et al. (2017).

Como Lidar com Pacientes Narcisistas?

Várias são as estratégias cognitivas, experienciais e comportamentais para tratar indivíduos com TPN. Uma revisão mais detalhada dessas estratégias pode ser encontrada em Behary e Davis (2017) e Young et al. (2008). No entanto, o trabalho mais importante com indivíduos com TPN parece ocorrer quando os seus padrões interacionais desadaptativos são identificados e abordados durante a sessão, por meio do *feedback* relacional fornecido pelo terapeuta, quando o modo de esquema está ativo, permitindo ao paciente aumentar a autoconsciência de seus estilos recorrentes e, a partir disso, mudá-los. Isso inclui o estabelecimento de limites à grandiosidade e ao arrogo, bem como o aumento da atenção para a reciprocidade e a tolerância à frustração (Behary & Davis, 2017).

A seguir, serão descritas as estratégias utilizadas pelo terapeuta na relação com esses pacientes, de modo a oferecer-lhes uma reparação parental, por meio da confrontação empática e do estabelecimento de limites (Behary & Davis, 2017; Falcone & Macedo, 2012; Young et al., 2008). Na sequência, serão apresentados exemplos ilustrativos.

Uma vez que os pacientes narcisistas possuem um grau importante de fragilidade, encoberto pelo seu padrão de grandiosidade, geralmente eles só procuram terapia espontaneamente quando uma de suas hipercompensações desabou e se encontram deprimidos. Desse modo, o terapeuta deve confrontar a grandiosidade do paciente sem desvalorizá-lo (Falcone & Macedo, 2012; Young et al., 2008).

Exemplos de confronto incluem: *"Não estou preocupado com sua aparência ou com seu desempenho, ou mesmo com seu brilhantismo."* ou *"Percebo que você está me relatando exemplos de que é competente, forte, etc. No entanto, há uma parte sua que me faz pensar que está sofrendo e com problemas. Por que está me falando sobre suas conquistas? Parece que é difícil falar sobre essa parte mais dolorosa... o que me diz sobre isso?"*

Já o comportamento arrogante deve ser confrontado com declarações do tipo: *"Você tem o direito de mostrar a sua insatisfação, mas não de me atacar."*; *"Quando você faz isso, eu me distancio do meu trabalho que é ajudar você. Em vez disso eu vou me proteger, porque sou humana."*; *"Se essa é a forma como você fala com sua esposa, eu compreendo por que ela se sente assim... Eu compreendo você, mas ela não é treinada para isso."*; *"As outras pessoas não são treinadas para entender o seu tom raivoso, seus comentários depreciativos. Por isso, elas viram as costas e consideram você controlador, indesejável, intimidador e não vão dizer a você como elas se sentem."* (Behary, 2011).

Leahy (2009) propõe que o comportamento abusivo não deve ser tolerado em terapia, uma vez que este tenderá a aumentar, caso o terapeuta não estabeleça limites. Comportamento verbalmente abusivo refere-se a comentários humilhantes e insultantes sobre competência, gênero, etnia, família ou valores do terapeuta (Leahy, 2009). O autor ressalta que, se a terapia se torna desagradável a ponto de o terapeuta não querer ver o paciente, então este último não será ajudado. Declarações como: *"Quero fazer um bom trabalho cuidando de você, mas quero também que você cuide de minhas necessidades."* ou *"Você e eu temos necessidade de sermos tratados como seres humanos."* podem ser úteis.

Pacientes narcisistas podem responder: "*Não tenho que satisfazer as suas necessidades. O cliente sou eu e estou lhe pagando.*". Uma sugestão de resposta pode ser: *"Em todas as relações de trabalho, as pessoas devem ser tratadas com respeito, independentemente de quem está pagando quem. Estou sendo pago para fazer terapia e não para ser tratado desrespeitosamente."* (Leahy, 2009).

Behary (2011) propõe que as reações emocionais negativas dos terapeutas frente a comportamentos abusivos do paciente narcisista podem levá-los a agir de forma improdutiva por meio de demonstrações de raiva, a ceder às demandas abusivas, a agir de forma defensiva, a colocar o cliente no seu devido lugar, a competir com o cliente, a comportar-se de forma punitiva ou passivo-agressiva. Tais respostas não são terapêuticas e nem construtivas, podendo exacerbar os padrões defensivos do paciente. Assim, a forma sugerida para lidar com o arrogo desses pacientes é por meio da confrontação empática (validar as razões pelas quais o paciente aprendeu a se proteger usando esses padrões e, ao mesmo tempo, ajudá-lo a reconhecer as desvantagens de agir dessa forma) (Young et al., 2008).

Retomando o caso de Roberto, apresentado anteriormente, a terapeuta utilizou duas estratégias para lidar com os padrões de arrogo do paciente: a confrontação empática (frente à arrogância e à grandiosidade do paciente) e a validação (quando o paciente demonstrava tristeza na sessão). Conheça a seguir os exemplos descritos de verbalização usados pela terapeuta.

> Eu sei que essa forma de se comportar com as pessoas e comigo neste momento representa uma estratégia que você usa para se proteger e se sentir valorizado. Mas, quando você age assim comigo, eu me desconcentro do meu trabalho de apoiar você e, como qualquer ser humano, eu procuro me proteger e acabo me distanciando de você. Você necessita

se sentir compreendido e, para que eu possa manter uma boa conexão com você, eu preciso ser respeitada, assim como você também precisa. (Falcone & Macedo, 2012, p. 653)

Quando Roberto iniciava um discurso inflado, a terapeuta realizava a confrontação empática da forma como visto a seguir.

> Para que eu possa entender e ajudar você, eu preciso entrar em contato com as suas vulnerabilidades, com aquilo que está fazendo você sofrer. Eu quero apoiar você na sua dor e não ficar competindo com você. Suas declarações autoelogiosas são estratégias que você usa para se defender, mas não o ajudam a superar os seus problemas. (Falcone & Macedo, 2012, pp. 653-654)

No entanto, nas raras vezes em que Roberto conseguia expor a sua tristeza durante a sessão, a terapeuta validava e agia de forma sustentadora.

> Neste momento, eu posso me sentir próxima a você e compreender o seu sofrimento, porque está sendo verdadeiro, adulto e corajoso por compartilhar comigo a sua dor. É somente desse modo que você pode atingir as suas necessidades de conexão emocional. E você pode contar comigo sempre que quiser compartilhar o que está sentindo (Falcone & Macedo, 2012, p. 654).

As verbalizações descritas proporcionaram uma mudança considerável nos padrões interacionais de Roberto, dentro e fora do consultório, além de aumentar a autoconsciência do paciente e a frequência de *insights* (para uma revisão mais detalhada, ver Falcone & Macedo, 2012). O atendimento deste paciente foi realizado por uma terapeuta que, na época, era estagiária de Psicologia em início de sua prática clínica. As supervisões do caso, realizadas em grupo, foram essenciais para a motivação desta terapeuta a dar continuidade ao seu trabalho. O acolhimento empático do grupo de supervisão frente à autorrevelação da terapeuta sobre os próprios sentimentos, além das orientações sobre como negociar e interagir com o paciente, foram os fatores que mais contribuíram para a decisão de lidar com a contratransferência e continuar com o trabalho (Falcone & Macedo, 2012). De acordo com Behary e Davis (2017), os estagiários necessitam de apoio extra no tratamento de pacientes narcisistas.

Considerações finais

Neste capítulo, o objetivo foi oferecer uma revisão empírica e clínica sobre o tratamento de indivíduos com TPN. Por meio de uma contribuição integrativa das terapias cognitiva e do esquema, procurou-se fornecer uma compreensão teórica e prática de como interagir com os padrões de grandiosidade e de arrogo desses pacientes.

Os padrões interacionais disfuncionais dos pacientes narcisistas impactam significativamente nas emoções do clínico, desafiando as suas habilidades de enfrentamento durante as sessões, ativando assim os seus esquemas e vulnerabilidades pessoais. Neste sentido, é recomendável que os terapeutas busquem a supervisão e a terapia pessoal, além de práticas de *mindfulness* e de outros procedimentos de autocuidado.

Referências

American Psychiatric Association. (2013). *Diagnostic and statistical manual of mental disorders* (5th ed.). Washington, DC: Author.

Barlow, D. H., & Durand, V. M. (2017). *Psicopatologia: uma abordagem integrada.* São Paulo: Centage Learning.

Beck, A. T., Davis, D. D., & Freeman, A. (2017) *Terapia cognitiva dos transtornos da personalidade* (3a. ed.). Porto Alegre: Artmed.

Behary, W. (2011). *Ele se acha o centro do universo.* Rio de Janeiro: Editora Best Seller.

Behary, W. T., & Davis, D. D. (2017). Transtorno da personalidade narcisista. In A. T. Beck, D. D. Davis, & A. Freeman (Eds.). *Terapia cognitiva dos transtornos da personalidade* (pp. 248-268). Porto Alegre: Artmed.

Caballo, V. E., Bautista, R., & López-Gollonet, C. (2008). O transtorno da personalidade narcisista. In V. E. Caballo (Ed.). *Manual de transtornos de personalidade: descrição, avaliação e tratamento* (pp. 177-191). São Paulo: Santos Editora.

Falcone, E. M. O., & Macedo, T. F. (2012). Quando o espelho não reflete a imagem idealizada. In C. B. Neufeld (Ed.). *Protagonistas em terapias cognitivo-comportamentais: Histórias de vida e de psicoterapia* (pp. 641-657). Porto Alegre: Sinopsys Editora.

Howard, V. (2019). Recognising narcissistic abuse and the implications for mental health nursing practice. *Issues in mental health nursing, 40*(8), 644-654. doi: 10.1080/01612840.2019.1590485

Kaufman, S. B., Weiss, B., Miller, J. D., & Campbell, W. K. (2018). Clinical correlates of vulnerable and grandiose narcissism: a personality perspective. *Journal of Personality Disorders, 32,* 1-S10. doi: 10.1521/pedi_2018_32_384

Leahy, R. (2009). *Superando a resistência em Terapia Cognitiva.* São Paulo: LMP.

Leunissen, J. M., Sedikides, C., & Wildschut, T. (2017). Why narcissists are unwilling to apologize: The role of empathy and guilt. *European Journal of Personality, 31*(4), 385-403. doi: 10.1002/per.2110

Penido, M. A., & Teles, K. (2019). Solidão e uso da internet. In A. Nunan, & M. A. Penido (Eds.). *Relacionamentos amorosos na era digital* (pp. 125-137). São Paulo: Editora dos Editores.

Roberts, R., Woodman, T., & Sedikides, C. (2018). Pass me the ball: Narcissism in performance settings. *International Review of Sport and Exercise Psychology, 11*(1), 190-213. doi: 10.1080/1750984X.2017.1290815

Ronningstam, E. (2017). Intersect between self-esteem and emotion regulation in narcissistic personnality disorder – implications for alliance building and treatment. *Borderline Personality Disorder and Emotional Regulation, 4*(3), 1-13. doi: 10.1186/s404790170054-8.

Tanzilli, A., Colli, A., Muzi, L., & Lindiardi, V. (2015). Clinician emotional response toward narcissistic patients: A preliminar report. Research in Psychotherapy: *Psychopathology, Process and Outcome, 18*(1), 1-9. doi: 10.7411/RP.2014.023

Tanzilli, A., Muzi, L., Ronningstam, E., & Lindiardi, V. (2017). Countertransference when working with narcissistic personality disorder: An empirical investigation. *Psychotherapy, 54*(2), 184-194. doi: 10.1037/pst0000111

Young, J. E., Klosko, J. S., & Wheishaar, M. E. (2008). *Terapia do esquema: Guia de técnicas cognitivo-comportamentais inovadoras.* Porto Alegre: Artmed.

Young, J. E., & Klosko, J. S. (2019). Reinvente sua vida. Porto Alegre: Sinopsys Editora.

Capítulo 25

ATRAÇÃO SEXUAL EM PSICOTERAPIA: IMPACTO NO TRATAMENTO E IMPLICAÇÕES PARA A SUPERVISÃO

XVII Mostra de TCC, 2019

Trabalho apresentado na modalidade Conferência

Eliane Mary de Oliveira Falcone

Vanessa Dordron de Pinho

Síntese

Pesquisas indicam que uma quantidade importante de terapeutas tende a lidar inadequadamente com as experiências envolvendo atração sexual em terapia. Este capítulo apresenta uma revisão de estudos sobre o tema, na qual são discutidos tópicos relativos às dificuldades do profissional em enfrentar essa experiência de forma construtiva, bem como sobre lidar eficazmente com sentimentos de atração neste contexto. Questões relativas à supervisão também são apresentadas.

Introdução

Embora a experiência de atração sexual no contexto da Psicoterapia ocorra com razoável frequência, os estudos sobre esse tema são escassos e os terapeutas costumam ignorar ou evitar lidar com situações envolvendo sentimentos de atração na relação terapêutica (Giovazolias & Davis, 2001; Sonne & Jochai, 2014). Tais reações sugerem que uma boa parte dos terapeutas possui dificuldade para aceitar esses sentimentos experimentados por seus clientes ou por eles próprios, provavelmente pelo desconhecimento de como lidar com essa experiência (Giovazolias & Davis, 2001).

Uma vez que sentimentos de atração são comuns, e até mesmo inevitáveis, na relação terapêutica, estes podem prover oportunidade para o autoconhecimento da díade, facilitando e enriquecendo o processo terapêutico (Capawana, 2016;

Hamilton & Spruill, 1999; Hayes, 2004). Por outro lado, quando manejados de forma inadequada (por ex., negação, evitação ou violação dos limites éticos), esses sentimentos geram prejuízos para a relação terapêutica, para o cliente e para o próprio terapeuta (Barnett, 2014; Capawana, 2016).

Neste capítulo, serão explorados a partir de uma revisão de estudos, como os terapeutas reagem a sentimentos de atração em Psicoterapia e quais os benefícios e prejuízos decorrentes desses sentimentos. Princípios éticos e diretrizes sobre os limites nas relações profissionais, bem como os fatores de risco de violação desses princípios e seus prejuízos também serão discutidos. Orientações sobre medidas construtivas para lidar com sentimentos de atração no contexto psicoterápico e prevenção dos riscos de violação ética serão apresentadas, e também as implicações para a supervisão de terapeutas.

Reação dos Terapeutas aos Sentimentos de Atração Sexual em Terapia

Em revisão de estudos que avaliaram declarações de terapeutas sobre experiências de atração sexual em terapia, ocorridas pelo menos uma vez, Sonne e Jochai (2014) encontraram que entre 73 e 78% desses profissionais revelaram haver identificado sentimentos de atração sexual em seus clientes. A partir de um questionário divulgado por internet, as autoras receberam resposta de 176 terapeutas, dos quais 78% da amostra declararam haver percebido sentimentos de atração sexual por parte de seus clientes, pelo menos uma vez, e 58% por mais de uma vez (Falcone & Pinho, 2019). Com relação à frequência de sentimentos de atração experimentados pelos terapeutas em relação aos seus clientes, os estudos identificaram um percentual, variando entre 78% a 86% (Giovazolias & Davis, 2001; Sonne & Jochai, 2014). Já no estudo das autoras, verificou-se uma frequência de 49% (Falcone & Pinho, 2019).

A experiência de lidar com sentimentos de atração em terapia tem sido descrita como perturbadora por uma parte considerável dos profissionais, principalmente quando esses sentimentos são vivenciados pelo profissional. Cerca de 40% a 50% dos terapeutas revelaram ansiedade, desconforto marcante, além de dificuldade para refletir e explorar a situação, estabelecer uma boa aliança e prosseguir com o tratamento (Sonne & Jochai, 2014).

Em amostras variadas de profissionais de saúde mental, a maioria relatou sentir culpa, ansiedade e confusão, implicando em efeitos negativos na relação com o paciente (Capawana, 2016). A culpa e a perturbação por se sentir atraído pelo cliente foram identificadas em 39% a 40% em diferentes amostras (Falcone & Pinho, 2019; Giovazolias & Davis, 2001). A partir dessa experiência, os terapeutas relataram ignorar os próprios sentimentos, focando-se nos problemas do cliente.

Outros procuraram terapia ou supervisão para melhor entender as próprias reações e aumentar a autorreflexão (Falcone & Pinho, 2019; Giovazolias & Davis, 2001; Sonne & Jochai, 2014).

O sentimento de culpa, a vergonha e a confusão como resposta à experiência de atração pelo cliente podem levar à minimização/evitação da situação, restringindo oportunidades de atingir questões relevantes para o tratamento. A percepção de estar atraído sexualmente pelo cliente, ou de ser objeto de atração deste, pode ser considerada incongruente com o papel de cuidador exercido pelo terapeuta, o qual tenderá a se distanciar, ignorando a sua existência (Barnett, 2014; Capawana, 2016).

Por outro lado, um percentual considerável de profissionais revelou que a experiência de atração sexual em terapia proporcionou maior entendimento sobre a relação terapêutica e sobre os problemas do cliente, além do aumento da autoconsciência sobre o encontro terapêutico, gerando uma visão mais positiva da terapia (Giovazolias & Davis, 2001). Terapeutas experientes (entre 48% e 69%) relataram, em outra amostra, efeitos benéficos tais como: percepção aumentada das manifestações não verbais do paciente; aumento da autoconsciência e autorreflexão dos fenômenos de transferência e contratransferência (Sonne & Jochai, 2014). Aproximadamente 50% de terapeutas em uma amostra (Capawana, 2016) acreditavam que seus sentimentos de atração sexual eram indicativos de sua satisfação por trabalhar com o cliente, além de uma manifestação de empatia e atenção, gerando um efeito positivo na terapia.

Descobrir a atração íntima pelo cliente não indica necessariamente que isso irá resultar em prática sexual com ele. Uma vez que o autoconhecimento é característica essencial da relação terapêutica, este tem implicações para o tratamento, no sentido de que o profissional se permite sentir, porém isto não deve levá-lo ao ato inadequado (Capawana, 2016). Em estudo de Giovazolias e Davis (2001), 50,5% dos terapeutas que relataram ter sentido atração por seus clientes perceberam que tais sentimentos aumentaram o entendimento sobre a relação terapêutica, bem como sobre os problemas do cliente. Eles se tornaram mais interessados nos problemas de seus clientes, o que elevou a qualidade de seus trabalhos com os mesmos, além de aumentar a autoconsciência sobre o encontro terapêutico, tornando o processo mais positivo (Giovazolias & Davis, 2001).

A forma como os terapeutas irão lidar com os sentimentos de atração depende de suas histórias pessoais, de suas características de personalidade (Capawana, 2016) e de seu treinamento profissional prévio (Hamilton & Spruill, 1999). Neste sentido, sentimentos positivos ou negativos e ações do terapeuta ao lidar com a atração em terapia se constitui uma experiência contratransferencial (reações do terapeuta às ações do cliente, baseadas nos conflitos não resolvidos do primeiro), a qual cria uma ilusão de romance e depende da capacidade do profissional de lidar com a mesma (Capawana, 2016; Hayes, 2004). Os terapeutas devem entender os próprios sentimentos eliciados pelos seus clientes, respondendo a estes de forma construtiva e consciente, ao invés de impulsivamente (Connery & Murdock, 2019; Hayes, 2004). Terapeutas que têm menos conflitos não resolvidos e são mais saudáveis psicologicamente serão, provavelmente, menos propensos a experimentar dificuldades de contratransferência (Hayes, 2004). Em estudos de metanálise, o manejo eficaz da contratransferência mostrou-se associado com melhores resultados em Psicoterapia. Atributos específicos do terapeuta (por ex. autoconsciência) podem auxiliar no manejo contratransferencial (Alcantara, Silva, & Pizutti, 2019).

Pacientes com transtorno da personalidade *borderline* (TPB) constituem um desafio para os terapeutas lidarem, eficazmente, com a contratransferência, por serem instáveis, sedutores, desafiadores e opositores. Esses pacientes costumam transferir para a relação terapêutica seu modo de ser e agir. Assim, é comum que realizem transferência erotizada com o clínico (desejo de posse por meio de contato físico com o terapeuta) (Alcantara et al., 2019). Seus sentimentos pelo terapeuta são intensos e podem interferir com o processo psicoterápico. Além disso, em alguns casos, podem ser ameaçadores. Frías, Palma, Farriols e Martínez (2015) citam o exemplo de uma paciente TPB, a qual acusou o seu terapeuta de demonstrar claros sinais de amor por ela, por meio de várias chamadas perdidas em seu celular, flertes através de olhares e verbalizações de duplo sentido durante as sessões. Ela demonstrou irritação quando o clínico negou tais fatos, afirmando que este era mentiroso e que a tinha traído o tempo todo. Além disso, ameaçou vingar-se quando o profissional respondeu que ela deveria encerrar a terapia imediatamente e procurar o seu psiquiatra com urgência. Os autores identificaram nesta paciente o "transtorno delirante erotomaníaco" (p. 3) e alertaram os clínicos para identificar, logo no início da terapia, a forte atração do paciente *borderline* para além da transferência erótica usual, uma vez que esta pode ser nociva para a aliança terapêutica, bem como para a integridade do profissional (Frías et al., 2015).

Princípios Éticos na Relação Terapêutica e a Prevenção do "Declive Escorregadio"

Há uma diferença considerável entre sentimentos de atração pelo cliente e engajamento em um comportamento sexualmente íntimo com o mesmo. Tais comportamentos entre profissionais de saúde mental e seus pacientes representam um sério problema ético, com consequências nocivas para o paciente, além de comprometimento da reputação do profissional (Capawana, 2016). Estudos realizados nos Estados Unidos apontam a prevalência de 7% a 12% de perpetradores, sendo 2,5% do sexo feminino e 9,4% do sexo masculino (Barnett, 2014; Capawana, 2016).

Os prejuízos psicológicos para o cliente, decorrentes do contato sexual na relação terapêutica, são comparáveis ao incesto e ao estupro, sendo os mais comuns:

ambivalência, disfunções cognitivas, labilidade emocional, vazio e isolamento, incapacidade para confiar, culpa, risco de suicídio, inversão de papéis, confusão mental, confusão sexual e raiva reprimida, conforme estudo de Pope (2001).

A violação sexual na relação terapêutica é antiética também em razão da ausência de equilíbrio na relação de poder, na qual o paciente representa a parte mais vulnerável da aliança. Clientes hospitalizados, internados e/ou emocionalmente perturbados, tendem a ser mais propensos a depender das impressões e recomendações do profissional. Crianças e adolescentes, assim como clientes de padrões desprivilegiados, também são mais vulneráveis a violações de terapeutas, devido à discrepância elevada de poder (Capawana, 2016). Assim, os terapeutas são responsáveis pela prevenção de abuso sexual, vitimização e outros prejuízos, devendo reconhecer e atenuar as relações de poder na interação com seus pacientes (Capawana, 2016).

A partir desta revisão, constata-se que os sentimentos de atração sexual em terapia podem ser um indicador positivo de autoconsciência do terapeuta, ajudando-o a conduzir o seu trabalho de forma construtiva, sempre com o foco no que é melhor para o seu cliente. Identificar esses sinais no processo terapêutico é essencial, tanto para agir construtivamente na contratransferência, quanto para prevenir deslizes éticos. Neste sentido, os guias éticos podem representar um recurso útil.

Uma vez que a relação terapêutica se diferencia das outras relações do contexto interpessoal do cliente e do terapeuta, esta deve ser guiada por uma série de limites que ajudam o profissional a clarificar expectativas e comportamentos apropriados. Os limites correspondem às regras das relações profissionais que servem para promover um ambiente seguro e confiável, no qual os clientes podem receber tratamento sem riscos de exploração ou prejuízo. Há certa flexibilidade sobre como os psicólogos lidam com esses limites. Entretanto, as decisões tomadas devem ser baseadas em avaliação cuidadosa sobre o que é melhor para o cliente e não sobre a gratificação das necessidades do psicólogo (Barnett, 2014). A **Tabela 1** apresenta alguns desses limites.

Tabela 1 – Guia ético para prevenção da violação de limites na relação terapêutica

Psicólogos não se aproveitam ou levam vantagem de pessoas com as quais se encontram em uma relação de poder.
Psicólogos não se engajam em relações sexuais com pessoas com as quais se encontram em uma relação de poder (clientes, alunos e supervisandos).
Os clientes devem ter expectativas realistas; a relação terapêutica é de natureza profissional e isso deve ficar claro para o cliente.
Os psicólogos não devem se engajar em intimidades sexuais com parentes ou outros significantes de seus clientes.
Psicólogos não devem conduzir terapia com pessoas com as quais já tiveram relacionamento sexual.

Psicólogos não devem se engajar em intimidades sexuais com ex-clientes, respeitando o intervalo de pelo menos dois anos de término da terapia.
As sessões de terapia devem ocorrer em local apropriado (consultório ou clínica), como forma de evitar qualquer sugestão de intimidade.
O tempo da sessão deve ser respeitado e definido.
A autorrevelação é restrita. É adequada apenas quando está focada no atendimento das necessidades do cliente.
Contatos físicos como toques que sugerem intimidade não devem ocorrer.
O terapeuta não deve aceitar vantagens, favores ou presentes oferecidos pelo cliente.

Nota. Fonte: APA, 2010; Barnett, 2014; Capawana, 2016.

Embora insuficiente para impedir violação ética em Psicoterapia, este guia pode contribuir para alertar os terapeutas quanto aos riscos de envolvimento sexual com seus clientes (Barnett, 2014). Os terapeutas que praticam violações éticas não são necessariamente predadores da profissão. Eles podem se engajar em intimidades sexuais com seus clientes por ingenuidade, incompetência ou por problemas pessoais, solidão, etc. (Barnett, 2014). Deste modo, alguns esclarecimentos sobre as experiências de risco podem também ser alertas úteis para prevenir a violação ética.

Alguns especialistas apontam certos sinais que podem sugerir riscos para o que é chamado de "declive escorregadio" (Hamilton & Spruill, 1999, p. 318), definido como o início de uma relação terapêutica problemática. Tais sinais de risco incluem: 1) Pensar na pessoa fora do contexto profissional; 2) Pensamentos, fantasias e/ou sonhos recorrentes sobre intimidades com o cliente; 3) Conduzir a sessão terapêutica movido pela satisfação de necessidades pessoais, em vez de focalizar nas metas da terapia; 4) Desejar tocar o cliente; 5) Comportamentos de flerte, olhares sugestivos ou aliciamentos inconscientes antes da consulta (Capawana, 2016). O declive escorregadio traz como consequência uma transgressão sexual, a qual pode se intensificar a partir de sentimentos não resolvidos do terapeuta. "Tais reações não representam necessariamente à instância extrema (ato sexual completo), mas à ambiguidade em torno dos meandros sutis da fantasia, flerte e toque" (Capawana, 2016, p. 6).

Outros fatores que podem contribuir para sentimentos de atração na relação terapêutica incluem a proximidade física, a familiaridade, a similaridade ou identificação entre a díade e a autorrevelação íntima por parte do terapeuta. Terapeutas que são conscientes dessas influências psicossociais sobre a atração e sua influência na relação terapêutica são mais preparados para lidar com esses riscos (Hamilton & Spruill, 1999).

Terapeutas também podem se sentir atraídos pelos clientes que preenchem suas necessidades (por ex. bem-sucedidos, gentis, independentes, etc.). Em estudo de Pope (2001), foram identificadas algumas variáveis do cliente que contribuem para ativar sentimentos de atração no terapeuta, as quais são descritas em ordem decrescente de ocorrência. São elas: 1) Atratividade física; 2) Cliente intelectualmente capaz, sexy ou vulnerável; 3) Cliente generoso ou com perspectiva positiva sobre a vida. Nesse estudo, os terapeutas homens se mostraram mais propensos à atratividade física, enquanto as mulheres se mostravam mais atraídas pelo nível de sucesso de seus clientes (Pope, 2001).

Fatores de vulnerabilidade ou de desafio pessoal contribuem para a atração do profissional na relação com o cliente. Sentimentos de solidão e de problemas interpessoais podem fazer com que o terapeuta seja fortemente afetado pelas manifestações de respeito, gratidão e afeto do seu cliente. O medo de frustrar ou desagradar o cliente também pode estar na base das dificuldades para lidar assertivamente com as investidas transferenciais eróticas do mesmo ou para recusar convites de encontros fora das sessões. O medo de decepcionar o cliente também pode levar o terapeuta a se tornar "amigo" ou de realizar autorrevelação excessiva e inadequada. Finalmente, dificuldades de relacionamento, estar deprimido ou com sintomas de transtorno de ansiedade, estar abusando de substâncias ou com problemas pessoais, tais como doença em família, constituem desafios que podem gerar angústia e impactar a tomada de decisão do terapeuta (Barnett, 2014).

Todos os fatores de risco de atração sexual em terapia mencionados não levam necessariamente à violação ética quando considerados isoladamente. Barnett (2014) cita o caso de um terapeuta experiente, de meia idade, que estava deprimido, além de conviver com problemas conjugais e financeiros. Estava também trabalhando excessivamente. Para obter algum alívio, ele passou a beber todas as noites ao sair do consultório. Depois, seguia para casa e jantava sozinho. Começou a pensar em uma cliente atraente, fora do consultório e passou a compartilhar com ela suas insatisfações e solidão, além de interesses comuns durante as sessões. Começou também a experimentar fantasias com a cliente, embora dissesse a si próprio que isto nunca aconteceria. Não percebia que as mudanças na forma de se relacionar com a cliente estavam afetando a sua objetividade no tratamento. Este é o exemplo típico do terapeuta "apaixonado", o qual inicia o seu processo de declive escorregadio. Segundo Capawana (2016), os terapeutas devem tomar cuidado para não se sentirem invulneráveis a ponto de negar sinais que indicam risco para violações éticas.

Um dos problemas identificados em profissionais de saúde refere-se à carência do autocuidado. A sobrecarga de trabalho, aliada à falha em manejar os estressores da vida pessoal e profissional, além do isolamento, favorecem as condições para que o terapeuta viole os limites éticos a fim de atender as necessidades pessoais por meio do cliente, aumentando as chances de relações íntimas sexuais inapropriadas (Barnett, 2014). Terapia pessoal, consulta a colegas, supervisão, engajamento em *hobbies*, prática de *mindfulness* e de exercícios físicos são recursos essenciais para o preparo pessoal e a redução do estresse associado ao *burnout* (Capawana, 2016).

Treinamento e Supervisão

Em revisão de Sonne e Jochai (2014), uma substancial percentagem de terapeutas (40% a 50%) revelou haver recebido pouca ou nenhuma educação formal relativa à atração sexual em terapia em seus programas de graduação. Geralmente, esse treinamento ocorria na supervisão, e não em sala de aula ou em seminários. Mesmo assim, esse tópico era abordado raramente. Um baixo percentual (9% a 10%) de terapeutas declarou haver recebido treinamento adequado (sala de aula, discussões informais, seminários e práticas vivenciais) (Sonne & Jochai, 2014). Tais resultados sugerem que o treinamento na área de atração sexual em terapia se revela incipiente.

No contexto de clínica-escola, os estudantes também não se sentem preparados em suas formações para lidar com a atração sexual de seus clientes. Além disso, eles afirmam não receber orientações neste sentido (Hamilton & Spruill, 1999). O contato com a prática em estágio supervisionado representa um grande desafio para o supervisando, uma vez que a relação estabelecida com seu cliente é diferente daquela do seu contexto social. Neste sentido, ele precisará desenvolver um repertório interpessoal apropriado às demandas de interação com o seu cliente (Falcone & D'Augustin, 2016). Cabe ao supervisor ajudar o estudante a lidar com os desafios existentes na relação terapêutica, especialmente no que se refere aos sentimentos de atração sexual em terapia.

Em estudo de Hamilton e Spruill (1999), 32% dos estudantes admitiram sentir-se desconfortáveis em discutir sentimentos de atração em terapia com seus supervisores. Com relação aos estudantes que já haviam se sentido atraídos sexualmente por seus pacientes, 45% não relataram essa experiência durante a supervisão.

Para os autores, tanto os supervisandos quanto os supervisores possuem percepções distorcidas sobre o que leva o terapeuta a ter uma conduta sexualmente inadequada em terapia. Uma das distorções cognitivas mais comuns é de que terapeutas bem ajustados podem evitar, controlar ou conter sentimentos sexuais, sem a necessidade de supervisão. Outra crença é de que os terapeutas que se envolvem sexualmente com seus clientes são predatórios, sociopatas, que se aproveitam de seus poderes para explorar a fragilidade do paciente. Deste modo, os supervisandos acreditam que, se eles declaram tais sentimentos, podem ser considerados fracos ou desajustados. (Hamilton & Spruill, 1999).

Supervisores também parecem não encorajar ou apoiar as discussões sobre atração sexual em terapia. Estudantes relatam que, quando esse tema é abordado nos cursos de graduação, os supervisores parecem desconfortáveis em lidar com questões sexuais em geral e, particularmente, com os sentimentos sexuais de seus supervisandos. Além disso, se o supervisor acredita que bons terapeutas não se sentem significativamente atraídos por seus clientes, provavelmente não revelarão as suas próprias experiências de atração. Como consequência, os graduandos seguem considerando sentimentos sexuais em terapia como raros, problemáticos (Hamilton & Spruill, 1999) e inseguros sobre como lidar com tais sentimentos.

Barnett (2014) propõe que os professores e supervisores devem expor abertamente aos seus alunos e supervisandos as próprias experiências envolvendo sentimentos de atração sexual em terapia. Tais sentimentos devem ser normalizados para minimizar a vergonha e favorecer a discussão sobre o tema.

A **Tabela 2** apresenta algumas estratégias de supervisão com o objetivo de conscientizar o estudante sobre as questões referentes à atração sexual e a condutas inadequadas, antes que este inicie o atendimento.

Tabela 2 – Estratégias de supervisão/treinamento no manejo da atração sexual em terapia

Discutir sobre os efeitos poderosos relativos à atração, familiaridade, autorrevelação e proximidade física.
Oferecer depoimentos de professores e/ou terapeutas respeitados sobre seus próprios sentimentos de atração por parte de seus clientes, assim como deles próprios.
Discutir sobre procedimentos específicos a serem adotados quando surgem sentimentos de atração, enfatizando a importância da busca de supervisão.
Explorar e discutir sobre fatores de risco suspeitos e sinais sutis de que está ocorrendo intimidade entre cliente e terapeuta.
Construir delineamento dos efeitos das condutas inadequadas na relação terapêutica sobre o cliente.
Treinamento de habilidades interpessoais do terapeuta para agir de forma ética com o cliente.

Nota. Fonte: Barnett (2014); Hamilton & Spruill, (1999).

Considerações finais

A atração sexual no contexto da relação terapêutica representa uma experiência transferencial em um ou em ambos os membros da díade. Quando considerada uma oportunidade de autoconhecimento e de crescimento pessoal, promove resultados positivos no processo terapêutico.

Terapeutas devem estar atentos aos próprios sentimentos e pensamentos relativos à atração, despertados pelos seus clientes como sinais importantes de conhecimento sobre si mesmo e sobre o cliente. Tais pensamentos e sentimentos fornecem significados importantes sobre as trocas interpessoais entre a díade. Cabe, portanto, ao clínico, assumir a responsabilidade de identificar e explorar esses significados, com foco no avanço do tratamento e no bem-estar do cliente (Sonne & Jochai, 2014).

Vários são os recursos utilizados pelo terapeuta para realizar um trabalho construtivo a partir da identificação de sentimentos de atração em terapia. Dentre eles incluem-se diálogos abertos frequentes com colegas e/ou supervisores, a busca de encontros vivenciais e explorações das crenças do terapeuta com relação à própria sexualidade (Barnett, 2014; Hamilton & Spruill, 1999; Sonne & Jochai, 2014).

Mais pesquisas são necessárias para aprimorar estratégias específicas de supervisão que aumentem a competência dos estudantes em lidar com o tema da contratransferência em geral e na atração sexual em particular. Identificar padrões, tanto do terapeuta quanto do cliente, favorecedores da atração erótica transferencial em terapia, assim como crenças e esquemas, pode também contribuir para a conceitualização dessas experiências em terapia. Finalmente, aprofundar estudos que esclareçam o que leva alguns terapeutas a negar/evitar e enfrentar as suas experiências de atração em terapia, enquanto outros acabam por violar as regras éticas com seus clientes.

Referências

Alcantara, I., Silva, K., & Pizutti, L. T. (2019). A relação terapêutica e a aliança de trabalho nos principais modelos de psicoterapia. In A. V. Cordioli, & E. H. Grevet (Orgs.). *Psicoterapias. Abordagens atuais* (pp. 96-108). Porto Alegre: Artmed.

American Psychological Association. (2010). *Ethical principles of psychologists and code of conduct.* Recuperado de http://www.apa.org.ethics

Barnett, J. E. (2014). Sexual feelings and behaviors in the psychotherapy relationship: an ethics perspective. *Journal of Clinical Psychology: In Session. 70* (2), 170-181. Retrieved from wileyonlinelibrary.com/jornal/jclp. doi: 10.1002/jclp.22068

Capawana, M. R. (2016). *Intimate attractions and sexual misconduct in the therapeutic relationship: Implications for socially just practice.* Retrieved from http:dx.doi.org/10.1080/23311908.2016.1194176

Connery, A. L., & Murdock, N. L. (2019). An interactive view of countertransference: differentiation of self and client presentation. *Psychotherapy, 56* (2), 181-192. Retrieved from http://dx.doi.org/10.1037/pst0000218

Falcone, E. M. O., & Pinho, V. D. (no prelo). *A sexualidade como experiência transferencial em psicoterapia.* Trabalho não publicado (II Encontro de Terapia Cognitiva Sexual). Centro Cultural João XXIII, 25 maio 2019.

Falcone, E. M. O., & D'Augustin, J. F. (2016). A supervisão no contexto de clínica-escola para a formação em terapia cognitivo-comportamental. In A. B. Soares, L. Mourão, & M. M. P. E. da Mota (Orgs.). *O estudante universitário brasileiro. Características cognitivas, habilidades relacionais e transição para o mercado de trabalho* (pp. 191-198). Curitiba: Apris Editora.

Frías, A., Palma, C., Farriols, N., & Martínez, B. (2015). Sexual feelings toward the therapist among patients with borderline personality disorder. A case of erotomanic delusional disorder. *Archives of Sexual Behavior, 44*, 3-4. doi: 10.1007/s10508-014-0433-9

Giovazolias, T., & Davis, P. (2001). How common is sexual attraction towards clients? The experiences of sexual attraction of couselling psychologists toward their clients and its impact on the therapeutic process. *Counselling Psychology Quarterly,14* (4) 281-286. doi: 10.1080/09515070110100974

Hamilton, J. C., & Spruill, J. (1999). Identifying and reducing risk factors related to trainee-client sexual misconduct. *Professional Psychology: Research and Practice. 30* (3), 318-327.

Hayes, J. A. (2004). The inner world of the psychotherapist: A program of research on countertransference. *Psychotherapy Research, 14* (1) 21-36. doi: 10.1093/pt/kph002

Pope, K. (2001). Sex between therapists and clients. In J. Worell (Org.). *Encyclopedia of women and gender. Sex similarities and differences and the impact of society on gender* (pp. 955-962). Waltham, MA: Academic Press.

Sonne, J. L., & Jochai, D. (2014). The "vicissitudes of love" between therapist and patient: A review of the Research on romantic and sexual feelings, thoughts, and behaviors in psychotherapy. *Journal of Clinical Psychology: In Session, 70* (2), 182-195. Retrieved from wileyonlinelibrary.com/jornal/jclp. doi: 10.1002/jclp.22069

IV. ESTRATÉGIAS DE INTERVENÇÃO COM CRIANÇAS E ADOLESCENTES

Capítulo 26

NOVAS VERTENTES COGNITIVAS E COMPORTAMENTAIS PARA O DESENVOLVIMENTO DE COMPETÊNCIAS SOCIAIS EM CRIANÇAS E ADOLESCENTES

XV Mostra de TCC, 2017

Trabalho apresentado na modalidade Conferência

Patricia Barros

Síntese

O presente capítulo tem como objetivo apresentar e discutir as principais estratégias de intervenções voltadas para o desenvolvimento das competências sociais em crianças e adolescentes. O foco está no conceito de competências sociais intimamente vinculado à efetividade dos comportamentos nos ambientes naturais. Algumas das intervenções e estratégias são citadas e discutidas. Muitas questões, entretanto, estão ainda por serem respondidas nesta área.

Introdução

O Impacto das Competências Sociais no Desenvolvimento Humano

Nos últimos anos, as vertentes que explicam o desenvolvimento humano têm enfocado as relações interpessoais, especialmente em idades mais precoces, como agentes fundamentais nas representações das nossas experiências e, consequentemente, a forma como mentalmente construímos a realidade sobre o mundo (Siegel, 2012).

Entretanto, existe uma série de fatores envolvidos no desenvolvimento social que, consequentemente, direcionam a compreensão e a construção de intervenções nesta área. Estudos longitudinais, meta-análises e revisões da literatura têm documentado que os impasses nas competências sociais têm grande impacto a curto, médio e longo prazo. Assim, as intervenções neste sentido reduzem os riscos associados às dificuldades geradas nesta área: rejeição pelos pares, isolamento social, prejuízo acadêmico, desordens emocionais, tais como ansiedade, depressão, dentre outros (Gresham, 2018).

O objetivo deste capítulo está, portanto, na apresentação de um panorama dos conceitos e das estratégias utilizados nas principais intervenções para o desenvolvimento social. Consequentemente, há a discussão e a análise das práticas baseadas em evidências a fim de facilitar a escolha e a aplicação do leitor para a aplicação em contextos clínicos e de investigação.

Algumas Considerações sobre as Competências Sociais

O que realmente faz com que sejamos competentes socialmente? O termo "competência social" faz menção à forma mais completa para a definição de um processo bem-sucedido de interação social: a qualidade da performance de um indivíduo de acordo com o contexto em que está inserido e com o julgamento das pessoas que dele fazem parte. Refere-se, portanto, à aplicação de uma série de habilidades que sejam efetivas em determinados contextos (Gresham, 2018).

Assim, como um termo mais amplo, a "competência social" envolve uma série de componentes: não apenas os estritamente sociais, mas também os emocionais, cognitivos e comportamentais (Semrud-Clikeman, Fine, & Bledsoe, 2016; Trevisan, Tafreshi, Slaney, Yager, & Iarocci, 2018). Dessa forma, o termo comumente utilizado para denominar as capacidades de interação e "habilidades sociais" configura-se como um componente deste termo mais amplo. Em outras palavras, refere-se especificamente ao repertório comportamental de iniciações e respostas que nos permitem interagir num determinado contexto (Cook, Volpe, & Delport, 2014).

Isso significa, portanto, que a eficácia de um comportamento social está diretamente ligada à sua aplicação no contexto natural: escolas, casa e comunidade. Assim, tais comportamentos só são considerados efetivos se estiverem de acordo com a importância dada a ele naquele contexto (Gresham & Elliot, 2014; Koegel & Koegel, 2019).

De maneira geral, as intervenções no campo das competências sociais levam em conta cinco fatores para os impasses neste campo: (1) Dificuldades na compreensão social; (2) Poucas oportunidades de prática e/ou *feedback*, (3) Ausência ou rebaixamento da atenção para as pistas sociais; (4) Baixo nível de reforço social; e (5) Presença de um algum outro problema comportamental que compete com o social (Trevisan, Tafreshi, Slaney, Yager, & Iarocci, 2018; Elliot & Gresham, 2008).

Na base destas intervenções estão algumas teorias clássicas. A primeira delas, a Teoria da Aprendizagem Social (Bandura, 1977), utiliza-se da observação vicária e do papel da mediação cognitiva para explicar o processo de seleção dos estímulos mais importantes do ambiente, os quais devem ser retidos e, consequentemente, replicados via modelação. O segundo modelo refere-se às Teorias Cognitivo-Comportamentais, as quais contribuem com a noção de que a interpretação do contexto social pode ser enviesada de acordo com a história de cada indivíduo (Gresham, 2018). Por último, a Análise Aplicada do Comportamento (ABA) vai ressaltar a importância dos antecedentes e os reforços de cada comportamento social, com foco nas condições do ambiente/contexto que estão funcionalmente relacionados à ocorrência do comportamento (Lanovaz, Dufour, & Argumedes, 2017).

Dessa forma, para o delineamento de intervenções eficazes deve-se considerar os pontos fortes e as limitações nos campos: (1) Da aquisição e, (2) Da performance de habilidades sociais (Gresham, 2018). Os impasses de aquisição são, de modo geral, consequências de desvios no desenvolvimento da cognição social, envolvendo aspectos como a discriminação dos elementos mais relevantes na situação social, a inferência de estados mentais, a integração de uma sequência de comportamentos para atingir um objetivo social, dentre outros (Gresham, 2018; Barros & Assumpção, 2018). São mais bem entendidos como dificuldades da ordem do "não conseguir fazer" mesmo que se esteja altamente motivado.

Neste campo, também são inclusos os impasses em autocontrole como fatores que impedem ou dificultam a aprendizagem social. Aspectos como a ansiedade, por exemplo, podem dificultar a aquisição de habilidades, uma vez que muitas situações são evitadas e as oportunidades de aprendizagem social tornam-se mais escassas.

Por outro lado, quando há um *deficit* de performance, parece haver uma lacuna nos fatores motivacionais e/ou das oportunidades e dos reforços oferecidos pelo ambiente que favoreçam o desempenho mais funcional para aquele contexto (Little, Swangler, & Little, 2017; Gresham, 2018). As habilidades de autocontrole também devem aqui ser consideradas, uma vez que os impasses nestas áreas também impedem a performance social (Little, Swangler, & Little, 2017).

Tendo em vista a diversidade de aspectos envolvidos nas competências sociais, muitas intervenções neste campo optam por recortes nos seus objetivos e nas suas estratégias de aplicação. De modo geral, tais intervenções misturam componentes comportamentais, cognitivos e emocionais, tendendo a ressaltar mais alguns deles em sua aplicação. Assim, para considerar a construção, a aplicação e a escolha de uma intervenção no campo das competências sociais, torna-se necessário um panorama dessas práticas, seus modos de aplicação e os respectivos resultados.

Panorama das Estratégias em Intervenções no Campo das Competências Sociais

Os treinamentos em habilidades sociais começaram a florescer nas décadas de 70 e 80, especialmente na área escolar e clínica. No campo da infância, as crianças que não alcançavam os marcos de desenvolvimento social tornavam-se o foco das intervenções, uma vez que já eram sabidos os prejuízos das dificuldades nas relações interpessoais. Tais impasses configuram-se como fatores de risco para uma série de problemáticas: diminuição do desempenho acadêmico, maior envolvimento em condutas de delinquência bem como preditores de uma série de transtornos mentais (Beaumont, Hariton, Bennet, Miranda, & Mitchell, 2017).

Atualmente, a maior parte das intervenções é desenhada em formato de programas que compilam um conjunto de estratégias de didáticas instrucionais aplicadas individualmente ou em grupos de diversos tamanhos. Em sua maioria, os focos são comportamentos do repertório social diário tais como iniciar, manter e encerrar conversas e interações, estratégias para lidar com *bullying*, situações de competições e jogos. Entretanto, alguns programas destinam-se a desenvolver os fundamentos da socialização, os quais envolvem basicamente a cognição social. Isso inclui o reconhecimento de emoções e a leitura do contexto social além da autorregulação para manejar as interações (Jenson et al., 2011).

Uma vez que o objetivo principal dos programas é diminuir os prejuízos nas relações interpessoais, o foco majoritário das intervenções é voltado para os transtornos que envolvem o desenvolvimento atípico em termos de socialização. Não é à toa que o Transtorno do Espectro Autista (TEA) é o alvo de muitos desses programas. Nesse caso, grande parte dos indivíduos diagnosticados com TEA tem como origem de suas dificuldades, *deficits* de aquisição, enquanto crianças com o Transtorno de Déficit de Atenção/Hiperatividade (TDAH), e outros transtornos externalizantes, podem saber o que fazer, mas não conseguirem executar tais habilidades no contexto. No primeiro caso, estamos falando de dificuldades na leitura e inferência social, enquanto, no segundo, referimo-nos a um impasse na execução das habilidades, em vista dos desafios de manutenção da atenção durante as trocas sociais, da impulsividade e da hiperatividade (Barlow, Bergman, Kornør, Wei, & Bennett, 2016; Mikami, Jia, & Noa, 2014).

Relativamente às formas de aplicação dos programas, grande parte das intervenções originou-se na análise do comportamento, implementando, em sua maioria, um conjunto de métodos comportamentais. A instrução didática, por exemplo, é uma das estratégias mais amplamente utilizadas e ganha várias versões na sua implementação. Tipicamente, ela envolve qualquer tipo de ensino passo a passo de uma habilidade social de forma explícita, desmembrada em pequenas e específicas tarefas que são descritas e aplicadas em cadeia (Beaumont et al., 2017).

Para iniciar uma conversa, de maneira geral, alguns passos podem ser ensinados: (1) Perceber as dicas não verbais de abertura social da outra pessoa para começar uma conversa; (2) Aproximar-se; (3) Olhar nos olhos; e (4) Fazer uma pergunta ou comentário sobre algo do contexto (Caballo, 2010). A instrução didática é, na verdade, um *script* comportamental em que se deve levar em consideração alguns aspectos. Dentre as intervenções mais eficazes, os comportamentos a serem ensinados são baseados em cada contexto social, ou seja, que sejam funcionais e ecologicamente válidos (Laugeson, Gantman, Kapp et al., 2015).

As chamadas "Estórias Sociais" (Gray, 2015) são um exemplo de instrução didática que leva em consideração o contexto: um adulto constrói junto com a criança uma estória que explica o motivo e a forma de aplicação de um comportamento dentro de um contexto. A estória é feita de acordo com o nível de desenvolvimento da criança e aponta a importância do comportamento para o contexto e suas consequências no mesmo. Programas como o Laugeson, Gantman, Kapp et al. (2015) têm como objetivo verificar a efetividade de tópicos sociais de acordo com os objetivos da intervenção e dos participantes. Neste caso, o programa foi aplicado em adolescentes e jovens adultos do Espectro do Autismo com o intuito de ampliar o círculo de amigos, sendo também testado em outras culturas (Yoo et al., 2014). Em outras palavras, a instrução didática é um dos pilares dos programas de habilidades sociais e está normalmente associada a outras estratégias que auxiliam a sua utilização de forma flexível a cada contexto (Barros & Assumpção, 2018).

A modelação é outra ferramenta comumente utilizada nas intervenções em habilidades sociais e envolve demonstrar um comportamento para que, por meio da observação e imitação, tal conduta possa ser replicada (Beaumont et al., 2017). Nesse tipo de estratégia, também é necessária a atenção a alguns pontos. Estudos têm mostrado que esse tipo de técnica é mais efetivo quando a modelação é feita por modelos com características similares as do aprendiz (Kamps et al., 2002) e que são admirados pelas outras pessoas do contexto (Kazdin, 2001), sugerindo, assim, que os modelos de pares bem-sucedidos socialmente parecem mais eficazes.

A modelação ainda assume as versões in vivo e por meio de vídeos. O uso da modelação já é amplamente utilizado e constatado na literatura. O clássico programa "Anos incríveis" usa cenas de diversas situações sociais para a modelação não só com o uso de vídeos, mas também de marionetes para a promoção de discussão, solução de problemas e dramatizações (Webster-Stratton & Reid, 2016).

Considerando ainda as ferramentas de instrução estruturada, é importante ressaltar o ensaio comportamental, o qual envolve a dramatização dos passos de acordo com o cenário específico para modelar a sequência de passos a ser utilizada na situação (Beaumont et al., 2017). O desempenho das modelações pode ser reforçado com a avaliação e o *feedback* da performance da habilidade. Tal análise permite a discussão de aspectos a serem corrigidos e, adicionalmente, promove oportunidade para reforçar os pontos fortes do desempenho.

Inevitavelmente, a aprendizagem envolve a noção de estímulo discriminativo, uma resposta comportamental e sua consequência social. As abordagens mais recentes na área comportamental utilizam o mesmo padrão de análise funcional (antecedente – comportamento – consequência), acrescentando um suplemento que garante maior efetividade e generalização da conduta aprendida: a motivação.

Dentre os fatores que constituem os componentes motivacionais, Koegel e Koegel (2019) sugerem aspectos como seguir os interesses da criança, a variação e a alternância das tarefas, o reforço das tentativas e o uso de consequências naturais da própria situação social. Para tal, as habilidades devem ser ensinadas e aplicadas nos ambientes cotidianos, usando as próprias rotinas das crianças e gerando oportunidades que as permitam colocar em prática as novas habilidades pretendidas. Nesse caso, as intervenções giram em torno da manipulação ou mediação dos antecedentes e das consequências oferecidos pelos contextos naturais (Barros & Assumpção, 2018; Koegel & Koegel, 2019).

O grande desafio da aprendizagem estruturada é, sem dúvida, a sua generalização. Os *scripts* comportamentais mais rígidos utilizados em ambiente clínico deixam de lado a adaptação a cada contexto e parecem "engessar" algumas condutas. Especialmente para o desenvolvimento de competências sociais, não se pode negligenciar o papel da cognição social.

Desse modo, a literatura tem mostrado que intervenções que estimulam o entendimento das regras sociais, a interpretação dos contextos, bem como a inferência de estados mentais são de fundamental importância para a construção dos pilares das interações. Como inicialmente abordado neste capítulo, os achados mais recentes das neurociências e das abordagens cognitivas têm contribuído para a ampliação das intervenções, neste sentido, alargando a efetividade dos resultados.

O Papel das Intervenções para o Desenvolvimento da Cognição Social

As competências sociais abordam os aspectos sócio-cognitivos basicamente sob duas perspectivas básicas e inter-relacionadas. A primeira envolve o entendimento racional e instrucional do que é esperado em termos do comportamento social. A segunda diz respeito à interpretação das situações interpessoais, nomeadamente a tomada de perspectiva alheia, ou Teoria da Mente, bem como a atribuição de causa aos eventos (Beaumont et al., 2017). Adicionalmente, as competências sociais são diretamente dependentes de habilidades neuropsicológicas básicas: funções executivas, atenção, velocidade de processamento e processamento viso-espacial (Christ, Stichter, O'Connor, Bodner, Moffitt, & Herzog, 2017; Galway & Metsala, 2011).

A construção do repertório social e o entendimento das regras de interação estão associados às experiências vivenciadas ao longo da vida e à forma como os parâmetros sociais foram apreendidos. Assim, uma criança que teve a oportunidade de experimentar diferentes ambientes sociais, e aprender diferentes regras de convivência, tem mais chances de construir um repertório mais amplo. Tal entendimento, entretanto, é dependente de fatores que envolvem a interpretação do ambiente e das intenções das pessoas. Neste sentido, a Teoria da Mente exerce papel fundamental: é a nossa capacidade para inferir desejos, sentimentos e pensamentos de outras pessoas, o que nos permite entender que pessoas diferentes têm diferentes estados mentais, podem pensar e sentir de maneira diferente (Peters, & Thompson, 2018; Baron-Cohen, 1995). Não é à toa que este conceito está diretamente relacionado às competências sociais: para serem habilidosos em suas interações, crianças precisam aprender que os comportamentos de seus interlocutores são diretamente influenciados pelo que pensam, sentem e desejam, o que os ajuda a regular suas emoções e a coordenar suas ações com as deles, ou seja, exercitar a reciprocidade (Livingston, Colvert, Bolton, & Happé, 2019; Astington, 2003).

Dentre os fatores neuropsicológicos, a atenção configura-se como um dos pilares. Os desafios e impasses no manejo da atenção têm impacto não apenas na aprendizagem social, mas também na sua performance. Os tipos de preferência em termos de atenção, por exemplo, podem direcionar as interpretações do ambiente bem como a reação comportamental.

Estudos que objetivaram identificar o direcionamento e a preferência em termos de atenção de crianças e adultos com Autismo apontaram para uma predileção por objetos e detalhes em detrimento de expressões faciais e dinâmicas sociais (Ruta et al., 2017; Klin, Jones, Shultz, Volkmar, & Cohen, 2002). Por outro lado, estudos com crianças que apresentavam altos índices de comportamentos agressivos relataram que estas tendiam a selecionar e focar sua atenção a aspectos hostis de uma situação, tendendo a uma interpretação enviesada do contexto (Beaumont et al., 2017).

Ainda sobre os pilares neuropsicológicos das competências sociais ressaltam-se as funções executivas: a habilidade de controlar impulsos, responder de forma flexível e manter a informação que vai ser executada em mente. Crianças e adolescentes que apresentam impasses em funções executivas falham em escolher o foco social mais relevante, anulando outros menos pertinentes, esforçam-se em desenvolver planejamentos para suas interações e sua execução (Christ, Stichter, O'Connor, Bodner, Moffitt, & Herzog, 2017; Riggs, Greenberg, Kusché, & Pentz, 2006).

No campo das intervenções com crianças e adolescentes, aquelas que tendem a enfatizar o aperfeiçoamento da cognição social costumam seguir as etapas de desenvolvimento típico. Assim, os programas destinados às crianças mais novas focam em aspectos mais básicos da socialização, como o desenvolvimento da atenção compartilhada, a brincadeira simbólica, bem como na Psicoeducação e regulação emocional. Um exemplo clássico desse tipo de programa é o "*Second Step Program*" (Committee for children, 1997), desenhado para a aplicação em escolas para alunos de diversas faixas etárias: na pré-escola, no fundamental I e II. Os tópicos são os mesmos, porém ajustados para cada fase do desenvolvimento, facilitando a aprendizagem, passo a passo, de acordo com cada etapa de idade em relação à cognição, às demandas sociais e emocionais.

Nas populações clínicas, algumas desordens tendem a ser alvos mais frequentes das intervenções para as habilidades sociais. Historicamente, o Autismo costuma ser o alvo mais estudado e com maior variabilidade de temáticas e tópicos. O estudo de Solomon, Goodlin-Jones e Anders (2004), por exemplo, combinou uma série de estratégias a fim de aprimorar habilidades empáticas e de solução de problemas por meio do desenvolvimento da autopercepção e do automonitoramento. Ao mesmo tempo, foram utilizadas práticas comportamentais de instrução estruturada e treinamento *in vivo*. A intervenção durou 20 semanas e foi realizada com um grupo de crianças autistas e outro de crianças com desenvolvimento típico entre 8 e 12 anos. Os resultados mostraram-se positivos nas habilidades de solução de problemas, especialmente para os indivíduos mais hábeis cognitivamente, sugerindo assim que a habilidade cognitiva seria um fator discriminante para a efetividade desse tipo de tratamento.

Em língua portuguesa, são poucos ainda os estudos destinados a este tipo de população. No "Programa para Desenvolvimento da Empatia", elaborado por Barros e Falcone (2012), o objetivo foi aprimorar as capacidades de tomada de perspectiva, flexibilidade mental e solução de problemas. Crianças e adolescentes, entre 8 e 17 anos, participaram de oito sessões de intervenção que continham atividades relacionadas prioritariamente à Teoria da Mente. A extensão deste mesmo programa deu origem ao Programa denominado "*iSocial*" (Barros & Assumpção, 2018) que inclui estratégias envolvendo a Teoria da Mente associadas à aplicação comportamental em ambientes naturais. Essa parece ser uma nova vertente das investigações especialmente na área do Autismo, a qual alia os componentes do desenvolvimento sócio-cognitivo às estratégias comportamentais com foco na aplicação em ambientes naturais (Koegel & Koegel, 2019).

Os programas a serem citados são inúmeros, o que significa dizer que as demandas são amplas e as tentativas de responder a tais necessidades também o são. Entretanto, as meta-análises que se ocupam de investigar as abordagens neurodesenvolvimentais e neuropsicológicas, apontam para um efeito pequeno dessas intervenções (Blewitt, Fuller-Tyszkiewicz, Nolan, Bergmeier, Vicary, Huang, McCabe, McKay, & Skouteris, 2018; Bellini, Peters, Benner, & Hopf, 2007). Isso sugere, consequentemente, que há, ainda, um caminho a seguir com perguntas a serem respondidas.

Considerações finais

O desenvolvimento sócio cognitivo que, evolutivamente, acontece de forma intuitiva para a maioria, parece não acontecer para todos. Grande parte das intervenções tem como objetivo diminuir prejuízos e incentivar o desenvolvimento da população de crianças, adolescentes e adultos que mostram impasses em suas competências sociais. O foco ainda tem se ampliado para o aprimoramento das habilidades daqueles que seguem o percurso natural da socialização. Nesse segundo caso, o alvo é garantir a qualidade das relações interpessoais e a prevenção de possíveis prejuízos.

Historicamente, as intervenções foram construídas com base na modificação do comportamento, o que implicava em estratégias que incluíam regras e *scripts* comportamentais, treinados e implementados, seguindo o padrão antecedente-comportamento-consequência. Por outro lado, com o aparecimento de um modelo mais cognitivo e a evolução das neurociências, deu-se ênfase aos aspectos sócio-cognitivos e neuropsicológicos. Os conhecimentos a respeito do funcionamento social em termos das suas bases neurais e também do refinamento da informação sobre o desenvolvimento humano permitiu um grande avanço no desenho das intervenções nesta área. A surpresa, entretanto, está no fato de que o grande desafio continua a ser o mesmo: a generalização das habilidades sociais para os contextos cotidianos. Seja nas desordens mais icônicas em termos de dificuldades sociais, como o Autismo, ou em programas preventivos, a performance adaptativa, funcional e flexível a cada contexto é a maior dificuldade apontada pelos estudos. É sabido, entretanto, que essa é a condição *sine qua non* para a definição das competências sociais. Surge, então, a questão: tais intervenções são verdadeiramente eficazes para desenvolver as competências sociais? Muitos deles aprimoram o repertório social, fazem ampliar os recursos cognitivos, mas parecem não garantir a aplicabilidade funcional de tais ferramentas para uma performance bem-sucedida.

Algumas perguntas surgem em virtude dessa lacuna. Serão as estratégias comportamentais muito rígidas ou ensaiadas de maneira muito estruturada? Estão elas a levar em consideração a dinâmica dos contextos sociais? Poderiam ser mais amplamente treinadas nos próprios contextos naturais? Seria mais efetivo aliar estratégias comportamentais e cognitivas para a aplicação nos próprios contextos naturais? Possivelmente, devem e são essas as perguntas mais atuais das quais as intervenções na área das competências sociais continuam a se ocupar.

No campo clínico, a escolha de programas é a todo o momento um desafio. Os resultados são bons parâmetros a serem seguidos, desde que reflitam ganhos nos contextos naturais e na cognição social. Lembrando que o conceito de competência social sugere sempre a efetividade nos contextos e a contribuição para a qualidade das relações interpessoais.

Referências

Astington, J. W. (2003). Sometimes necessary, never sufficient: False-belief understanding and social competence. In B. Repacholi, & V. Slaughter (Eds.). *Macquarie monographs in cognitive science. Individual differences in theory of mind: Implications for typical and atypical development* (p. 13-38). Psychology Press.

Bandura, A. (1977). *Social learning theory.* Englewood Cliffs, NJ: Prentice-Hall.

Barlow, J., Bergman, H., Kornør, H., Wei, Y., & Bennett, C. (2016). Group-based parent training programmes for improving emotional and behavioural adjustment in young children. *The Cochrane database of systematic reviews, 2016*(8), CD003680. Retrieved from https://doi.org/10.1002/14651858.CD003680.pub3

Baron-Cohen, S. (1995). *Mindblindness: An Essay On Autism And Theory Of Mind.* Boston: Mit Press/Bradford Books.

Barros, P., & Falcone, E. M. O. (2012). *Avaliação de um Programa de Desenvolvimento da Empatia em Crianças e Adolescentes com Síndrome de Asperger* (Tese de Doutorado). Programa de Pós-Graduação em Psicologia Social, Universidade do Estado do Rio de Janeiro.

Barros. P., & Assumpção, F. (2018). *Programa "iSocial" para o desenvolvimento de habilidades sociais em crianças e adolescentes com Transtorno do Espectro Autista* (Relatório de Pós-Doutorado). Universidade de São Paulo, Brasil.

Beaumont, R., Hariton, J., Bennet, S., Miranda, A., & Mitchell, E. (2017). Social Learning Instructional Models. In J. L. Matson (Ed.). *Handbook of Social behavior and Skills in Children.* Springer International Publishing.

Bellini, S., Peters, J. K., Benner, L., & Hopf, A. (2007). A Meta-Analysis of School-Based Social Skills Interventions for Children With Autism Spectrum Disorders. *Remedial and Special Education, 28*(3), 153-162. Retrieved from https://doi.org/10.1177/07419325070280030401

Blewitt, C., Fuller-Tyszkiewicz, M., Nolan, A., Bergmeier, H., Vicary, D., Huang, T., ... & Skouteris, H. (2018). Social and Emotional Learning Associated With Universal Curriculum-Based Interventions in Early Childhood Education and Care Centers: A Systematic Review and Meta-analysis. *JAMA network open, 1*(8), e185727. Retrieved from https://doi.org/10.1001/jamanetworkopen.2018.5727

Christ, S. E., Stichter, J. P., O'Connor, K. V., Bodner, K., Moffitt, A. J., & Herzog, M. J. (2017). Social Skills Intervention Participation and Associated Improvements in Executive Function Performance. *Autism research and treatment*, 5843851. doi: 10.1155/2017/5843851

Caballo, V. E. (2010). *Manual de avaliação e treinamento das habilidades sociais.* São Paulo: Santos.

Committee for Children. (1997). *Second step: A violence-prevention curriculum.* Seattle, WA: Author.

Cook, C. R., Volpe, R. J., & Delport, J. (2014). Systematic progress monitoring of students with emotional and behavioral disorders: The promise of change-sensitive brief behavior rating scales. In H. M. Walker, & F. M. Gresham (Eds.). Handbook of evidence-based practices for emotional and behavioral disorders: Applications in schools (p. 211-228). The Guilford Press.

Dweck, C. S. (2012). Mindsets and human nature: Promoting change in the Middle East, the schoolyard, the racial divide, and willpower. American Psychologist, 67(8), 614-622. Retrieved from https://doi.org/10.1037/a0029783

Elliott, S. N., & Gresham, F. M. (2008). *Social skills intervention guide.* Bloomington: Pearson Assessments.

Galway, T. M., & Metsala, J. L. (2011). Social Cognition and Its Relation to Psychosocial Adjustment in Children With Nonverbal Learning Disabilities. *Journal of Learning Disabilities, 44*(1), 33-49. Retrieved from https://doi.org/10.1177/0022219410371680

Goleman, D. (2006). *Social Intelligence.* New York, NY: Bantam Book.

Gray, C. (2015). *The new social story book, revised and expanded 15 th anniversary edition: Over 150 social stories that teach everyday social skills to children and adults with autism and their peers.* Arlington, TX: Future Horizons.

Gresham, F. M., & Elliott, S. N. (2014). Social skills assessment and training in emotional and behavioral disorders. In H. M. Walker, & F. M. Gresham (Eds.). *Handbook of evidence-based practices for emotional and behavioral disorders: Applications in schools* (p. 152-172). The Guilford Press.

Gresham, F. (2018). *Emotional learning.* New York, NY: The Gilford Press.

Gump, B. B., & Kulik, J. A. (1997). Stress, affiliation, and emotional contagion. *Journal of Personality and Social Psychology, 72*(2), 305-319. Retrieved from https://doi.org/10.1037/0022-3514.72.2.305

Jenson, W., Bowen, J., Clark, E., Block, H., Gabriensen, T., Hood, J., & Springer, B. (2011). *Superheroes social skills.* Eugene, OR: Pacific Northwest.

Kamps, D., Royer, J., Dugan, E., Kravits, T., Gonzalez-Lopez, A., Garcia, J., ... & Kane, L. G. (2002). Peer training to facilitate social interaction for elementary students with autism and their peers. Exceptional Children, 68(2), 173-187.

Kazdin, A. E. (2001). *Behavior modification in applied settings* (6th ed.). Belmont, CA: Wadsworth.

Klin, A, Jones, W, Schultz, R, Volkmar, F, & Cohen, D. (2002). Visual Fixation Patterns During Viewing of Naturalistic Social Situations as Predictors of Social Competence in Individuals With Autism. Arch Gen Psychiatry, *59*(9):809-816. doi: 10.1001/archpsyc.59.9.809

Koegel, L., & Koegel, R. (2019). *Pivotal Response Treatment for Autism Spectrum Disorders*. Baltimore: Paul Brookes Publishing.

Lanovaz, M., Dufour, M., & Argumedes, M. (2017). Behavior Analytic Methods. In J. L. Matson (Ed.). *Handbook of Social behavior and Skills in Children*. Springer International Publishing Online Edition.

Laugeson, E. A., Gantman, A., & Kapp, S. K. (2015). A Randomized Controlled Trial to Improve Social Skills in Young Adults with Autism Spectrum Disorder: The UCLA PEERS Program. *Journal of Autism and Developmental Disorders 45*, 3978-3989. Retrieved from https://doi.org/10.1007/s10803-015-2504-8

Little, S., Swangler, J., & Little, A. (2017). Defining Social Skills. In J. L. Matson (Ed.). *Handbook of Social behavior and Skills in Children*. Springer International Publishing Online Edition.

Livingston, L. A., Colvert, E., Bolton, P., & Happé, F. (2019). Good social skills despite poor theory of mind: exploring compensation in autism spectrum disorder. *J Child Psychol Psychiatr, 60*:102-110. doi:10.1111/jcpp.12886

Mikami, Y. A., Jia, M., & Noa, J. J. (2014). Social skills training. Child and Adolescent Psychiatric Clinics of North America, 23, 775-788. Retrieved from http://dx.doi.org/10.1016/j.chc.2014.05.007

Peters, L. C., & Thompson, R. H. (2018). How Teaching Perspective Taking to Individuals with Autism Spectrum Disorders Affects Social Skills: Findings from Research and Suggestions for Practitioners. *Behav Analysis Practice, 11*, 467-478. Retrieved from https://doi.org/10.1007/s40617-018-0207-2

Quinn, M. M., Kavale, K. A., Mathur, S., Rutherford, R. B., & Forness, S. R. (1999). A Meta-Analysis of Social Skill Interventions for Students with Emotional or Behavioral Disorders. Journal of Emotional and Behavioral Disorders, 7(1), 54-64.

Riggs, N. R., Greenberg, M. T., & Kusché, C. A. (2006). The Mediational Role of Neurocognition in the Behavioral Outcomes of a Social-Emotional Prevention Program in Elementary School Students: Effects of the PATHS Curriculum. *Prevention Science,* 7, 91-102. Recuperado de https://doi.org/10.1007/s11121-005-0022-1

Ruta, L., Famà, F. I., & Bernava, G. M. (2017). Reduced preference for social rewards in a novel tablet based task in young children with Autism Spectrum Disorders. *Scientific Reports,* 7, 3329. Retrieved from https://doi.org/10.1038/s41598-017-03615-x

Semrud-Clikeman, M., Fine, J., & Bledsoe, J. (2016). Social functioning using direct and indirect measures with children with High Functioning Autism, nonverbal learning disability, and typically developing children. *Child Neuropsychology, 22*:3, 318-335. doi: 10.1080/09297049.2014.994487

Siegel, D. (2012). The Developing Mind. New York, NY: The Gilford Press.

Solomon, M., Goodlin-Jones, B. L., & Anders, T. F. (2004); A Social Adjustment Enhancement Intervention for High Functioning Autism, Asperger's Syndrome, and Pervasive Developmental Disorder NOS. *J Autism Dev Disord, 34*, 649-668. Retrieved from https://doi.org/10.1007/s10803-004-5286-y.

Trevisan DA, Tafreshi D, Slaney KL, Yager J, Iarocci G (2018). A psychometric evaluation of the Multidimensional Social Competence Scale (MSCS) for young adults. *PLoS ONE, 13*(11): e0206800. Retrieved from https://doi.org/10.1371/journal.pone.020680

Webster-Stratton, C., & Reid, M. J. (2016). The incredible years parents, teachers and children training series: A multifaceted treatment approach for young children with conduct problems. In J. Weisz, & A. Kazdin (Eds.). *Evidence-based psychotherapies for children and adolescents* (3rd ed., 194-210). New York, NY: Guilford Publications.

Yoo, H. J., Bahn, G., Cho, I. H., Kim, E. K., Kim, J. H., Min, J. W., ... & Laugeson, E. A. (2014). The Korean version of the PEERS for ASD. *Autism Research*, 7: 145-161. doi:10.1002/aur.1354

Capítulo 27

TRAÇOS PSICOPÁTICOS EM CRIANÇAS E JOVENS: DA AVALIAÇÃO AO TRATAMENTO

XVI Mostra de TCC, 2018

Trabalho apresentado na modalidade Conferência

Diana Ribeiro da Silva

Daniel Rijo

Síntese

Este capítulo apresenta uma revisão sobre a literatura científica em torno da presença de traços psicopáticos em crianças e jovens. Será dado ênfase à avaliação de traços psicopáticos nesta faixa etária e aos principais esforços de tratamento, destacando um programa de intervenção psicoterapêutico individual baseado na compaixão para jovens agressores com traços psicopáticos, o PSYCHOPATHY. COMP. Por fim, é feita uma reflexão geral sobre o tema em análise.

Introdução

A psicopatia é um fenômeno multideterminado, o qual se encontra associado às formas mais precoces, severas e estáveis de comportamento antissocial, sendo caracterizado pela presença de traços interpessoais (e.g., grandiosidade-manipulação), afetivos (e.g., frieza-insensibilidade emocional) e comportamentais (e.g., impulsividade-irresponsabilidade) desviantes (Cooke & Michie, 2001). Devido ao impacto que a psicopatia tem na sociedade e nos próprios indivíduos, diversos autores defendem que a melhor altura para prevenir e intervir é nas fases precoces do desenvolvimento, fundamentando assim o estudo dos traços psicopáticos em crianças e jovens (Ribeiro da Silva, Rijo, & Salekin, 2012, 2013; Salekin, Andershed, & Clark, 2018).

Este capítulo tem como objetivo apresentar uma visão geral sobre a conceitualização dos traços psicopáticos em crianças e jovens, bem como os procedimentos de avaliação e os esforços de tratamento mais comumente referidos na literatura, dando destaque ao PSYCHOPATHY.COMP (Intervenção psicoterapêutica individual baseada na compaixão para jovens agressores com traços psicopáticos (Ribeiro da Silva et al., 2017), um programa de intervenção desenhado especificamente para reabilitar jovens com traços psicopáticos e comportamento delinquente.

Traços Psicopáticos em Crianças e Jovens

A extensão do construto de psicopatia para a infância e adolescência não é um tema isento de controvérsia (Viding & McCrory, 2018). Por um lado, alguns autores defendem que estes traços estão sobrerrepresentados nestas faixas etárias e que, estando o desenvolvimento da personalidade em construção, o caráter pejorativo do termo poderá ter efeitos iatrogênicos, estigmatizantes e/ou implicações legais prejudiciais para a própria criança/jovem. Por outro lado, diferentes autores defendem que apenas conhecendo o fenômeno é possível desenvolver formas precisas de avaliar, prevenir e tratá-lo, recomendando que se invista no estudo dos traços psicopáticos em crianças e jovens, não esquecendo as questões potencialmente pejorativas apontadas na literatura (Ribeiro da Silva et al., 2013; Salekin et al., 2018).

Independentemente destas controvérsias, importa referir que ainda não há consenso relativamente aos limites conceituais do construto de psicopatia na infância e adolescência. Em detalhe, embora seja relativamente consensual que devemos falar de traços psicopáticos e não de psicopatia quando nos reportamos a crianças e adolescentes, alguns autores defendem que o núcleo da psicopatia nestas faixas etárias compreende apenas os traços afetivos e não a constelação de traços interpessoais, afetivos e comportamentais desviantes encontrados na população adulta (Viding & McCrory, 2018). Esta corrente de investigação levou a mais recente edição do "Manual Diagnóstico e Estatístico de Transtornos Mentais" (DSM-5) (American Psychological Association [APA], 2013) a integrar um novo especificador para Transtorno de Conduta (TC), denominado "com emoções prossociais limitadas", o qual se refere apenas ao componente afetivo dos traços psicopáticos. Apesar da inclusão deste especificador, diversos autores defendem e demonstram que a inclusão de todos os traços psicopáticos como especificadores do TC seria mais benéfica, ajudando a identificar de forma mais precisa um subgrupo de menores com TC mais severo (Ribeiro da Silva, Salekin, & Rijo, 2019c; Salekin, 2016).

Avaliação dos Traços Psicopáticos em Crianças e Jovens

Existem diversos instrumentos que visam a avaliação de traços psicopáticos em crianças e jovens. Neste capítulo, será dado destaque aos instrumentos validados em diversos países, incluindo países de língua oficial Portuguesa, com estudos que atestam as suas qualidades psicométricas. Desta forma, será descrita uma entrevista clínica, a Escala de Psicopatia de Hare – Versão Jovens (PCL:YV) (Forth, Kosson, & Hare, 2003; versão Portuguesa autorizada de Pechorro, Barroso, Maroco, Vieira, & Goncalves, 2015), e as seguintes escalas de autorrelato e/ou heterorrelato, as quais pretendem ser instrumentos de rastreio de traços psicopáticos para a população infantil e juvenil: o Dispositivo de Despiste de Processo Antissocial (APSD) (Frick & Hare, 2001; versão Portuguesa de Pechorro, Hidalgo, Nunes, & Jiménez, 2016), o Inventário de Traços Psicopáticos em Jovens (YPI) (Andershed, Kerr, Stattin, & Levander, 2002; versões Portuguesas autorizadas de Pechorro, Ribeiro da Silva, Andershed, Rijo, & Gonçalves, 2016, 2017) e o Inventário de Traços Calosos/Insensibilidade Emocional (ICU); (Frick, 2001; versão Portuguesa de Pechorro, Ray, Barroso, Maroco, & Gonçalves, 2016).

Escala de Psicopatia de Hare – Versão Jovens (PCL:YV)

A PCL:YV (Forth, Kosson, & Hare, 2003) é um dos instrumentos mais utilizados na avaliação de traços psicopáticos em adolescentes. A PCL:YV permite ao clínico avaliar a presença de traços psicopáticos em jovens (com idades compreendidas entre os 12 e os 18 anos), por meio de uma entrevista clínica e da consulta do seu registro criminal. Esta entrevista é composta por 20 itens, os quais são cotados numa escala de três pontos (0 = "não se aplica" a 2 "aplica-se totalmente").

Apesar da PCL:YV ser amplamente utilizada e considerada uma das medidas mais robustas na predição da reincidência criminal, diversos estudos encontraram inconsistências na estrutura fatorial deste instrumento, o que levanta questões relativamente à sua validade (Salekin et al., 2018).

Dispositivo de Despiste de Processo Antissocial (APSD)

O APSD (Frick & Hare, 2001) é um questionário de 20 itens que pretende avaliar os traços psicopáticos em crianças e jovens. Existe em formato de autorrelato (para jovens com idades compreendidas entre os 12 e os 18 anos) e de heterorrelato (para pais/professores de crianças/jovens com idades compreendidas entre os 4 e os 18 anos). Todos os itens são cotados numa escala de três pontos (0 = "definitivamente falso" a 2 = "definitivamente verdadeiro").

Apesar de o APSD ser uma medida amplamente utilizada e de ter demonstrado valor preditivo quanto à reincidência criminal, estes resultados não são consistentes entre os estudos. À semelhança da PCL:YV, diversos estudos encontraram inconsistências na estrutura fatorial do APSD e também uma baixa consistência interna na dimensão de frieza-insensibilidade emocional, levantando questões relativas à validade e à confiabilidade deste instrumento (Salekin et al., 2018).

Inventário de Traços Psicopáticos em Jovens (YPI)

O YPI (Andershed et al., 2002) é um questionário de autorrelato, composto por 50 itens, que avalia a presença de traços psicopáticos em jovens com idades compreendias entre os 12 e os 18 anos. Todos os itens são cotados numa escala de 4 pontos (1 = "discordo totalmente" a 4 = "concordo totalmente").

Este instrumento conta também com uma versão reduzida (Inventário de Traços Psicopáticos em Jovens – versão reduzida – YPI-S) (Van Baardewijk et al., 2010), composta apenas por 18 itens, e ainda com as respetivas versões adaptadas para crianças com idades compreendidas ente os 9 e os 12 anos (Van Baardewijk et al., 2008).

O YPI e o YPI-S foram validados em amostras comunitárias e forenses de diferentes países, apresentando boas características psicométricas, uma estrutura trifatorial e um forte valor preditivo de problemas de comportamento. Contudo, alguns estudos reportam problemas na consistência interna no fator de frieza-insensibilidade emocional desta escala (Salekin et al., 2018).

Inventário de Traços Calosos/Insensibilidade Emocional (ICU)

O ICU (Frick, 2003) é um questionário composto por 24 itens que apenas avalia os traços de frieza-insensibilidade emocional. Ele existe nas versões de autorrelato (para jovens com idades compreendidas entre os 12 e os 18 anos) e heterorrelato (para pais/professores de crianças/jovens com idades compreendidas entre os 4 e os 18 anos).

A cotação dos itens é feita numa escala de 4 pontos (0 = "totalmente falso" a 3 = "totalmente verdade"). Apesar de o ICU propor a existência de três fatores subjacentes aos traços de frieza-insensibilidade emocional (frieza emocional, insensibilidade emocional, indiferença emocional), devido à baixa consistência de alguns desses fatores quando avaliados isoladamente, estudos recentes apontam para vantagens consideráveis na utilização exclusiva do *score* total desta escala (Salekin et al., 2018).

Tratamento de Traços Psicopáticos em Crianças e Jovens

Existe um pessimismo geral em relação ao tratamento dos traços psicopáticos, sendo que alguns autores defendem mesmo que os indivíduos com traços psicopáticos devem ser excluídos dos programas de intervenção, pois as estratégias terapêuticas podem incrementar os seus traços interpessoais, afetivos e comportamentais desviantes, a sua versatilidade criminal e a probabilidade de não serem detidos em consequência da exibição de comportamentos criminais (Reidy, Kearns, & DeGue, 2013). Em contraste, e em consonância com o Modelo do Risco-Necessidade-Responsividade (RNR) (Bonta & Andrews, 2016), outros autores defendem que os indivíduos com traços psicopáticos devem ser dos primeiros a serem referenciados para tratamento especializado (Hecht, Latzman, & Lilienfeld, 2018; Polaschek & Skeem, 2018). Não obstante, existe um número muito reduzido de estudos que foca no tratamento dos traços psicopáticos, embora recentemente tenham sido feitos alguns esforços no sentido de testar a eficácia de programas de prevenção/intervenção para esta problemática, sobretudo em crianças e adolescentes da população comunitária e clínica.

Neste sentido, a investigação tem mostrado que existe alguma evidência para considerar que os traços psicopáticos podem ser modificados, assim como os déficits a eles associados (e.g., comportamento antissocial, desajustamento social, capacidade de sentir culpa e remorso), sobretudo se forem identificados e tratados precocemente (na infância e adolescência) com recurso a programas de intervenção familiar, comportamental ou cognitivo-comportamental (Ribeiro da Silva et al., 2013). No entanto, a literatura sobre a eficácia do tratamento em crianças e jovens com traços psicopáticos continua a ser escassa e a apresentar diversas fragilidades metodológicas, o que representa um bloqueio significativo ao progresso da investigação nesta temática (Hecht et al., 2018; Polaschek & Skeem, 2018).

Um dos maiores problemas nesta área de investigação é a quase ausência de estudos que testem de forma robusta a eficácia de intervenções na redução de traços psicopáticos em jovens com comportamento delinquente (Hecht et al., 2018; Polaschek & Skeem, 2018). Em concreto, existem nesta população apenas quatro estudos que recorrem a um grupo controle para garantir que os resultados da intervenção se devem ao tratamento e não ao acaso (Butler Baruch, Hickey, & Fonagy, 2011; Caldwell, 2011; Caldwell, Skeem, Salekin, & Van Rybroek, 2006; Manders, Deković, Asscher, van der Laan, & Prins, 2013), embora estes estudos também apresentem algumas fragilidades metodológicas (e.g., inclusão de amostras mistas com participantes de contextos clínicos e forenses, de ambos os gêneros; insuficiência na descrição da intervenção realizada; ausência de controle da integridade do tratamento; avaliação dos traços psicopáticos apenas na *baseline*) (CONSORT; Moher et al., 2010).

Mais problemático é que nenhum desses estudos comporta um programa de intervenção especificamente desenhado para a redução dos traços psicopáticos e do comportamento antissocial em jovens delinquentes. Considerando o enorme risco que estes jovens apresentam de reincidir no crime e de enfrentar penas de prisão na idade adulta, assim como os prejuízos que os traços psicopáticos têm para o próprio e para a sociedade em geral, é de extrema relevância que se invista no desenho de programas de intervenção especificamente desenhados para responder às necessidades destes jovens e no estudo da eficácia dessas mesmas intervenções por meio de desenhos metodológicos robustos.

O Programa PSYCHOPATHY.COMP

Em resposta a essa necessidade, uma equipe de investigadores do Centro de Investigação em Neuropsicologia e Intervenção Cognitivo-Comportamental (CINEICC), da Faculdade de Psicologia e de Ciências da Educação da Universidade de Coimbra, desenvolveu um programa de intervenção baseado na Terapia Focada na Compaixão (TFC), o PSYCHOPATHY.COMP (Ribeiro Da Silva et al., 2017), o qual visa a reabilitação de jovens com traços psicopáticos e comportamento delinquente. A TFC destaca-se por utilizar uma abordagem evolucionária e por se focar na promoção do desenvolvimento de uma mentalidade compassiva (capacidade de ser sensível ao sofrimento do próprio e do outro, associado a um forte desejo de prevenir/aliviar esse mesmo sofrimento). Em detalhe, a TFC conceitualiza que todos os indivíduos têm um conjunto de motivações evolucionárias de sobrevivência, tais como reações automáticas perante ameaças/oportunidades e instintos básicos de vinculação/afiliação, as quais podem estar mais ou menos proeminentes, tendo em conta a história desenvolvimental e o contexto de vida atual dos indivíduos (Gilbert, 2010).

De forma a integrar essas motivações e a regular os estados emocionais, os indivíduos podem recorrer a três sistemas de regulação de afeto: (1) Ao sistema de ameaça (cuja função é proteger os indivíduos de ameaças pelo recurso a respostas arcaicas de luta, fuga e congelamento); (2) Ao sistema de *drive* (cuja função é permitir que os indivíduos experienciem emoções positivas que os motivem na procura de recursos); e (3) Ao sistema de *soothing* (cuja função é permitir que os indivíduos experienciem segurança e tranquilidade) (Gilbert, 2019).

Segundo este modelo conceitual, os problemas de saúde mental surgem quando há um desequilíbrio nesses sistemas, particularmente quando o sistema de ameaça encontra-se sobredesenvolvido (Gilbert, 2010, 2019; Rijo et al., 2014). A este respeito, a experiência de vergonha (crença contínua e persistente de que é inferior, sem valor, inadequado) e as dificuldades em regular esta experiência parecem ter um papel crucial no desequilíbrio dos sistemas de regulação do afeto e, consequentemente, no desenvolvimento de sintomas e quadros psicopatológicos internalizantes e externalizantes (Paulo, Vagos, Ribeiro da Silva, & Rijo, 2019; Ribeiro da Silva, Castilho, & Rijo, 2019a).

A TFC conceitualiza o comportamento antissocial e os traços psicopáticos como respostas evolucionárias a ambientes precoces hostis, que embora adaptativas a curto-prazo, reforçam o desequilíbrio dos sistemas de regulação do afeto e o desenvolvimento de disfunções emocionais centrais; i.e., elevados níveis de vergonha e de outras emoções negativas, as quais parecem ser massivamente evitadas, bloqueadas ou projetadas no outro em forma de ataque (Ribeiro da Silva, Rijo, & Salekin, 2015; Ribeiro da Silva, Vagos, & Rijo, 2019d, 2019e).

Assim como noutras intervenções baseadas na TFC, no PSYCHOPATHY.COMP os jovens são guiados, de forma compassiva, a descobrir que o seu funcionamento não é culpa sua, uma vez que cada um de nós é apenas uma versão de si mesmo, a qual foi moldada por influências evolucionárias, genéticas/epigenéticas, neuronais e ambientais que não foram escolhidas por nós (Gilbert, 2019; Ribeiro da Silva et al., 2019a). No entanto, os jovens também são orientados a descobrir sua responsabilidade pelas próprias ações, podendo aprender formas de guiar as suas motivações básicas, ao invés de serem guiados por elas (Ribeiro da Silva et al., 2017).

Neste sentido, a TFC, em geral, e o PSYCHOPATHY.COMP, em particular, têm um enfoque específico no treino da mente compassiva; i.e., conjunto de práticas específicas, as quais foram desenhadas para que os indivíduos aprendam a lidar com o sistema de ameaça, consigam equilibrar os sistemas de regulação do afeto, e ultrapassem os medos/bloqueios/resistências à compaixão, cultivando as diferentes trajetórias da compaixão (dar compaixão aos outros, receber compaixão dos outros e autocompaixão) (Ribeiro da Silva et al., 2019a).

O PSYCHOPATHY.COMP é um programa que se encontra manualizado, sendo constituído por 20 sessões de intervenção individual semanal (cada sessão tem a duração média de 60 minutos), o que resulta num tempo total de aplicação de aproximadamente seis meses. As sessões estão agrupadas em quatro módulos sequenciais:

(1) A Nossa Mente – tem como objetivo oferecer *insights* sobre as origens evolucionárias do funcionamento humano, dando especial destaque às respostas universais e automáticas a ameaças físicas e sociais. Os participantes são encorajados a entender que, mesmo não conseguindo mudar eventos, emoções e pensamentos, podem mudar a forma como se relacionam com estes e, consequentemente, podem mudar a sua resposta comportamental. O treino da mente compassiva é introduzido neste módulo como sendo um passo fundamental para este processo.

(2) A Nossa Mente de Acordo com a TFC – pretende que os participantes tomem consciência do funcionamento da mente de acordo com a conceituação da TFC e que continuem o treino da mente compassiva. Os participantes são guiados a entender que apesar de serem apenas "uma versão de si próprios", a qual foi construída a partir do seu contexto evolucionário, genético, ambiental e epigenético, esta versão não é imutável, uma vez que podem fazer escolhas conscientes à medida que aumentam o conhecimento sobre o seu funcionamento. Para além do treino da mente compassiva, os participantes são guiados a utilizar os sistemas de

regulação do afeto como ferramentas de regulação emocional e comportamental, nomeadamente da vergonha.

(3) Treino da Mente Compassiva – especificamente focado no treino da mente compassiva (embora este treino já se estenda desde o Módulo 1). Utilizando exercícios experienciais, os participantes são gradualmente expostos a situações que induzem o sistema de ameaça, procurando e testando estratégias compassivas de tolerar e lidar com situações de ameaça.

(4) Reabilitação, Prevenção da Recaída e Finalização – pretende que os participantes revejam as suas motivações para a recuperação, prevenindo recaídas de uma perspectiva compassiva. Os participantes são encorajados a entender que embora o sofrimento faça parte da condição humana, o processo terapêutico lhes ofereceu diversas estratégias de regulação emocional compassivas para lidar com o sofrimento.

Este programa vem sendo aplicado em todos os centros educativos de Portugal por uma equipe de psicólogos do CINEICC, estando já disponíveis os primeiros estudos sobre o impacto do programa. Num primeiro estudo de caso, o PSYCHOPATHY.COMP foi capaz de reduzir significativamente o comportamento disruptivo e os traços psicopáticos de um jovem que se encontrava a cumprir medida tutelar educativa de internamento e que apresentava, na *baseline*, transtorno de conduta (severo com início na infância), elevados traços psicopáticos e muito elevado risco de reincidência criminal (Ribeiro da Silva, Rijo, Castilho, & Gilbert, 2019b).

Num ensaio clínico preliminar, o qual procurou testar a eficácia do PSYCHOPATHY.COMP em reduzir os traços psicopáticos de uma amostra de 46 jovens a cumprir medidas tutelares educativas de internamento (24 no grupo de tratamento e 22 no grupo controle), os resultados mostraram diferenças significativas no pós-tratamento entre os dois grupos. Em detalhe, quer analisando as diferenças em nível de grupo, quer analisando as diferenças em nível individual, os jovens do grupo de tratamento apresentaram uma redução significativa dos traços psicopáticos comparativamente ao grupo controle, os quais não apresentaram mudança ou deterioraram em relação à *baseline* (Ribeiro da Silva et al., 2020). Este estudo, em que houve controle da integridade do tratamento, mostrou ainda que estes jovens apresentaram uma forte adesão ao tratamento.

Considerações finais

O estudo dos traços psicopáticos em crianças e jovens tem ganhado um interesse crescente na literatura científica, sobretudo pela sua pertinência clínica e forense. Neste sentido, vários autores consideram fundamental que se invista na clarificação do construto na infância e na adolescência, na construção de medidas de avaliação robustas que permitam a identificação dos traços psicopáticos em fases precoces do desenvolvimento e no desenho de programas de intervenção que previnam a sua evolução para padrões mais severos e estáveis de comportamento antissocial.

Embora nas últimas décadas tenha havido um esforço crescente para desenvolver e validar instrumentos de avaliação dos traços psicopáticos em crianças e adolescentes, ainda existem problemas psicométricos relevantes na maioria desses instrumentos. Dentro das medidas disponíveis, a PCL:YV, o APSD, o YPI, o YPI-S e o ICU são as que se encontram validadas num maior número de países, incluindo países de língua oficial Portuguesa, e aquelas que apresentam menos fragilidades psicométricas. No entanto, devido aos problemas de estrutura fatorial da PCL:YV e do APSD e às limitações inerentes ao fato do ICU apenas avaliar os traços de frieza-insensibilidade emocional, tem-se como hipótese que o YPI e o YPI-S são os instrumentos com melhor relação custo-benefício para serem utilizados, quer na investigação, quer na prática clínica.

Entre estes instrumentos, o YPI-S tem revelado melhores propriedades psicométricas do que o YPI, tendo a vantagem acrescida de ser constituído por um menor número de itens. No entanto, importa não esquecer que o APSD, o YPI, o YPI-S e o ICU são apenas instrumentos de rastreio dos traços psicopáticos, pelo que para fins diagnósticos recomenda-se a utilização de pelo menos dois instrumentos de avaliação, acompanhados da coleta de uma história clínica rigorosa, com recurso a diferentes fontes de informação.

Em relação ao tratamento, existe uma escassez de estudos que testem a eficácia de programas de prevenção e intervenção na redução dos traços psicopáticos, sobretudo em menores com comportamento delinquente, sendo que a maioria dos quais apresenta fragilidades metodológicas que comprometem a sua robustez (Hecht et al., 2018; Polaschek & Skeem, 2018). Apesar destas limitações, existe alguma evidência de que os traços psicopáticos podem ser modificados, contrariando, pelo menos parcialmente, o pessimismo generalizado que existe em torno do tratamento da psicopatia (Reidy et al., 2013).

No entanto, uma das lacunas mais relevantes no tratamento dos traços psicopáticos era a ausência de programas especificamente desenhados para modificar os traços psicopáticos nesta faixa etária, sobretudo em amostras de jovens com comportamento delinquente. O PSYCHOPATHY.COMP veio dar resposta a esta necessidade, contando com estudos que indicam a potencialidade deste programa para ser eficaz na reabilitação de jovens com traços psicopáticos e comportamento delinquente.

Em conclusão, reiteramos que o estudo dos traços psicopáticos na infância e adolescência apenas faz sentido se o objetivo for desenvolver e testar formas eficazes de prevenir e tratá-los precocemente. A investigação tem caminhado neste sentido, apostando na criação de instrumentos de avaliação cada vez mais robustos e adaptados para diferentes países e no desenvolvimento de programas de prevenção e reabilitação que levem em conta as necessidades de intervenção específicas desta população.

Referências

American Psychiatric Association. (2013). *Diagnostic and statistical manual of mental disorders* (5th ed.) DSM-5. Washington, DC: Author.

Andershed, H., Kerr, M., Stattin, H., & Levander, S. (2002). Psychopathic traits in non-reffered youth: Initial test of a new assessment tool. In E. Blaauw, & I. Sheridan (Eds.). *Psychopaths: Current international perspectives* (pp. 131-158). Hague, The Netherlands: Elsevier.

Bonta, J., & Andrews, D. A. (2016). *The psychology of criminal conduct* (6th ed.). London: Routledge.

Butler, S., Baruch, G., Hickey, N., & Fonagy, P. (2011). A randomized controlled trial of multisystemic therapy and a statutory therapeutic intervention for young offenders. *Journal of the American Academy of Child and Adolescent Psychiatry, 50,* 1220-1235. doi: 10.1016/j.jaac.2011.09.017

Caldwell, M. F. (2011). Treatment-related changes in behavioral outcomes of psychopathy facets in adolescent offenders. *Law and Human Behavior, 35,* 275-287. doi: 10.1007/s10979-010-9239-z

Caldwell, M., Skeem, J., Salekin, R., & Van Rybroek, G. (2006). Treatment response of adolescent offenders with psychopathy features: A 2-year follow-up. *Criminal Justice and Behavior, 33,* 571-596. doi: 10.1177/0093854806288176

Cooke, D. J., & Michie, C. (2001). Refining the construct of psychopathy: Towards a hierarchical model. *Psychological Assessment, 13,* 171-188. doi: 10.1037/1040-3590.13.2.171

Forth, A. E., Kosson, D. S., & Hare, R. D. (2003). *The Psychopathy Checklist: Youth Version.* Toronto: Multi-Health Systems.

Frick, P. J. (2003). *The Inventory of Callous-Unemotional Traits.* Unpublished rating scale, The University of New Orleans.

Frick, P. J., & Hare, R. D. (2001). *The antisocial process screening device* (APSD). Toronto: Multi-Health Systems.

Gilbert, P. (2010). *Compassion focused therapy.* New York: Routledge.

Gilbert, P. (2019). Explorations into the nature and function of compassion. *Current Opinion in Psychology, 28,* 108-114. doi: 10.1016/j.copsyc.2018.12.002

Hecht, L. K., Latzman, R. D., & Lilienfeld, S. O. (2018). The Psychological Treatment of Psychopathy. In D. David, S. J. Lynn, & G. H. Monegomery (Eds.). *Evidence-Based Psychotherapy: The State of the Science and Practice* (pp. 271-298). Hoboken, NJ, USA.

Moher, D., Hopewell, S., Schulz, K. F., Montori, V., Gotzsche, P. C., Devereaux, P. J., ... Altman, D. G., (2010). CONSORT 2010 Explanation and Elaboration: Updated guidelines for reporting parallel group randomised trials. *BMJ, 340,* 698-702. doi: 10.1136/bmj.c869

Paulo, M., Vagos, P., Ribeiro da Silva, D., & Rijo, D. (2019). The role of shame and shame coping strategies on internalizing/externalizing symptoms: Differences across gender in adolescents. *European Journal of Developmental Psychology*. Advance online publication. doi: 10.1080/17405629.2019.1682991

Pechorro, P., Barroso, R., Maroco, J., Vieira, R. X., & Goncalves, R. A. (2015). Psychometric properties of the Psychopathy Checklist: Youth Version among Portuguese juvenile delinquents. *International journal of offender therapy and comparative criminology, 59,* 1322-1337. doi: 10.1177/0306624X14535558

Pechorro, P., Hidalgo, V., Nunes, C., & Jiménez, L. (2016). Confirmatory factor analysis of the Antisocial Process Screening Device: Self-Report among incarcerated male juvenile offenders. *International Journal of Offender Therapy and Comparative Criminology, 60,* 1856-1872. doi: 10.1177/0306624X15588903

Pechorro, P., Ray, J. V., Barroso, R., Maroco, J., & Gonçalves, R. A. (2016). Validation of the Inventory of Callous-Unemotional Traits among a Portuguese sample of detained juvenile offenders. *International Journal of Offender Therapy and Comparative Criminology, 60,* 349-365. doi: 10.1177/0306624X14551256

Pechorro, P., Ribeiro Da Silva, D., Andershed, H., Rijo, D., & Gonçalves, R. A. (2016). Psychometric properties and measurement invariance of the Youth Psychopathic Traits Inventory – Short version among Portuguese youth. *Journal of Psychopathology and Behavioral Assessment, 39,* 486-497. doi: 10.1007/s10862-017-9597-7

Pechorro, P., Ribeiro Da Silva, D., Andershed, H., Rijo, D., & Gonçalves, R. A. (2016). The Youth Psychopathic Traits Inventory: Measurement invariance and psychometric properties among Portuguese youths. *Special issue on youth psychology and crime, International Journal of Environmental Research and Public Health, 13,* 852-870. doi: 10.3390/ijerph13090852

Polaschek, D. L. L., & Skeem, J. L. (2018). Treatment of adults and juveniles with psychopathy. In C. Patrick (Ed.). *Handbook of Psychopathy* (pp. 710-731). New York: The Guilford Press.

Reidy, D. E., Kearns, M. C., & DeGue, S. (2013). Reducing psychopathic violence: A review of the treatment literature. *Aggression and Violent Behavior, 18,* 527-538. doi: 10.1016/j.avb.2013.07.008

Ribeiro da Silva, D., Castilho, P., & Rijo, D. (2019a). Terapia Focada na Compaixão. Melo, W. (Ed.). *A prática das intervenções psicoterápicas: Tratando pacientes na vida real* (pp. 475-505). Novo Hamburgo: Synopsis.

Ribeiro da Silva, D., Castilho, P., Miguel, R., Paulo, M., Gilbert, P., & Rijo, D., (2017). *The PSYCHOPATHY.COMP program: An individual Compassion-based psychotherapeutic intervention for young offenders with psychopathic traits.* Unpublished intervention manual.

Ribeiro da Silva, D., Rijo, D., & Salekin, R. T. (2012). Child and adolescent psychopathy: A state-of-the-art reflection on the construct and etiological theories. *Journal of Criminal Justice, 40,* 269-277. doi: 10.1016/j.jcrimjus.2012.05.005

Ribeiro da Silva, D., Rijo, D., & Salekin, R. T. (2013). Child and adolescent psychopathy: Assessment issues and treatment needs. *Aggression and Violent Behavior, 18,* 71-78. doi: 10.1016/j.avb.2012.10.003

Ribeiro da Silva, D., Rijo, D., & Salekin, R. T. (2015). The evolutionary roots of psychopathy. *Aggression and Violent Behavior, 21,* 85-96. doi: 10.1016/j.avb.2015.01.006

Ribeiro da Silva, D., Rijo, D., Castilho, P., & Gilbert, P. (2019b). The efficacy of a compassion-focused therapy-based intervention in reducing psychopathic traits and disruptive behavior: A clinical case study with a juvenile detainee. *Clinical Case Studies.* Advance online publication. doi: 10.1177/1534650119849491

Ribeiro da Silva, D., Rijo, D., Salekin, R., Paulo, M., Miguel, R. & Gilbert, P. (2020). Clinical change in psychopathic traits after an individual compassion focused therapy based intervention: Preliminary findings of a controlled trial with male detained youth. *Journal of Experimental Criminology.* Advance online publication. doi: 10.1007/s11292-020-09418-x

Ribeiro da Silva, D., Salekin, R. T., & Rijo, D. (2019c). Psychopathic severity profiles: A Latent Profile Analysis in youth samples with implications for the diagnosis of Conduct Disorder. *Journal of Criminal Justice, 60,* 74-83. doi: 10.1016/j.jcrimjus.2018.12.003

Ribeiro da Silva, D., Vagos, P., & Rijo, D. (2019d). An evolutionary model to conceptualize psychopathic traits across community and forensic male youth. *International Journal of Offender Therapy and Comparative Criminology, 63,* 574-596. doi: 10.1177/0306624X18823624

Ribeiro da Silva, D., Vagos, P., & Rijo, D. (2019f). Conceptualizing psychopathic traits from an evolutionary-based perspective: An empirical study in a community sample of boys and girls. *Current Psychology.* Advance online publication. doi: 10.1007/s12144-019-00353-3

Rijo, D., da Motta, C., Ribeiro da Silva, D., Brazão, N., Paulo, M., & Gilbert, P. (2014). Terapia focada na compaixão (pp. 368-392). In W. Melo (Ed.). *Estratégias psicoterápicas e a terceira onda em terapia cognitiva.* Novo Hamburgo: Sinopsys.

Salekin, R. T. (2016). Psychopathy in childhood: Toward better informing the DSM-5 and ICD-11 conduct disorder specifiers. *Personality Disorders: Theory, Research, and Treatment, 7,* 180-191. doi: 10.1037/per0000150

Salekin, R. T., Andershed, H., & Clark, A. P. (2018). Psychopathy in children and adolescents: Assessment and critical questions regarding conceptualization. In C. J. Patrick (Ed.). *Handbook of psychopathy* (2nd ed., pp. 479–508). New York: Guilford Press.

Van Baardewijk, Y., Andershed, H., Stegge, H., Nilsson, K., Scholte, E., & Vermeiren, R. (2010). Development and tests of short versions of the Youth Psychopathic Traits Inventory and the Youth Psychopathic Traits Inventory--Child Version. *European Journal of Psychological Assessment, 26,* 122-128. doi: 10.1027/1015-5759/a000017

Van Baardewijk, Y., Stegge, H., Andershed, H., Thomaes, S., Scholte, E., & Vermeiren, R. (2008). Measuring psychopathic traits in children through self-report. The development of the Youth Psychopathic Traits Inventory – Child Version. *International Journal of Law and Psychiatry, 31,* 199-209. doi: 10.1016/j.ijlp.2008.04.004

Viding, E., & McCrory, E. J. (2018). Understanding the development of psychopathy: progress and challenges. *Psychological Medicine, 48,* 566-577. doi: 10.1017/S0033291717002847

Capítulo 28

TERAPIA COGNITIVO-COMPORTAMENTAL PARA CRIANÇAS E ADOLESCENTES VÍTIMAS DE ABUSO SEXUAL: PROGRAMA SUPERAR – UM ESTUDO SOBRE A APLICAÇÃO E ADAPTAÇÃO EM UMA ADOLESCENTE VÍTIMA DE ABUSO SEXUAL

XVI Mostra de TCC, 2018

Trabalho apresentado na modalidade Painel

Ana Cláudia de Azevedo Peixoto

Luana Luiza Galoni

Síntese

Esse capítulo tem como objetivo descrever a aplicação do Programa SUPERAR – uma proposta elaborada para servir de modelo de intervenção para crianças e adolescentes vítimas de violência sexual – em uma adolescente vítima de abuso sexual. Após a aplicação do programa, a paciente apresentou melhor adesão ao processo terapêutico, à ampliação de conscientização quanto ao funcionamento emocional e comportamental, à redução de sintomas ansiosos e dos quadros de explosão de raiva.

Introdução

O Brasil foi o primeiro país a promulgar um marco legal – Lei n.º 8.069 de 13 de Julho de 1990 – Estatuto da Criança e do Adolescente (ECA), em consonância com a Convenção sobre os Direitos da Criança, ocorrido em 1989. O ECA foi determinante para a mudança de paradigmas concernentes ao princípio de proteção integral dos direitos da criança e do adolescente, ampliando as discussões sobre as ações de enfrentamento da violência sexual.

Segundo informações do *site* da Organização Mundial de Saúde[1] (2017), a violência contra crianças e adolescentes é um fenômeno multifacetado, considerado uma questão de saúde pública, que abrange os maus-tratos físicos e emocionais, o abuso sexual e a negligência. De acordo com esse relatório, durante a infância, uma em cada quatro crianças sofre maus-tratos físicos, ao passo que quase uma em cada cinco meninas e um em cada treze meninos são vítimas de abuso sexual. Dados recolhidos do *Relatório de Monitoramento de País sobre Exploração Sexual Comercial de Crianças e Adolescentes*[2], organizado pela organização de amplitude internacional *End Child Prostitution and Trafficking* (ECPAT), em 2016, indicam que, nesse mesmo ano, 29.002 casos de abuso sexual foram registrados nos Centros de Referência Especializada em Assistência Social (CREAS) no Brasil, e a prevalência de casos de exploração sexual chegaram a 3.294 casos a considerar o grande índice de subnotificações.

Segundo dados recolhidos no Disque 100, 76.216 denúncias recebidas no ano de 2018 envolviam crianças e adolescentes, dessas 17.093 se referiam à violência sexual. Numa pesquisa realizada no ano de 2017, pelo Laboratório de Estudos sobre Violência contra Crianças e Adolescentes da UFRRJ (LEVICA[3]), na Associação Vida Plena de Mesquita, ONG que atende crianças e adolescentes vítimas de violência, seus familiares e cuidadores, feita com 44 crianças e adolescentes atendidos, constatou-se que 43% dos casos referem-se à violência sexual, e em 27% dos casos houve violência conjunta, em que não apenas a violência sexual estava posta, mas outras como a psicológica, física e negligência (Galoni, 2018; Peixoto, 2017).

Esses números alarmantes tornam o trabalho na área da violência sexual infantojuvenil ainda mais complexo, sendo necessário mais debates sobre as atuais políticas relacionadas ao enfrentamento da violência sexual e pesquisas visando não somente a intervenção, mas principalmente a prevenção. De acordo com Habigzang, Stroeher, Hatzenberger, Cassol, da Silva e Koller (2009, p. 67), "uma meta-análise sobre pesquisas publicadas na língua inglesa que avaliaram formas de tratamento psicológico para vítimas de abuso sexual no período entre 1975 e 2004 identificou

[1] OPAS/OMS. *Estratégia para acabar com violência contra crianças e adolescentes.* Retirado de https://www.paho.org/bra/index.php?option=com_content&view=article&id=5499:opas-oms-apresenta-estrategia-para-acabar-com-violencia-contra-criancas-e-adolescentes&Itemid=820

[2] ECPAT. *Relatório de Monitoramento de País sobre Exploração Sexual Comercial de Crianças e Adolescentes* (2017).

[3] LEVICA – Laboratório de Estudos sobre Violência contra Crianças e Adolescentes da Universidade Federal Rural do Rio de Janeiro, do Departamento de Psicologia, fundado em 2013, o qual atua na prevenção e intervenção contra violência infantojuvenil. Atualmente, possui um convênio com a Associação Vida Plena de Mesquita e presta atendimentos individualizado para crianças e adolescentes vítimas de qualquer tipo de violência, bem como oferece acompanhamento para os familiares dos usuários do programa.

somente 28 estudos na área". Dentre essas pesquisas, as que utilizavam a Terapia Cognitivo-Comportamental como forma de tratamento apresentaram melhores resultados quando comparada com outras formas de tratamento para crianças e adolescentes com sintomas decorrentes de violência sexual. Nesse mesmo período no Brasil, foram encontrados apenas dois trabalhos que avaliaram processos terapêuticos para vítimas de abuso sexual (Habigzang et al., 2009).

Dito isso, esse trabalho consiste na apresentação de uma forma de intervenção em Terapia Cognitivo-Comportamental para crianças e adolescentes vítimas de abuso sexual nas modalidades individual e em grupo denominado SUPERAR. O Programa SUPERAR foi uma proposta elaborada para servir de modelo de intervenção para crianças e adolescentes vítimas de violência sexual (Schneider & Habigzang, 2016).

Abuso Sexual Infantojuvenil

A violência sexual contra crianças e adolescentes ainda envolta por segredos e tabus, é uma problemática emergente na atualidade. Suas consequências e desdobramentos podem se manifestar de forma a comprometer o desenvolvimento psicossocial da criança e/ou do adolescente.

> [...] abuso sexual consiste no uso de uma criança para fins de gratificação sexual de um adulto ou adolescente cinco anos mais velho, criança imatura em seu desenvolvimento e incapaz de compreender o que se passa, a ponto de poder dar o seu consentimento informado. (Furniss, 1993 como citado em Balbinotti, 2008, p. 6).

A conceituação de violência infantojuvenil abrange diferentes tipologias. De acordo com a divisão feita pela Fundação *Childhood* do Brasil (2013),[4] a violência sexual se divide em dois grandes grupos, abuso sexual e exploração sexual, como visto na **Tabela 1** a seguir.

Tabela 1 – Violência sexual[5]

Abuso Sexual	Exploração Sexual
Não envolve dinheiro ou gratificação.	Pressupõe uma relação de mercantilização, na qual o sexo é fruto de uma troca, seja ela financeira, de favores ou presentes.

[4] Fonte: *Guia de referência: construindo uma cultura de prevenção à violência sexual* (2009).

[5] *Entenda a diferença entre abuso e exploração sexual.* Retirado de http://www.childhood.org.br/entenda-a-diferenca-entre-abuso-e-exploracao-sexual

Abuso Sexual	Exploração Sexual
Acontece quando uma criança ou adolescente é usado para estimulação ou satisfação sexual de um adulto.	Crianças ou adolescentes são tratados como objetos sexuais ou como mercadorias.
É normalmente imposto pela força física, pela ameaça ou pela sedução.	Pode estar relacionada a redes criminosas.
Pode acontecer dentro ou fora da família.	

Nota. Fonte: Fundação *Childhood* do Brasil (2013).

O abuso sexual pode acontecer dentro e fora do núcleo familiar, sendo conhecido como intrafamiliar e extrafamiliar, respectivamente, e se expressar de diversas maneiras. Abuso sexual sem contato físico corresponde a práticas sexuais que não envolvem contato físico, e pode ocorrer de várias formas: o assédio sexual caracteriza-se por propostas de relações sexuais por chantagem ou ameaça; o abuso sexual verbal pode ser definido por conversas abertas e/ou telefonemas sobre atividades sexuais, destinados a despertar o interesse da criança ou do adolescente ou a chocá-los; o exibicionismo é o ato de mostrar os órgãos genitais ou de se masturbar em frente a crianças ou adolescentes; o *voyeurismo* é o ato de observar fixamente atos ou órgãos sexuais de outras pessoas quando elas não desejam ser vistas; a pornografia é considerada abuso sexual quando uma pessoa mostra material pornográfico à criança ou ao adolescente. Abuso sexual com contato físico corresponde a carícias nos órgãos genitais, tentativas de relações sexuais, masturbação, sexo oral, penetração vaginal e anal, beijos forçados e estimulação em zonas erógenas do corpo.

A exploração sexual é caracterizada pela relação sexual de uma criança ou adolescente com adultos, mediada pelo pagamento em dinheiro ou qualquer outro benefício, e divide-se em: 1. A pornografia se configura como exploração sexual quando há produção, utilização, exibição, comercialização de material (fotos, vídeos, desenhos) com cenas de sexo explícito envolvendo crianças e adolescentes ou imagem, com conotação sexual, das partes genitais de uma criança; 2. O tráfico para fins sexuais é a prática que envolve cooptação e/ou aliciamento, rapto, intercâmbio, transferência e hospedagem da pessoa recrutada para essa finalidade. O mais recorrente é que o tráfico para fins de exploração sexual ocorra de forma disfarçada por agências de modelos, turismo, trabalho internacional, namoro-matrimônio e, mais raramente, por agências de adoção internacional.

A exploração sexual agenciada é quando há a intermediação por uma ou mais pessoas ou serviços. No primeiro caso, as pessoas são chamadas rufiões, cafetões e cafetinas e, no segundo, os serviços são normalmente conhecidos como bordéis, serviços de acompanhamento, clubes noturnos. A exploração sexual não agenciada é a prática de atos sexuais realizada por crianças e adolescentes mediante pagamento ou troca de um bem, droga ou serviço.

Segundo Balbinotti (2008), as consequências do abuso sexual são distintas, variando caso a caso. Isso porque dependem de fatores específicos como: a idade da criança, a época do abuso, a proximidade com o agressor, o ambiente familiar, o impacto da revelação, a forma como a criança significou o fenômeno, e até mesmo, as decisões sociais, jurídicas e médicas que acompanharam a resolução do caso. Nestes casos, há a possibilidade de ocorrer os seguintes sintomas e manifestações:

> [...] automutilação e tentativa de suicídio, adição a drogas, depressão, isolacionismo, despersonalização, isolamento afetivo, hipocondria, timidez, distúrbio de conduta (roubo, fuga de casa, mentiras), impulsividade e agressão sexual, assim como é frequente a presença de síndromes dissociativas, transtornos severos de personalidade e transtorno de estresse pós-traumático. (Mari Lucrécia Zavaschi, 1991 como citado em Balbinotti, 2008, p. 7)

Outras consequências estão relacionadas com os âmbitos emocionais e comportamentais como: medos, pesadelos, comportamentos hipersexualizados, fuga na fantasia, sentimentos de rejeição e abandono, repulsa aos indivíduos do mesmo sexo da pessoa que cometeu o abuso, entre outros (Habigzang & Koller, 2012).

Alguns estudos consideram o abuso sexual infantil como fator de risco para o desenvolvimento de Transtorno de Estresse Pós-Traumático (TEPT) em crianças e adolescentes que sofreram abuso sexual, e a prevalência do TEPT varia de 21% a 74%, com um valor médio de 40% a 50% (Passarela, Mendes, & Mari, 2010). Apesar do alto índice, percebe-se certa variação na faixa, e isso se deve à forma como a violência sexual ocorreu, à idade em que sofreu o abuso, à frequência com que foi exposto a tal ato, à proximidade do abusador, à forma de revelação do abuso, às consequências de sua revelação e ao impacto subjetivo que a violência sexual causou na criança e no adolescente.

Formas de Tratamento – Programa SUPERAR

Os artigos atuais sobre trabalho de intervenção psicológica com crianças e adolescentes mostram que a TCC é a abordagem que mais obteve resultados positivos no tratamento de vítimas de abuso sexual, sendo mais eficaz nas crianças e adolescentes com quadros sintomáticos (Habigzang et al., 2009). De acordo com revisão integrativa feita por Passarela, Mendes e Mari (2010), quatro estudos de revisão analisaram o tratamento de crianças e adolescentes abusados sexualmente.

Das conclusões levantadas, notou-se que a TCC foi a abordagem que mais obteve resultados positivos no tratamento de vítimas de abuso sexual, sendo mais eficaz nas crianças e adolescentes sintomáticos, e a abordagem individual é eficaz para o alívio da angústia psicológica e os trabalhos em grupo parecem obter bons resultados relacionados à autoestima.

Não há um transtorno ou sintoma psiquiátrico específico que resulte diretamente da violência sexual, o que acontece é que crianças expostas a esse tipo de violência tornam-se mais propícias a ter problemas psicológicos e inter-relacionais do que as que não foram expostas a esse tipo de violação (Hohendorff, Habigzang, & Koller, 2014). Junto a possíveis problemas psicológicos e inter-relacionais, percebe-se a presença de crenças disfuncionais advindas da situação do abuso sexual, como pensamentos referentes à culpa, ao abandono, à rejeição de pares, à baixa autoestima e à autodepreciação, além de aparecerem comportamentos disfuncionais, como agressividade excessiva, conduta hipersexualizada, diminuição de rendimento escolar, comportamentos de risco como a automutilação e as tentativas de suicídio e dificuldade na autorregulação emocional. Tais aspectos se afinam com a alçada teórica de intervenção da TCC, contando com técnicas de reestruturação cognitiva, regulação emocional, exposição gradual às memórias traumáticas e psicoeducação acerca do problema em questão. Em 2006, a OMS e a ISPCAN[6] publicaram um guia no qual indicaram as quatro principais diretrizes para as intervenções psicoterápicas para crianças e adolescentes vítimas de violência, dentre elas a sexual (Hohendorff, Habigzang, & Koller, 2015), e tais diretrizes se aproximam, e muito, das intervenções terapêuticas baseadas na TCC (Arellano et al., 2014).

O Programa SUPERAR é uma proposta fundamentada na TCC e foi elaborado para servir de modelo de intervenção para crianças e adolescentes, entre as idades de 08 até 16 anos, vítimas de violência sexual. Ele apresentou evidências de efetividade na redução de sintomas de ansiedade, depressão, PTSD e *stress* infantil (Schneider & Habigzang, 2016). O programa apresenta alguns eixos para o processo de intervenção, a saber: (a) Psicoeducação sobre a violência sexual; (b) Reestruturação de crenças disfuncionais ligadas ao evento do abuso e seus desdobramentos; (c) Ativação e integração de memória traumática, identificação das emoções ligadas à violência; (d) Identificação de situações de risco e estratégias de proteção; (e) Mapeamento de rede de apoio e aprendizagem sobre direitos das crianças e dos adolescentes.

O Programa é constituído por 16 sessões semanais na modalidade grupal ou individual, divididas em três etapas: 1. Psicoeducação e reestruturação cognitiva;

[6] *International Society for the Prevention of Child Abuse and Neglect.* Fundada em 1977, a Sociedade Internacional para Prevenção de Abuso e Negociação de Crianças é uma organização internacional multidisciplinar, a qual visa prevenir e tratar o abuso, a negligência e a exploração de crianças em todo o mundo.

2. Treino de inoculação de *stress*; e 3. Prevenção de recaída. As sessões no formato grupal têm duração de 1 hora e 30 minutos, e no formato individual cerca de 50 minutos para crianças e adolescentes de 8 a 16 anos vítimas de violência sexual (Schneider & Habigzang, 2016).

Os primeiros encontros antes da aplicação do Programa são designados para a realização de uma entrevista semiestruturada com o objetivo de conhecer a história da violência sexual, assim como os fatores de risco e proteção envolvidos nos casos e na aplicação dos instrumentos para avaliar sintomas de TEPT, depressão e estresse (Hohendorff et al., 2015). Veja as alterações para adaptação do formato grupal para formato individual de intervenção na **Tabela 2**.

Tabela 2 – Alterações para adaptação do formato grupal para formato individual de intervenção[7]

Sessão	Formato Grupal	Formato Individual
1	Dinâmica de grupo para apresentação das participantes; dinâmica de grupo para desenvolver confiança; estabelecimento de contrato terapêutico (horário, frequência, duração); discussão sobre identidade do grupo; mapeamento a partir da construção de um cartaz sobre as expectativas do grupo; discussão e estabelecimento dos objetivos do grupo.	Estabelecimento do contrato terapêutico (horário, frequência e duração); mapeamento das expectativas da paciente; estabelecimento de objetivos terapêuticos.
2	Apresentação e discussão do documentário "Canto de Cicatriz"; relato de experiência de violência sexual de cada participante; restruturação de crenças distorcidas sobre o violência; abordagem do impacto afetivo da revelação no grupo.	Manteve-se igual.
3	Abordagem das reações da família e demais pessoas significativas após a revelação da violência sexual; construção do mapeamento das possíveis mudanças na configuração famíliar (dispositivo: livro "Minha família antes e depois da revelação"); reestruturação cognitiva das crenças relacionadas à culpa e à vergonha (construção de cartões de enfrentamento).	Manteve-se igual.

[7] Schneider, J. A., & Habigzang, L. F. (2016). Aplicação do Programa Cognitivo-Comportamental Superar para atendimento individual de meninas vítimas de violência sexual: estudos de caso. *Avances en Psicología Latinoamericana*, *34*(3), 543-556. Retirado de http://dx.doi.org/10.12804/apl34.3.2016.08.

Sessão	Formato Grupal	Formato Individual
4	Psicoeducação quanto ao modelo cognitivo-comportamental; abordagem dos estados emocionais (dispositivo: jogo das emoções); abordagem terapêutica dos sentimentos com relação ao agressor (dispositivo: construção do agressor com massa de modelar e role-play entre paciente e boneco); automonitoramento (registro de situações problema e sentimentos identificados).	Manteve-se igual.
5	Discussão dos registros de automonitoramento; psicoeducação quanto ao modelo cognitivo-comportamental, abordagem dos pensamentos e reações fisiológicas e suas relações com as emoções; identificação de pensamentos com relação à violência sexual e à reestruturação cognitiva de pensamentos disfuncionais (tríade cognitiva); aprendizagem de técnicas de relaxamento muscular e de respiração controlada para o domínio de ansiedade; automonitoramento (registros de situações-problema, pensamento, reações fisiológicas e sentimentos relacionados).	Manteve-se igual.
6	Discussão dos registros do automonitoramento; psicoeducação quanto ao modelo cognitivo-comportamental; abordagem dos comportamentos e sua relação com pensamentos, sentimentos e reações fisiológicas; mapeamento escrito das principais mudanças de comportamentos, pensamentos e emoções decorrentes da violência sexual; psicoeducação quanto ao problema – estabelecimento de relações entre violência/trauma com mudanças identificadas no mapeamento; construção de história em quadrinhos, a partir de situação registrada, com identificação de emoções, pensamentos, comportamentos e reações fisiológicas para integrar o modelo cognitivo-comportamental.	Manteve-se igual.
7	Treino de inoculação do estresse (TIE) – Apresentação, de forma gradual, das situações de violência experienciada, por meio de relato oral e escrito; reestruturação cognitiva das memórias traumáticas (treino de autoinstrução); relaxamento.	Manteve-se igual.

Sessão	Formato Grupal	Formato Individual
8	Relato mais detalhado da violência sexual; mapeamento da frequência e intensidade das lembranças e dos eventos desencadeadores destas; treino de relaxamento.	Manteve-se igual.
9	Relato mais detalhado da violência sexual; técnica de substituição de imagens positivas e negativas (gavetas da memória).	Manteve-se igual.
10	Relato do pior momento da violência sexual; construção do "botão de emergência" com estratégias cognitivas e comportamentais para lidar com lembranças intrusivas da violência; relaxamento.	Manteve-se igual.
11	Oficina de sexualidade: jogo em grupo com perguntas das participantes sobre mudanças no corpo; relacionamentos amorosos e sexuais e estratégias de autocuidado.	Dúvidas sobre sexualidade abordadas a partir de conversa entre terapeuta e paciente.
12	Oficina de expressão corporal: realização de jogos e dinâmicas de grupo que envolva relação com o corpo.	Abordagem da expressão corporal por meio do espelho, brincadeiras e/ou conversas sobre toques abusivos e não abusivos.
13	Oficina sobre o Estatuto da Criança e do Adolescente: Apresentação e discussão do vídeo sobre o ECA; construção de painel sobre o ECA; esclarecimento de dúvidas sobre audiência.	Manteve-se igual.
14	Treino de habilidades sociais focadas em medidas protetivas; escolha de um adulto-referência para solicitar ajuda em situação de risco.	Manteve-se igual.
15	Retomada das estratégias cognitivas e comportamentais aprendidas na intervenção; abordagem das perspectivas em relação ao futuro e reestruturação de possíveis crenças destorcidas (Máquina do Tempo).	Manteve-se igual.
16	Autoavaliação; festa de encerramento.	Manteve-se igual.

Nota. Fonte: Schneider & Habigzang, 2016.

Estudo de Caso Resumido sobre a Aplicação do Programa Superar

F. é uma adolescente com 13 anos de idade, vítima de abuso e exploração sexual por seus pais biológicos, padrasto e outros homens. A adolescente participou do programa de atendimento psicológico social em TCC para crianças e adolescentes vítimas de violência na Associação Vida Plena de Mesquita, vinculado ao Laboratório de Estudos sobre Violência contra Crianças e Adolescentes (LEVICA – UFRRJ). F. deu entrada na Associação, na época com 10 anos de idade, e desligou-se do programa aos 13 anos, por motivos de mudança da família. A paciente foi fruto de um relacionamento instável, cujo casal tinha comportamentos toxicomaníacos e envolvimento com tráfico. Ao término do relacionamento, que durou 2 anos, F. permaneceu com sua mãe. Quando a paciente tinha 7 anos, a mãe e o padrasto foram denunciados por negligência e abuso sexual. Segundo a investigação, outros homens também chegaram a abusar de F. e, de acordo com relatos da paciente, a mãe a explorava sexualmente em troca de drogas. Nesse período, o pai pediu a guarda de F. e ela passou a residir com ele em outro município.

Em 2013, a guarda do pai foi retirada por uma denúncia feita pela tia paterna (atual responsável legal da adolescente) por suspeita de abuso sexual, negligência e agressão física contra a menina. F. foi acolhida institucionalmente em dezembro de 2013 e passou 3 meses numa casa de acolhimento institucional. A paciente foi reintegrada à sua família extensa um tempo depois, indo morar com a tia e a avó paterna. Devido ao longo tempo em terapia e à baixa resposta da paciente frente às intervenções, optou-se pela aplicação do Programa SUPERAR, a fim de intervir de forma mais específica nas demandas apresentadas pela paciente e sua família.

A aplicação do Programa SUPERAR ocorreu em 27 sessões, pois diversos fatores contribuíram para que a aplicação se prolongasse: complexidade do caso, faltas da paciente, feriados, período de recesso da clínica-escola, demandas de urgência apresentada pela paciente no decorrer da aplicação, a necessidade de adaptação de técnicas e materiais, bem como a redução ou o prolongamento de algumas sessões. De qualquer forma, ressalta-se que não houve mudanças estruturais de conteúdo no programa ou em sua forma de aplicação. No início dos atendimentos com F., alguns comportamentos apresentados por ela foram tidos como grandes desafios para o processo terapêutico e para a adesão ao tratamento, sendo: dificuldade para estabelecer vínculo terapêutico; desconfiança; comportamento de autolesão; ansiedade; percepção de falta de valor; distorções cognitivas do tipo "tudo ou nada" e rotulação; comportamento hiperssexualizado; refúgio à fantasia; dificuldades em obedecer a regras.

Em virtude dessas dificuldades, e do longo período para estabelecimento de vínculo terapêutico, pensou-se em uma forma que se mostrasse mais eficaz para que F. aderisse ao Programa SUPERAR. Sabendo que F. gostava muito de fazer brincadeiras durante as sessões, demonstrando uma forte adesão a informações que eram trazidas de forma lúdica, e considerando sua recente entrada a uma aula de judô, com a qual ela se mostrava bastante animada, optou-se por adaptar as sessões protocoladas do Programa SUPERAR a esse esporte, o qual estava presente de forma positiva na vida da paciente. Acredita-se que parte dos bons resultados obtidos, tanto no estabelecimento de vínculo terapêutico quanto no progresso do tratamento, ocorreu por conta dessa adaptação, que fez com que a intervenção terapêutica tivesse um sentido mais particular para F., proporcionando maior identificação com o processo psicoterápico.

Assim, foi confeccionado juntamente com a paciente, um tatame terapêutico de emborrachado, em que a cada bloco de sessões executadas do Programa, de acordo com os seus eixos, F. mudava a cor da faixa do *kimono*, assim como no judô. Para representar a mudança de faixa foram impressos desenhos de uma menina usando um *kimono*, e a cada etapa passada, F. pintava a faixa de acordo com a cor daquela etapa e a colava na área do tatame correspondente.

De forma a sistematizar o *feedback* das sessões, após cada término, pedia-se que a paciente escrevesse num bilhete o que tinha ficado de mais significativo para ela e colasse no tatame. Além da adaptação das sessões terem sido análogas ao judô e suas principais diretrizes, alguns materiais e técnicas foram adaptados para melhor atender às necessidades da paciente. O documentário "Canto de Cicatriz" foi substituído por um dos vídeos introdutórios da série "Que abuso é esse?", do Canal Futura. O vídeo tem duração de cerca de 4 minutos e aborda a temática de abuso sexual de forma lúdica e simples com encenação de fantoches.

Na sessão que tratava da apresentação do ECA, o vídeo "Estatuto do Futuro"[8] também foi substituído por um dos vídeos da série supracitada. Nessa mesma sessão em que foi trabalhada a oficina sobre as leis e medidas protetivas, além da psicoeducação por recursos audiovisuais e diálogo, foi entregue a F. um "Kit Proteção", o qual continha cartilhas e *folders* para prevenção e proteção contra a violência, elaborados por organizações como *Childhood* Brasil[9], Conselho Nacional da Criança (CONANDA) e do Adolescente, Centro de Defesa da Criança e do Adolescente (CEDECA), Ministério Público Federal, Fundação Nacional de Prefeitos (FNP) e ECPAT.

Somado à adaptação de determinados materiais de intervenção, algumas técnicas psicoterápicas foram adicionadas, como a Reparentalização e a Imagem

[8] Documentário *Estatuto do Futuro*. Retirado de https://www.youtube.com/watch?v=gXO1lCO5iIU&t=485s

[9] A *Childhood* Brasil é uma organização brasileira que faz parte da *World Childhood Foundation*, atuante na elaboração de políticas públicas. Ela trabalha junto ao setor privado e estimula a sociedade civil a olhar para a questão da violência sexual contra crianças e adolescentes.

Mental próprias das estratégias vivenciais da Terapia do Esquema (Wainer, Paim, Erdos, & Andriola, 2016) nas sessões de números 7, 8, 9 e 10, cujo objetivo era trabalhar a inoculação de estresse e ressignificar cenas e imagens traumáticas referentes ao abuso. Essas estratégias vivenciais da Terapia do Esquema foram utilizadas de forma sistemática nas sessões específicas para a construção de narrativas sobre a violência sexual, escolhendo partir das crenças presentes que F. trazia, como abandono e rejeição. Essas crenças estavam essencialmente ligadas aos episódios de violência sofridos e que se manifestavam de forma mais forte em situações envolvendo algum conflito da paciente com a sua tia ou no *setting* terapêutico.

As tarefas de casa foram um grande desafio em terapia, pois a paciente teve pouca adesão às tarefas, e alguns exercícios previstos no programa para serem realizados em casa tiveram que ser realizados durante a sessão. As sessões realizadas com a tia de F. foram de extrema importância para entender o funcionamento da família, e também, auxiliar a tia na compreensão das questões trazidas por F. Assim, foram realizadas sessões de psicoeducação sobre violência sexual e também sobre educação parental.

Após a aplicação do Programa SUPERAR, segundo a observação clínica, os resultados foram satisfatórios. F. apresentou melhor internalização do modelo cognitivo-comportamental e flexibilização de pensamentos distorcidos, adesão ao processo terapêutico e fortalecimento do vínculo, ampliação da conscientização quanto ao seu próprio funcionamento, redução de sintomas ansiosos e dos quadros de explosão de raiva, e o desenvolvimento de estratégias para lidar com comportamentos disruptivos. Para terminar, gostaríamos de compartilhar uma fala que a paciente trouxe na última sessão de terapia, logo após ter tido uma briga com a tia: "Eu tenho tentado, eu tô tentando muito. Agora eu sei como funciona".

Considerações finais

No objetivo estratégico 3.4 do eixo 2 (Proteção e Defesa dos Direitos) da revisão do Plano Nacional de Enfrentamento da Violência Sexual contra Crianças e Adolescentes, dispõe-se a necessidade de se "Fomentar a criação de programas educativos de orientação e de atendimento a familiares, responsáveis, cuidadores ou demais envolvidos em situações de negligência, violência psicológica, física e sexual". Sugere-se, então, que o Programa SUPERAR seja utilizado como parte das ações coordenadas pela rede de proteção para lidar com situações de violência sexual contra crianças e adolescentes. O Programa representa uma intervenção breve, estruturada, com foco na redução do impacto da violência e na promoção de saúde e direitos. No estudo de caso apresentado, foi possível observar mudanças na estrutura de pensamento, emoções e comportamentos da paciente F., confirmando que o Programa apresenta efetividade e pode ser replicado por profissionais que sejam capacitados na abordagem da TCC.

Referências

Arellano, M. A. R., Lyman, D. R., Jobe-Shields, L., George, P., Dougherty, R. H., Daniels, A. S., & Delphin-Rittmon, M. E. (2014). Trauma-focused cognitive--behavioral therapy for children and adolescents: assessing the evidence. *Psychiatric Services, 65*(5), 591-602. doi: https://doi.org/10.1176/appi.ps.201300255

Balbinotti, C. (2008). *A violência sexual infantil intrafamiliar: a revitimização da criança e do adolescente vítimas de abuso* (Trabalho de Conclusão de Curso). Faculdade de Direito da Pontifícia Universidade Católica do Rio Grande do Sul, RS.

Galoni, L. L. (2018). *Estudo de caso: aplicação do programa Superar em uma adolescente vítima de abuso e exploração sexual* (Trabalho de Conclusão de Curso). Instituto de Educação, Departamento de Psicologia, Universidade Federal Rural do Rio de Janeiro, Seropédica, RJ.

Habigzang, L. F., Stroeher, F. H., Hatzenberger, R., Cassol, C. R., da Silva Ramos, M., & Koller, S. H. (2009). Grupoterapia cognitivo-comportamental para crianças e adolescentes vítimas de abuso sexual. *Revista de Saúde Pública, 43*(1), 70-78. Recuperado de https://doi.org/10.1590/S0034-89102009000800011

Habigzang, L. F., & Koller, S. H. (2012). *Violência contra crianças e adolescentes – Teoria, Pesquisa e Prática.* Porto Alegre: Editora Artmed.

Hohendorff, J. V., Habigzang, L. F., & Koller, S. H. (2014). *Violência sexual contra meninos: teoria e intervenção.* Curitiba. Editora Juruá.

Hohendorff, J. V, Habigzang, L. F., & Koller, S. H. (2015). Psicoterapia para Crianças e Adolescentes Vítimas de Violência Sexual no Sistema Público: Panorama e Alternativas de Atendimento. *Psicologia Ciência e Profissão, 35*(1), 182-198. Recuperado de doi: https://doi.org/10.1590/1982-3703000202014

Passarela, C. M., Mendes, D. D., & Mari, J. J. (2010). Revisão sistemática para estudar a eficácia de terapia cognitivo-comportamental para crianças e adolescentes abusadas sexualmente com transtorno de estresse pós-traumático. *Revista Psiquiatria Clínica, 37*(2), 60-65. Recuperado de doi: https://doi.org/10.1590/S0101-60832010000200006

Plano Nacional de Enfrentamento da violência sexual contra crianças e adolescentes. (2015). Brasília/DF.

Peixoto, A. C. A. (2017). Um estudo qualitativo sobre os pensamentos e as distorções de crianças e adolescentes vítimas de violência. *Anais do XI Congresso Brasileiro de Terapias Cognitivas da FBTC* (p. 16). Foz do Iguaçu, Paraná/Brasil.

Schneider. J. A., & Habigzang, L. F. (2016). Aplicação do Programa Cognitivo--Comportamental Superar para atendimento individual de meninas vítimas de violência sexual: estudos de caso. *Avances em Psicología Latinoamericana*, *34*(3), 543-556. Recuperado de http://dx.doi.org/10.12804/apl34.3.2016.08.

Wainer, R., Paim, K., Erdos, R., & Andriola, R. (2016). *Terapia Cognitiva Focada em Esquemas: Integração em Psicoterapia*. Porto Alegre: Editora Artmed.

OS AUTORES

Organizadoras

Marcele Regine de Carvalho

Doutora em Psicologia pela Universidade Federal do Rio de Janeiro (UFRJ). Mestre em Saúde mental pela Universidade Federal do Rio de Janeiro (UFRJ). Pós-doutorado pela UFRJ. Docente no Instituto de Psicologia (IP) e no Instituto de Psiquiatria (IPUB) da UFRJ. Coordenadora do Núcleo Integrado de Pesquisa em Psicoterapia nas Abordagens Cognitivo-Comportamentais/IPUB, UFRJ. Supervisora Clínica na Divisão de Psicologia Aplicada IP/UFRJ. Presidente da Associação de Terapias Cognitivas do Estado do Rio de Janeiro. Membro da Diretoria da Federação Brasileira de Terapias Cognitivas (FBTC). Terapeuta Certificada pela FBTC.

Eliane Mary de Oliveira Falcone

Doutora em Psicologia Clínica pela USP. Mestre em Psicologia Clínica pela PUC-Rio. Pós-doutorado em Psicologia Clínica pela PUCRS e em Psicologia Experimental pela USP. Especialista em Terapia Cognitiva pelo Beck Institute. Docente do PPGPS-IP (UERJ). Terapeuta certificada pela FBTC. Criadora e fundadora da Mostra TCC. Ex-presidente da FBTC (Gestão 2003-2005). Fundadora da Revista Brasileira de Terapias Cognitivas (RBTC).

Lucia Emmanoel Novaes Malagris

Doutora pela Universidade do Estado do Rio de Janeiro – UERJ. Mestre em Psicologia Clínica pela PUC-Campinas. Pós-doutorado pela PUC-Campinas.

Especialista em Psicologia Clínica pelo Conselho Federal de Psicologia. Psicóloga. Docente no Programa de Pós-Graduação em Psicologia do Instituto de Psicologia da Universidade Federal do Rio de Janeiro. Terapeuta Cognitiva certificada pela Federação Brasileira de Terapias Cognitivas.

Angela Donato Oliva

Doutora em Psicologia da Aprendizagem e do Desenvolvimento Humano pela Universidade de São Paulo (USP). Mestre em Psicologia Cognitiva pela Fundação Getúlio Vargas (FGV-RJ). Pós-doutorado pela Universidade de São Paulo (USP). Docente no Programa de Pós-graduação em Psicologia Social do Instituto de Psicologia da Universidade do Estado do Rio de Janeiro (UERJ). Docente no Instituto de Psicologia da Universidade Federal do Rio de Janeiro (UFRJ). Editora da Revista Brasileira de Terapias Cognitivas (RBTC). Terapeuta Certificada pela Federação Brasileira de Terapias Cognitivas (FBTC). Ex-presidente da Associação de Terapias Cognitivas do Estado do Rio de Janeiro (ATC-Rio).

Colaboradores

Alexandra da Silva Pereira

Psicóloga. Graduada pela Universidade Federal Rural do Rio de Janeiro (UFRRJ). Formada em Terapia Cognitivo-Comportamental e em Gênero, Diversidade e Direitos Humanos. Aluna do primeiro Curso de Formação em Terapia Cognitiva Sexual. Psicóloga clínica em consultório particular e pesquisadora em Sexualidade Feminina em seu mestrado pela UFRRJ.

Aline Sardinha

Doutora em Saúde Mental (IPUB/UFRJ). Especialista em Psicoterapia de Família e Casal (PUC-Rio) certificada pela FBTC. Coordenadora do Núcleo de Disfunções Sexuais (NUDS/IPUB/UFRJ). Psicoterapeuta e Supervisora. Ex-presidente da ATC-Rio e vice-presidente da FBTC. Autora da Terapia Cognitiva Sexual e Coordenadora do Curso de Formação à distância em Terapia Cognitiva Sexual.

Ana Carolina Robbe Mathias

Mestre em Saúde Mental PROJAD/IPUB/UFRJ. Especialista no Atendimento de Álcool e Drogas PROJAD/IPUB/UFRJ. Supervisora de TCC. Docente de Cursos de Especialização. Docente e Pesquisadora do PROJAD/IPUB/UFRJ. Psicoterapeuta Cognitivo-Comportamental.

Ana Claudia Corrêa de Ornelas

Doutora em Saúde Mental (IPUB-UFRJ). Mestre em Sexologia Clínica (UGF). *Fellowship* – Pós-doutorado – CARD (*Center for Anxiety and Related Disorders*), Boston *University*. Terapeuta Bilíngue: Terapia Cognitivo-Comportamental – *Advocates Mental Health*, Boston – Massachusetts – EUA. Certificada em Terapia Cognitivo-Comportamental (FBTC).

Ana Cláudia de A. Peixoto

Doutora em Psicologia pela Universidade Federal do Rio de Janeiro (UFRJ). Docente do Departamento de Psicologia (DEPSI) e na Pós-Graduação em Psicologia (PPGPSI) na Universidade Federal Rural do Rio de Janeiro. Coordenadora do Laboratório de Estudos sobre Violência contra Crianças e Adolescentes (LEVICA-UFRRJ). Formada em Terapia do Esquema. Terapeuta certificada pela Federação Brasileira de Terapias Cognitivas.

Antonio Carvalho

Psicólogo Cognitivo certificado pela FBTC. Sócio-fundador e membro da diretoria da ATC-Rio. Psicólogo Cognitivo-Comportamental em consultório particular há mais de 25 anos. Coordenador do Grupo de Estudos em Terapia Cognitiva Sexual. Publicou capítulos de livros, associando a Terapia Cognitiva à Terapia Sexual. Autor do livro "Terapia Cognitiva Sexual".

Bernard Rangé

Doutor em Psicologia pela Universidade Federal do Rio de Janeiro (UFRJ), em 2001. Especialista em Terapia Cognitiva pelo *Beck Institute*. Docente no Programa de Pós-Graduação em Psicologia, Instituto de Psicologia, Universidade Federal do Rio de Janeiro. Supervisor da Divisão de Psicologia Aplicada do IP/UFRJ. Presidente-Fundador da Associação Brasileira de Psicoterapia e Medicina Comportamental (ABPMC). Ex-vice-presidente-fundador da Sociedade Brasileira de Terapias Cognitivas (SBTC). Ex-presidente Fundador da Associação Latino-Americana de Psicoterapias Cognitivas (ALAPCO). Terapeuta certificado pela Federação Brasileira de Terapias Cognitivas (FBTC). Organizador de vários capítulos e livros, entre eles, "Psicoterapias Cognitivo-Comportamentais, Um Diálogo com a Psiquiatria" (2ª ed. Porto Alegre: Artmed, 2011).

Cíntia Mesquita

Doutoranda e Mestre em Saúde Mental pelo Instituto de Psiquiatria da Universidade Federal do Rio de Janeiro (IPUB-UFRJ). Psicoterapeuta Cognitiva certificada pela Federação Brasileira de Terapias Cognitivas (FBTC). Pesquisadora do Laboratório de Trauma e Medo (UFRJ), ligado ao Laboratório Integrado de Pesquisa em Estresse (LINPES) do IPUB-UFRJ.

Cristiane de Figueiredo Vasconcellos Rodrigues

Mestre em Psicologia Social pela Universidade do Estado do Rio de Janeiro (UERJ). Psicóloga clínica pela PUC-Rio. Especialista em Neurociências aplicada à Reabilitação pelo Instituto de Psiquiatria da Universidade Federal do Rio de Janeiro. Terapeuta Cognitiva certificada pela Federação Brasileira de Terapias Cognitivas. Terapeuta do Esquema com formação pela Wainer Psicologia/ISST. Membro efetivo da *International Society of Schema Therapy*.

Daniel Rijo

Doutor em Psicologia. Docente na Faculdade de Psicologia e de Ciências da Educação da Universidade de Coimbra. Investigador no Centro de Investigação em Neuropsicologia e Intervenção Cognitivo-Comportamental (CINEICC). Autor de artigos, livros e capítulos de livros sobre avaliação e intervenção psicológica em jovens e adultos com comportamento antissocial e traços psicopáticos.

Diana Ribeiro da Silva

Doutora em Psicologia Forense pela Faculdade de Psicologia e de Ciências da Educação da Universidade de Coimbra. Investigadora no Centro de Investigação em Neuropsicologia e Intervenção Cognitivo-Comportamental (CIEICC). Autora de artigos, livros e capítulos de livros sobre avaliação e intervenção psicológica em jovens com comportamento antissocial e traços psicopáticos.

Diana Soledade do Lago Camera

Mestre e Graduada em Psicologia pela Universidade Federal do Rio de Janeiro (UFRJ). Ex-participante da Liga acadêmica de TCC pioneira da UFRJ, vinculada à ATC-Rio. Formada e atuante em Terapia Cognitivo-Comportamental, Terapia do Esquema e Terapia Cognitiva Sexual. É colaboradora do NUDS/IPUB/UFRJ.

Érica de Lana

Doutora em Neurociências pelo IBCCF/UFRJ, com Doutorado-sanduíche na EPFL/ Suíça. Mestre em Psicologia Clínica e Neurociências (PUC-Rio). Psicoterapeuta Cognitiva (TCC e Terapia do Esquema). Docente e Supervisora de Estágio Clínico na Pós-Graduação em TCC da PUC-Rio. Docente Adjunta e Supervisora de Estágio em TC e Neurociências no Departamento de Psicologia da Universidade Federal Fluminense.

Evlyn Rodrigues Oliveira

Doutoranda e Mestre em Psicologia Social (UERJ). Especialista em Terapia Cognitivo-Comportamental (Instituto WP – FADISMA) e em Psicologia Positiva (PUCRS). Graduada em Psicóloga pela Universidade do Estado do Rio de Janeiro (UERJ). Docente em cursos de Pós-Graduação em TCC e Supervisora Clínica (SPA-UERJ). Autora do livro "Calçando os sapatos do outro: descobrindo os caminhos da empatia".

Fernanda de Oliveira Paveltchuk

Mestre em Psicologia Clínica (PUC-Rio). Docente substituta no Instituto de Psicologia (IP) da UFRJ. Colaboradora do Núcleo Integrado de Pesquisa em Psicoterapia nas Abordagens Cognitivo-Comportamentais/IPUB, UFRJ. Mestre Integrante do Grupo de Divulgação Científica Terapia Cognitivo-Comportamental para Minorias. Pesquisadora de estresse de minorias, vulnerabilidade social e saúde mental de pessoas LGBT.

Gabriel Talask

Especialista em Terapia Cognitivo-Comportamental (UniRedentor). Psicólogo Clínico. Pesquisador no Núcleo Integrado de Pesquisa em Psicoterapia nas Abordagens Cognitivo-Comportamentais (NIPPACC/LABPR), Instituto de Psiquiatria da Universidade Federal do Rio de Janeiro (IPUB).

Gabriela Baldisserotto

Mestre em Psicologia Clínica (PUCRS). Médica Psiquiatra (UFGRS). Treinamento Intensivo em Terapia Comportamental Dialética (*Behavioral Tech*). Membro do time de consultoria DBT Porto Alegre.

Heitor Pontes Hirata

Doutor e Mestre em Psicologia pela UFRJ. Especialista em Psicologia Clínica (CFP). Especialista em Terapias Contextuais (CEFI). Licenciatura plena em Psicologia pela Universidade Federal do Rio de Janeiro (UFRJ). Terapeuta certificado pela Federação Brasileira de Terapias Cognitivas (FBTC). Primeiro autor do livro "Preocupanda e Marrumina: entendendo a preocupação e a ruminação na criança", e autor do livro "Meu animalzinho morreu: ajudando a criança a lidar com a perda do bicho de estimação" (Editora Sinopsys). Membro da diretoria da ATC-Rio (Gestões 2014-2016, 2016-2019 e 2019-2022).

Helga Rodrigues

Doutora e Mestre em Saúde Mental pelo Instituto de Psiquiatria da Universidade Federal do Rio de Janeiro (IPUB-UFRJ). Psicoterapeuta Cognitiva certificada pela Federação Brasileira de Terapias Cognitivas (FBTC). Docente na Faculdade Salesiana (Macaé-RJ). Pesquisadora do Laboratório de Trauma e Medo, ligado ao Laboratório Integrado de Pesquisa em Estresse (LINPES) do IPUB-UFRJ.

Igor da Rosa Finger

Doutor em Psicologia (PUCRS). Mestre em Psicologia Clínica (PUCRS). Psicólogo (PUCRS). Treinamento Intensivo em Terapia Comportamental Dialética (*Behavioral Tech*). Co-representante da DBT no *Chapter* Brasileiro da *Association for Contextual Science* (ACBS Brasil). Diretor Geral e Responsável Técnico da Vincular – Saúde Mental, em Porto Alegre – RS.

Ilana Andretta

Doutora em Psicologia pela PUCRS. Mestre em Psicologia Clínica. Graduada em Psicologia. Docente no Programa de Pós-Graduação em Psicologia e no curso de Psicologia na Unisinos. Coordenadora do Grupo de Pesquisa Intervenções Cognitivo-Comportamentais: Estudo e Pesquisa (ICCep). Bolsista produtividade CNPQ nível 2.

Juliana Furtado D'Augustin

Doutora e Mestre em Psicologia Social pela Universidade do Estado do Rio de Janeiro. Psicóloga formada pela UERJ com formação em Terapia Cognitivo-Comportamental. Psicóloga do Núcleo de Assistência e Pesquisa em Transtornos Alimentares da Policlínica Piquet Carneiro/UERJ. Docente no Mestrado Profissional em TCC da Universidade Salgado de Oliveira.

Luana Galoni

Mestranda e Pesquisadora na Universidade Federal Rural do Rio de Janeiro (UFRRJ) pelo Laboratório de Estudos sobre Violência contra Crianças e Adolescentes (LEVICA – UFRRJ). Psicóloga formada pela Universidade Federal Rural do Rio de Janeiro (UFRRJ). Psicóloga Clínica em Terapia Cognitivo-Comportamental. Voluntária do Comitê de Proteção Integral a Crianças e Adolescentes em Megaeventos.

Luana Thereza Nesi de Mello

Doutoranda em Psicologia pela Universidade do Algarve – UAlg. Graduada em Psicologia pela Universidade do Vale do Rio dos Sinos – Unisinos.

Luciane Leila Linden Gottschalk

Mestre em Psicologia Clínica pela Universidade do Vale do Rio dos Sinos (Unisinos). Graduada em Psicologia pela Universidade do Vale do Rio dos

Sinos (Unisinos). *Coach* (Sociedade Brasileira de *Coach* – SBC). Orientadora de Carreira na Unisinos. Docente de Especializações e MBAs.

Maria Amélia Penido

Doutora em Psicologia pela Universidade Federal do Rio de Janeiro – UFRJ. Mestre em Psicologia pela Universidade Federal do Rio de Janeiro (UFRJ). Docente no Departamento de Psicologia da PUC-Rio. Coordenadora da Especialização em Terapia Cognitivo-Comportamental da PUC-Rio. Colaboradora do Núcleo Integrado de Pesquisa em Psicoterapia nas abordagens Cognitivo-Comportamentais (NIPPACC/LABPR), Instituto de Psiquiatria (IPUB/ UFRJ).

Marilda Emmanuel Novaes Lipp

Doutora e Mestre pela *George Washington University*. Pós-doutora no *National Institute of Health* (EUA). Psicóloga pela *American University*. Certificada como Terapeuta Cognitiva pela FBTC. Diretora Presidente do Instituto de Psicologia e Controle do *Stress* (IPCS). Membro da Academia Paulista de Psicologia. Ex-presidente da Federação Brasileira de Terapias Cognitivas (2015-2019). Autora de mais de 100 artigos científicos na área da Psicologia.

Marseylle Assis Brasil

Sócia-diretora do InLazo. Atua como Psicoterapeuta, Supervisora Clínica e Docente. Certificada pela FBTC. Especializanda em Terapias Contextuais pelo CEFI e colaboradora do NUDS (IPUB/UFRJ). Treinamento em Terapia Comportamental Dialética e em DBT *Skills* pela *Behavioral Tech – The Marsha Linehan Institute.*

Monique Placido Viegas

Doutoranda e Mestre em Psicologia Social (UERJ). Especialista em Terapia Cognitivo-Comportamental (Instituto WP – FADISMA). Psicóloga formada pela Universidade Estadual do Rio de Janeiro (UERJ). Terapeuta Cognitivo-Comportamental com experiência clínica com crianças, adolescentes e adultos.

Nicolly Marques de Almeida Ribeiro

Mestre em Neurociências e Clínica (PUC-Rio). Formada em Terapias Contextuais. Especialista em Terapia Cognitivo-Comportamental. Orientadora profissional.

Patricia Barros

Doutora e Mestre em Psicologia Social pela Universidade do Rio de Janeiro. Pós-doutorado em Psicologia Clínica pela Universidade de São Paulo.

Coordenadora e Supervisora do Espaço Infância e Adolescência no Brasil e em Portugal. Atua na área de intervenção precoce no Hospital CUF, Porto – Portugal. O foco de seu estudo é o tema das habilidades sociais, especialmente no campo da infância e adolescência, tendo desenvolvido o Programa Social para o Desenvolvimento de Competências Sociais em crianças do Espectro do Autismo. Atualmente, dá seguimento a este Projeto na Universidade do Minho, em Braga – Portugal, atuante nas áreas de avaliação e intervenção com crianças e adolescentes.

Paula Ventura

Doutora em Ciências pelo Instituto de Biofísica Carlos Chaga Filho, Centro de Ciências da Saúde, Universidade Federal do Rio de Janeiro (UFRJ). Docente Associada do Instituto de Psicologia e do programa de Pós-Graduação do Instituto de Psiquiatria da Universidade Federal do Rio de Janeiro. Coordenadora do Laboratório de Trauma e Medo, ligado ao Laboratório Integrado de Pesquisa em Estresse (LINPES) do Instituto de Psiquiatria da UFRJ.

Raquel Ayres de Almeida

Doutora e Mestre em Psicologia pelo Programa de Pós-Graduação em Psicologia do Instituto de Psicologia da Universidade Federal do Rio de Janeiro. Docente no Mestrado Profissional em Terapia Cognitivo-Comportamental da Universo – Niterói. Docente do curso de Psicologia na Faculdade Arthur de Sá Earp – FASE. Especialista em Psicologia Clínica pela Santa Casa de Misericórdia do Rio de Janeiro (2008). Especialista em Psicologia Hospitalar pela Santa Casa de Misericórdia do Rio de Janeiro (2007). Graduada em Psicologia pela Universidade Católica de Petrópolis (2005). Formada em Psicoterapia Cognitivo-Comportamental pelo CPAF-RJ (2010). Experiência nas áreas de Psicologia Clínica e Psicologia Hospitalar.

Raquel Menezes Gonçalves

Doutora em Saúde Mental pelo Instituto de Psiquiatria da UFRJ. Mestre e Graduada em Psicologia pelo Instituto de Psicologia da Universidade Federal do Rio de Janeiro (UFRJ). Pós-doutorado em Ciências Biomédicas pelo Departamento de Fisiologia e Farmacologia da Universidade Federal Fluminense.

Roberto Chiodelli

Doutorando em Psicologia pela Universidade do Algarve – UAlg. Mestre em Psicologia Clínica pela Universidade do Vale do Rio dos Sinos – Unisinos. Graduado em Psicologia pela Pontifícia Universidade Católica do Rio Grande do Sul – PUCRS.

Stèphanie Krieger

Doutoranda e Mestre em Psicologia Social (UERJ). Psicóloga pela Universidade do Estado do Rio de Janeiro (UERJ), com formação em Terapia Cognitivo-Comportamental e formação em Terapia do Esquema (Wainer/ISST). Docente na Graduação em Psicologia e na Pós-Graduação em Terapia Cognitivo-Comportamental da Universidade Estácio de Sá. Coordenadora do Serviço de Psicologia Aplicada (*campi* Sulacap e João Uchôa) da Universidade Estácio de Sá.

Vanessa Dordron de Pinho

Doutora e Mestre pelo Programa de Pós-Graduação em Psicologia Social da Universidade do Estado do Rio de Janeiro (UERJ). Terapeuta Cognitiva certificada pela Federação Brasileira de Terapias Cognitivas (FBTC). Docente adjunta no Instituto de Psicologia da UERJ.

Veruska Andréa dos Santos

Doutora e Mestre em Saúde Mental pelo Instituto de Psiquiatria da Universidade Federal do Rio de Janeiro (IPUB/UFRJ). Formação em Terapia do Esquema (Wainer/ISST). Psicóloga pela Universidade Federal do Rio de Janeiro – UFRJ. Especialista em TCC (UCAM). Docente na Pós-Graduação em TCC da PUC-Rio. Pesquisadora do Laboratório de Pânico e Depressão do IPUB/UFRJ.

Wilson Vieira Melo

Doutor em Psicologia (UFRGS/*University of Virginia*). Mestre em Psicologia Clínica (PUCRS). Treinamento Intensivo em Terapia Comportamental Dialética (*Behavioral Tech*). Terapeuta Cognitivo-Comportamental certificado pela Federação Brasileira de Terapias Cognitivas (FBTC). Presidente da FBTC (Gestão 2019-2021). Sócio-fundador da Associação de Terapias Cognitivas do RS (ATC-RS).

Este livro foi composto com tipografia Bembo
e impresso em papel Lux Cream LD 70g. na Gráfica Formato.